무송
강대석 전집

변혁 시대의 사회철학

부송
김대걸 전집

변혁 시대의 사회철학

철학과 현실사

2000년대 초반의 모습

머리말

　정년퇴임을 수개월 앞두었던 1985년 겨울부터 나는 이 저술에 손을 대기 시작하였다. 그동안에 수적으로는 적지 않은 책을 냈지만 하나도 버젓한 것이 없다는 사실이 못내 부끄러웠고, 이제부터라도 한 권 써야 하겠다는 생각에서 붓을 들었던 것이다.

　한때 메타 윤리학 내지 분석 윤리학에 몰두한 적도 있었으나, 윤리학을 시작한 나의 본래의 동기는 격동기에도 흔들림 없이 살아갈 수 있는 신념의 체계를 얻고자 함에 있었다. 일제의 억압 속에서 청소년 시절을 보냈던 까닭에 민족과 국가를 의식하게 되었고, 같은 세대 사람들 중에서는 서구적 개인주의의 성향이 강한 편이었던 까닭에 나 자신의 행복에 대한 관심도 적지 않았다.

　나 자신의 개인적 행복을 본능적으로 추구하면서, 그래도 민족과 국가를 위해서 무엇인가 해야 할 의무를 졌다는 생각을 가지고 살아왔다. 나의 행복과 겨레의 번영이라는 두 가지 목표 사이를 우왕좌왕하면서 비틀걸음으로 살아온 셈이다.

　두 가지 목표 사이를 우왕좌왕하며 살아온 나에게는 항상 두 가지 문제가 따라다녔다. ① 나의 삶을 어떠한 모습의 것으로 가꿀 것인가? ② 나와 우리 겨레가 사는 우리 사회의 바람직한 미래상은 무엇일까? 이 두 가지 물음은 실제로는 분리하기 어려운 동일한 근본 문제로서 의식되기도 하고, 접근의 편익을 위해서는 일단 나누어 생각해야 할 문제로서 의식되기도 하였다.

위의 두 가지 물음에 대한 단편적인 생각은 자주 하였지만, 체계적 접근에는 게으름만 피웠다. 이 문제를 대학 강단에서 다룰 수 있는 형편이 못 되었고, 대학 강의는 대학 강의대로 별도로 준비해야 했으므로, 저 두 문제와의 대결은 자연히 뒤로 미루어지는 것을 막지 못했던 것이다.

이제 정년퇴임을 하게 되면 대학 강의의 부담을 면하게 될 것이니 이 기회를 살려서 평소에 단편적으로만 생각해 보았던 나의 현실적 문제를 정리해 보리라는 생각에서 붓을 들기 시작한 것이 바로 정년퇴임을 수개월 앞둔 1985년 겨울이었다. '시작이 반'이라는 생각에서 우선 서장(序章)부터 원고지에 기록하기로 하였고, 그 '서장'을 낭독하는 것으로써 '정년퇴임 고별 강연'에 대신하기도 하였다. 결국 나는 앞으로 이러이러한 책을 쓰겠노라고 동학(同學)들 앞에서 경솔한 약속을 한 꼴이 되었다.

정년퇴임을 한 뒤에는 집필에 전념할 수 있는 한가로운 시간이 넉넉하리라고 예상했으나 현실은 그렇지가 않았다. 내가 자청한 일도 있고 내 의사와는 관계없이 밀어닥친 일도 적지 않아서, 여전히 분주한 나날이었다. 이미 시작한 저술을 계속해야 하겠다는 자책(自責)은 늘 큰 부담이 되어 따라다녔으나, 일은 뜻대로 진척되지 않았다. 그럭저럭 탈고에 이르기까지에 거의 4년의 세월이 걸린 것은, 이 저술에 많은 심혈을 쏟았다는 증거가 아니라. 내가 세속적인 일에 초연하지 못했다는 증거다.

이 저술에 종사하는 동안 나는 조화되기 어려운 두 가지 욕심 사이를 방황하였다. 학문적 업적으로서 인정받을 수 있는 책을 한 권 쓰고 싶다는 욕심과 일반 독자들에게까지 널리 읽힐 수 있는 알기 쉬운 책을 쓰고 싶다는 두 가지 욕심이 항상 염두에 있었다. 철학적 깊이를 가진 사상을 쉬운 일상적 언어로 표현하면 이 두 가지 욕구를 모두 충족시킬 수 있다는 나의 평소의 생각을 실천에 옮기면 될 일이었다. 그러나 사상과 언어 사이에는 불가분의 관계가 있는 것이어서, 그 일이 결코 쉽지 않았다. 두 마리의 토끼를 좇다가 모두 놓친 꼴이 되지 않았나 걱정이다.

학문적 업적으로서 인정을 받는 일과 일반 독자에게까지 널리 읽히는 일 가운데서 하나를 택하라고 한다면 나는 후자를 택하고 싶다. 다른 학문의 경우는 모르겠으나, 실천철학으로서의 윤리학에 관한 저술은 널리 읽히는 것이 중요하다고 나는 생각한다. 특히 오늘의 한국 실정은, 소수의 전문가들 사이에서만 이야깃거리가 되는 저술보다도, 많은 사람들로 하여금 생각하고 이야기하게 만들 수 있는 책을 더욱 필요로 한다고 나는 믿는다.

이 저술에 종사하는 동안 나는 되도록 편견이나 선입견의 영향을 배제하도록 꾀하였다. 어떤 결론을 먼저 정해 놓고 그리로 독자를 끌고 가려는 의도에서 이 저술을 시작한 것은 아니며, 시종 논리와 객관성에 충실하기를 원하였다. 그러나 실천적 현실의 문제를 다루는 사람이 주관을 완전히 떠난다는 것은 불가능한 일이므로, 이 저술이 도달한 결론들도 필경은 어떤 선택의 결과임을 부인하기 어렵다.

이 저술을 통하여 내가 얻은 결론의 많은 것은 잠정적 성질의 것이다. 내가 도달한 잠정적 결론에 대해서 많은 독자들의 공감이 있기를 바라는 마음이 없다고 말한다면, 그것은 거짓말이 아닐 수 없다. 그러나 많은 독자들의 찬동을 기대하는 것은 흔히 있을 수 있는 욕심에 불과하며, 실은 많은 반대 의견을 불러일으키기만 하더라도 이 저술은 성공했다고 볼 수 있을 것이다. 저자에 대한 가장 가혹한 대접은 무관심 속의 묵살이다.

이 저술은 현대인이면 누구나 의식하기 마련인 '나의 삶'의 문제에서부터 출발한다. 나는 어떠한 삶을 가질 것인가? 나는 삶을 어떻게 설계할 것인가? 이러한 물음과 진지하게 대결하자마자, 우리는 '나'라는 것이 사회적 존재라는 사실과 부딪치게 된다. '나'가 그 안에 살고 있는 사회의 현실적 조건들을 무시하고 '나'가 원하는 삶을 설계하거나 추구할 수 없음을 알게 되는 것이다.

개인으로서의 '나'가 바람직한 삶을 가질 수 있기 위해서는 '나'가 속해 있는 사회가 우선 어느 정도 바람직한 모습을 갖추어야 한다는 깨달음은, 곧장 우리를 바람직한 사회의 문제로 안내한다. 도대체 바람직한 사회란 어떠한 원칙들 위에 입각해야 하는 것일까?

나는 바람직한 사회 또는 정당한 사회에 관한 학설들의 전형적인 것 네 가지를 비판적으로 살펴보았다. 양극으로 대립하는 자본주의와 공산주의의 원형(原型)을 우선 거론하고, 다음에 그것들의 절충 내지 조화를 꾀하는 중간노선을 다시 두 가지로 나누어서 고찰하였다. 우리나라가 지향해야 할 사회의 모형을 구상할 때 타산지석(他山之石)으로 삼기 위한 준비 작업으로서 한 일이다.

한 나라가 건설하고자 하는 사회의 그림은 그 나라 사람들의 일반적 의식 수준과 동떨어져서는 안 된다는 것이 나의 지론이다. 우리나라가 다음 시대에 건설하고자 하는 사회의 그림은 오늘의 한국인 또는 머지않은 장래에 길러낼 수 있는 한국인의 의식 수준을 고려해서 작성되어야 한다. 이에 오늘의 한국인의 의식구조를 살펴보았고, 내일의 한국인상을 위한 교육의 문제도 언급하였다.

이 저술의 원고가 출판사로 넘어간 직후에 중국 대륙에서는 천안문(天安門)의 참사가 일어났고, 곧 이어서 동구의 거센 개혁의 물결이 동서독 사이의 장벽을 무너뜨리고, 루마니아의 독재자 차우셰스쿠를 극형으로 처단한 세계사적 변혁이 발생하였다. 이러한 역사적 전환기를 맞이하여 우리나라도 새로운 차원의 발전 내지 도약을 시도해야 할 시점에 놓였다. 이 작은 저술의 내용이 우리나라의 발전 방향의 문제와 무관하지 않다는 뜻에서, 이 책의 출판이 적절한 시기를 얻었음을 다행으로 생각한다. 그러나 우리나라의 과제가 매우 중대하고 절실한 데 비하여 이 저술의 넓이와 깊이가 너무나 빈약함에 자괴(自愧)와 자책을 금치 못한다. 역량이 풍부한 후학들의 심도 있고 정확한 연구를 위한 문제 제기와 출발 신호의 구실만이라도 제대로 하게 된다면 더없이 다행이겠다.

저술의 전체적 골격을 미리 정해 놓고 그 구성에 맞추어서 내용을 채우는 방식을 따르지 않고, 생각의 흐름에 따라서 논의를 전개하는 방식으로 원고를 작성했던 까닭에, 책 이름을 짓기에 어려움이 따랐다. 여러 가지 의견이 오고간 끝에 결국 『변혁 시대의 사회철학』으로 정했거니와, 여기서 '변혁'이라는 말은 중성적(中性的)인 뜻으로 썼으며, '사회철학'이라는 말은, 어떤 특정한 학파의 사회철학을 의식함이 없이, 자유롭게 사용하였다.

이 저술의 원고 작성과 제작 과정에서 여러 동학과 친지들의 많은 도움을 받았다. 참고문헌의 수집에서부터 책 이름 짓기에 이르기까지 여러 가지 모양의 도움을 준 친구들의 호의를 오래 간직하고자 한다. 그리고 이 저술을 좋은 책으로 꾸미고자 각별한 배려를 아끼지 않은 철학과현실사와 꼼꼼한 솜씨로 교정을 맡아 준 철학문화연구소 고현진(高賢鎭) 편집부장에게 마음 깊이 감사한다.

1990년 1월 11일

김 태 길

차례

1장

현실로부터의 출발: 삶의 문제

1장 현실로부터의 출발: 삶의 문제

1. '나의 문제'로서의 삶의 문제

이론의 분야에 있어서나 실천의 분야에 있어서나 문제를 의식하는 것은 **개인**이다. 사회는 의식을 가진 개인들의 집단이기는 하나, 집단 그 자체에는 의식이 없다. **문제의식의 주체는 항상 개인이다.**

윤리학의 주제가 되는 삶의 문제도 그것을 의식하는 것은 개인이다. 삶의 문제가 반드시 '나'의 문제로서 의식되는 것은 아니며, 많은 경우에 그것이 '우리'의 문제로서 의식되는 것은 사실이다. "우리는 어떻게 할 것인가?" "우리 한국이 가야 할 길은 어느 방향으로 뚫려 있는가?" 많은 경우에 우리는 이렇게 문제를 의식하고 이렇게 문제를 제기한다. 그러나 비록 문제가 집단의 그것으로서 의식된다 하더라도, 그 문제를 의식하는 것은 개인 또는 개인들이며, 집단이 직접 문제를 의식하지는 않는다. 집단 그 자체에는 의식이 없기 때문이다.

삶의 문제를 의식하는 것이 '나'라는 사실은 삶의 문제가 궁극에 가서 '나의 문제'로서의 성격을 띤다는 의미를 강하게 함축한다. 인간은 본래 사회적 존재이고, 인생의 문제는 대부분 개인의 힘만으로는 해결할 수 없는 공동의 문제임에 틀림이 없다. 그러나 그 공동의 문제를 의식하는 것은 어떤 집단이 아니라 그 집단에 포함된 개인 또는 개인들이다. 따라서 비록 '공동의 문제'로서의 성격이 강한 문제라 하더라도, 그것은 그 문제를 의식하는 개인들의 '나의 문제'로서의 성격도 강하게 띠기 마련이다. 문제라는 것은 일차적으로는 그것을 의식하는 존재의 문제라고 보아야 하는 까닭에, 문제의식의 주체가 개인이라는 사실은 개인이 모든 문제의 당사자 또는 주인으로서 무거운 비중을 차지한다는 의미를 강하게 함축하는 것이다.

구체적인 예를 하나 들어서 생각해 보기로 하자. 갓난아기가 몸이 성치 않을 때, 그 상황이 가진 문제를 의식하는 것은 부모일 수도 있고 담당 의사일 수도 있다. 갓난아기 자신은 아직 자기의 문제를 의식하지 못하지만 그 문제의 당사자 가운데 포함시켜야 할 것이며, 아기의 질환이 전염병일 경우에는 인접한 집단도 문제의 당사자 가운데 포함시켜야 할 경우가 있을 것이다. 그러나 이러한 사실이 그 문제가 그것을 의식한 부모 또는 의사의 문제라는 사실을 약화 내지 무화(無化)시키는 것은 아니다. 요컨대, 하나의 문제에 대해서 그 당사자 또는 주인은 여럿이 있을 수 있으며, 그 가운데서도 그 문제를 의식한 개인 또는 개인들은 일차적 당사자로서의 중요한 위치를 차지한다. '나의 문제'로서 의식된 문제가 아니면 진정으로 의식된 문제라고 보기 어렵다.

문제가 저절로 해결되는 경우도 간혹 있으나, 대부분의 문제들은 사람들의 행위의 개입을 통해서 해결된다. 인간이 하는 행위의 대부분은 그들이 당면한 문제의 해결을 위한 수단으로서의 성격을 가졌다. 그러면 그 **행위의** 주체는 누구일까? 문제의식의 주체가 개인이듯이 행위의 주체도 항상 개인이라고 보아야 할 것인가? 또는 집단이 행위의 주체가 되는 경우도 있는 것일까? 특히 중대한 사회적 문제에 있어서, 그 해결을 위하여 요구되는 행위의 주체는 하나의 집단으로서의 사회일까, 또는 그 집단의 구성원인 개인들일까?

이것은 문제의식의 주체의 경우처럼 간단한 문제는 아닌 것으로 보인다. 하나의 구령으로 움직이는 군대의 집단적 행동 또는 군중심리를 따라서 좌우되는 집단 시위 등을 단순한 개인적 행위의 집합으로만 보기 어렵다는 사실이 이 문제의 복잡성을 단적으로 말해 준다. 집단이 집단으로서의 의식을 가졌다는 주장은 형이상학설을 바탕에 깔고서만 말할 수 있으나, 집단이 집단으로서 행동을 한다는 주장은 형이상학을 떠나서도 할 수가 있다. 따라서 집단이 의식의 주체가 될 수 없다는 말을 하기는 쉬우나, 집단이 행위의 주체가 될 수 없다고 말하기는 쉽지 않다.

그런데 잘잘못을 따질 수 있는 행위는 원칙적으로 **의도적** 행위에 국한된다. 다시 말해서, 이른바 '자유의지'로 이루어진 행위만을 **도덕적** 평가의 대상으로 삼는 것이 우리들의 관행이다. 그런데 의도적 행위를 할 수 있는 주체, 즉 자유의지의 주체는 개인들뿐이며, 집단으로서의 의도 또는 자유의지를 갖는다는 말은 오직 의인법적(擬人法的) 표현으로만 할 수가 있다. 집단은 의식의 주체가 아니며 의식의 주체가 아닌 것은 엄밀한 의미에 있어서 의도 또는 의지의 주체가 될 수 없기 때문이다.

'집단적 행동'이라는 현상이 존재하는 것은 사실이며, 집단적 행동이 갖는 의미는 그 구성요소인 개별적 행동이 갖는 의미들의 총화보다 클 수도 있다. 그러나 집단적 행동의 주체인 집단을 엄밀한 의미에 있어서 **도덕적** 행위자(moral agent)라고 보기는 어렵다. 군중 폭동과 같은 집단적 행동의 법적 또는 도덕적 책임을 물을 때, 주동자와 추종자를 구별해서 처리하는 일반적 관행은 도덕적 행위의 주체가 개인이라는 관점에 입각한 것이다. 군무(群舞) 또는 합창과 같은 예술적 행위를 평가할 경우에는 전체의 연기를 하나로 묶어서 보는 것이 원칙임에 비하여, 도덕적 평가의 경우에는 집단적 행동도 개인별로 분리해서 고찰한다는 사실은, **도덕적** 행위의 개인적 특성을 강력히 암시한다.

　이제까지의 고찰만으로 도덕적 행위의 주체가 언제나 반드시 개인으로서의 인간이라는 결론을 확정짓기에 충분한 것은 못 된다. 형이상학적 고찰의 개입이 가능한 우리 문제에 대해서 이론의 여지가 없는 확정론을 제시하기는 매우 어려울 것이다. 다만, 삶에 대한 문제의식을 가질 수 있는 것이 개인들이며, 그 문제의 해결을 위한 **의도적** 행위를 결심하고 실천할 수 있는 것도 결국 개인들이라는 사실은, 도덕적 문제의 당사자이며 도덕적 행위의 주인공으로서 가장 먼저 손꼽아야 할 것은 개인으로서의 인간이라는 견해를 뒷받침하기에 충분할 것이다.

　규범 윤리학의 문제는 인간의 당위(當爲)에 관한 문제이며, 인간의 당위에 관한 물음에 올바른 대답을 주기 위해서는 인간의 존재(存在)에 대한 바른 인식이 앞서야 한다. 현실적 인간이 어떠한 존재이냐 하는 문제 가운데서 윤리학을 위하여 중요한 물음의 하나는, 인간의 개별적 측면과 집단적 측면의 관계를 어떻게 파악하느냐 하는 물음이다. 다시 말해서, 인간의 본성은 그가 '자유의 주체'라는 사실에 초점을 두고 파악되어야 한다는 일반적 견해를 받아들일 때, 개인 하나하나를 자유의 주체로 볼 것인가, 또는 총체적 인간 집단을 자유의 주체로 볼 것인가 하는 물음이다. 앞에서의 고찰이 이 물음과 밀접한 관련성을 가졌음은 사실이나, 그것만으로 이 고찰이 "자유의 주체는 집단이 아니라 개인이다."라는 견해를 옹호하는 관점을 택했다고 보기는 어렵다. 이 문제에 대해서는 뒤에 가서 다시 고찰할 기회가 있을 것으로 생각한다.

　이제까지의 고찰이 우리에게 밝혀 준 것은 규범 윤리학의 대상인 삶의 문제를 **의식하는** 것은 개인들이며, 따라서 윤리적 문제의 **일차적** 당사자는 개인들이라는 사실이다. 어떤 문제를 의식한 사람들만이 그 문제의 당사자라고 보기 어렵다는 것은 당사자 자신에게 알려지지 않은 문제도 허다하다는 일상적 사실에 의해서 명백하다. 여기서 필자가 강조하고 있는 것은, 하나의 문제에 대해서 있을 수 있는 여러 당사자들 가운데 그 문제를 의식한 개인들도 의당 포함되어야 하며, 많은 경우에 있어서 그들은 중요한 당사자의 자리에 놓이게 된다는 사실이다.

나와는 관계가 없는 순전한 남의 문제에 대해서 내가 어떤 정보를 가지게 될 경우가 있다. 이런 경우에 "나는 내 문제가 아닌 남의 문제를 의식한다."는 표현을 쓸 수 있을 것이다. 그러나 이 경우에는 그것을 **삶의** 문제 또는 **윤리적** 문제로서 의식한 것은 아니다. 우리가 지금 다루고 있는 것은 윤리적 문제에 대한 의식의 문제이며, 자기 자신을 완전한 국외자(局外者)의 위치에 놓고 바라보는 것은 윤리적 문제의식은 아니다. 우리가 "삶의 문제를 의식하는 것은 개인이다."라고 말했을 때, 그것은 자신을 그 문제의 유관자(有關者)로서 의식하는 경우를 말한 것이다.

사생활의 안락을 염두에 두지 않고 국가 또는 인류를 걱정하는 지사(志士) 또는 성자(聖者)가 의식하는 문제도 일차적으로는 '나의 문제'이다. 그것은 국가 또는 인류 전체를 위한 문제이며 '나' 한 사람을 위한 개인의 문제는 아니다. 그러나 전체에 관한 이 문제의 해결을 위한 실천의 방안을 구체적으로 강구하는 단계에서 첫째로 부딪치는 것은 "나는 어떻게 할 것인가?"라는 물음이다.

일제시대의 애국지사가 민족 독립의 문제를 의식했을 때, 그 문제는 민족 전체에 관련된 문제였고, 그 지사 개인의 힘만으로는 해결할 수 없는 전체의 문제였다. 그러나 이 전체의 문제를 해결하기 위한 실천의 방안을 강구하는 마당에서 그 지사가 첫째로 부딪친 문제는 "나는 어떻게 할 것인가?"였을 것이다. 그는 단독의 힘만으로 이 공동의 문제를 해결할 수 없음을 알았던 까닭에 여러 동지들과 힘을 합해야 했고, 여러 동지들과 협동하여 민족 전체의 힘을 규합해야 했다. 그러나 동지들과 힘을 합하기 위해서는 우선 그 지사 자신이 어떤 행동을 개시해야 했고, 어떤 행동부터 어떻게 해야 하느냐 하는 문제는 "나는 어떻게 할 것인가?"라는 물음으로서 그 지사에게 다가왔을 것이다.

2. 생활인으로서의 출발

학자가 되겠다는 목표를 세우고 윤리학을 선택한 사람들은 선철(先哲)들의 학설부터 공부하는 것이 자연스러운 출발일 것이다. 그들은 선철들이 탐구한 윤리학의 문제와 선철들이 도달한 해답을 연구하고, 더 나아가 선철들의 학설을 비판함으로써 새로운 경지로 진출하기를 꾀할 것이다. 그러나 필자의 경우가 그렇듯이, 삶의 과정에서 부딪치는 자기 자신의 문제에 대한 해답을 모색하고자 하는 동기에서 윤리학과 만나는 사람들은 그들이 개인으로서 의식한 '나의 문제'에서부터 출발하는 것이 더 자연스러운 순서일 것이다. 학자가 되리라는 목표를 세우지 않았던 까닭에, 그들이 일차적으로 부딪치는 문제는 선철들의 학설을 어떻게 이해하고 어떻게 평가해야 하느냐 하는 문제가 아니라, "나는 어떻게 해야 할 것인가?"라는 물음으로 표현되는 여러 가지 실천적 문제들일 것이다.

한 개인의 삶의 현장에서 부딪치는 현실의 문제들은 대개 일상적이며 구체적인 것이 보통이다. "가족과의 갈등을 어떻게 처리할 것인가?" 또는 "친구의 무례한 태도에 대해서 어떻게 대처할 것인가?" 하는 따위의 일상적인 것이거나, 전공 학과의 선택 또는 직장의 선택의 문제와 같은 구체적인 것일 경우가 많다. 이렇듯 일상적이며 구체적인 문제들이 모든 사람들을 윤리학으로 안내하는 것은 물론 아니며, 일상적이며 구체적인 문제들에 대한 해답을 성찰의 결과로서 얻은 **기본 원칙**에 비추어서 도출하려는 사람들만이 철학의 분과로서의 윤리학과 만나게 된다. 윤리학이란 삶의 물음에 대해서 상식적 해답 또는 즉흥적 해답만으로 만족할 수 없는 사람들을 위한 사유의 영역이다.

일상적이며 구체적인 행위의 문제에 대해서 상식적 내지 즉흥적 해답을 거부하고 깊은 근거 또는 보편적 원칙에 의거한 해답을 얻고자 할 때, 우리들의 일상적이며 구체적인 문제는 "나는 어떻게 살 것인가?" 하는 일반적이며 추상적인 문제로 연결된다. 일상적 문제들을 보편적 원칙에 비추어서 고찰한다는 것은 개별적 문제들을 전체로서의 삶의 문제의 부분들로서 간주하는 관점을 취하는 것이며, 한 개인의 견지에서 본 전체로서의 삶의 문제는 "나는 어떻게 살 것인가?"라는 물음으로 대표할 수 있기 때문이다.

일상적이며 개별적인 문제들에 대한 해답의 뿌리를 "나는 어떻게 살 것인가?"라는 근원적인 물음에 대한 해답에서 찾으려 하는 사람들이 모두 윤리학으로 진입하는 것은 아니다. "나는 어떻게 살 것인가?"라는 물음은 결코 새로운 물음이 아니며, 이 오랜 역사를 가진 물음에 대해서는 이미 여러 종교들이 해답을 제시한 바 있다. 우리는 전통적 종교들이 제시한 해답 가운데서 하나를 신봉함으로써 저 삶의 문제에 대처할 수 있으며, 그럴 경우에는 윤리학적 탐구의 번거로움을 자초할 필요가 없게 된다. 그리고 종교적 교리 대신 과거의 윤리학설에서 그 해답을 빌릴 경우에도 사정은 대동소이하다. 철학의 한 분과로서의 윤리학은 자기 자신의 **비판적** 사유를 통하여 삶의 문제와 직접 대결하는 사람들의 영역이며, 남의 학설 내지 사상을 감동적으로 받아들이는 사람들은 아직 그 외곽에 머물러 있다고 보아야 할 것이다.

전통적 종교의 교리 또는 저명한 선철들의 학설의 가르침을 겸손하게 받아들이지 않고 스스로의 사색으로 탐구하는 길을 택하는 사람들이 반드시 더 나은 새로운 원리에 도달하리라는 보장은 없다. 십중팔구는 옛 사람들의 발자취를 크게 벗어나지 못하고 아류(亞流)의 경지에 머물고 말 공산이 크다. 그러나 그러한 결과를 피하기 위하여 선철들의 해답 가운데서 적당한 것 하나를 선택함으로써 만족하는 것은 자기에게 충실한 태도가 아니며, 비록 필경은 선철들의 어떤 가르침으로 되돌아오는 결과에 그치고 만다 하더라도, 그 결과에 이르는 과정에서 자신의 적극적이며 투철한 사색을 거쳤느냐 아니냐에 따라서 그 사람의 정신세계에 현저한 차이가 생긴다고 보아야 할 것이다.

"나는 어떻게 살 것인가?"라는 개인적 문제로부터 출발하는 접근 방법을 취한다 함은, 윤리학의 대상 범위를 개인의 삶의 문제에 국한한다는 뜻은 결코 아니며, 개인적 윤리 문제가 사회적 윤리 문제보다도 중요하다고 보는 관점을 의미하는 것도 아니다. 필자가 여기서 주장하고 있는 것은 윤리학의 **출발점**을 '나의 문제'에서 구하는 것이 하나의 자연스러운 접근이 될 수 있으리라는 생각일 뿐이며, 이러한 접근 방법이 도달할 어떤 결과까지도 염두에 두고 있는 것은 아니다. 남의 학설이 제시한 문제로부터 출발하는 대신 나 자신이 의식하는 삶의 문제로부터 출발하는 윤리학의 길이, 학자가 되리라는 목표와는 무관하게 이 분야로 뛰어든 사람의 경우에는, 더 자연스러우리라는 것이 필자의 발상일 따름이며, 그 이상의 어떤 전제나 선입견을 배후에 깔고 이 저술에 종사하고 있는 것은 아니다. 필자는 지금 어떤 결론을 미리 내다보고 그것을 정당화할 방안을 강구하고 있는 것은 아니며, 다만 논리에 충실해 가며 한 걸음 한 걸음 전진을 꾀하고자 하는 것이 현 단계의 심산이다. 필자의 직관적인 생각으로는 '나의 문제'에서 출발한 윤리학적 탐구가 반드시 개인 중심의 윤리학으로 귀결을 지을 논리적 필연성은 없을 것으로 보이며, 비록 개인의 문제의식에서 출발하더라도 사회윤리 내지 정치 윤리의 영역으로 이행하는 길은 크게 열려 있을 것으로 예상된다.

우리가 말하는 '나의 문제'란 내가 **직접적으로 의식하는 삶의 문제**라는 뜻이며, 나 개인에 **관한** 문제라는 뜻은 아니다. 사회적 존재인 나는 내가 몸담고 있는 사회 전체에 관한 문제도 나의 문제로서 의식할 것이며, 정의로운 사회 또는 바람직한 정치체제 등의 문제들도 나의 절실한 문제로서 떠오르리라는 것은 거의 확실하다. 따라서 개인의 문제의식에서 출발하는 우리의 접근이 윤리적 탐구의 영역을 부당하게 제한할 염려는 거의 없다고 생각된다.

인간 사회에는 무수한 개인들이 함께 살고 있으며, 그 무수한 개인들은 각각 '나의 문제'를 의식하며 살아간다. 무수한 개인들의 '나의 문제'들은 복잡하게 서로 엉켜서 공동의 문제를 형성하거니와, 이 공동의 문제는 사회의 관점에서 보면 '우리의 문제'요, 개인의 관점에서 보면 '나의 문제'다. 따라서 공동의 문제를 해결함이 없이 '나의 문제'를 해결할 길은 없으며, 각자가 '나의 문제'로서 의식하는 범위의 넓이는 개인의 의식 수준에 달려 있을 것이다. 주로 사생활의 문제를 '나의 문제'로서 의식하는 사람도 있을 것이며, 위대한 인물들의 사례가 보여주듯이, 주로 집단 또는 공동체의 문제를 '나의 문제'로서 의식하는 사람도 있을 것이다.

삶의 문제로서 개인이 의식하는 문제들 가운데는 사회정의를 실현하는 문제, 민주국가를 건설하는 문제, 겨레의 통일을 이룩하는 문제 등이 포함될 수 있거니와, 그것들이 '나의 문제'로서 의식되는 까닭은 그들 문제의 해결을 꾀함에 있어서 '나'가 해야 할 일이 있음을 알기 때문이나, 나의 실천과 관계가 없는 문제는 '나의 문제'로서 의식되지 않는다. 다시 말해서, '나의 문제'로서 의식되는 삶의 문제에는 언제나 "**나는** 어떻게 할 것인가?"라는 물음이 포함되어 있다. 그리고 각각의 경우에 있어서 부딪치는 "나는 어떻게 할 것인가?"를 하나로 묶으면, "나는 어떻게 살 것인가?"가 된다.

3. 규범의 통제와 개인의 자유

일부의 법칙론자들이 주장했듯이, 만약 인간이 지켜야 할 행위의 법칙이 **모든 경우를 위해서** 선천적으로 주어져 있다는 것을 굳게 믿는 사람에게는, 그 선천적 행위의 법칙들이 "나는 어떻게 할 것인가?" 또는 "나는 어떻게 살 것인가?"라는 물음에 해답을 제공할 것이다. 그를 위해서는 "항상 선천적 행위의 법칙을 따라서 행위하라."는 명령이 "나는 어떻게 할 것인가?"라는 물음을 위한 올바른 대답이 될 것이며, 그에게 남은 것은 여러 가지 상황에 적용될 '선천적 행위의 법칙'을 구체적으로 알아내는 일뿐이다.

설령 선천적 행위의 법칙이 주어져 있다 하더라도, 그 법칙이 모든 경우를 망라할 수 있도록 세밀한 것이 아니고 오직 몇 가지 기본 원칙만을 제시하는 따위의 것일 경우에는, 개인적 자유재량의 여지는 남을 것이다. 각자는 저 선천적 행위의 원칙을 지키는 테두리 안에서 자기의 삶을 자유재량으로 설계하고 실천할 권리를 보유하게 될 것이다.

일부의 종교가들이 주장했듯이, 신의 뜻 또는 하늘의 뜻을 따라서 행위하는 것이 인간의 도리라고 믿는 사람들의 경우도 사정은 비슷하다. "신의 뜻을 따르라." 또는 "하늘의 뜻을 따르라."는 명령이 그들의 삶의 문제를 위한 올바른 대답이 될 것이며, 그들을 위해서 필요한 것은 신의 뜻 또는 하늘의 뜻이 무엇인가를 구체적으로 살피고 헤아리는 일뿐일 것이다. 이 경우에도 개인이 자기 의사를 따라서 행위를 선택할 여지가 있느냐 없느냐 하는 문제는, 선천적 행위의 법칙의 경우와 대동소이할 것이다. 즉, 신의 뜻 또는 하늘의 뜻이 모든 상황을 망라할 정도의 빈틈없는 세칙으로 인간의 행위를 규제하지 않고 대강의 원칙만을 제시하는 데 그칠 경우에는, 각 개인은 어느 정도 주관을 따라서 인생을 설계할 수 있는 여지를 갖게 될 것이다.

여기서 우리가 선천적 행위의 법칙 또는 신의(神意) 내지 천의(天意)의 유무의 문제를 깊이 문제 삼을 필요는 없을 것이다. 인식의 문제이기보다는 신앙의 문제에 가까운 이 문제는 엄밀하게 학문적으로 다루기 어려운 문제이며, 선명한 해답을 기대하기 어려운 문제와 처음부터 정면으로 대결하는 것은 현명한 접근이 아닐 것으로 보인다. 따라서 여기서는 저 형이상학적 내지 신학적 문제는 일단 접어 두고, 손에 잡히는 것이 있는 각도에서 우리들의 삶의 문제에 접근하는 편이 바람직하다.

형이상학적 내지 신학적 도덕원리의 존재 여부의 문제를 일단 접어 두고 출발한다고 할 때, 그러한 선천적 원리가 있다고도 없다고도 전제하지 않고 완전히 중립적인 견지를 취하는 것이 바람직하나, 현실적으로 그렇게 하기에는 어려움이 있다. 우리가 긍정 또는 부정의 한 견지를 명백하게 취하지 않더라도, 우리가 고찰을 전개하는 가운데 자연히 어느 한쪽에 발을 디디지 않을 수 없는 처지에 몰리게 될 경우가 있을 것으로 예상되는 것이다. 우리는 선천적 도덕원리가 존재하지 않는다고 단정할 필요는 없으며, 다만 그런 것이 존재한다는 주장을 받아들이기를 보류하는 선에 멈출 것이나, 이러한 중간적 견지가 실제에 있어서는 선천적 도덕원리의 비존재(非存在)를 전제로 하는 것에 가까운 함축을 가질 가능성이 크다고 생각된다.

선천적 도덕원리가 존재한다는 주장을 뒷받침할 만한 증거가 제시된 바 없으며, 또 그런 것의 존재가 직관적으로 자명하다고 보기도 어렵다. 한편, 선천적 도덕원리가 존재하지 않는다는 주장을 위한 적극적인 증거도 없으며, 또 그런 것의 비존재가 직관적으로 자명하다고 보기도 어렵다. 이와 같은 상황에 있어서, 선천적 도덕원리의 존재를 가정하고 그 가정을 실천 생활의 기본 원리로 삼기보다는 그런 것이 존재한다는 주장을 받아들이기를 일단 보류하는 편이 사리에 맞는다고 필자는 생각한다. 그리고 그런 것이 존재하지 않을 경우에도 타당성을 가질 수 있는 원리를 달리 찾아보는 것이 옳다고 생각한다.[1]

여기서 하나의 반문을 제기하는 사람이 있을지도 모른다. 선천적 도덕원리가 있다는 증거도, 없다는 증거도 없는 이상, 차라리 그런 것이 있다는 가설을 받아들이고 출발하는 편이 낫지 않느냐 하는 반문이다. 이 반문은, 어떤 대상이 있다는 증거도 없고, 없다는 증거도 없을 경우에, 그것이 있다는 가설과 없다는 가설이 동등한 권리를 가지고 주장될 수 있다고 보는 논리에 입각한다. 그리고 두 가지의 가설이 동등한 권리로써 주장될 수 있을 경우에는, 우리들의 실생활을 위해서 유리한 편을 받아들이는 것이 옳다고 본 제임스(William James)의 견해를 원용한 것이다.

이와 같은 반론에는 적어도 두 가지 난점이 있는 것으로 보인다. 첫째로, 어떤 대상 또는 사건의 유무에 대해서 어느 편을 위한 확증도 없을 경우에, 긍정과 부정의 두 가지 명제가 동등한 권리를 가지고 주장될 수 있다는 전제에 문제가 있다. 어떤 대상 또는 사건에 대해서 적극적 주장과 소극적 주장이 맞섰을 경우에는 적극적 주장을 뒷받침할 책임이 소극적 주장을 뒷받침할 책임보다 더 무겁다고 보는 것이 우리들의 관행(慣行)이요 양식(良識)이다. 예컨대, 봉황 또는 인어가 존재한다는 주장과 존재하지 않는다는 주장이 동등한 신빙성을 가졌다고 보지 않는 것이 우리들의 양식이며, 형사적 범죄 사건에 있어서 용의자의 범행을 입증할 검찰의 책임이 그것을 반증할 용의자의 책임보다 크다고 보는 것이 모든 문명국의 관행이다.

둘째로, 실생활에 대한 유용성을 사실판단의 진위와 관련시키는 발상에 인식론적 무리가 있다. 사실판단의 진위는 오로지 객관적 사실에 달려 있는 것이며, 그 판단에 대한 믿음이 갖는 유용성에 의하여 영향을 받지 않는다. 예컨대, 신의 존재에 대한 믿음의 유용성 여부가 신의 존재 여부에 영향을 줄 수 없으며, 영혼의 불멸에 대한 믿음이 믿는 사람들을 위해서 도움을 줄 수 있다 하더라도 그 유용성이 영혼의 불멸에 대한 주장의 **인식론적** 타당성을

---

1 이러한 결론은 우리가 지금 철학적 사유를 통하여 삶의 문제에 접근하고 있다는 사실에서 얻어지는 것이며, 만약 우리가 철학적 사유의 길을 버리고 종교적 신앙의 길을 택했다면 결론은 달라질 수 있을 것이다. 필자는 인간의 지성에 의존하는 철학적 사유로써 모든 삶의 문제들이 해결될 수 있다고 보지는 않는다. 그러나 종국에 가서 어떤 믿음에 의존하는 한이 있더라도, 논리적으로 생각할 수 있는 데까지는 그 생각을 따라가는 것이 나 자신에게 충실한 태도라고 생각한다.

위해서 보탬이 될 수는 없다.

"나는 어떻게 살 것인가?"라는 물음에 대한 해답의 일부는 내가 주체적으로 결정해야 할 것으로 보인다. 형이상학적 내지 신학적 도덕원리를 전제로 하지 않을 경우에, 나의 생활의 모든 국면을 남김없이 규제하고 모든 경우에 내가 해야 할 행위 하나하나에 대해서 빈틈없는 명령을 내리는 타율적 규범이 존재한다고 보아야 할 이유를 생각하기 어렵다. 설령 형이상학적 내지 신학적 도덕원리가 존재한다 하더라도, 그 원리가 인간에게 자유재량의 여지를 남기지 않고, 우리들의 모든 행위에 대해서 세세한 간섭을 할 정도로 자질구레한 것이라고 생각하기는 어렵다. 선천적 행위의 법칙 또는 신의 뜻을 믿는 사람들 가운데도 모든 순간의 모든 행위를 위한 지시를 그 선천적 규범에 구하는 사람은 거의 없다. 선천적 규범의 존재를 믿든 믿지 않든, 모든 사람들은 어느 정도 자유의사를 따라서 자기의 행동을 결정하는 것이 우리들의 현실이다.

인간은 혼자서 세상을 사는 것이 아니므로, 아무도 모든 짓을 제 마음대로 할 수 있는 완전한 자유는 갖지 않았다. 설령 선천적으로 주어진 행위의 규범이 없다 하더라도, 인간의 **사회성에 근거를 둔 규범**이 개인의 행위에 제약을 가한다. 그러나 사회적 규범이 개인의 생활에 제약을 가하는 것은 생활의 어떤 측면에 국한해서이며, 모든 상황에서의 일거일동을 남김 없이 규제하는 것은 아니다. 인간의 생활에는 사회적 규범을 따라야 할 통제의 측면과 개인의 선택에 맡겨지는 자유의 측면이 있다.

사회의 규범이 허용하는 범위 안에서 개인은 자기가 원하는 대로 행동할 수 있는 자유를 가졌으나, 우리는 그때그때의 충동이나 기분을 따라서 아무렇게나 행동하기를 원치 않는다. 우리는 자기의 생애를 하나의 통일성을 가진 체계로 보는 동시에 자기의 삶이 전체로서 값있고 보람 있는 것이 되기를 염원한다. 우리는 각각 자기에게 가능한 여러 가지 삶 가운데서 가장 바람직한 체계가 실현되기를 원하기 마련이며, 우리들의 삶의 현실적 문제는 각자가 구상할 수 있는 여러 가지 인생 설계 가운데서 가장 바람직한 것을 하나 선택하는 문제가 된다. 여기서 우리는 삶의 문제의 개인적 측면을 다루는 과정에 있어서 '삶의 설계'가 매우 중요한 개념으로서 떠오름을 본다.

4. 사생활과 공공 생활

인간의 올바른 삶의 길이 무엇이냐는 윤리학의 근본 문제에 대하여 그 해답을 어떤 형이상학 또는 신학의 원리에서 찾을 것이냐, 또는 인간의 경험 또는 인류의 역사에 근거를 두고 찾을 것이냐 하는 물음을 앞에 놓고, 정면에서 논쟁으로 대결하는 학자들은 요즈음에는 그리 많지 않은 것으로 알고 있다. 그보다는 오히려 사회 전체의 선(善)을 극대화한다는 원칙을 따라서 제도를 확립하고 개인의 행위를 규제해야 한다는 집단주의 내지 사회주의와 개인을 자유의 주체로 보고 각 개인은 자기가 원하는 삶을 스스로 선택할 권리가 있다고 보는 개인주의 내지 자유주의의 대립이 더 활발한 논쟁을 벌이고 있는 것이 현대의 윤리학 또는 정치철학의 양상이 아닐까 한다.

미국과 소련이 세계를 동서로 크게 갈라놓고 있는 오늘의 세계사적 현실에 비추어 보거나, 국토가 남북으로 갈라지고 이데올로기를 달리하는 두 정권이 정면에서 대립하고 있는 한반도의 실정에 비추어 보거나, 사회주의와 개인주의의 대립이 제기하는 철학적인 문제들을 진지하고 깊이 있게 다루는 일은 우리 한국에서도 누군가가 해야 할 철학적 과제라고 필자는 생각한다. 대립하는 두 가지 신념 체계 가운데서 어느 한편을 지지하겠다는 태도 결정을 먼저 하고 그 결정을 정당화하기 위한 이론을 모색하는 것은 참된 의미의 철학적 탐구가 아니다. 관련된 논쟁점에 대한 선입견을 되도록 배제하고, 대립된 두 가지 주장에 공정한 분석과 평가로 대하는 정직한 태도가 전제되어야 하며, 이른바 '반공(反共)'이라는 목적을 앞세운 모든 시도는 필자가 여기서 말하는 철학적 과제와는 직접 관계가 없다.

그럼에도 불구하고 이제까지의 서술은 개인주의 내지 자유주의의 견지를 취하는 듯한 인상을 강하게 풍긴다. 이 저술의 출발점에서 필자는 삶의 문제가 일차적으로 '나의 문제'로서 의식된다는 사실을 힘주어 말했고, **도덕적 행위** 주체는 언제나 개인이라는 사실도 지적하였다. 그러나 이 저술을 결심한 필자의 의도 속에는 어떤 정치 이데올로기를 옹호하고자 하는 목적의식은 전혀 없으며, 내 힘이 허락하는 한 편견이 배제된 정직한 탐구로 일관해야 한다고 나 자신에게 타이르고 있다. 문제의식의 주체나 도덕적 행위의 주체가 개인이라는 사실을 앞세우고 출발한 필자의 동기는 개인주의를 옹호하고자 하는 의도에 있었던 것이 아니라, 선철들의 저서나 논문에 나타난 문제에서 출발하는 대신, 필자가 피부로 느껴 온 필자 자신의 문제에서 출발점을 찾아보고자 한 의도에 있었다.

비록 필자의 의도는 그것이 아니었다 하더라도, 문제의식의 주체와 도덕적 행위의 주체가 집단이 아니라 개인이라는 사실을 강조하고 출발한 필자의 탐구가 개인주의 내지 자유주의의 방향으로 기울게 될 가능성이 크지 않을까 하는 예감이 든다. 그러나 필자는 이 점에 대해서 힘을 다하여 신중을 기할 생각이다. 적어도 논리의 뒷받침 없이 어떤 이데올로기적 결론을 서두르는 따위의 오류는 범하지 않을 생각이다.

개인의 자유냐 전체의 선이냐 하는 정치철학의 문제를 두고 필자는 오랫동안 방황해 왔다. 지금도 그 방황이 아직 끝나지 않았으며, 이 어려운 문제를 푸는 실마리라도 찾아보고자 하는 것이 이 저술을 꾀하는 의도의 일부이기도 하다. 이 문제에 대한 탐구는 앞으로의 과제로 돌리고자 하거니와, 이 문제에 대해서 필자에게 한 가지 직관적 믿음이 있다는 사실을 이 자리에서 밝혀 두는 것이 독자들의 이해를 위해서 도움이 되리라고 생각된다.

그 직관적 믿음이라 함은 개인의 자유를 강조하는 개인주의 내지 자유주의와 전체의 선 또는 평등을 앞세우는 집단주의 내지 사회주의에는 양편이 모두 일리가 있다는 것을 인정해야 한다는 믿음이다. 만약 이 믿음을 버릴 수 없다면, 흑백논리를 따라서 어느 한편은 전적으로 옳고 다른 한편은 전적으로 틀렸다고 보는 양자택일의 태도를 지양해야 한다는 결론이 불가피하게 된다. 그리고 저 대립된 두 가지 주장을 종합하는 방향으로의 탐구가 있어야 한다는 또 하나의 직관이 이에 뒤따른다.

사회정의의 원리가 실현되는 곳에 옳음(right)의 실현이 있고 개인의 합리적 생활 설계가 실현되는 곳에 선(good)의 실현이 있다고 본 롤즈(J. Rawls)의 견해 속에 자유주의와 사회주의의 대립된 주장을 바르게 종합할 수 있는 하나의 시사가 들어 있다고 필자는 생각한다. 즉 인간의 생활을 사생활과 공공 생활의 두 영역으로 나누고, 사생활의 영역에 있어서는 자유주의의 주장을 받아들이고 공공 생활의 영역에 있어서는 사회주의의 주장을 살리는 방향으로, 저 두 사상을 종합할 수 있으리라는 것을 롤즈의 정의론이 시사한다. 사생활과 공공 생활의 경계선을 어떻게 그으며 또 이 두 영역의 관계를 어떻게 규정하느냐 하는 어려운 문제가 남아 있기는 하나, 삶의 영역을 두 영역으로 나누어 보는 것은 윤리학의 문제를 해결함에 있어서 큰 도움이 되리라고 전망되는 것이다.

모르기는 하지만, 짐승의 세계에는 사생활과 공공 생활의 구별이 없을 것으로 짐작이 간다. 만약 짐승의 종족 가운데 개체적 자아의식이 있고 삶의 설계를 하는 동물이 존재한다면, 그 종족에도 사생활과 공공 생활의 구별이 있다고 보아야 할 것이다. 그러나 그런 존재를 모르는 까닭에 금수의 세계에는 그 구별을 말할 수 없다고 생각하는 것이다. 만약 아득한 옛날에는 인간에게도 개인적 자아의식과 삶의 설계라는 것이 없었다면, 그 당시의 인간 사회에는 사생활과 공공 생활의 구별이 없었다고 보아야 할 것이다.

요컨대, 오늘의 인간에게 개인적 자아의식이 엄연히 존재하고 대부분의 개인들이 막연하게나마 삶을 설계한다는 사실을 필자는 매우 중요하다고 보는 것이다. 인간이 어떻게 살아야 하느냐 하는 문제에 바르게 대답하기 위해서는 현실에 있어서 인간이 어떠한 존재냐 하는 사실에 크게 기대지 않을 수 없으며, 인간의 현실적 존재를 파악함에 있어서 인간의 의식구조는 매우 중요한 의미를 갖는다고 보지 않을 수 없기 때문이다.

　개인주의자들과 사회주의자들의 대립된 사상 배후에 한 가지 공통된 믿음이 있다. 인간의 욕구나 소망이 충족되는 것은, 그것이 어떤 좋지 못한 결과를 수반하지 않는 한, 그 자체로 볼 때 바람직한 일이라는 믿음이다. 여기서 욕구의 충족에 수반되는 '좋지 못한 결과'라는 것도 따지고 보면 누군가의 욕구와 관계가 있다. 예컨대, 시장을 독점하고 싶은 나의 욕망을 충족시키는 것이 옳지 못한 이유는, 독점욕의 충족 그 자체가 나빠서가 아니라, 나의 독점욕이 충족되었을 때 나 이외의 다른 여러 사람들의 소망이 무너진다는 결과가 수반된다는 사실에 있다. 요컨대, 개인주의자들과 사회주의자들은 다 같이 인간의 욕구가 충족되는 곳에 가치의 실현이 있다고 보는 공통된 전제를 깔고 출발하고 있으며, 다만 누구의 어떤 욕구를 우선적으로 충족시킬 것이냐 하는 문제에 대해서 서로 다른 견해를 취하고 있는 것이다.

　모든 사람들의 모든 욕구를 충족시킬 수 있는 길이 있다면 그것이 최고의 길이 될 것이다. 그러나 그러한 길은 도저히 찾아볼 수 없는 일이므로, 충돌하는 욕구들을 어떻게 조절하느냐 하는 문제가 삶의 근본 문제로서 제기되고 있는 것이다. 이 어려운 문제가 다름 아닌 윤리학의 문제요 정치철학의 근본 문제에 해당하거니와, 이 근본 문제의 해결을 꾀하는 여러 가지 학설의 출현이 있는 가운데 개인주의 내지 자유주의와 집단주의 내지 사회주의가 크게 맞서고 있는 것이다.

　개인주의와 집단주의의 대립을 어떻게 풀 것이냐 하는 문제는 뒤에 가서 신중하게 다루어야 할 문제이거니와, 여기서 우선 지적해 두고 싶은 것이 두 가지 있다. 하나는 욕구의 기본적 주체는 개인이라는 사실이요, 또 하나는 여러 사람들의 욕구 가운데 어느 누구의 것은 더 소중하고 어느 누구의 것은 덜 소중하다고 차별할 논리적 근거가 없다는 사실이다. 이 두 가지 사실은 우리가 앞으로 저 정치철학의 대립의 문제를 다루는 과정에서 귀중한 출발점이 될 것으로 생각된다.

같은 사람의 다른 욕구들 사이에는 더 소중한 것과 덜 소중한 것의 구별이 있을 수 있다. 예컨대, 생선회를 먹고 싶은 나의 욕구보다는 생명을 유지하고자 하는 나의 욕구가 더 소중하다고 보아야 할 것이다. 그러나 다른 사람들의 같은 욕구 사이에 경중(輕重)의 차이가 있다는 것은 인정하기가 어렵다. 특별한 사정이 없는 한, 모든 사람들의 식욕 또는 모든 사람들의 생존욕은 원칙적으로 평등한 존중을 받아야 마땅할 것이다. 같은 논리를 일반화하면, 우리는 모든 사람들의 인생 설계가 원칙적으로 평등한 존중을 받아야 한다는 결론을 얻게 된다. 개인의 인생 설계란 그 사람의 욕구 체계 충족의 계획에 해당하기 때문이다.

모든 사람들의 욕구 체계 내지 생활 설계를 평등하게 존중해야 한다는 원칙은 개인들의 욕구 체계 내지 생활 설계를 평등하게 제약하는 보편적 사회규범의 체계를 요구한다. 그리고 이 보편적 사회규범 체계의 수립과 수호에는 그 사회의 모든 성원이 참여해야 하며, 이 공동 참여의 의무가 요구하는 생활의 영역이 앞에서 말한 공공 생활의 영역에 해당한다.

욕구의 충돌을 해결하기 위한 사회규범의 수립과 수호를 위해서 전 생애를 바치겠다는 특별한 인생 설계를 세우는 사람이 있다면, 그 사람에 있어서는 공공 생활이 삶의 전부를 차지하게 되는 동시에 따로 사생활을 가질 여지가 없을 것이다. 그러나 보통 사람들의 경우에는 사회규범의 수립과 수호가 요청하는 의무를 지키고 남는 시간과 정력을 자기 자신의 개인적 행복 실현을 위해서 사용하기를 원한다. 그리고 공공 생활이 요구하는 의무의 수행을 완수하고 남는 시간과 정력을 어떻게 사용할 것이냐 하는 문제는 각 개인이 자유롭게 결정할 수 있는 문제이며, 이 자유의 영역이 바로 사생활의 영역에 해당한다.

만약 '국가' 또는 '사회'라는 **유기체**가 있고 그 유기체가 욕구의 체계를 가진 전체이며 개인은 그 유기적 전체의 부분에 불과하다면, 앞에서 말한 두 생활 영역의 구분은 타당성을 잃을 것이다. 그러나 필자가 이 저술 첫머리에서 강조했듯이, 의식을 가진 것은 개인뿐이므로 욕구의 기본적 주체는 개인이라고 보는 것이 옳다고 생각한다. '국가의 의지'니 '민족의 과제'니 하는 말을 사용하는 경우가 있고 또 그러한 사용이 적절할 경우도 더러 있으나, 그것은 여러 개인들의 의지 또는 소망의 종합에 대한 표현이요, 다름 아닌 '공공 생활'의 합의(合意)에 근거를 둔 여러 사람들의 소망의 결합을 일컫는 이름이라고 보아야 할 것이다. 따라서 모든 개인들에게 사생활의 포기를 강요하거나 오로지 전체만을 위해서 봉사할 것을 강요할 수 있는 공동체적 권위는 있을 수 없다고 보아야 한다.

삶의 전체를 공사(公私) 두 영역으로 구분할 수 있다는 점을 강조하는 것은 이 구분이 윤리학과 정치철학의 기본 문제를 해결하는 데 큰 도움을 줄 수 있다고 보기 때문이다. 윤리학에 있어서 기본 문제의 하나로서 많은 논쟁을 일으킨 것 가운데 '옳음(right)'과 '좋음(good)'은 어느 것이 더 기본적이며 이 두 가치의 관계는 무엇이냐 하는 것이 있거니와, '옳음'은 공공 생활에 있어서 가장 기본적인 가치이며 '좋음'은 사생활에 있어서 가장 기본적인 가치라고 나누어 봄으로써 우리는 이 문제를 푸는 실마리를 찾을 수 있을 것 같다. 또 현재 정치철학에 있어서 가장 중요한 논쟁점의 하나가 평등을 앞세우는 사회주의와 자유를 앞세우는 개인주의의 대립을 어떻게 극복하느냐 하는 그것임은 이미 언급한 바 있거니와, 우리는 공공 생활의 영역에 있어서는 사회주의자들의 주장에 귀를 기울이고 사생활의 영역에 있어서는 개인주의자들의 주장에 귀를 기울임으로써, 이 어려운 문제를 푸는 실마리를 찾을 수 있을 것으로 기대한다.

여기서 우리가 부딪칠 것으로 예상되는 어려운 문제의 하나는 공공 생활과 사생활 사이의 우선순위를 어떻게 정하느냐 하는 그것이다. 이 문제에 대해서는 추후에 신중한 고찰이 있어야 할 것으로 보거니와, 필자는 여기서 하나의 시사만을 던져 두고 화제를 돌릴까 한다. 즉, **이론적으로는** 사생활의 우선을 인정해야 하나, **실천적으로는** 공공 생활의 우선을 인정해야 할 것이라는 이원론적 시사이다. 사생활의 영역에 이론적 우선을 인정해야 한다 함은, 삶의 문제의 발단이 개인의 의식과 욕구에 있었으며, 공공 생활의 문제가 제기된 것은 개인들의 욕구의 충돌을 어떻게 극복하느냐 하는 문제에 연유하기 때문이다. 그리고 공공 생활의 영역에 실천적 우선을 인정해야 한다 함은, 사생활의 행복이 실현되기 위해서는 사회질서를 위한 사회적 규범의 수립과 수호가 어느 정도 실천적으로 전제되어야 하기 때문이다.

2 장
삶의 설계

2장 삶의 설계

1. 개인적 자유의 영역과 삶의 설계

국가 또는 그 밖의 어떤 사회집단을 진정한 유기체(有機體)로 보는 형이상학적 견지를 취할 경우에는, 개인은 그가 공동체 안에서 점유하는 위치를 따라서 공동체가 요구하는 삶을 살아야 한다는 주장이 성립할 수 있다. 다시 말해서, 개인을 자유의 주체로 보지 않고 집단에 예속하는 부분으로 보는 인간관을 취할 경우에는, 개인에게 자신의 인생을 마음대로 설계할 자유를 인정하기가 어려울 것이다. 만약 유기체적인 집단이 자유의 주체라면 모든 것은 그 집단의 목적을 따라서 결정되어야 하며, 집단의 구성원인 개인은 전체의 결정을 따라가야 할 것이기 때문이다.

그러나 필자는 어떤 목적을 가진 '진정한 유기체'라고 부를 수 있는 집단의 존재를 모른다. 그러한 집단은 고유한 의지를 가진 생명체라야 할 것인데, 필자가 아는 범위 안에서 그러한 집단을 생각하기가 어려운 것이다. 가족 또는 국가와 같은 한정적(限定的) 집단에는 그 나름의 공동 목표가 있어서 유기적 조직체로서의 측면이 보이기도 하나, 그 한계와 성원에 우연성이 개입할 수 있다는 사실이 그것들을 진정한 유기적 생명체로 보기 어렵게 한다. 구체적으로 말하자면, 가족의 한계를 부부와 결혼 전의 자녀만으로 국한하느냐 또는 그 이상의 범위를 포함시키느냐 하는 문제는 인위적 내지 문화적 요인에 따라서 좌우되는 문제이며, 자연의 법칙을 따라서 필연적으로 결정되는 문제가 아니다. 국가의 경우에도 마찬가지여서, 국경선은 인위적으로 변경될 수 있으며, 이민과 귀화라는 절차를 통해서 한 나라의 국민이 다른 나라로 국적을 옮길 수도 있다. 이러한 우연성은 진정한 유기적 생명체에서는 찾아보기 어렵다. '국가'에 비하여 '민족'에는 자연적 요소가 더 강하기는 하나, 혼혈의 현상이 '민족'의 개념을 불투명하게 할 뿐 아니라 한 '민족'이 두 국가로 분열되어 대립할 수도 있다는 사실이 민족 유기체론을 받아들이기 어렵게 한다.

스피노자(B. Spinoza)를 따라서 대자연 전체를 자유의 주체로 보는 견해가 남아 있으나, 대자연에는 의지가 없으므로 목적을 가진 유기체로 보기에 어려움이 있다. 자연 가운데 인류만을 유기적 전체로 보는 견해를 거론할 여지가 있으니, 인간 이외의 다른 생물들을 제외시킬 이유가 분명치 않으며, 여러 국가로 나뉘어서 치열한 대립과 항쟁을 거듭하고 있는 인간사(人間史)의 현실을 고려할 때, '인류' 전체를 하나의 유기체로 간주하기에도 어려움이 있다.

인간은 본래 사회 안의 존재이며, 아무도 사회적 여건의 제약을 받지 않고 제멋대로 살 자유는 없다. 그러나 개인의 삶 또는 행위를 **모든 측면에서 일일이** 규제할 수 있는 선천적 원리나 유기체적 집단이 존재한다고는 생각되지 않는다. 개인의 삶 또는 행위에 제약을 가하는 사회적 요인을 전제로 하더라도, 그 제약의 범위 안에서 개인이 자유재량으로 정할 수 있는 삶의 여백이 상당히 남아 있음에는 의심의 여지가 없다.

사회적 제약이 허용하는 범위 안에서 개인은 그가 원하는 삶을 선택할 수 있는 자유를 가졌다. 그런데 무작정 아무렇게나 살다가 가기를 원하는 사람은 적으며, 정상적인 경우라면 누구나 자기의 삶이 가능한 한 값있는 것이 되기를 열망한다. 그때그때의 충동을 따라서 계획성이 없이 사는 길은 가능한 최선의 삶을 실현하기에 적합한 길이 아니다. 웅대하고 예술적인 건축을 위해서는 설계도가 있어야 하듯이 값지고 보람된 삶을 실현하기 위해서는 적합한 삶의 설계가 길잡이의 구실을 해야 한다. 사회적 제약이 허용하는 범위 안에서는 어떠한 인생을 설계하든 각 개인의 자유이나, 가능한 한 값지고 보람된 삶을 가질 수 있도록 설계함이 바람직함에는 이론의 여지가 없다. 생각할 수 있는 여러 가지 인생 설계 가운데서 가장 적합한 것 또는 가장 우수한 것을 선택해야 하는 것이다.

여기서 우리는 무엇을 기준으로 삼고 인생 설계의 적부(適否) 또는 우열을 평가할 것이냐 하는 물음에 부딪친다. 만약에 선(goodness)의 양적 측정이 어렵지 않다면, 우리는 선을 인생 설계 평가의 기준으로 삼을 수 있을 것이다. 선의 측정을 위한 보편적 척도가 있다면, 한 개인의 생애 가운데 실현되는 선의 총량(總量)으로 그의 삶의 값을 매길 수가 있을 것이며, 그의 인생 설계도 같은 원리에 준하여 평가할 수 있을 것이다.

그러나 한 사람의 생애 속에 담겨 있는 선의 양을 측정한다는 것은 거의 불가능한 일이다. 예컨대, 백 곡의 음악과 몇 건의 로맨스를 남기고 죽은 음악가와 열 권의 저술과 많은 제자를 남기고 죽은 학자를 비교하여 누구의 생애가 더 값진지를 판단한다는 것은 결코 용이한 문제가 아니다. 같은 계통의 길을 밟은 사람들이 실현한 선을 비교하기도 어렵거늘, 종류가 다른 여러 가지 인생 설계를 그것의 실현 속에 담긴 가치의 총량으로 비교하기는 더욱 어려운 일이다.

롤즈(J. Rawls)는 합리성(rationality)을 인생 설계 평가의 기준으로 삼을 것을 제안하고 있다. 합리성이 높은 삶의 설계일수록 잘된 인생 설계이며,

잘된 인생 설계가 실천됨에 따라서 그 개인의 선이 실현된다는 생각이다. 그는 합리적 선택(rational choice)의 대상이 갖는 가치를 선으로 보고, 삶의 설계와 삶 자체의 가치도 그 선택의 합리성 여부를 따라서 평가할 수 있다고 보았다.[1]

이 자리에서 선 내지 가치(value)의 본질의 문제를 깊이 따질 필요는 없을 것이다. 다만 인생 설계의 우열을 평가하는 기준으로서 합리성을 제시한 롤즈의 견해를 우선 받아들이고자 한다. 도덕적 가치판단을 위한 객관적 기준이 될 수 있는 것으로서 궁극적으로 믿을 만한 것은 결국 이성(reason)이라는 견해에 공감을 느끼는 필자로서는, 인생 설계의 평가를 위한 기준도 이성 내지 합리성에서 구해야 한다는 주장에 자연히 동조하게 된다.

'이성' 또는 '합리성'도 결코 명명백백한 개념은 아니다. 이성 또는 합리성을 어떻게 이해 내지 규정할 것이냐 하는 문제에 대해서도 논란의 여지가 많을 것이며, 이 문제에 대해서 다시 논의할 기회가 앞으로 또 있을 것으로 생각한다. 여기서 우선 직관적으로 말할 수 있는 것은 인생 설계를 평가하는 기준으로서 '선'의 개념보다 '합리성'의 개념이 더 적합하리라는 점이다. 가령 두 가지의 인생 설계가 비교의 대상이 될 때, 어느 편이 더 큰 선을 실현할 것이냐 하는 문제에 대해서는 거의 감이 잡히지 않으나, 어느 인생 설계가 더 합리적이냐 하는 문제에 대해서는 어느 정도 판정이 가능하리라고 생각된다. 이 한 가지만으로도 우선 합리성을 삶의 설계 평가의 기준으로 삼는 방침을 정당화하기에 크게 부족함이 없다고 믿는다.

롤즈는 삶의 설계 및 욕망에 있어서의 합리성을 일단 다음과 같이 정의하고 있다.

---

1 John Rawls, *A Theory of Justice*, Harvard University Press, 1971, pp.407–411 참조.

첫째로, 한 개인의 인생 설계는 ① 그것이, 그 사람의 처지의 여러 가지 특징을 고려할 때, 합리적 선택의 원리에 부합되고, 또 ② 그것이 관련된 사실들에 대한 충분한 지식과 일어날 결과에 대한 신중한 고려를 통해서 그가 충분히 숙고적인 합리성(full deliberative rationality)을 가지고 선택함직한 그런 계획일 경우에, 그리고 그럴 경우에만 합리적이다.

둘째로, 한 개인의 욕망 또는 목표는, 그것이 그 사람의 합리적 인생 설계에 비추어 볼 때 권장할 만하고 그 설계가 뒷받침하는 따위의 것일 경우에, 그리고 그럴 경우에만 합리적이다.[2]

'숙고적 합리성'에 대한 상세한 고찰을 추후에 할 것을 전제로 한 롤즈의 이 두 정의는 순환(循環) 정의로서의 성격을 띠고 있어서 논리적으로 만족스러운 것은 아니다. 그러나 우선 잠정적 정의로서 삶의 설계 또는 욕구가 합리적인 것이 되기 위해서 갖추어야 할 조건의 윤곽을 밝히는 데는 도움이 될 것이다.

롤즈에 따르면, 내가 처해 있는 상황과 조건들에 대한 충분한 지식에 입각하여 합리적 선택의 원칙에 따라서 인생을 설계할 때, 나의 인생 설계는 나무랄 데 없는 것이 된다. 여러 가지의 좋은 조건의 혜택을 받는 행운 아래서 합리적으로 짜인 나의 인생 설계가 순조롭게 실천될 때, 나의 선이 실현되는 동시에 나는 행복을 얻게 된다. '합리적 선택의 원칙'을 어떻게 규정하느냐 하는 어려운 문제가 남아 있기는 하나, 이상과 같은 롤즈의 견해는 인생 설계의 문제를 다루는 출발점으로서 일단 받아들여도 좋으리라고 생각된다.

2 같은 책, pp.408–409.

2. 인생과 건축과 바둑

인생의 설계는 건축의 설계와 같은 정확성과 세밀성을 기할 수가 없다. 건축을 설계하는 사람은 준비된 대지, 건축물의 사용 목적, 준비된 예산의 상한선, 건축 자재의 시장 사정, 건축계의 인력 사정 등 관련된 사항들에 관해서 필요한 정보를 충분히 가지고 있다. 따라서 그는 정확하고 세밀한 설계도를 작성할 수 있으며, 기공에서 준공에 이르는 짧은 기간 동안에 불의의 큰 변동이 생기지 않는 한, 설계한 그대로의 건물을 지을 수가 있다. 간혹 처음 설계와 다르게 시공할 경우가 생긴다 하더라도, 지엽적 변경에 그치는 것이 보통이다.

그러나 인생 설계의 경우에는 설계하는 사람이 필요한 정보의 극히 적은 부분밖에는 모르고 있다. 삶의 설계는 결국 본인이 하기 마련이거니와 우리는 자기 자신의 재능과 건강, 그리고 성격 등에 대해서도 부정확한 지식밖에는 가지고 있지 않으며, 자기의 생애에 대해서 관련이 있는 생활환경에 대한 지식은 더욱 빈약하다. 삶의 설계를 실천에 옮기는 데는 수십 년의 세월이 걸리기 마련인데, 그 오랜 기간 동안에 어떤 변화가 일어날지 아무도 아는 사람이 없으며, 오직 가까운 장래에 대한 불확실한 예측을 따라서 행동을 결정할 수밖에 없다. 그러므로 전 생애에 걸친 정확하고 세밀한 계획을 세운다는 것은 본래 불가능하며, 다만 삶의 목표와 그 접근 방안의 대강만을 정하는 것으로 만족해야 한다.

삶의 설계에 있어서 가장 중요한 것은 삶의 목표를 정하는 일이다. '자아의 실현' 또는 '행복'과 같은 추상명사를 사용함으로써, 삶의 목표를 하나로 묶어서 표현할 수도 있으나, 구체적으로는 여러 가지 목표를 아울러 추구하는 것이 삶의 현실이다. 같은 사람이 후세에 기억될 만한 시인이 되기를 원할 뿐 아니라 교양 있는 미인을 애인으로 갖기를 원하고 또 바둑에서 아마추어

유단자의 실력을 쌓기를 원할 수도 있다. 이들 여러 가지 목표가 반드시 하나의 궁극목표를 정상에 두고 모두가 목적과 수단의 관계로 연결된다고 보기는 어려우며, 한 사람이 생애를 통해서 추구하는 목표는 사실상 다원적인 것이 보통이다.

한 사람이 여러 가지 목표에 도달하기를 희구할 때, 그것들을 모두 달성하기는 일반적으로 어려운 일이며, 경합하는 복수의 목표 가운데서 하나만을 택하고 다른 것은 포기해야 할 경우가 흔히 생긴다. 이럴 경우에 그때그때의 순간적 충동이나 기분을 따라서 취사선택을 결정하는 것은 바람직한 처사가 아니며, 일정한 원칙을 따라서 항상 일관성 있는 결정을 내려야 그의 생애 전체가 정합성(整合性)을 가진 체계를 이루게 된다. 경합하는 목표들 가운데서 일정한 원칙에 의하여 일관성 있는 선택을 하기 위해서는 여러 목표들의 체계적 우선순위가 정해져야 한다. 따라서 삶의 목표를 정하는 문제는 여러 목표들의 체계(system of ends)를 정하는 문제가 된다. 그것은 단순한 하나의 목표를 정하는 문제이기보다는 우선순위를 따라서 체계적으로 연결된 일군(一群)의 목표를 정하는 문제다.

일단 선정한 목표의 체계를 추구하는 과정에서 그 체계에 대한 수정이 불가피함을 발견할 경우가 있을 것이다. 가령 훌륭한 운동선수가 되기로 결심한 사람이 교통사고로 치명적 부상을 당했을 경우에는 목표의 수정이 불가피할 것이며, 과거에는 몰랐던 새로운 가치의 세계에 대한 관심이 목표 체계의 수정을 요구할 수도 있을 것이다. 이와 같은 목표의 수정이 인생 설계 전체에 대한 근본적 변경을 의미할 경우도 있고, 부분적 변경을 의미하는 데 그칠 경우도 있을 것이다. 직업 선수가 됨으로써 많은 돈을 버는 것을 최고의 목표로 삼았던 사람이 가수가 됨으로써 돈을 벌기로 결심을 바꾸었을 경우에는 그 변경은 아직 부분적 수정으로서의 측면이 클 것이나, 권력과 지위를 최고의 목표로 삼던 사람이 심경의 변화를 일으켜 종교적 해탈의 경지를 최고의 목표로 삼기로 작심할 경우에는 설계 전체에 대한 근본적 변화가 생겼다고 보아야 할 것이다. 요컨대, 인생 설계의 문제에 있어서 가장 중요한 것은 목표의 체계를 정하는 일이요, 목표의 체계를 정함에 있어서 가장 중요한 것은 삶의 최고의 목표를 무엇으로 정하느냐 하는 문제다.

삶의 설계에 있어서 둘째로 중요한 것은 설정한 목표의 달성을 위한 방법을 강구하는 문제다. 목표 또는 목표들의 체계가 저절로 달성되는 경우는 거의 없으며, 그 목표가 어느 정도 달성되느냐를 결정함에 있어서 가장 큰 비중을 차지하는 것은 당사자 자신의 행위다. 목표의 달성 여부가 운수나 타인의 협조 또는 방해의 영향을 받는 바도 없지 않으나, 가장 중요한 것은 당사자 자신의 행위다. 일정한 목표의 달성을 위해서 가장 적합한 행위가 무엇이냐는 문제는 곧 그 목표 달성을 위한 방법의 문제에 해당한다.

삶의 목표의 달성을 위한 방법의 문제 가운데서 가장 기본적인 것은 정력과 시간을 안배하는 문제다. 한 개인이 소유하는 정력과 시간에 한도가 있다는 사실은 한정된 정력과 시간을 적절한 계획에 따라서 선용(善用)할 것을 요구하며, 시간과 정력을 어떠한 우선순위에 의하여 안배하느냐 하는 문제는 삶의 설계에 있어서 중요한 위치를 차지한다.

한 개인이 생애를 통해서 사용할 수 있는 정력과 시간의 총량은 고정불변하게 미리 정해져 있는 것이 아니라 노력 여하에 따라서 상당한 신축성을 갖는다. 이러한 사실은 건강관리를 어떻게 하느냐 하는 문제가 삶의 설계에서 차지하는 비중이 작지 않다는 것을 의미한다. 건강하게 오래 산다는 것은 그 자체가 삶의 목표의 일부가 될 수 있을 뿐 아니라 다른 목표의 달성을 위한 조건으로서도 중대한 의의를 갖는다.

목표의 체계를 정하고 그것의 달성을 위한 수단을 강구하는 것을 주축으로 삼는 삶의 설계는 무수한 선택을 통하여 이루어진다. 한 개인이 추구할 수 있는 목표의 체계에는 무수하게 많은 종류가 있고 정해진 하나의 목표에 도달하는 데도 여러 가지 방도가 있을 수 있다. 그 여러 가지 가능성 가운데서 반드시 어느 것을 택해야 한다는 법이 미리 정해져 있다고는 생각되지 않으며, 개인들은 각각 자기가 원하는 생애를 선택할 자유가 있다. 그러나 이 자유는 무제한의 자유는 아니며, 허용된 자유의 범위 안에서 행한 선택에도 잘된 것과 잘못된 것의 구별이 있다. 삶의 선택에 있어서 개인의 자유를 제한하는 것이 무엇인지는 장차 고찰해야 할 중요한 문제로 남아 있으며, 이 자리에서의 우리들의 당면한 관심은 삶에 관한 자유 선택의 잘잘못을 분간하는 기준이 무엇이냐는 문제에 쏠리고 있다. 롤즈를 포함한 많은 철학자들의 견해를 따라서, 그 기준을 합리성에서 찾을 수 있다고 동조한 바 있는 우리는, 이제 삶에 관한 선택에 있어서의 '합리성'의 문제를 좀 더 구체적으로 살펴보아야 할 단계에 도달하였다.

삶의 선택에 관한 합리성의 문제로 접근하기에 앞서서, 삶의 선택과 기사(棋士)의 선택을 비교해 보는 것은 삶의 선택의 본질을 이해하기에 다소 도움이 될 것으로 보인다. 바둑의 한 판은 선택의 연속으로 이루어지거니와, 바둑을 둘 때의 선택과 삶의 그것 사이에는 많은 공통점과 몇몇 차이점이 있다

바둑에는 '승리'라는 뚜렷한 목표가 있고 그 목표를 위해서 한 수 한 수 돌을 놓는다. 그러나 모든 경우에 '승리'가 절대 유일한 목표는 아니다. 승리보다도 오락 또는 교제를 더 큰 목적으로 삼고 바둑을 둘 경우도 있으며, 승리 이외에 하나의 작품으로서의 '명국(名局)'을 얻을 것을 아울러 염두에 두는 고단자도 있다. 바둑에서도 개인의 자유의사를 따라서 목표를 설정할 수 있는 여지가 다소간 있으며, 오직 어떤 한 가지 목표만을 위하는 것이 바둑의 정도(正道)라고 단정하기는 어렵다.

인생의 경우에는 바둑에 있어서의 승리와 같은 뚜렷한 목표를 말하기가 어렵다. 이 경우는 개인의 자유의사를 따라서 목표의 체계를 설정할 수 있는 선택의 여지는 바둑의 경우보다 더욱 다양하며, 오직 하나의 길만을 삶의 정도

라고 단정하기는 더한층 어렵다. 삶의 목표에 관해서도 '행복' 또는 '자아실현'과 같은 추상적 개념을 동원함으로써 바둑의 '승리' 못지않은 보편적 목표가 있다고 주장할 수가 없는 것은 아니다. 그러나 '행복' 또는 '자아실현'은 다양한 내용을 하나로 묶은 편리한 이름에 불과하다는 점에서, 의미가 단순하고 명백한 '승리'와는 좀 다른 점이 있다고 보아야 할 것이다. 다만 어떤 한 가지 목표만이 절대 유일한 올바른 목표로서 미리 주어져 있다고 보기 어렵다는 공통점에 비하면, 저 차이점은 부차적인 것에 가깝다고 보아야 할 것 같다.

바둑의 한 수 한 수는 모두가 대국의 목적을 위한 수단으로서의 성격을 띠었으며, 어떤 한 수가 그 자체로서 목적적 가치를 갖는 경우는 없다. 다시 말해서, 바둑 한 판의 전 과정은 대국 목적의 달성을 위한 수단의 연속이라 하여도 지나칠 것이 없다. 삶의 과정에 있어서도 대부분의 행위는 궁극목적을 위한 수단으로서의 성격을 띠는 것이 보통이나, 때로는 행위 자체가 목적으로서의 성격을 강하게 가질 수도 있다. 예술가의 창작 행위 또는 진정한 사랑의 행위 등은 그 자체가 목적일 경우가 많으며, 그것들이 단순히 어떤 목표 달성을 위한 수단이라고 보기는 어렵다. 요컨대, 삶에 있어서의 목표의 체계와 개별적 행위의 관계는 바둑의 경우와 같이 목적과 수단의 관계로서 인과적 연결을 가졌다고 보기 어려운 것인데, 이는 삶의 목표의 체계가 바둑의 목표보다 훨씬 다양한 내용을 포함한다는 사실에 연유한다.

어떠한 포석으로 어떠한 바둑을 두느냐 하는 것은 바둑 기사가 자유롭게 정해야 할 선택의 문제이나, 그 자유는 일정한 규칙의 제한을 받는다. 같은 기사가 연거푸 두 번 이상 둘 수 없으며, 상대가 놓은 돌을 치우고 그 자리에 놓을 자유도 없고, 일단 둔 바둑을 물릴 수도 없다. 삶의 마당에서도 개인적 자유에는 사회적 제약이 있어서, 이 사회적 제약이 바둑의 규칙과 유사한 구실을 한다고 볼 수 있다. 그러나 인간 세계의 사회규범과 바둑의 규칙이 본질적으로 같은 성질의 것이냐 하는 것은 깊은 고찰을 요구하는 문제다.

바둑의 고단자는 대국에 앞서서 기본 포석을 머릿속에 구상하는 것이 원칙이며, 한 수 한 수의 위치를 선정함에 있어서도 앞으로 전개될 판세 전체를 염두에 두고 결정을 내린다. 그러나 판국이 예상한 대로만 전개되지는 않으므로, 형세의 변화에 따라서 임기응변의 전략을 세워야 한다. 다만, 그러한 전략적 변경이 대국의 목적 그 자체를 근본적으로 흔드는 것은 아니며, 예상대로의 전개가 이루어지지 않았다는 사실이 여러 수 앞을 내다보고 구상한 설계를 무의미하게 하는 것도 아니다. 삶의 설계의 경우에도 바둑의 포석과 전략의 경우와 같은 예상 밖의 전개와 이에 따른 임기응변이 항상 일어난다. 그러나 그러한 차질이 인생 설계의 의의를 전적으로 없애는 것은 아니다. 다만, 그 차질의 정도가 작을수록 성공적인 설계임에 틀림이 없으며, 또 일반 사람들보다 멀리 내다볼 수 있고 정확하게 내다볼 수 있다는 점에서도 인생의 현자(賢者)와 바둑의 고단자는 맥을 같이한다.

바둑의 한 수 한 수에 대한 평가는 '승리'라는 목표를 기준으로 삼고 내려지며, 이 기준에 비추어 봄으로써 바둑 한 수의 잘잘못은 수학적으로 밝힐 수가 있다. 바둑 한 수의 평가에 수학적 계산을 원용할 수 있다 함은 바둑의 평가 기준이 수학적 합리성이라는 것을 의미한다. 인생 설계의 평가 기준으로서의 합리성도 역시 수학적 합리성이라고 볼 수 있는 것일까? 인생 설계의 평가 기준으로서의 합리성은 좀 더 복잡한 개념이라고 생각된다.

3. 삶의 설계에 있어서의 합리성

한 개인이 삶을 설계하고 영위함에 즈음하여, 목표들의 체계를 구상함에 있어서나 목표 달성을 위한 수단을 강구함에 있어서나, 그는 공정한 사회가 요구하는 규범의 테두리를 벗어나지 않는 범위 안에서 자유를 누려야 한다.

그렇게 각자가 스스로 자유를 제한해야 하는 이유도 합리성의 요구에 근거를 두고 있다. 다시 말해서, 사회의 규범을 따라서 자제함이 합리적인 까닭에 우리는 자유를 스스로 제한해야 하는 것이다. 공정한 사회가 요구하는 사회적 규범이 어떠한 것이며, 그 규범을 따르는 것이 왜 합리적이냐 하는 문제는 추후에 다시 다루기로 한다. 이 자리에서 말해 두고자 하는 바는, 사회규범을 충실히 지키느냐, 때로는 어기기도 하느냐를 결정하는 선택까지도 삶의 설계의 일부로 간주할 때, 삶의 설계를 평가하는 기준은 합리성의 원리 하나로 귀착한다는 점이다. 이제 우리는 삶의 설계에 있어서의 합리성의 개념을 구체적으로 탐구해야 할 단계에 이르렀거니와, 우선 사회규범이 허용하는 범위 안에서의 자유 선택에 관한 합리성의 문제부터 살펴보기로 하자.

한 개인이 삶을 설계함에 즈음하여 우선 부딪치는 문제는 그가 성취하고자 하는 인생 목표를 어떻게 설정하느냐 하는 그것이다. 한 개인이 그의 생애를 통하여 하고 싶은 일들은 일반적으로 여러 가지다. 특히, 꿈이 많은 젊은 시절에는 이것도 하고 싶고 저것도 하고 싶다. 그러나 인간이 가진 능력의 한계로 말미암아, 자기가 원하는 일들을 모두 성취한다는 것은 사실상 불가능한 까닭에, 그는 하고 싶은 일들 가운데서 일부는 포기하고 남은 일부만을 살려야 한다. 여기서 목적들에 관한 취사선택이 불가피하거니와, 어떠한 목적들을 어떠한 우선순위에 따라서 추구해야 할 것인가? 합리성의 원칙을 따라서 목적들의 체계를 설정해야 한다고 우리는 앞에서 말해 둔 바 있으나, 구체적으로 말해서 어떠한 선택이 이 경우에 '합리성의 원칙'에 부합하는 것일까?

비록 최선의 노력을 기울인다 하더라도 달성의 가능성이 희박한 목표를 목적들의 체계 속에 끌어들이는 것은 합리성의 원칙에 어긋난다. 복권 당첨과 같은 요행수가 따르지 않고서는 성취되기 어려운 목표도 합리적 선택의 대상이 될 수 없다. 세상일이란 개인의 힘이 닿지 않는 변수(變數)의 영향을 받는 측면이 있기 마련이므로, 틀림없는 달성을 보장할 수 있는 목표라는 것은 거의 없지만, 특별히 불행한 사태만 생기지 않는다면 성실한 노력으로써 성취하기를 기대할 수 있는 일들이 있고 또 그렇지 못한 일들도 있다. 삶의 설계에 있어서 '목적들의 체계'에 포함되기에 적합한 선택의 대상이 될 수 있는 것은 특별히 불행한 사태만 아니라면 성실한 노력으로써 달성할 것을 기대함이 상식에 어긋나지 않는 일들이며, 아무리 노력을 해도 달성하기가 어려운 소망은 합리적 선택의 대상으로서 적합하지 않다.

노력으로써 달성함이 가능한 목표라 함은, 그 목표 달성을 위한 수단에 대해서 아는 바가 있으며, 그 수단을 실천적으로 강구할 수 있는 능력이 당사자에게 있을 경우를 의미한다. 달성을 위한 수단을 강구함이 자기의 능력을 초월하는 목표는, 오직 공상의 대상이 될 수 있을 뿐이며, 노력의 대상이 될 수는 없다. 수단에 관한 구체적 관념과 실천적으로 결합된 목표만이 합리적 선택의 대상이 될 수 있는 것이며, 비록 달성의 수단이 존재한다 하더라도 본인이 그것을 모르거나, 알더라도 그것을 실천에 옮길 의지력을 갖지 않을 경우에는 그 목표는 합리적 선택의 대상에서 제외된다.

노력으로써 실현이 가능한 모든 일들이 '목적들의 체계' 속에 포함될 수 있는 것은 아니다. 천부의 자질이 풍부한 젊은이는 음악과 미술, 문학과 철학, 과학과 기술, 정치와 경제 등 어느 분야로 진출하더라도 노력만 하면 상당한 수준에 도달할 가능성이 높은 경우가 있다. 그러나 그가 그 모든 분야에서 높은 경지에 이를 수 있는 것은 아니며, 한두 가지 분야를 선택하여 선택된 분야에만 노력을 집중할 때 그 분야에서 대성할 수 있는 것이 보통이다. 다시 말해서, 한 사람이 위대한 음악가인 동시에 위대한 미술가이며 또 위대한 학자이기도 하고 다시 위대한 정치가와 세계적인 운동선수 등을 모두 겸할 수는 없다. 따라서 실현이 가능한 일들 가운데서도 취사선택을 함으로써 하나의 중심 목표를 세우고, 그 중심 목표 달성에 지장이 없는 범위 안에서 다른 부차적 목표들을 '목적의 체계' 안에 받아들여야 한다. 여기서 생기는 문제가 실현이 가능한 일들 가운데서 어느 것을 취하고 어느 것을 버리느냐 하는 문제이며, 선택한 목표들의 경중을 어떻게 안배하느냐 하는 문제다.

목적들 사이에서 선택이 요구될 경우에는 가치가 큰 목적을 살리고 그것이 작은 편을 버리는 것이 합리적이라 하겠다. 다시 말해서, 생애를 통하여 실현되는 가치를 극대화하도록 목적들의 체계를 설정하는 것이 합리성의 원칙에 부합할 것이다. 그러나 목적들의 달성에 수반하여 실현되는 가치의 경중을 무엇에 의거하여 어떻게 비교할 것인가? 가치의 비교를 위해서 우리는 어떠한 척도를 사용할 수 있는 것일까? 가치 비교를 위한 척도로서 생각할 수 있는 것이 오직 한 가지뿐은 아니며, 적어도 서너 가지는 있을 것으로 예상된다.

가치 비교의 척도로서 첫째로 생각할 수 있는 것은 가치의 지속성(持續性)이다. 어떤 대상이 갖는 가치에는 그 생명이 오래가는 것과 그렇지 못한 것이 있다. 예컨대, 탁월한 예술품에 대하여 '불후의 명작'이라는 말을 사용한다는 사실이 암시하듯이, 문학을 포함한 여러 종류의 훌륭한 예술품에 담긴 가치는 그 생명이 오래간다. 공자나 석가모니 또는 예수 그리스도의 사상이 현대에도 살아 있다고 말할 때 조금도 이상하게 들리지 않는다는 사실에 의거하여, 우리는 사상의 생명도 오랜 지속성을 갖는다고 말할 수 있을 것이다. 우리는 같은 말을 학문에 대해서도 할 수 있고, 탁월한 인격에 대해서도 할 수 있다.

생명이 오래가기 어려운 가치를 가진 것의 예로서는 관능적 쾌락을 들 수 있을 것이다. 주색을 중심으로 한 환락의 체험이 갖는 가치의 생명은 그 당시에 국한되는 것이 일반적 현상이다. 관능의 쾌락이 수년의 생명을 지속하는 경우를 상상하기는 그리 쉬운 일이 아니다. 세도 또는 권력의 자리도 가치를 짊어지고 있으나, 세도나 권력의 자리가 십 년이 멀다 하고 주인을 바꾼다는 것은 나라 안팎의 역사적 기록들이 밝혀 주는 사실이다. 권력과 밀접한 관계를 가진 금력 또는 재물에 담긴 가치도 일반적으로 생명이 오래가는 편은 아니다. "부자 삼대 가기 어렵다."는 속담이 암시하듯이, 금력 내지 재물의 가치도 그 수명이 그리 긴 편은 아니다.

비교가 되는 두 가지 이상의 대상들이 갖는 가치에 지속성의 차이가 있을 때, 다른 조건들을 괄호 안에 넣고 생각한다면, 지속성이 오랜 편의 가치를 더 큰 가치로 보는 것이 사리에 맞을 것이다. 그러므로 두 가지 이상의 목표들 가운데서 하나만을 골라야 할 경우에는, 다른 조건이 같다면, 지속성이 가장 오랜 가치를 지니고 있는 쪽을 택하는 편이 합리적이라는 결론을 얻을 수가 있다.

가치 비교의 척도로서 둘째로 생각할 수 있는 것은 가치를 가진 것이 주는 혜택의 크기와 포괄성(包括性)이다. 가치는 사람에게 만족을 줄 수 있는 힘을 가지고 있으며, 가치를 가진 사물은 사람들에게 혜택을 입힐 수 있다. 그런데 어떤 사물은 많은 사람들에게 큰 혜택을 나누어 입힐 수가 있는 반면에, 다른 사물은 소수에게는 큰 혜택을 입힐 수가 있지만, 많은 사람들에 대해서는 혜택을 나눌 수가 없거나, 나눌 수 있다 하더라도 작은 혜택밖에는 주지 못한다. 또 어떤 사물은 소수에게 대해서조차도 작은 혜택밖에 입힐 힘이 없다.

많은 사람들에게 큰 혜택을 입힐 수 있는 것의 예로서는 탁월한 예술 작품 또는 심오한 사상과 학설 등을 들 수 있을 것이다. 예컨대, 작곡가가 만든 명곡은 음반 또는 녹음 테이프를 이용하여 여러 그릇에 나누어 담을 수가 있고, 사상가의 사상 또는 학자의 학설은 인쇄물을 이용하여 여러 권의 책에 나누어 담을 수가 있다. 이때 음반의 숫자를 아무리 늘려도 한 장에 담긴 음악의 가치는 줄지 않고, 찍어 내는 책의 부수를 아무리 늘려도 한 권의 책에 담긴 지혜나 진리의 가치는 줄지 않는다. 훌륭한 연주가의 음악은 혼자 듣는 것보다도 많은 청중의 한 사람으로서 듣는 편이 도리어 감동이 크다. 위대한 화가

나 조각가의 작품들의 전시는 아무리 많은 사람들과 함께 감상하여도 보는 이의 감명이 감소하지 않는다. 요컨대, 예술 창작 또는 학술 연구의 결과에 담긴 가치는 무수히 많은 사람들에게 혜택을 입힐 수 있으며, 그 혜택을 여럿이 나누어도 각자에게 돌아오는 혜택이 거의 줄지 않는다.

많은 사람들에게 큰 혜택을 나누어 입히기 어려운 것의 예로서는 재물 또는 권력의 지위를 들 수 있을 것이다. 재물의 대표로 볼 수 있는 금전은 여러 사람이 나눌 수는 있으나, 그 분배에 참여하는 사람들의 수효가 늘수록 각자에게 돌아가는 혜택은 거의 반비례로 줄어든다. 권력의 자리는 원칙적으로 나누어 갖기가 어려우며, 설령 나눌 수 있다 하더라도 나누면 나눌수록 각자에게 돌아가는 힘은 약화되기 마련이다. 관능적 쾌락의 대상이 되는 사물의 경우도 사정은 비슷하다. 요컨대, 재물이나 권력의 지위 또는 관능적 쾌락의 대상은 여럿이 나누면 나눌수록 한 사람 몫의 가치는 감소하기 마련이고, 따라서 이것들은 넓은 범위의 사람들에게 큰 혜택을 입히기가 어렵다.

오직 소수에게만 큰 혜택을 입힐 수 있는 것보다는 다수에게 큰 혜택을 입힐 수 있는 것의 가치가 크다고 보는 것이 사리에 맞는다. 혜택을 입을 수 있는 사람들의 범위가 같을 경우에는 한 사람 몫의 혜택이 큰 것의 가치가 더 크다고 보아야 할 것이다. 그러므로 두 가지 이상의 목표들 가운데서 하나만을 취해야 할 경우에는, 다른 조건이 같다면, 여러 사람들에게 입힐 수 있는 혜택의 총량이 가장 큰 쪽을 선택하는 것이 합리적이라는 결론을 얻게 된다.

가치 비교의 척도와 관련하여 셋째로 고려해야 할 것은 목적으로서의 가치와 수단으로서의 가치의 구별이다. 예컨대, 약과 의술은 건강 내지 장수를 위한 수단으로서 개발된 것이다. 그리고 건강과 장수는 또 다른 무엇을 위한 수단으로서 활용될 수도 있으나, 건강하게 오래 사는 것 그 자체가 본래 삶의 목적의 중요한 일부다. 삶의 목적의 일부인 건강 및 장수와 그것을 위한 수단으로서 개발된 약 또는 의술의 가치를 비교할 때, 전자를 더 높은 가치라고 보는 것이 사리에 합당할 것이다. 이 논리를 일반화함으로써, 우리는 자체가 목적인 것의 가치는 그것을 위한 수단의 가치보다 높다는 또 하나의 결론을 얻게 된다.

목적과 수단의 구별은 목적과 수단의 직접적 관계를 가진 두 가지 것의 가치를 비교할 때만 비교의 척도로서의 구실을 할 뿐, 가치 비교의 일반적 척도로서의 구실은 하지 못한다. 예컨대, 그 자체가 목적으로서의 성격이 강한 예술의 가치와 건강한 삶을 위한 수단으로서의 성격이 강한 의술의 가치가 비교의 대상이 될 때, 저 목적과 수단의 구별의 개념을 비교의 척도로서 적용하기 어렵다. 또 이 개념은 목적적인 것과 목적적인 것의 가치를 비교하는 척도로서도 부적합하며, 수단적인 것과 수단적인 것의 가치를 비교하는 척도로서도 부적합하다.

그러나 목적으로서의 가치와 수단으로서의 가치의 구별은 삶의 설계를 위해서 매우 중요한 원칙의 하나를 제공한다. 그것은 삶이 추구하는 목적들의 체계에 있어서 그 체계의 정상에 위치하는 목적, 즉 최고의 목적은 반드시 본래 목적으로서의 성격이 강한 무엇이 차지하도록 삶을 설계해야 한다는 원칙이다. 예컨대, 건강한 삶, 타고난 소질의 개발을 통한 자아의 실현, 유덕한 인격의 형성, 공정한 사회의 건설 등은 삶의 설계의 최고의 목표로서 적합한 것들이다. 막대한 부의 축적 또는 막강한 권력의 장악과 같이 본래 수단으로서의 성격이 강한 목표들은 목적들의 체계에 있어서 정상에 올려놓기에 부적합한 대상들이다.

듀이(John Dewey)를 위시한 여러 철학자들이 목적과 수단 또는 본래적 가치(intrinsic values)와 도구적 가치(instrumental values)의 구별이 윤리학의 개념으로서 탐탁하지 못하다고 주장하였다. 그리고 그러한 주장의 근거로서, 목적과 수단이 불가분의 관계를 가진 상대적 개념이라는 사실 또는 이 세상에 인간을 위한 '궁극목적(the final end)'이라는 것이 객관적으로 존재하지 않는다는 사실 등이 지적되었다. 그러나 목적과 수단이 상대적 개념이고 '궁극목적'이 고정된 것으로서 존재할 수 없다는 주장의 타당성을 모두 받아들인다 하더라도, 목적과 수단의 구별은 윤리학 내지 가치론의 문제를 생각함에 있어서 쓸모 있는 개념이라고 필자는 믿는다. 목적과 수단이 **사실상** 불가분의 관계를 가졌다는 사실 또는 목적과 수단의 구별이 상대적 구별에 지나지 않는다는 사실이 목적과 수단의 **개념적** 구별을 무의미하게 만들지 않는다. 그리고 고정된 '궁극목적'이 있을 수 없다는 사실이 삶의 설계에 있어서 '최고의 목적'의 개념을 사용하는 것을 부당한 것으로 만들지도 않는다.

위에서 우리는 가치 비교의 척도 내지 기준의 구실을 할 수 있는 것으로서 세 가지를 생각해 보았다. 여기서 우리는 비교의 척도 내지 기준이 복수일 경우에 일반적으로 생기는 문제에 대해 간단히 언급해 두어야 할 것이다. 가령 A와 B 두 대상의 가치를 비교할 때, '가치의 지속성'을 기준으로 삼으면 A의 가치가 큰 것으로 나타나고 '혜택의 포괄성'을 기준으로 삼으면 B의 가치가 큰 것으로 나타날 수도 있지 않겠느냐 하는 문제를 제기할 사람이 있을지도 모르기 때문이다.

어느 척도에 의존하느냐에 따라서 우열의 순위가 바뀔 경우에는 척도들 사이의 우선순위를 밝히거나 어떤 환산(換算)의 방법을 제시해야 하는 문제가 생긴다. 그러나 대상들의 가치를 비교함에 있어서 앞에서 제시한 어느 기준을 적용하느냐에 따라서 그것들의 우열 순위가 달라지는 일은 없을 것으로 보인다. 왜냐하면, 생명이 오랜 가치를 지닌 것일수록 많은 사람들에게 혜택을 입힐 수 있고, 많은 사람들에게 혜택을 입힐 수 있는 것일수록 오랜 생명을 유지하기 마련이며, 또 그 자체가 목적인 것들이 아니고서는 오랜 생명을 유지하거나 무수한 사람들에게 큰 혜택을 입히기가 어렵기 때문이다. 불후의 예술 작품, 심오한 진리, 위대한 사상, 고매한 인격 등은 그것들 자체가 목적으로서의 성격이 강하며, 그런 까닭에 그것들은 오랜 생명을 유지할 수가 있고, 또 많은 사람들에게 큰 혜택을 입힐 수도 있다.

그러나 여기서 우리들의 문제를 어렵게 만드는 또 다른 가치 비교의 척도가 하나 있다. '만족의 강도(强度)'라고 부를 수 있는 척도다. 모든 가치 있는 것들은 소유하거나 향유하는 사람에게 만족감을 주거니와, 이 만족감의 강도도 가치 비교의 척도의 하나로서 인정해야 마땅하다. 다른 점이 같다면, 강한 만족감을 주는 것의 가치를 약한 만족감밖에 주지 못하는 것의 그것보다 크다고 인정하는 것이 사리에 맞을 것이다. 그런데 일반적으로 말해서, 만족감의 강도에 있어서 앞서는 것들이 지속성이나 혜택의 포괄성에 있어서도 앞선다고 보기는 어렵다. 예컨대, 주색의 쾌락이나 권력의 자리가 그것을 누리는 사람들에게 주는 만족감의 강도는 학문이나 예술이 주는 만족감의 그것보다 일반적으로 강하다. 그러나 지속성이나 혜택의 포괄성으로 말하면, 학문이나 예술이 관능의 쾌락이나 권력의 자리보다 앞선다고 보아야 할 것이다. 요컨대, '만족의 강도'를 기준으로 삼을 경우에는 다른 척도들을 기준으로 삼을 때와 어긋나는 평가가 나올 공산이 크다.

그러나 '만족의 강도'라는 척도의 힘이 '가치의 지속성', '혜택의 포괄성', '목적성과 수단성' 등의 척도들의 힘을 합한 것보다 더 크리라고는 생각하기 어렵다. 페리(R. B. Perry)는 가치 비교의 척도로서 '관심의 포괄성(inclusiveness of interest)'과 '선호도(preference)'와 '관심의 강도(intensity of interest)'를 제시하였다. 페리가 말한 '관심의 포괄성'은 우리의 '혜택의 포괄성'에 상응하고 그의 '관심의 강도'는 우리의 '만족의 강도'에 상응하거니와, 페리는 그의 세 가지 척도 가운데서 우선순위가 가장 높은 것은 '포괄성'이고 가장 낮은 것은 '강도'라고 주장하였다. '포괄성'을 '강도'보다 우선순위가 높은 척도라고 주장하는 이유에 대한 페리의 논변은 만족스럽지 못하다.[3] 그러나 강도가 높은 일시적 만족보다는 포괄성이 넓고 오래 지속하는 만족을 더욱 바람직하다고 보는 것이 우리들의 일반적 직관(直觀)이다.

4. 왜 합리적이라야 하는가

우리는 합리성의 요구를 따라서 인생을 설계해야 한다고 전제하였다. 이 전제는 롤즈의 견해에 대한 공감을 따라서 깊은 반성 없이 세웠던 것이고, 삶의 설계를 평가하는 기준으로서 합리성을 제시한 롤즈의 견해는 그의 직관에 근거를 둔 것으로 보인다. 삶의 근본 문제에 대답하는 실마리의 구실을 할 대전제를 추리의 과정을 거쳐서 확립할 방도는 없을 것이며, 결국 이 문제는 직관에 호소하는 것으로 만족할 수밖에 없는 문제들 가운데 하나라고 생각된다. 그러나 우리들의 모든 직관이 자명한 선천적 원리는 아니며, 비록 직관에 근거한 전제라 하더라도 반성적 검토의 여지는 있을 것으로 보인다. 그러므로 이제 "왜 우리는 합리성에 따라서 삶을 설계해야 하는가?" 하는 물음을 우리 자신에게 제기하고 조금만 더 생각해 보기로 하자.

"어떻게 살 것인가?" 또는 "어떠한 설계를 따라서 살 것인가?" 하는 물음을 우리가 우리 자신에게 던지는 것은, 되는 대로 아무렇게나 살아도 좋다는 생각을 받아들일 수 없기 때문이다. 되는 대로 아무렇게나 살아도 좋다는 생각을 우리는 왜 받아들이지 못하는 것일까? 그것은 우리가 이성(理性)의 소유자이기 때문일 것이다. 만약 우리가 이성의 소유자가 아니었다면, 우리는 애당초 삶에 대한 물음을 제기하지 않았을 것이다.

---

3 R. B. Perry, *General Theory of Value*, Harvard University Press, 1954, pp.615-617, pp.657-658 참조.

삶의 물음을 이성이 제기했다는 사실은 이성이 납득할 수 있는 대답이 요구되고 있음을 의미한다. 물음의 주인이 이성이라면 그 이성이 받아들이기 어려운 대답은 타당성을 가진 대답이 될 수 없다. 그렇다면, 삶의 물음에 대한 대답으로서 이성이 받아들일 수 있는 것에 어떤 것이 있을까?

종교적 신심이 강한 사상가들이 믿었듯이, 인간이 가야 할 길 또는 추구해야 할 목적이 선천적으로 정해져 있다면, 그 길 또는 그 목적이 가르치는 바를 따라서 살아야 한다는 대답이 이성에 대해서 강한 호소력을 가질 것이다. 인간이 인간으로서 따라야 할 길 또는 목적이 초월자에 의하여 정해져 있다면 그것은 **마땅히** 따라야 할 길 또는 목적일 것이다. 그리고 지혜와 능력에 있어서 유한자(有限者)임을 자인하지 않을 수 없는 인간이 저 초월자의 섭리를 따르는 것은 온당한 태도임에 틀림이 없다.

그러나 필자가 보기에는, 인간이 걸어야 할 길 또는 추구해야 할 목적이 선천적으로 정해져 있다는 가설(假說)을 뒷받침할 만한 증거는 없으며, 또 이 가설을 자명한 원리로 인정하기에도 어려움이 있다. 선천적 당위성(當爲性)이 있다고 주장되는 원리의 타당성을 뒷받침하기 위하여 경험적 사실을 증거로서 제시하는 일은 논리적으로 불가능한 작업이다. 그리고 직각(直覺)을 앞세우는 자명설 내지 명증설(明證設)에는 논자들의 직각에 보편성이 결여한다는 사실에 치명적 난점이 있다.

현대인들 가운데도 인간이 따라야 할 실천의 원리가 선천적으로 정해져 있다고 믿는 사람들이 많으며, 또 그러한 믿음이 옳다는 것을 직각적으로 자명하게 느끼는 사람들도 많이 있다. 그러나 그러한 직각적인 믿음의 내용이 광범위하게 일치하는 것은 아니며, 선천적 실천의 원리가 실재한다고 믿는 점에서만 의견이 일치할 뿐, 그 원리의 내용에 대해서는 문화적 배경을 따라서 서로 다른 믿음을 옹호할 경우가 많다. 직각을 통하여 그 실재를 인정받는 선천적 실천의 원리가 그것을 신봉하는 사람들의 문화적 배경의 차이를 따라서 다양한 내용의 것으로서 나누어진다는 사실은, 그 원리들이 인간의 주관적 산물일 수 있다는 가능성을 강력하게 시사한다. 왜냐하면, 인생이 허무하지 않고 뜻있는 과정이기를 열망한 것은 고금을 통한 인류의 공통된 심리 현상이었으며, 이 열망의 충족을 위해서 확고부동한 실천의 원리가 선천적으로 주어져 있어야 한다는 생각도 동서양을 막론하고 오랜 전통을 이어 왔기 때문이다. 인간에게는 희망적 사고의 경향이 있어서, 자기가 원하는 것은 사실이기를 바라고, 그것이 사실이 아니라는 반증이 나타나기 전에는 그것을 사실이라고 믿기가 쉽다. 실천의 선천적 원리의 존재가 사실이기를 바란 것은 인류가 공통으로 가졌던 예부터의 심리이며, 그 선천적 원리의 존재를 부정하기에 충분한 반증(反證)은 아마 좀처럼 나타나지 않을 것이다.

그러나 실천을 위한 선천적 원리가 존재하지 않는다는 주장에 필자가 **적극적으로** 동조하고자 하는 것은 아니다. 실천의 선천적 원리가 존재하기를 바라는 생각은 필자에게도 있으며, 그것이 존재할 가능성도 완전히 배제할 수는 없다는 것이 필자가 취하는 입장이다. 다만, 선천적 실천의 원리를 주장하는 여러 가지 이설 가운데서, 어떤 인격신(人格神)의 의사를 따라서 그 원리가 주어졌다는 견해에 대해서는 별로 공감을 느끼지 못한다. 만약 선천적 실천의 원리가 존재한다면, 그 존재의 근거는 신학에서 찾기보다는 형이상학에서 찾아야 할 것이라고 필자는 믿는다. 어떤 인격신이 자연과 인간을 창조하고 인간에게 삶의 규범을 제시했다는 신학적 이설보다는 우주 자연을 지배하는 이법(理法)이 있어서 그것이 인간이 살아야 할 길의 모법(母法)이라는 형이상학적 이설이 강한 설득력을 가졌다고 필자는 생각한다.

그러나 물리학과 화학의 법칙 또는 생물학의 법칙과 다른 또 어떤 자연의 이법이 있는지, 또 그런 것이 있다 하더라도 그것을 어떻게 인식할 수 있다는 것인지, 필자는 아직 납득할 만한 학설을 모르고 있다. 그런데 여기서 우리의 주목을 끄는 것은, 동양의 음양설 또는 오행설(五行說)에 있어서나 서양의 자연법(自然法, jus naturale) 사상에 있어서나, 우주의 이법에서 삶의 길을 찾아야 한다고 주장하는 사람들은 한결같이 자연의 본성과 인간의 본성을 근본이 같은 것으로 보고 있다는 사실이다. 따라서 "자연의 이법을 따르라."는 그들의 가르침은 "인간의 본성을 따르라."는 말과 다를 바가 없게 된다. 여기서 만약 '인간의 본성'이 이성에 있다고 보는 전통적 견해를 받아들인다면, "인간의 본성을 따르라."는 저들의 주장과 "합리성에 따라서 삶을 설계해야 한다."는 우리의 주장은 결국 비슷한 것이 될 공산이 크다.

인간이 따라야 할 당위의 원리 내지 실천의 원리가 무한자에 의하여 선천적으로 주어져 있다면, 우리는 그 원리를 따라서 사는 것이 마땅할 것이다. 그러나 그러한 실천의 원리가 선천적으로 주어져 있다는 주장은 희망적 사고의 산물일 가능성이 크며, 설령 그런 것이 존재한다 하더라도 그것이 우리에게 인식되어 있지 않은 것이 현재의 상황이다. 이러한 상황에서 우리는 살고 있으며, 이 삶을 어떻게 끌어 갈 것인가 하는 것이 우리의 현실적인 문제다.

한 가지 분명한 것은 우리가 아무렇게나 되는 대로 살 수는 없다는 점이다. 무원칙하게 아무렇게나 사는 삶을 우리의 본심(本心)이 받아들일 수 없는 것이다. 한 번밖에 없는 삶을 그렇게 사는 것은 우리의 본심이 원하는 바가 아니다. 우리는 우리의 삶이 뜻있고 보람찬 것이 되기를 염원하고 있으며, 이 염원의 달성을 위해서 삶의 설계가 필요하다고 믿는다. 그 삶의 설계를 위한 당위의 원리가 선천적으로 정해져 있다면, 우리는 당연히 그 원리에 의존하여 삶을 설계해야 할 것이다. 그러나 **우리가 아는 범위 내에서는** 그러한 원리가 없다.

여기서 우리에게 남은 최선의 길은 합리성의 요구를 따라서 삶을 설계하는 길뿐이라고 필자는 믿는다. 우리가 삶을 '문제'로서 의식하고 물음을 제기한 것 자체가 인간이 이성적 존재이기 때문이고, 이성이 제기한 이 물음에 대해서 해답을 줄 수 있는 것도 이성밖에 따로 없다. 스스로 제기한 삶의 문제에 대한 해답을 탐구하는 과정에서 이성이 사용할 수 있는 것은 이성 자신의 논리일 수밖에 없으며, 이성 자신의 논리에 붙여진 이름이 바로 '합리성'이라고 필자는 이해하고 있는 것이다.

3 장

소시민의 길과 대인(大人)의 길

3장 소시민의 길과 대인(大人)의 길

1. 소시민의 권리

앞에서 우리는 합리성의 요구에 따라서 삶을 설계해야 한다고 전제하였고, 가능한 최대의 가치가 실현되도록 사는 것이 합리성의 요구에 부응하는 길이라고 주장하였다. 그리고 생명이 길고 혜택의 범위가 넓은 대상일수록 큰 가치의 보유자로 보아야 한다고 말하였다. 이상의 전제와 주장에 충실하게 삶을 설계한다면, 소시민으로서의 개인의 행복을 추구하는 입장보다는 사회나 국가 전체를 위하는 길을 택해야 한다는 결론에 도달할 가능성이 크다. 왜냐하면, 생명이 길고 혜택의 범위가 넓은 일 내지 업적은, 소시민적 행복의 길을 추구하는 가운데 실현하기보다는, '국가와 사회를 위해서'라는 포부를 따르는 이른바 '대인(大人)의 길'에서 달성하는 편이 쉬울 것으로 보이기 때문이다.

만약에 우리가 위와 같은 논리를 그대로 따라간다면, '나를 위해서' 살 개인의 권리가 사실상 큰 제한을 받는 동시에, 삶의 설계의 문제는 공정한 사회의 규범을 어기지 않는 한 개인이 자유롭게 결정할 수 있는 문제라고 본 우리들의 출발점이 큰 위협을 받게 된다. 다시 말해서, 우리는 지금 우리들의 주장에 자가당착이 없는가 하는 문제에 부딪치고 있다. 우리는 출발점에 있어서 개인은 남에게 피해를 입히지 않는 범위 안에서 각자가 원하는 삶을 영위할 자유를 가졌다고 선언했고, 다음에 '삶의 설계에 있어서의 합리성'의 문제를 고찰하는 단계에서 '국가와 사회를 위하는 길'이 바람직한 길임을 암시하는 듯한 논리를 전개하였다. 우리들의 저 출발점과 이 논리의 전개 사이에 자기모순이 개재하지 않았느냐는 반박을 예상할 수 있거니와, 이러한 반박이 제기하는 문제를 어떻게 처리할 것인가?

여기서 우리는 '의무 초과(supererogation)'라는 개념을 통하여 우리의 주장에 모순이 없음을 밝힐 수 있을 것으로 보인다. 시지윅(H. Sidgwick), 롤즈 등이 윤리학적 저술에 등장시킨 '의무 초과'라는 개념의 뜻은 '의무(duty)'라는 개념과의 비교를 통하여 알기 쉽게 설명할 수가 있다. '의무'라는 것은 싫든 좋든 마땅히 해야 할 책임이 있는 행위를 말하지만, '의무 초과'라는 것은 그것이 찬양받을 만한 훌륭한 행위이기는 하나 반드시 해야 할 당위성(當爲性)은 없는 행위를 말한다. 전자는 그 이행을 강요할 수 있는 권리를 가진 사람 또는 기관이 어디엔가 있지만, 후자의 경우에는 그런 것이 없다.

'국가와 사회를 위해서'라는 원칙을 세우고 이 원칙을 따라서 충실하게 사는 사람이 있다면, 그가 걷는 길은 '의무 초과'의 길에 해당한다. 그것은 존경받을 만한 바람직한 일이지만, 반드시 그 길을 택해야 할 의무는 아무에게도 없으며, 아무도 그것을 타인에게 강요할 권리는 없다. "가능한 범위 안에서 가장 큰 가치의 실현이 수반하도록 삶을 설계하고 그 설계를 따라서 사는 것이 합리성의 요구에 부합한다." 함은 '의무 초과'의 경우를 포함하는 대인의 길을 염두에 두고 한 말이요, "개인은 남에게 피해를 입히지 않는 범위 안에서 각자가 원하는 삶을 영위할 자유를 가졌다."고 한 것은 최소한 의무를 지켜 가면서 자신의 행복에 열중하는 선량한 소시민의 길을 염두에 두고 한 말이다.

　의무가 요구하는 바 이상의 좋은 일을 많이 하여 사회에 크게 이바지하는 생활 태도는 권장할 만한 삶의 길이기는 하나 남에게 강요할 성질의 것은 아니다. 일정한 기준에 따라서 책정된 세금을 낸 다음에 남은 돈의 일부를 방위 성금으로 또 내놓는 행위가 찬양받을 만한 선행(善行)일 경우에도 그것을 타인이 강요할 수는 없듯이, 일반적으로 의무를 다하고 남은 시간과 정력을 또 국가나 사회를 위해서 제공하라고 밖으로부터 강요할 권리는 아무에게도 없다. 다만, 강요에 못 이겨서가 아니라, 자유의사에 따라서 의무를 초과하는 행위를 선택했을 경우에는 그것이 찬양할 만한 일이 될 수 있다.

　비록 자발적으로 했을 경우라 하더라도 의무 초과의 행위가 모두 타당성을 갖는 것은 아니다. 나의 희생을 통하여 남을 위하는 행위에 있어서, 그 행위로 인하여 내가 잃는 것이 그것으로 인하여 남이 얻는 것보다 클 경우에는, 그것은 합리성의 원칙을 어기는 것이 되므로 타당성을 가질 수가 없다. 의무 초과의 행위들 가운데는, 어리석은 감상(感傷)에 연유하는 '착하기는 하나 타당성이 없는 행위'로부터 '청사(靑史)에 빛나는 위대한 업적'에 이르기까지, 여러 단계의 것들이 있다.

　'의무'와 '의무 초과'를 구별 내지 비교함에 있어서 우리는 어렵고 까다로운 문제와 부딪치게 된다. 그것은 의무의 한계선을 어떻게 정하느냐 하는 문제다. 의무의 한계가 밝혀진 연후에야 '의무 초과'를 말할 수 있을 터인데, 선천적 실천 규범을 전제하지도 않고 '최대 다수의 최대 선(善)'을 당위의 기준으로 삼지도 않는 우리들의 견지에서 의무의 한계선을 정하는 일에는 이론적으로나 실천적으로나 많은 어려움이 따를 것으로 예상된다. 의무의 기준을 밝히는 문제는 '의무'의 개념을 사용하는 모든 윤리학설이 옛날부터 부딪친 고전적 난문이거니와, 하나의 편리한 전제를 앞세우기를 원하지 않는 까닭에, 우리들의 경우는 문제가 더욱 복잡한 양상을 띠게 된다.

개인이 사회 내지 국가에 대해서 져야 할 의무의 규범을 우리는 편의상 두 단계로 나누어서 고찰할 수가 있을 것이다. 첫째는 모든 성원들이 공통으로 지켜야 할 일반적 기본 규범의 단계이고, 둘째는 성원 각 개인의 능력과 사회적 지위에 따라서 해야 할 바가 다른 개별적 특수 규범의 단계다. 전자는 이 책 1장 3절에서 '공정한 사회가 요구하는 규범'이라고 말한 것들 가운데서 일반적 원칙에 해당하는 차원을 가리키는 것이며, 이에 대해서는 뒤에 가서 장(章)을 달리하여 따로 고찰할 생각이다. 따라서 여기서는 우선 둘째 단계에 해당하는 규범의 문제만을 대략 짚고 넘어가기로 한다.

　'공정한 사회' 또는 '바람직한 사회'가 기정사실로서 실현되어 있는 것이라면, 그것이 파괴되지 않도록 지키는 일만이 공동의 과제가 될 것이다. 그리고 그 사회의 성원 각자는 각자의 처지에서 자기가 지킬 바를 어기지 않는 소극적 협조만으로도 충분할 것이다. 그러나 '공정한 사회' 또는 '바람직한 사회'는 어떤 기정사실로서 실현되어 있는 현실이 아니며, 앞으로 접근해 가야 할 노력의 목표다. 따라서 이 목표의 실현을 위해서 해야 할 일들은 무한정으로 많으며, 그 많은 일들을 분담해야 할 성원 각 개인의 임무도 그 한계를 정하기가 매우 어렵게 된다.

　'공정한 사회의 건설'이라는 공동 목표의 달성을 위한 노력에는 모든 성원이 참여해서 협조해야 할 의무를 가졌으며, 이 일에 협조할 수 있는 능력을 가진 사람은 아무도 그 의무를 외면할 수 없다. 그러나 모든 성원들이 저 공동의 과업을 균등하게 분담할 수는 없으며, 개인의 능력과 위치에 따라서 각자가 맡아야 할 책임에는 경중의 차이가 있다고 보아야 할 것이다. 개인마다 차이가 있는 이 의무의 한계를 정확하게 분간하기는 불가능한 일이며, 그 근사치에 접근하는 방안의 윤곽을 모색하는 것만으로 만족해야 할 것이다.

　공정한 사회의 건설이라는 목표로 접근함에 있어서 능력이 많은 사람일수록 이 공동의 과업을 위해서 많은 힘을 할애해야 할 것이며, 그 목표로 접근하기에 유리한 지위를 차지한 사람일수록 큰 몫의 일을 분담해야 할 것이다. 그러나 공동의 과제를 위하여 요구되는 일의 총량과 그것을 분담해야 할 사람들의 능력을 숫자적으로 파악할 길이 없으므로, 성원 각 개인이 할애해야 할 힘의 정도 또는 각 개인이 분담해야 할 일의 몫을 정확하게 안다는 것은 원칙적으로 불가능하다. 다만, 각자는 그가 그 사회에서 받고 있는 기대의 수준과 자기의 능력에 대해서 스스로 내리는 양식(良識)의 판단을 따라서 자기가 져야 할 의무의 한계를 추정할 수밖에 없다.

사회 건설의 일익을 담당하는 의무를 다하기 위해서 반드시 정치 운동 또는 사회 운동에 가담할 필요는 없다. 우리는 어떠한 종류의 직업 또는 활동 무대를 통해서도 사회 건설에 이바지할 수가 있다. 나 자신을 위한 행위냐 사회를 위한 행위냐를 결정하는 것은 활동 무대의 종류나 이름이 아니라 행위자의 마음가짐이다. 정치나 행정을 직업으로 삼는 유명인들 가운데도 주로 자기 자신을 위해서 뛰는 사람들이 있고, 흔히 '자유업'으로 불리는 사사로운 직업에 종사하는 인사들 가운데도 주로 사회를 위해서 일하는 사람들이 있다. 직업을 갖지 않은 사람들에게도, 사회를 위해서 할 수 있고 또 해야 할 일들이 있다.

나를 위하는 일과 사회를 위하는 일이 외연적으로 구별되는 것은 물론 아니다. 많은 경우에 동일한 활동이 나를 위하는 일도 되고 사회를 위하는 일도 된다. 다만, 하나의 활동을 두고서 나를 위하는 측면과 사회를 위하는 측면 가운데 어느 편의 비중이 더 큰가를 비교할 수는 있으며, 한 사람의 전 생애를 통틀어 볼 때에도 '나 자신을 위해서 산' 측면의 비중과 '사회를 위해서 일한' 측면의 비중을 갈라서 비교할 수는 있을 것이다.

2. 대인(大人)의 길

역사에 성자(聖者)로 기록되어 있는 사람들은 자기 한 사람의 고락은 거의 염두에 두지 않고 오로지 타인들의 고통을 덜고 행복을 더하는 일을 위하여 온 생애를 바친 것으로 전해지고 있다. 슈바이처(A. Schweitzer)는 30세까지는 자신을 위해서 살았고 그 이후에는 남을 위해서 살기로 결심했다고 자술(自述)하였다. 우리나라의 안창호 선생, 김구 선생, 안중근 의사 같은 분들은 일신과 가족의 고생을 돌보지 않고 오로지 민족의 광복을 위해서 일평생 노심초사한 인물들로 알려져 있다. 이러한 역사적 위인들에 관한 기록이 사실과 크게 다르지 않다고 가정할 때, 이러한 위인들의 인생 설계에 있어서는 '나를 위해서'가 차지하는 비중이 근소화한 반면에 '중생을 위해서' 또는 '큰 우리를 위해서'가 차지하는 비중이 압도적이라고 말할 수 있다. 이와 같이 '나를 위해서'를 최소한으로 줄이고 '큰 우리를 위해서'를 삶의 지표로 삼은 사람들이 걸은 길을 앞으로 편의상 '대인의 길'이라고 부르기로 한다. 그리고 공정한 사회가 요구하는 의무는 지키되 의무를 지키고 남는 시간과 정력은 주로 '나를 위해' 사용하는 사람들이 걷는 길을 '소시민의 길'이라고 부르기로 한다.

역사에 크게 기록되어 찬사와 존경의 대상이 된 사람들 가운데 대인의 길을 걸은 인물이 많은 것은 사실이나, 반드시 역사상의 유명인들만이 이 길과 인연이 깊은 것은 아니다. 초야에 묻혀서 거의 알려지지 않은 사람들 가운데서 '대인의 길'을 걸은 사람 또는 걷고 있는 사람이 무수하게 많으리라고 믿는다. 이른바 애타주의자(愛他主義者)라고 불리는 사람들은 누구나 그 길을 택한 사람들이라고 보아야 할 것이다.

앞에서도 거듭 말한 바와 같이, 대인의 길은 권장할 만한 길이기는 하나 남에게 강요할 성질의 길은 아니다. 그것을 권장할 만한 길이라고 주장하는 것은, 그 길이 사회에 이바지할 공산이 크고 따라서 더 많은 가치를 실현할 확률이 높기 때문이다. 그리고 그 길을 남에게 강요할 성질의 것이 아니라고 주장하는 것은, 우리는 남에게 피해를 주지 않는 한 타인의 큰 선(善)보다 나의 작은 선을 선호할 자유를 가졌다고 믿기 때문이다. 능력을 가진 사람이 스스로 원해서 대인의 길을 택하는 것은 크고 장한 일이다. 그러나 밖으로부터의 강요에 못 이겨 그 길로 말려드는 것은 바람직한 일이 아니다.

대인의 길을 아무에게나 함부로 권장해도 좋으리라고는 생각되지 않는다. 자기의 능력을 과대평가하는 사람이 이 길을 택했을 경우에는 허황된 꿈을 좇는 가운데 시간과 정력을 낭비하고 말 위험성이 높기 때문이다. 큰일을 하겠다는 생각만 앞세우고 결국 용두사미로 끝나는 것보다는 작은 일이라도 착실하게 실현하는 편이 자신을 위해서나 타인을 위해서나 바람직한 일이다.

비록 능력이 큰 사람에게라도 대인의 길을 **강요할** 수는 없다. 그러나 탁월한 능력을 가지고 있는 사람들이 일신과 가족의 안락에만 연연하여 소시민의 길에서 안주하는 우리들의 가치 풍토에 대해서는 아쉬움을 금치 못한다. 오늘의 우리 상황은 대인의 길을 택한 사람들이 하나의 계층을 형성할 것을 요구하고 있다. 구시대의 영웅주의자와는 다른 대아(大我)의 인물들이 많이 나타나기를 요청하고 있는 것이다. 그러나 탁월한 능력을 지니고 있으며 중요한 위치를 차지한 사람들까지도 거의 모두 소시민의 길을 택하는 것이 오늘의 우리 가치 풍토다.

약간 뒤엉킨 듯한 인상을 주었을지도 모를 이제까지의 견해를 우리는 다음과 같이 요약할 수 있을 것이다. 개인은 각자의 의사를 따라서 자신의 인생을 영위할 권리를 가졌으며, 각자의 소망에 따라서 삶을 설계할 자유를 가졌다. 그러나 저 권리와 자유는 만인이 균등하게 누려야 마땅하므로 의당 제약이 따르지 않을 수 없으며, 그 제약의 근간에 해당하는 것이 공정한 사회의 건설이 요구하는 규범이다. 이 규범을 지키는 일은 아무도 거부할 수 없는 의무이며, 이 의무를 우선적으로 지킨 다음에는 어떠한 삶이든 자기가 원하는 바를 따라서 계획하고 영위하여도 무방하다. 그러나 의무를 이행하고 난 다음에 누리게 되는 '자유로운 삶'의 설계 가운데도 잘된 것과 잘못된 것의 구별은 있으며, 비록 사생활의 영역에 속하는 삶 가운데도 더 나은 것과 못한 것의 구별은 있다. 공공 생활의 영역에 있어서나 사생활의 영역에 있어서나 삶의 설계는 합리성의 원칙을 따르는 것이 바람직하며, 두 가지 목표 가운데서 하나만을 택해야 할 경우에는 더 큰 가치를 지닌 쪽을 택할 것을 합리성은 요구한다. 그러나 이러한 고찰은 '최대 다수의 최대 선'을 이룩하고자 삶을 설계해야 한다는 결론으로 우리를 곧장 몰고 가지는 않는다. 최대의 선의 실현을 목표로 삼는 삶의 설계는 권장할 만한 것이 될 수는 있으나 타인이 강요할 수 있는 의무의 대상은 아니다. 우리는 공정한 사회의 규범을 어기지 않는 한, 남의 큰 선(善)보다도 나의 작은 선을 선호할 자유를 가지고 있기 때문이다.

3. 최고 목표의 선정

삶의 설계가 구체성을 띠고 구상될 때 그것은 자연히 여러 목적들의 피라미드 모양의 체계를 이루기 마련이다. 다시 말하면, 어떤 최고의 목적을 정점으로 삼고 그 최고의 목적을 달성하기 위한 수단이 그 바로 아래를 떠받들고, 그 바로 아래의 수단을 목적으로 삼는 더한층 낮은 차원의 수단이 다시 그 아래를 떠받들고, 또 그 낮은 차원의 수단을 목적으로 삼는 더욱 낮은 차원의 수단이 다시 그 아래를 떠받드는 식의 목적들의 체계 또는 목적과 수단의 체계를 이루기 마련이다. 이 체계에 있어서 가장 중요한 것은 피라미드의 정상을 차지하는 최고의 목적이거니와, 이 최고의 목적의 자리를 아리스토텔레스의 궁극목적과 같은 추상적 개념으로서 채우는 것은 삶의 설계로서는 적합하지 않다.[1] '행복' 또는 '완전' 따위의 추상적 개념은 너무나 그 뜻이 다양하므로 삶의 구체적 목표로서의 구실을 할 수가 없으며, 만인이 공통으로 추구해야 할 **하나의** 궁극목적이 미리 정해져 있다는 생각은 삶의 설계의 문제를 각자의 자유 선택의 문제라고 본 우리들의 견해와 일치하지 않는다. 삶의 최고의 목표는 각 개인이 자기의 소망을 따라서 주체적으로 정해야 할 선택의 대상이며, 그것은 그 의도의 내용이 구체적일수록 삶의 지표로서의 구실을 하기에 적합하다.

한 개인의 생애를 하나의 작품으로 간주할 때, 이 작품의 형태와 내용을 좌우하는 결정적 요인이 되는 것은 이 작품의 주인공이 선정한 삶의 최고 목표다. 피라미드의 정상을 차지할 최고의 목표를 무엇으로 정하느냐에 따라서 그 이하의 피라미드의 형태와 내용이 좌우되는 것이다. 바꾸어 말하면, 삶의 최고 목표를 무엇으로 선정하느냐에 따라서 그 개인의 삶의 질이 좌우되고 그 사람의 인품의 윤곽이 결정된다.

삶의 최고 목표는 각 개인의 개성과 소질 및 그가 놓인 사회적 여건 등을 고려하여 주체적으로 선정해야 할 대상이며, 그 선택의 여지는 상당히 넓은 것이 보통이다. 그 범위 안에서 무엇을 선택하든 그것은 개인의 자유이나, 여기서 깊이 유의해야 할 것은 삶의 최고 목표로서 일반적으로 적합하지 않은 대상의 영역이 있다는 사실이다. 일반적으로 적합하지 않은 대상의 영역에 속하는 것을 삶의 최고 목표로서 추구하는 사례가 우리 사회에 허다하다는 실정을 감안할 때, 우리는 이 평범한 상식을 강조하지 않을 수 없다.

---

1 아리스토텔레스는 그의 『니코마코스 윤리학(*Ethica Nicomachea*)』의 제5장에서 모든 사람들의 궁극목적은 '행복(eudaimonia)'이라고 주장했다. 그의 '행복'의 개념은 매우 추상적이어서, 삶의 목표의 방향을 결정하는 기본 원리로서는 구실을 할 수 있으나 구체적 인생 설계의 목표로서는 너무 막연하다.

삶의 최고 목표로서 적합하지 않은 대상의 영역은 그 자체가 본래의 목적이기보다는 다른 무엇을 위한 수단으로서 적합한 대상들의 영역과 일치한다. 예컨대, 돈과 권력은 많은 사람들이 삶의 최고의 목표인양 강력히 추구하는 대상이나, 그것들은 본래 그 자체가 목적이기보다는 다른 무엇을 위한 수단으로서의 성격이 강하므로, 삶의 최고 목표로서는 적합하지 않다. 주로 수단적 가치를 지니고 있는 대상이 최고의 목표로서 적합하지 않은 이유는 명백하다. 최고의 목표는 가능한 최고의 가치를 지닌 대상이라야 할 것인데, 주로 수단적 가치의 담지자(擔持者)로서의 성격이 강한 대상은 그 대상이 수단으로서 이바지하는 목적보다 낮은 가치를 가졌다고 보아야 하기 때문이다. 가령 돈이 안정된 생활의 수단이라면 돈의 가치보다도 안정된 생활의 가치를 높다고 보아야 하며, 권력이 사회의 질서를 위한 수단이라면 권력의 가치보다도 사회질서의 가치가 높다고 보는 것이 사리에 맞을 것이다.

주로 목적적 가치를 지닌 대상이 삶의 최고 목표로서 적합하다는 주장에는 이론의 여지가 별로 없을 것으로 보이나, 목적의 가치를 지닌 대상들과 수단의 가치를 지닌 대상들을 객관적으로 구별하는 일이 과연 가능하냐 하는 문제는 그렇게 간단하지 않을 것 같다. 돈과 재물 또는 민주국가의 권력이 처음에는 수단으로서 출발했다 하더라도 오늘날 그것들 자체를 목적으로 추구하는 사람들이 많다는 사실을 무시할 수 없으며, 본래는 목적으로서의 성격이 강한 것으로 알려진 인간 내지 인간성조차도 수단으로서 이용하는 사례가 허다한 현대의 가치 풍토도 고려에 넣어야 한다면, 목적의 가치를 지닌 대상과 수단의 가치를 지닌 대상을 구별하는 일은 결코 간단한 문제라고 보기 어렵다.

과거에는 주로 수단으로서 추구되던 대상이 이제는 그 자체가 목적으로서 추구되기도 하고, 과거에는 목적으로서의 대접을 받던 대상이 이제는 한갓 수단에 불과한 것으로서 격하되는 변화의 현상은 흔히 볼 수 있는 현상이다.

그리고 이러한 변화를 변태 심리학적 현상으로 볼 이유가 없으며, 또 이 변화의 현상을 **일률적으로** 좋지 못한 현상이라고 평가할 근거도 없다. 따라서 시초에 있어서 목적으로서의 대접을 받던 대상만이 영원히 목적으로서 추구될 자격을 가졌다고 단정할 이유는 없으므로, 목적의 가치를 지닌 대상과 수단의 가치를 지닌 대상의 구별을 확고부동한 것으로 볼 수가 없게 된다. 그렇다면, 주로 수단의 가치를 가졌던 대상도 그것을 목적으로서 추구하는 '관심의 변화'의 작용으로 인하여 주로 목적의 가치를 가진 것으로 변할 수도 있을 것이니, 주로 목적의 가치를 지닌 대상만이 삶의 최고 목표로서 적합하다는 주장이 의미를 잃게 되지 않느냐는 반론을 제기할 수 있을 것이다. 이러한 반론에 대해서 우리는 무엇이라고 대답할 것인가?

관심의 변화 때문이 아니라 처음부터 그 자체가 목적으로서 추구된 대상들은 지금도 여전히 목적으로서 추구되기에 적합한 대상이다. 예컨대 건강과 생명, 사랑과 우정, 고매한 인격 등은 본래 그 자체가 인간적 소망의 대상이었으며, 현재도 인간의 본성은 그것들 자체를 갈망하고 있다. 이러한 것들은 인간의 본성이 바뀌지 않는 한 목적으로서 추구되기에 적합한 대상들이며, 그것들을 수단으로서 이용하는 사례가 있다는 사실로 인하여 그 목적적 가치의 담지자로서의 자격이 손상을 입지는 않는다.

예술 또는 학문의 기원에 관해서 하나의 학설을 단정적으로 주장하기는 어려울 것이나, 그것들이 처음 싹트기 시작했을 때는 어떤 목적을 위한 수단으로서의 성격이 강했다고 보는 것이 통설에 가까운 것으로 안다. 현대에 있어서도 예술 또는 학문이 어떤 실용적 목적을 위한 수단으로서 활용될 경우도 많이 있으나, 예술가나 학자들 가운데는 예술 또는 학문 그 자체를 목적으로 삼고 정진하는 사례도 흔히 있다. 대체로 말해서, 예술과 학문은 처음에는 다른 무엇을 위한 수단으로서 존중되다가 세월이 흐르는 가운데 목적으로서의 성격을 띠게 된 것이라고 볼 수 있을 것이다. 요컨대 예술과 학문은 관심의 변화를 통하여 수단의 지위에서 목적의 지위로 자리를 옮긴 것들 가운데 대표적인 것으로 보아도 무방할 것이다. 현대에도 학문이나 예술을 무엇을 위한 수단으로서 추구하는 사람들이 없지 않으나, 그 자체를 목적으로 삼고 추구하는 사람들도 적지 않다.

처음에는 그것이 무엇을 위한 수단으로서 시작되었다 하더라도, 이제 학문이나 예술은 그 자체가 목적으로서 추구되기에 적합한 대상들 가운데 들어갈 수 있다고 생각한다. 다시 말해서, 당초에는 어떤 기능을 위한 수단으로서 존중하기 시작했던 학문 또는 예술을 결국 목적으로서 추구하기에 이른 관심의 변화는 바람직한 변화였다고 믿는다. 그것을 바람직한 변화라고 믿는 이유는 이 변화가 인간의 삶을 풍부하게 만들고 그 질을 높이는 데 크게 이바지해 왔다는 사실에 있다. 인간은 학문과 예술을 단순한 수단이 아닌 목적으로서 추구함으로 인하여 가치의 세계를 크게 넓혔고 찬란한 문화의 업적을 쌓을 수 있게 된 것이다.

돈과 재물 그리고 권력도 본래는 안정된 생존 또는 질서 있는 사회생활을 위한 필요조건으로서 존중되기 시작했으나, 관심의 변화 현상을 따라서 그 자체를 목적으로서 추구하는 사례가 후일에 생기게 된 대상들이다. 이 점에 있어서 이것들은 학문 또는 예술과 공통성을 가졌다. 그러나 학문 또는 예술의 경우와는 달리, 돈과 재물 또는 권력은 그 자체가 목적으로서 추구되기에 적합한 대상이라고 생각되지 않는다. 왜냐하면, 재물과 권력은 경쟁성이 강한 목표이므로 이것들에 대한 지나친 애착은 인간의 사회생활을 위해서 보탬이 되기보다는 역기능으로 작용할 공산이 크기 때문이다. 현대 자본주의 국가들의 많은 문제들이 돈을 위해서 돈을 추구하는 가치 풍토에 기인하고 있으며, 동서고금의 여러 독재정치의 폐단이 권력을 위해서 권력을 추구하는 관심 변화의 심리에 근원을 두었다는 것은 널리 알려진 상식이다.

어떤 대상이 그 자체를 목적으로서 추구하기에 적합하냐 부적합하냐를 결정하는 것은, 그것이 당초에 목적으로서 추구되기 시작했느냐 또는 수단으로서 추구되기 시작했느냐에 달려 있는 것이 아니라, 현재 그것을 목적으로서 추구함이 공정한 사회의 건설과 행복한 개인의 탄생을 위하여 적합하냐 부적합하냐에 달려 있다고 보아야 할 것이다. 왜냐하면 이성의 숙고를 통하여 우리가 인류의 이상으로서 염원하는 것은, 결국 공정하고 풍요로운 사회 속에서 모든 개인이 고루 행복을 누리는 경지 이외의 다른 것일 수 없기 때문이다.

학문과 예술 이외에도 그 자체를 삶의 목표로서 추구하기에 적합한 것들이 많이 있다. 예컨대 건강과 장수, 사랑과 우정, 사회복지를 위한 헌신, 공정한 사회의 건설, 세계의 평화 등은 이 부류에 들어갈 수 있는 대표적인 것들이다. 단란한 가정생활, 조촐한 취미 생활, 원만한 대인관계 등도 이 부류에 추가될 수 있을 것이다. 위에 열거한 것들은 여러 개인들이 각자의 생활 목표로서 추구하더라도, 그것들이 배타적 경쟁성이 강한 대상이 아니므로, 여러 사람들은 크게 충돌함이 없이 각자의 목표로서 접근할 수가 있고, 그 가운데 어떤 것은 여럿이 힘을 합하여 함께 추구함으로써 달성할 수 있는 공동 목표로서도 적합하다.

그 자체를 목적으로서 추구하기에 적합한 대상인지 아닌지를 속단하기가 좀 어려운 것으로서 쾌락과 명성이 있다. 쾌락은 본래 본능적 추구의 대상이기보다는 욕구 충족에 부수적으로 따라오는 부산물이던 것을 사람들이 즐겨 그 자체를 목적으로서 추구하는 사례가 많은 대상이고, 명성은 본래 업적 또는 공로에 따라오는 부수적 결과였는데 사람들이 즐겨 그 자체를 목적으로서 추구하는 사례가 많은 대상이다. 쾌락에도 여러 가지 종류가 있고 명성에도 여러 가지 유형이 있으므로, 그것들이 목적으로서 추구하기에 적합하냐 부적합하냐를 일률적으로 말하기는 어렵다. 다만, 쾌락 또는 명성의 추구가 언제나 바람직하지 않다고 보기는 어려우나, 적어도 삶의 최고 목표로서는 그것들이 적합하지 않다고 보아도 좋을 것 같다.

영어의 '레크리에이션(recreation)'이라는 말의 본래 의미는 즐거운 놀이를 통하여 기분을 전환하고 피로를 풂으로써 다시 원기를 북돋우는 오락이라는 뜻이다. 그것은 피로를 회복함으로써 다시 힘차게 일하기 위한 준비의 과정이니, 그 자체를 목적으로 삼는 쾌락의 추구가 아니라 활기찬 일을 위한 수단으로서의 쾌락의 추구라고 보아야 할 것이다. 이와 같이 내일의 활기찬 일을 위한 준비로서 오늘 잠시 즐기는 쾌락은 건전하고 생산적이다. 그 쾌락이 추후에 폐단을 초래하지 않으니 건전하다 할 것이고, 다음날의 일을 위하여 도움을 줄 것이니 생산적이라 할 것이다. 그러므로 일을 위한 수단으로서 쾌락을 추구함이 현명한 생활 방식임은 의심의 여지가 없다.

그러나 나의 쾌락을 삶의 최고 목표로서 추구할 경우에는 사정이 크게 달라진다. 첫째로, '쾌락주의의 역리(paradox of hedonism)'라고 불리는 현상으로 인하여, 나의 쾌락에 대한 직접적 추구에 전념할 때 결과는 도리어 많은 고통을 얻는 것으로 그칠 공산이 크다는 사실이 있다. 쾌락의 계속적 향유를 위해서는 항상 새롭고 더 강한 자극이 필요하며, 점점 새롭고 더 강한 자극을 소화하기 위해서는 막대한 체력의 소모를 피하기 어렵다. 그뿐만 아니라, 항상 새롭고 더 강한 자극을 얻기 위해서는 매일같이 쾌락의 시장을 찾아다니며 많은 대가를 지불해야 한다. 그러므로 무절제한 쾌락의 추구가 체력과 재력의 한계에 부딪쳐 삶의 파탄을 초래할 확률은 상당히 높다고 보아야 하며, 이것은 이미 고대 그리스의 철학자 에피쿠로스(Epikuros)가 힘주어 경계한 삶의 현실이기도 하다.

둘째로, 나의 쾌락의 추구가 설령 소기의 목표를 달성한다 하더라도 그것을 가장 보람된 삶의 길이라고 보기는 어렵다. 왜냐하면, 나의 쾌락은 그 혜택이 여러 사람에게로 확산될 가능성이 적을 뿐 아니라, 쾌락의 향유는 대개 일시적인 심리 현상이므로 그 생명이 길다고 보기도 어렵기 때문이다. 결국

나의 쾌락의 극대화를 최고의 목표로 삼는 삶의 설계는 설령 뜻대로 성과를 거둔다 하더라도, 그리 큰 가치를 실현할 수 있는 방안이라고 보기는 어려울 것이다.

나의 쾌락의 극대화가 아니라 사회 전체의 쾌락을 최고의 목표로 삼을 경우에는, 쾌락주의의 역리(逆理)에 빠지거나 행위가 빚어내는 혜택의 범위가 좁아질 위험성은 따르지 않는다. 그러나 고전적 공리주의(公利主義)에 해당하는 이 경우에도 여러 가지 난점이 있다는 것은 이미 많은 학자들에 의해서 지적된 바 있다. 그 여러 가지 논란을 이제 다시 고찰할 필요는 없을 것으로 생각되므로, 여기서는 다만 필자가 보기에 실천적으로 중요하다고 생각되는 한 가지 점만을 짚고 넘어갈까 한다.

'최대 다수의 최대 행복' 즉 사회적 쾌락의 극대화를 **개인적** 생활 설계의 최고 원리로 삼았을 경우에, 그 개인이 도대체 어떤 삶을 **구체적으로** 계획해야 할 것인지 감이 잡히지 않는다. 삶의 설계란 어느 정도 구체성을 띨 때 비로소 행위의 지침 구실을 할 수 있거니와, '최대 다수의 최대 행복'의 원리를 개인적 삶의 설계에 구체적으로 반영시킨다는 것은 윤리학의 전문가로서도 매우 어려운 일이다. 고전적 공리주의를 최초로 체계화한 벤담(J. Bentham)은 그의 '공리의 원리(the principle of utility)'를 개인 생활의 지침으로서 제시한 것이 아니라 입법(立法)의 원리로서 제시했다는 역사적 사실이 암시하듯이, 공리주의의 원리는 본래 개인적 생활 설계의 원리로서는 적합하지 않다. 공리주의가 사회 건설의 철학으로서 타당성을 가졌느냐 하는 것은 별개의 문제이며, 이 문제와는 뒤에 가서 다시 만날 기회가 있을 것이다.

여기서 한 가지만 더 지적해 두고 싶은 사항이 있다. 그것은 남의 쾌락 또는 사회의 쾌락을 조장하기 위해서도, 나 자신의 쾌락의 경우와 마찬가지로, 쾌락 그 자체를 목표로 삼는 것보다는 쾌락 또는 고통의 근원이 되는 삶의 현실로 시선을 돌리는 편이 상책이라는 사실이다. 쾌락이란 본래 건강하고 순조로운 생활에 수반하는 축복이요, 고통은 본래 불건강하고 어려움 많은 생활에 따라오는 불청객이다. 따라서 쾌락을 늘리고 고통을 줄이기 위해서는 그것들의 뿌리에 해당하는 삶의 현실을 개조함이 긴요한 것이다.

명성(名聲)이 삶의 최고 목표로서 적합하냐 부적합하냐 하는 문제에 대해서는 이미 널리 알려진 아리스토텔레스의 고전적 고찰이 좋은 시사를 베풀어 준다. 아리스토텔레스는, 명성이 생활의 여유를 가진 상류 계층 사람들에게 매력 있는 대상이기는 하나, 삶의 최고 목표로서는 적합하지 않다고 물리쳤던 것이다. 그렇게 물리친 이유는, 삶의 최고 목표는 본인 스스로가 노력함으로써 접근해야 할 무엇일 터인데, 명성이라는 것은 타인들의 의견 내지 의사를 위시한 외적인 조건 또는 우연적인 조건에 의하여 좌우되는 바가 크다는 사실에 있었다.[2] 명성이 반드시 실력 또는 실적에 부합하지 않는다는 것은 예나 지금이나 일반적인 현상이며, 우리에게 진실로 중요한 것은 일이지 일에 우연히 따르는 명성이 아니라는 것도 자명한 상식이다.

명성과 쾌락 사이에는 하나의 공통점이 있다. 양자가 모두 더 기본적인 것에 따라서 생기는 부수적 산물이라는 공통점이다. 부수적 산물인 까닭에 쾌락과 명성은 모두 직접적 추구의 대상으로서는 적합하지 않다. 본바탕에 해당하는 기본적인 것을 도외시하고 부수적인 것을 추구의 목표로 삼는 것은 본말(本末)을 뒤바꾸는 잘못이 아닐 수 없다. '쾌락주의의 역리'라는 현상이 생기게 되는 근본 이유도 이 본말 전도에 있다고 보아야 한다. '명성 추구의 역리'라는 말이 있는지 없는지는 모르겠으나, 명성에 대한 지나친 야심이 도리어 오욕(汚辱)을 자초하는 사례는 우리 주변에서 흔히 볼 수 있는 일상적 현상이다.

---

2 Aristoteles, *Ethica Nicomachea*, 제5장 참조.

4. 목적들의 체계

  '행복', '자아의 실현', '최대 다수의 최대 행복' 등 추상적 개념으로 표현
되는 무엇을 삶의 최고 목표 또는 이상으로 삼는 목적론적 체계에 있어서는,
삶의 설계는 **하나의** 최고 목표를 정점으로 삼는 목적과 수단의 체계로서의
모습을 띠게 될 것이다. 그러나 삶의 설계가 일상생활을 위한 행위의 지침 구
실을 제대로 하자면 삶의 목표가 좀 더 구체적이어야 한다고 본 우리는, 삶의
목표를 하나의 추상적 개념으로써 대표하는 길을 택하지 않았다. 앞 절에서
돈이나 권력 또는 명성 그 자체는 삶의 목표로서 적합하지 않고 그보다는 학
문, 예술, 단란한 가정생활, 조촐한 취미 생활 또는 사랑과 우정이 그 자리에
적합하다고 말했을 때, 우리는 이 적합한 것들 가운데서 어느 한 가지만을 선
택하고 그것만을 삶의 목표로 삼아야 한다는 뜻으로 말한 것은 아니었다. 그
자체를 목적으로서 추구하기에 적합한 것들은 모두 '목적의 체계' 가운데 포
함시킬 자격이 있다는 뜻을 말하고 싶었던 것이며, 반드시 어느 한 가지만을
자체 목적으로서 추구한다는 전제를 깔고 논의를 전개했던 것은 아니다. 이
미 2장 2절에서 언급한 바와 같이, 사람들은 대개 여러 가지 것들을 목적으
로서 추구하는 경향이 있으며, 이 자연스러운 경향은 풍부하고 균형 있는 삶
을 위해서 도움이 되기도 한다. '행복'이니 '자아의 실현'이니 하는 것도 실은
여러 가지 구체적 목적들을 그 안에 포함하고 있으며, 어떤 한 가지 목표의
이름이기보다는 여러 가지 **목적들의 체계**에 붙인 이름이라고 보아야 할 것이
다.

  오직 하나만의 목적이 아니라 여러 목적들을 아울러 추구할 때 그것들을
묶어서 '목적들의 체계'라고 부르는 것은, 동일한 개인에 의해서 추구되는
여러 가지 목적들은 서로 연관성을 갖기 마련이고 그 연관성의 유대를 통하
여 그것들이 하나의 유관한 전체를 구성하기 때문이다. 내가 단순한 수단으

로서가 아니라 그 자체를 목적으로서 추구하는 것들이 가령 ABCDE 다섯 가지가 있다고 가정한다면, 그 ABCDE의 어떤 것들은 서로 방해가 되기도 하고 어떤 것들은 서로 도움이 되기도 할 것이다. 예컨대, 어떤 과학자가 과학이외에 문학, 서예, 그림, 그리고 건강까지도 목적으로서 추구한다면, 문학에 대한 그의 정열은 그의 과학 탐구에는 저해 요인으로 작용할 확률이 높고, 서예에 대한 그의 정진은 그의 그림 솜씨에 도움을 줄 공산이 크다. 그리고 그가 만약 연구에 지나치게 열중한다면 건강을 원하는 그의 목표에는 차질이 생길 것이며, 그가 건강 증진에 성공한다면 그의 건강은 그의 다른 목표들의 달성을 위해서 큰 도움을 줄 것이다.

자신이 추구하는 목적들 사이에 충돌 또는 친화(親和)의 관계가 있다는 사실은 최대의 가치가 실현될 수 있도록 그 목적들을 안배하고 조직할 것을 요구한다. 이 조직을 위해서 가장 중요한 것은 그 목적들이 충돌했을 경우의 취사선택을 위한 우선순위를 정하는 일이다. 목적들의 우선순위에 있어서 가장 높은 자리를 차지하는 것이 그 개인의 목적들의 체계에 있어서 최고의 목표로서 군림하게 된다. 무엇을 삶의 최고 목표로 삼는 것이 바람직하냐 하는 것은 그 개인의 소질과 개성 등에 따라 대답이 달라질 문제다. 개성을 따라서 각각 다른 최고의 목표를 정한 사람들이 다양한 길을 추구하는 가운데 조화를 이루는 사회가 바람직한 사회다. 물론 목표의 다양성이 바람직하다고 말할 수 있는 것은 개인적 목표의 차원에 있어서이며, 사회 전체의 공동 목표에 있어서는 지성적 합의가 요청된다는 것이 우리들의 상식이다.

목적들의 체계를 구상함에 있어서 목적들의 우선순위를 정하는 문제와 관련하여 항상 유의해야 할 것은, 되도록이면 친화력이 강한 목적들, 즉 서로 조화되기 쉬운 목적들은 체계 안에 받아들이고 서로 충돌하여 양립하기 어려운 것들은 경중에 따라 하나를 포기해야 한다는 원칙이다. 특히 최고의 목표로서 정립한 것의 실현이 용이하도록 현명하고 과단성 있는 취사선택을 하는 일은 생애의 성패를 좌우함에 있어서 매우 중요한 구실을 한다.

목적들의 체계는 그것을 실현하기에 필요한 구체적 수단에 의해서 뒷받침되어야 한다. 구현을 위한 실천적 수단의 뒷받침이 따르지 않을 때, 목적들의 체계는 헛된 공상의 체계에 불과한 것이 되고 만다. 목적들의 체계를 실현하기 위한 수단의 일부는 일정한 목적 달성에 선행해야 할 중간 목표들이고, 다른 일부는 그 목적 달성에 **직접** 유효한 행위들이다. 예컨대, 굶주림을 벗어나게 해줄 음식물 또는 추위를 막기에 필요한 주택을 장만하는 일은 건강이라는 목적 달성을 위한 중간 목표들이고, 적절한 운동과 충분한 수면은 건강 증진에 직접 유효한 행위들이다. 중간 목표들을 획득하기 위해서도 또 적절한 수단의 뒷받침이 있어야 하며, 그 수단의 일부는 더한층 아래 단계인 중간 목표들이고 다른 일부는 저 중간 목표 달성에 **직접** 유효한 행위들이다. 이와 같이 중간 목표들의 하위 목표들을 더듬어 내려가면 최하위의 목표와 만나게 되거니와, 그 최하위의 목표 달성을 위해서 요구되는 것은 그 목표에 적합한 행위들이다. 여기서 우리가 얻는 결론은, 목적들의 체계를 실현하기 위해서 요구되는 수단들의 체계에 있어서 가장 기본적인 것은 상황에 적합한 행위들이라는 그것이다.

우리는 편의상 '수단들의 체계'라는 말을 사용하였다. 저 '목적들의 체계'와 이 '수단들의 체계'를 합친 것이 그 개인의 생활 설계 전체에 해당한다고 일단 말할 수 있을 것이다. 그러나 우리가 사용하고 있는 '목적들의 체계'와 '수단들의 체계'라는 표현은 오해를 초래할 염려가 있는 말이다. 듀이가 거듭 강조한 바와 같이, 추구의 대상들 가운데 순수한 목적 또는 순수한 수단이라고 말할 수 있는 것은 거의 없으며, 우리가 실제로 추구하는 것들의 대부분은 목적으로서의 측면과 수단으로서의 측면을 아울러 가지고 있다. 따라서 목적과 수단의 구별은 현실적 대상들의 구별이기보다는 관념상의 구별에 가깝다. 그런데 한 개인의 생활 설계를 '목적들의 체계'와 '수단들의 체계'로 나누어서 이야기할 때, 현실적 대상들이 순수하게 목적적인 것과 순수하게 수단적인 것으로 나누어질 수 있다는 전제를 깔고 있는 듯한 인상을 주기가 쉽다. 그러나 필자가 목적과 수단을 구별한 것은 심리적 태도에 기준을 둔 구별이었으며, 동일한 대상이 목적으로서도 추구되고 수단으로서도 추구된다는 사실을 간과한 구별은 아니었다. 그것은 오로지 서술의 편리를 위한 구별에 지나지 않았으며, 순전히 목적으로서만 추구되는 대상 또는 순전히 수단으로서만 추구되는 대상이 있느냐 없느냐 하는 물음은 삶을 어떻게 설계할 것이냐 하는 문제와는 별로 관계가 없는 물음이다.

4 장
집단생활에서 일어나는 기본적인 문제들

4장 집단 생활에서 일어나는 기본적인 문제들

1. 자연 자원의 공개념(公槪念)

이브가 탄생하기 이전의 아담이나 무인도에 표류했을 당시의 로빈슨 크루소는 완전한 자유를 누리고 살아도 무방했을 것이다. 인간 이외의 다른 생물의 생존권까지도 고려해야 한다면 문제는 달라지겠지만, 정치 내지 윤리의 문제를 인간 상호간의 문제에 국한시켜 본 종래의 관행을 따른다면, 어떤 타인과도 관계를 지음이 없이 혼자서만 사는 사람은 모든 짓을 자기가 원하는 대로 하여도 사회문제는 생기지 않을 것이다. 그러나 현실에 있어서 완전히 혼자 사는 사람은 없는 까닭에, 사람들이 사는 곳에는 자유를 제한하는 문제 즉 사회문제가 자연히 생기기 마련이다. 더욱이 현대와 같이 인구의 수가 많고 사람들의 접촉 범위가 넓으며 사람들의 개인적 자아의식이 강한 상황 아래서는, 개인들의 욕구는 빈번히 충돌하기 마련이므로 개인의 자유를 제한함으로써 욕구의 충돌이 부를 파탄을 미연에 방지함이 절실하게 요청된다. 그 자유 제한의 장치를 위한 올바른 원칙을 탐구함은 사회윤리학 내지 정치철학이 해야 할 기본 과제다. 1장 3절에서 우리는 자유를 제한하는 사회규범의 문제를 뒤로 돌렸거니와, 이제 이 문제와 다시 만나게 되었다.

자유 또는 방종의 제약이 사회적으로 요청되는 것은 나의 욕구와 남의 욕구 또는 나의 인생 설계와 남의 인생 설계가 충돌을 일으키는 지점에 있어서이다. 따라서 자유의 제한을 위한 사회규범의 원칙을 탐구하는 과정에서 먼저 해야 할 일은 개인들의 욕구 또는 생활 설계가 무엇을 중간에 놓고 충돌하는가를 살펴보는 일이다. 충돌의 계기가 되는 욕구 내지 관심의 대상에 여러 가지가 있을 것으로 짐작되거니와, 그 여러 가지 경우가 일으키는 문제들의 해결을 위한 기본 원칙을 발견 내지 수립하는 일이 사회윤리학 또는 정치철학의 근본 과제이며, 그 기본 원칙을 실천하기에 필요한 조직 또는 집단을 위한 협동적 노력의 영역이 앞에서 말한 '공공 생활'에 해당한다.

개인이 세운 삶의 설계가 어떠한 것이든 그는 토지, 지하자원, 바다 등 자연의 힘을 빌려야 한다. 자연은 인간의 생존을 위해서 없어서는 안 될 자원이다. 인구에 비하여 자연이 남아돌아갈 정도로 여유가 있었던 먼 옛날에는, 아무나 마음대로 자연의 일부에 노동을 가하여 그것을 자기의 것으로 삼더라도 타인에게 불이익을 주지 않았다. 그러나 세계의 인구가 늘어남에 따라서 지구가 가진 국한된 자연 자원은 경쟁의 대상이 될 수밖에 없었고, 현대는 과거 어느 때보다도 자연을 가지려는 경쟁이 심한 시대다. 토지를 위시한 자연 자원을 가운데 두고 사람들의 욕구가 치열한 충돌을 일으키고 있는 것이다. 자연 자원의 소유권 내지 사용권을 에워싸고 일어나는 욕구 내지 생활 설계의 충돌을 어떻게 해결할 것이냐 하는 것은, 오늘의 정치철학 내지 사회윤리학이 다루어야 할 기본 문제의 하나다.

자연 자원의 소유권 내지 사용권의 문제에 대해서는 전통적으로 두 가지 학설이 대립되어 왔다. 하나는 로크(J. Locke)가 대표하는 고전적 자유주의의 견해로서, 아무나 자유롭게 자연의 일부에 노동을 가함으로써 그 부분에 대한 소유권을 획득할 수 있다고 보는 학설이다. 그리고 또 하나는 사회주의자들의 견해로서, 자연은 본래 모든 사람들의 것이며 아무도 그것을 개인의 소유로 만들 수 없다는 주장이다. 그러나 철저한 자유주의자인 로크도 자연 자원의 자유로운 사유(私有)에 대해서 매우 중요한 단서 하나를 붙이고 있다. 즉, 어떤 개인이 자연의 어떤 부분에 노동을 가하여 그 부분을 자기의 것으로 만들더라도 그 부분 못지않게 좋은 자연이 타인들을 위해서 충분히 남아 있을 경우에만 그 사유가 정당하다는 단서를 붙인 것이다. '로크의 단서'라는 이름으로 널리 알려진 이 단서로 말미암아, 토지를 위시한 자연 자원의 소유권에 관한 자유주의와 사회주의의 대립은 실제에 있어서 크게 접근하게 되었다. 로크가 살았던 17세기와는 비교가 될 수 없을 정도로 인구가 증가하고 산업이 발달한 현대에 있어서 어떤 개인의 사유가 다른 사람들에게 불이익을 가져오지 않을 정도로 남아도는 자연 자원은 이제 지구상에는 거의 없기 때문이다.

토지를 위시한 자연 자원의 공개념(公槪念)은 **인간의 생존권**에 대한 믿음에 기초를 두고 있다. 자연계는 본래 누구의 것도 아닌바 그 자체로서 있는 사실일 따름이며, 모든 인간에게 생존의 권리가 있다는 전제를 두지 않는다면, 그것이 모든 사람을 위한 공유물이라고 볼 근거가 없다. 그러나 아무도 자기 자신의 생존권을 부인할 수 없으며, 또 나와 본질이 같은 타인들의 생존권도 부인할 수 없는 것이 현대인의 양식이다. 그러므로 현대인의 양식을 기준으로 볼 때, 인간의 노동이 가해지기 이전의 토지와 그 밖의 자연 자원이 만인을 위한 공유물이라는 것은 사실상 아무도 부인할 수 없는 원칙으로 받아들여진다.

토지를 위시한 자연 자원의 공개념에 대한 원칙적 합의가 이루어졌다 하더라도, 이에 관련된 문제는 아직 많이 남아 있다. 우선 '생존권'을 인간에게만 인정할 것이냐, 또는 다른 생물에게도 인정할 것이냐 하는 문제가 있다. 인간에게만 생존권이 있다고 보는 견해는 인간을 위해서는 매우 편리한 주장이나, 이 주장을 논리적으로 정당화하기가 자못 어렵다. 한편 식물과 미생물까지도 포함한 모든 생물의 생존권을 평등하게 인정한다면, 무생물만을 먹고 살 수 있는 새로운 식생활의 방법을 개발하지 않는 한, 결과적으로 인간 자신의 생존권까지 부정하는 자기모순에 빠진다. 제3의 해결 방안으로서 약육강식(弱肉強食)의 현상을 '자연의 질서'로 시인하고 그대로 받아들임으로써 약자들에게는 **제한된 생존권**만을 인정하는 절충안을 생각할 수가 있다. 그러나 이 경우에는 같은 논리를 인간 사회에도 적용할 부담을 안거나, 인간 사회만은 예외로 다루어야 한다는 단서를 어떻게 정당화하느냐 하는 어려운 문제를 자초하게 된다.

종래의 윤리학은 대상의 범위를 대개 인간 사회에 국한해 왔고, 인간과 인간 이외의 생물의 관계는 주로 종교의 문제로서 제쳐 놓았으나, 앞으로는 이 문제도 윤리학에서 진지하게 다루어야 할 것으로 생각된다. 그러나 우리에게 현실적으로 절실한 문제는 역시 인간 상호간의 문제임에는 큰 변동이 없다. 다른 생물 특히 고급 동물을 어떻게 대접할 것이냐 하는 문제는 그 자체로서 흥미있는 문제이기는 하나, 현실에 대한 관심에서 출발한 이 저술에서는 일단 접어 두기로 한다.

자연 자원의 공개념에 대한 원칙적 합의 이후에 남는 둘째 문제는, 지구 전체를 인류 전체의 공동 소유로 볼 것이냐, 또는 국가 단위로 여러 개의 공유권(公有圈)이 형성된다고 볼 것이냐 하는 것이다. 만약 지구 전체를 인류 전체의 공동 소유로 보는 것이 옳다면, 지구 전체를 관리하는 하나의 세계정부가 수립되어야 할 것이고, 윤리학자는 지구의 전체 자원을 어떻게 관리하느냐 하는 문제를 진지하게 다루어야 할 것이다. 추상적 논리로 말한다면, 자연에 대한 개인적 사유에 문제가 있다고 본 이상 자연에 대한 **국가적 사유**에도 문제가 있다고 보아야 할 것이다. 따라서 완벽한 윤리학의 이론을 위해서는 국경의 우연성의 문제와 지구 자원의 국제적 재분배의 문제도 충분히 고찰할 필요가 있다.

그러나 실천을 위한 윤리학을 다루는 견지에서 본다면, 이 문제를 다루기에는 아직은 때가 이르다. 세계의 여러 나라들이 각각 자국의 이익에 집착하고 있는 오늘날, 국경선의 기정사실에 도전하는 어떤 정치철학을 실천에 옮길 수 있는 큰 힘을 가진 조직을 아직은 생각하기 어렵기 때문이다. 그러므로 지구 자원의 국가적 사유의 정당성에 관한 문제도 현실적 관심에서 출발한 이 저술에서는 일단 접어 두기로 하고, 한 나라의 국토와 국민의 관계에서 생기는 문제에만 관심을 국한하기로 한다.

한 나라의 국토는 그 나라 국민 전체의 것이라는 원칙에 합의가 이루어졌다 하더라도, 그 전체의 국토를 국민 전체가 어떻게 활용할 것이냐 하는 문제는 미결의 문제로서 남아 있을 것이다. 전 국토를 국민의 인구수대로 나누어 균등 분배하는 방안은 공정한 처사일지는 모르나 현실적으로 온 국민의 생존권을 보장하는 방안은 못 될 것이므로, 모든 국민의 행복한 생활의 이상과 공정성을 아울러 고려했을 때, 어떠한 방안이 가장 타당하냐 하는 문제가 현실적인 문제로서 남게 된다.

전 국토를 국민 총수로 나누어서 균등하게 분배하는 방안이 부당한 이유는 주로 낮은 생산성에 있다. 농사에 적합한 노동력과 지식이 없는 사람에게 농토를 분배하는 것은 비생산적인 처사이며, 광맥이 묻혀 있는 산덩어리를 여러 조각으로 세분하여 개인별로 나누어 준다 해도 대부분의 개인들은 어찌할 바를 모를 것이다. 그러므로 국토의 개발은 대단위의 종합적 계획을 따르는 것이 바람직하며, 토지나 그 밖의 자연 자원을 이용하는 생산은 조직적 계획에 따라서 이루어져야 할 것이다. 여기서 문제의 초점이 되는 것은 ① 어떠한 방법이 가장 생산성이 높은 방안이냐 하는 것과 ② 총생산을 어떻게 나누는 것이 가장 공정한 분배냐 하는 두 가지로 볼 수 있을 것이다.

자연 자원이 본래 국민 전체의 것임을 인정한다 하더라도, 그것을 개인에게 맡김으로써 생산성을 높일 수 있다면, 자연 자원을 개인에게 위임하는 길도 대안 중의 하나로서 고려의 대상으로 삼아야 할 것이다. 다시 말하면, 자연 자원의 공개념에 대한 인정이 자연 자원을 사기업의 생산수단으로서 활용하는 길을 반드시 배제하지는 않는다. 왜냐하면 국가의 소유인 자연 자원을 사기업이 사용한다 하더라도 그로 인하여 얻게 된 생산의 열매를 공정하게 분배하는 길이 전혀 없다고 단정할 이유가 없기 때문이다. 어떠한 분배가 공정한 분배냐 하는 문제에 대한 고찰이 앞으로의 과제로 남은 이 시점에서, 자유주의 경제체제로서는 공정한 분배가 불가능하다고 단정하는 것은 온당하다고 보기 어렵다.

자연 자원의 생산성을 극대화하는 방안의 문제에 대해서 일률적인 대답이 있을 수는 없을 것이다. 예컨대 국가가 직접 경영하는 편이 생산성이 높다든지, 사기업에 위임하는 편이 낫다든지 하는 따위의 일률적 처방으로 이 문제에 대답할 수는 없을 것이다. 기업의 종류와 국민의 의식구조 등에 따라서 어떤 경우에는 이 방안이 유리할 수 있고 다른 경우에는 저 방안이 유리할 수도 있어서, 생산 체제와 생산성 사이에 일률적 상관관계를 발견하기는 어려울 것이다. 그러므로 이 경험적인 문제는 구체적 상황과 선례(先例)의 경험을 따라서 개별적으로 처리해야 할 것이다.

우리들의 다음 문제는 자연 자원을 이용하여 생산한 재화를 어떻게 분배하는 것이 공정하냐 하는 문제였다. 그러나 이 문제는 '공정한 분배'의 기본 원리가 밝혀지기 전에는 대답할 수 없는 문제다. 공정한 분배의 원리가 밝혀지면 국민총생산의 분배의 일환으로서 자연 자원을 이용한 생산의 분배 문제도 처리될 수 있을 것이다. 다만 이제까지의 고찰로써 한 가지 분명해진 것은 생산에 참여하지 않은 사람들까지 포함한 모든 국민이 국민총생산의 분배에 참여할 권리가 있다는 사실이다. 자연 자원의 공개념은 국가의 자연 자원에 대해서 국민 모두가 권리를 가지고 있음을 의미하며, 농업과 광업의 생산뿐 아니라 그 밖의 모든 생산도 자연 자원의 힘을 빌린다는 사실은 모든 생산에 대하여 모든 국민이 많든 적든 권리를 주장할 수 있는 근거를 제공한다. 그리고 그 권리의 크기의 문제는 '공정한 분배'의 원리의 문제와 불가분의 관계를 가졌다.

2. 개인의 자주성과 인간의 사회성

인간이 살아가기 위해서는 자연의 힘뿐 아니라 나 이외의 다른 사람들의 힘도 빌려야 한다. 나의 성적(性的) 욕구를 채우기 위해서는 어떤 이성(異性)의 힘을 빌려야 하는 것은 그 대표적인 경우의 하나다. 그런데 내가 힘을 빌리고자 하는 상대편이 기꺼이 나에게 협력하기를 원할 경우도 있지만 그렇지 않을 경우도 많다. 상대편이 협력하기를 원치 않을 경우에는 나의 욕구와 그의 의사 사이에 충돌이 생기기 마련이거니와, 이러한 충돌의 예방 내지 해결을 위한 노력도 인간의 공공 생활의 일부가 될 것이며, 그 예방 내지 해결을 위해서 지켜야 할 규범을 정립하는 것은 사회윤리학의 과제의 일부가 될 것이다.

남의 힘을 빌리고자 하는 나의 욕구와 협력을 원치 않는 남의 의사 사이의 충돌이 제기하는 첫째 문제는, 어떤 경우에 나는 남의 협력을 요구할 **권리**가 있으며, 또 어떤 경우에 남은 나에게 협력할 **의무**가 있느냐 하는 그것일 것이다. 협력을 요구할 권리가 있을 경우와 남에게 협력할 의무가 있을 경우가 반드시 일치하지는 않을 것이다. 왜냐하면 도덕적 의무 가운데는 그 이행을 요구할 권리를 가진 상대가 있을 경우도 있고 없을 경우도 있을 수 있기 때문이다. 가령 수재민을 도울 도덕적 의무가 나에게 있다 하더라도 수재민 측에서 나에게 도움을 요구할 권리가 있다고 보기는 어려울 경우가 있다.

우리가 지금 다루고 있는 문제는 **개인**의 **자주성**과 **인간**의 **사회성**의 문제와 깊이 관련되어 있다. 인간이 만약 개별적으로 독립된 존재여서 각 개인은 각자의 완벽한 주인이라면, 내가 남의 협력을 요구할 수 있는 권리를 갖는 것은 나와 남 사이의 약속과 같은 특수한 조건이 있을 경우에 국한될 것이며, 앞에서 말한 '공공 생활'의 영역도 넓은 의미의 계약을 근거로 삼을 수밖에 없는 동시에, 그 범위가 좁게 국한될 것이다. 반대로 개인들은 날 때부터 본래 유기적으로 연결되어 있어서 사회라는 전체의 부분으로 보아야 할 성질의 것이라면, 약속 또는 계약 따위의 사전의 조건이 아니더라도 사람들은 서로 도와야 할 선천적 의무를 짊어지고 사회의 일원으로 태어났다고 보아야 할 것이며, 개인의 자유가 허용되는 엄밀한 의미의 '사생활'의 영역은 사실상 없어진다고 보아야 할 것이다.

인간이 본질에 있어서 개별적 존재이냐 또는 집단적 존재이냐 하는 문제를 놓고도 서로 다른 견해가 오랫동안 맞서 왔다. 로크와 그의 사상을 이어받은 노직(R. Nozick) 같은 자유주의자들은 인간 개개인이 각자의 완벽한 주인임을 힘주어 주장하였고, 나치 정권에 이론적 기반을 제공한 슈판(Spann)과 로젠베르크(Rosenberg) 그리고 일부의 좌익 이론가들은 사회의 유기적 전체성을 강조하였다. 그 '유기적 전체'를 국가로 보느냐, 민족으로 보느냐, 또는 그 밖의 어떤 집단으로 보느냐에 따라서 전체주의 인간관도 다시 몇 갈래로 나누어지거니와, '핏줄'의 의미를 중요시하고 개인에 대한 가문(家門)의 우위를 믿었던 우리나라의 전통적 가족주의에서도 하나의 집단주의 인간관을 찾아볼 수 있다.

생물계의 개체를 독립된 주체로 볼 것이냐, 또는 유기적 전체의 부분으로 볼 것이냐 하는 물음은 '독립된'이라는 말과 '주체'라는 말을 어떻게 이해하느냐 하는 물음과 불가분의 관계를 가졌다. 이 두 낱말을 어떻게 이해하는 것이 옳으냐 하는 물음에 대하여 반론의 여지가 없는 정답이 있을 수 있는지는 의심스럽다. 그러나 필자의 의견으로는, 생명체에 적용되었을 때의 '독립된'이라는 말은 생존(生存)과 불가분의 관계에 있고, '주체'라는 말은 의식(意識)과 불가분의 관계에 있다고 보는 것이 옳을 것 같다. 다시 말해서, 혼자의 힘으로 살아갈 수 있느냐 없느냐가 독립적이냐 아니냐를 결정하는 관건이 될 것이고, 자기에 대한 주인 의식 즉 강한 자아의식의 유무가 주체냐 아니냐를 좌우하는 분수령이 된다고 보는 것이 사리에 합당할 것으로 생각된다.

한 마리의 꿀벌 또는 한 마리의 개미에 대해서 독립성을 인정하기 어려운 것은 그것들이 무리를 떠나서는 생존을 지속하기 어렵기 때문이다. 한 무리의 꿀벌을 하나의 자연적 전체로 보고 한 마리의 꿀벌을 그것에 예속되는 부분으로 보는 것이 국가를 하나의 유기적 전체로 보고 국민 각자를 그에 예속된 부분으로 보는 것보다 더 자연스럽게 직관되는 가장 큰 이유는, 개체가 그 소속 집단을 떠나서 살아갈 수 있는 가능성이 꿀벌의 경우는 인간의 경우보다도 훨씬 희박하다는 사실에 있을 것이다. 그러나 이 점에 있어서의 꿀벌과 인간의 차이는 정도의 차이에 가깝다. 벌통을 떠난 한 마리의 꿀벌도 짧은 시간 동안은 생존을 지속할 수가 있고, 한 사람의 인간이 소속 집단을 떠나서 삶을 계속할 수 있기 위해서는 다른 집단 안에 성원의 자리를 얻어야 한다. 결국 어떤 집단에 소속하지 않고서는 천명을 다하기 어렵다는 점에서 꿀벌과 인간은 다를 바가 없다. 다만 꿀벌은 소속 집단을 바꾸기가 거의 불가능한 데 비하여, 인간에게는 그 길이 다소 열려 있다는 점은 단순한 정도의 차이임을 넘어서서 본질적인 의미를 함축한다고 생각된다.

꿀벌처럼 집단에 대한 의존도가 높은 동물도 있고, 독수리처럼 혼자의 힘으로도 오래 살 수 있는 동물도 있다. 그러나 무리를 떠나면 잠시도 살 수 없을 정도로 독립성이 없는 동물은 없고, 종족의 번식까지도 혼자의 힘만으로 수행할 수 있을 정도로 독립성이 강한 동물도 없다. 인간의 경우는 꿀벌이나 개미에 비하면 무리를 떠나서 생존할 수 있는 능력이 강한 편이나, 맹금이나 맹수에 비하면 그 힘이 훨씬 약하다. 요컨대 인간의 개체는 생물학적으로 볼 때 한편으로는 독립적이나 다른 한편으로는 집단 의존적이다. 인간의 개인이 가진 독립성은 불완전한 독립성에 불과하다.

개체의 독립성에 관해서 인간은 다른 동물들과 대동소이한 존재이나, 그 주체성에 관해서는 여타 동물들과는 전혀 다른 특이한 존재다. 다른 동물 가운데는 주체 의식 또는 강한 자아의식을 가진 것으로 알려진 종족이 없으나, 인간에게는 유독 그 의식이 강하다. 인간은 개인적 주체 의식 즉 자기에 대한 주인 의식을 가진 것으로 알려진 유일한 동물이며, 특히 현대의 문명국 시민들은 개인들이 각각 '주체'로서의 성격을 강하게 띠고 있다. 인간 개인은 자기에 대한 강한 주인 의식을 가짐으로써 스스로를 주체적인 존재로 만들었다.

모든 인간이 처음부터 개인적 자아의식을 강하게 가지고 있었다고는 생각되지 않는다. 오로지 집단 노동에 의존함으로써 생존이 가능했던 선사시대의 개인에게는 아마 개인적 자아의식은 극히 미약했을 것이다. 조선시대만하더라도 우리의 조상들은 오늘의 우리와 같은 강한 개인적 자아의식은 갖지 않았을 것이다. 인간의 개인적 자아의식의 강도는 시대와 사회에 따라서 차이가 있으며, 같은 시대나 같은 사회에 있어서도 개인차가 있을 것이다. 생산양식을 비롯한 생활 조건의 경험적 변화가 개인적 자아의식 형성에 많은 영향을 미쳤을 것이다.

개인적 자아의식이 인간이 갖는 자아의식의 전부는 아니다. '우리'라는 복수 일인칭 대명사가 상징하듯이, 인간에게는 집단적 자아의식도 있다. 아마 전근대의 사람들에게는 대체로 현대인의 경우보다도 훨씬 강한 집단적 자아의식이 있었을 것이다. 현대 산업사회에 이르러 그것이 크게 약화되기는 했으나 그래도 다소는 남아 있으며, 아마 앞으로도 전혀 없어질 가능성은 희박할 것이다.

인간에게 집단적 자아의식 또는 '우리 의식'이 있다 함은 의식을 가진 인간 집단이 있어서 그 **집단이** 전체를 '자아'로서 의식한다는 뜻은 아니다. 이 저술의 첫머리에서 지적했듯이, 의식을 가진 것은 개인뿐이며 의식의 기관인 신경계통을 가진 유기적 집단은 존재하지 않는다. 다만 의식의 주체인 개인이 우리가 보통 말하는 '자기'만을 자아로 의식하지 않고, 자기를 감싸고 있는 집단을 넓은 의미의 '나' 즉 '우리'로서 의식한다는 뜻에서, 인간에게는 집단적 자아의식이 있다고 말할 수 있을 따름이다. 요컨대 인간 개인에게는 '자아'라는 의식이 있는데, 개인은 자기 한 사람만을 자아로 의식하기도 하고, 자기가 속해 있는 집단을 자아로서 의식하기도 한다는 것을 말하고자 하는 것이다.

인간에게 개인적 자아의식도 있고 집단적 자아의식도 있다 함은, 인간 개인에게 자기 한 사람을 위하는 욕구도 있고 자기가 속해 있는 집단을 위하는 욕구도 있다는 뜻이다. 욕구의 합리적 충족이 이루어지는 곳에 선(善)의 가치가 실현된다고 보는 심리주의적 가치론의 견지에서 볼 때, 인간이 나 개인에 대한 향념(向念)과 소속 집단 또는 타인에 대한 향념을 아울러 가지고 있다는 사실은 윤리학적으로 중요한 의미를 갖는다. 개인들에게 각각 자기를 위하는 마음이 있다는 사실은 욕구의 충돌을 어떻게 해결할 것이냐 하는 윤리학적 문제의 근원이며, 개인에게 집단 또는 타인을 생각하는 마음이 있다는 사실은 저 문제 해결을 위해서 심리학적 도움이 될 뿐 아니라 논리적인 도움도 줄 수 있을 것으로 기대된다.

개인의 자주성과 인간의 사회성에 관한 지금까지의 고찰을 우리는 다음과 같이 요약할 수 있을 것이다.

(1) 인간 개인은 사회를 떠나서 단독의 힘만으로 살아갈 수 있을 정도로 완전히 독립적인 존재는 아니다. 그러나 인간 개인은 소속 집단을 떠나서는 하루도 살기 어려운 꿀벌과 같은 정도로 집단 의존적은 아니며, 특히 현대의 개인은 기왕의 소속 집단을 떠나더라도 새로운 집단의 성원이 됨으로써 생활

을 계속할 수 있다는 뜻에서 상당한 정도의 독립성을 가졌다.

(2) 인간 개인에게는 다른 동물에게서는 찾아볼 수 없는 자주 의식, 즉 자기에 대한 주인 의식이 강하다. 인간 개인에게 자주 의식 내지 개인적 자아의식이 강하다는 사실은 개인이 자기 자신을 자주적 존재로 만드는 데 크게 기여한다. 우리는 인간의 의식을 정신적 존재로서의 인간에 있어서 본질적 속성이라고 보지 않을 수 없기 때문이다.

(3) 인간에게는 개인적 자아의식과 아울러 집단적 자아의식도 있다. 자아의식을 가진 집단이 있는 것이 아니라, 개인이 집단을 자아의 일부로 의식하는 마음을 가지고 있는 것이다. 현대인에게 개인적 자아의식이 강하다는 사실은 현대인에 있어서의 사생활의 비중을 크게 했으며, 현대인을 포함한 모든 사람에게 집단적 자아의식이 있다는 사실은 모든 사람들의 삶을 위한 공동의 광장인 '공공 생활'의 건설을 위한 중요한 심리학적 기반의 구실을 한다.

(4) 인성(人性)에 관한 이상의 고찰은 경험에 토대를 두고 있다. 따라서 이것을 인간성의 **본질**에 관한 불변의 명제들이라고 생각하는 것은 아니다. 그러나 생물인 인간에게 불변의 본질이 있다고 가정하지 않더라도 윤리학은 가능할 것으로 보이며, 이상의 고찰도 큰 테두리에 있어서는 그리 쉽게 변할 것으로는 생각되지 않는다.

집단을 떠나서 혼자의 힘만으로는 살 수 없다는 사실은, 생존에 대한 욕구를 버리지 않는 한, 집단생활이 불가피하다는 결론을 뒷받침한다. 그러나 개인은 기왕 속해 있는 집단을 떠나더라도 다른 집단으로 소속을 바꿈으로써 생존을 계속할 수 있으며 또 개인에게는 자유를 갈망하는 강한 자주 의식이 있다는 사실은, 개인과 집단의 관계는 일방적 예속의 관계가 아니라 평등한 참여의 관계로 보는 것이 옳다는 또 하나의 결론을 정당화한다. 개인은 생존을 위해서 어떤 집단에 **참여**할 필요가 있으나 아무 집단에도 **예속**할 필요는 없으며, 집단의 성원 각자는 평등한 자격으로 집단에 참여할 자유가 있으며 또 그렇게 하는 것이 자주 의식이 강한 현대인을 위해서 바람직하다. 어떠한 개인도 정상적 심리 상태에서 집단에 예속되기를 자원하지 않을 것이며, 타인에게 예속되기는 더욱 바라지 않을 것이다. 그리고 원하지 않는 예속을 강요할 수 있는 권리를 가진 사람은 아무도 없으며, 그러한 강요를 정당화할 만한 이유도 전혀 없다.

그러나 만족스러운 삶의 광장의 구실을 할 사회를 건설하고 유지하는 일은 만인을 위해서 바람직한 일이며, 모든 개인은 자기가 받아들였거나 선택한 집단의 바람직한 건설과 유지에 참여할 권리와 의무를 갖는다. 그리고 한 개인의 삶의 전 과정 가운데서 바람직한 사회의 건설과 유지를 위하여 할애하는 부분이 그 개인의 공공 생활의 영역에 해당한다. 바람직한 사회를 위하여 요구되는 원리가 무엇이며, 그 사회 안에서 성원 각자의 권리와 의무가 무엇인가는 앞으로 고찰해야 할 중대한 문제이거니와, 여기서는 이 절의 첫머리에서 제기된 문제로 되돌아가 그 끝마무리를 일단 지어 두고자 한다.

우리가 이 절 첫머리에서 부딪친 문제는 남의 협력을 얻고자 하는 나의 욕구와 협력을 원치 않는 상대편의 의사가 충돌했을 경우에, 이 충돌을 어떻게 해결하는 것이 옳으냐는 그것이었다. 이제까지의 고찰을 토대로 할 때, 위의 물음에 대한 해답은 대략 다음과 같이 정리될 수 있을 것이다.

첫째로, 내가 요구하는 협력이 공공 생활의 질서가 요구하는 규범의 준수에 해당할 경우에는 그 협력을 원치 않는 편이 양보해야 할 것이다. 예컨대, 내가 몰고 가는 자동차의 앞길을 어떤 짐차가 서서 막고 있을 때 짐차의 주인은 비록 마음에 내키지 않더라도 길을 비켜 주기 바라는 나의 소망을 들어주어야 할 것이다. 반대로 남의 협력을 바라는 나의 요구가 공공 생활의 질서가 요구하는 사회규범에 어긋날 경우에는, 협력을 기대하는 나의 소망을 철회해야 할 것이다. 예컨대 내가 가진 고속버스의 좌석 번호가 마음에 들지 않을 경우에 마음에 드는 좌석을 미리 차지하고 앉아서 그 자리의 주인이 나타났을 때 양보해 달라는 나의 요구는 상대편이 흔쾌히 받아들이지 않는 한 철회해야 마땅하다.

둘째로, 내가 남에게 바라는 협력이 공공 생활의 규범을 적용하기 어려운 순전히 사생활의 영역에 속하는 행위일 경우에는 상대편의 자유의사를 전적으로 존중해야 할 것이다. 예컨대 내 저서의 출판 기념회를 빛내기 위해서 어떤 특정인에게 축사를 집요하게 부탁하거나 그 부탁이 거절당했을 때 원망스럽게 여기는 태도는 옳지 못한 거동이 될 것이다. 그러나 비록 사생활의 영역에 속하는 일이라 할지라도, 개인간에 어떤 약속이 있었을 경우에는 그 약속을 이행하는 일은 공공 생활의 규범에 준하는 구속력을 갖는다. 예컨대 다음번 출판 기념회 때는 축사를 하겠다고 미리 말을 한 사람은 그 말에 대한 책임을 져야 할 것이며, 결혼이라는 계약을 맺은 남녀는 부부 생활의 관습 가운데 양해되고 있는 협력을 특수한 사유가 없는 한 거절하지 말아야 할 것이다.

3. 사회구조의 정당성의 문제

집단을 떠나서 개인의 힘만으로는 살아갈 수 없다는 사실에서 여러 가지 문제가 일어난다. 개인이 세상에 태어날 때 그는 이미 형성되어 있는 가족과 국가의 한 성원으로서의 자리를 얻게 되거니와, 기존의 집단이든 새롭게 형성되는 집단이든, 모든 인간 집단에는 그것이 **인간** 집단인 까닭에 생기는 문제들이 있다. 인간 집단에는 동물계의 모든 집단이 공통으로 갖는 생존의 문제뿐 아니라 그것이 인간의 집단인 까닭에 생기는 다른 문제들이 있다. 생물학적 욕구의 충족만으로는 만족하지 않는 인간의 특수성에 연유하는 문제들이다. 문제란 본래 욕구의 충족이 순조롭지 않을 경우에 반드시 생기는 심리의 파문(波紋)이거니와, 인간이 생물학적 욕구의 범주를 넘어서는 다양한 욕구를 가졌다는 사실로 말미암아, 그들의 집단에는 인간의 집단만이 갖는 고유한 문제들이 생기기 마련이다.

곤충이나 금수의 집단에는 본능 또는 힘에 바탕한 질서가 있고 그 질서에 대해서 어떤 성원도 이의를 제기하지 않는다. 따라서 곤충이나 금수의 집단에는 '바람직한 집단'의 이상과 현실의 격차에서 오는 문제는 생기지 않는다. 그러나 인간 사회의 성원들 가운데는 자기가 속해 있는 집단의 기존 질서 또는 기존 구조에 대해서 불만을 느끼는 사람들이 흔히 생긴다. 특히 근세 이후에는 개인적 자아의식과 강한 인권 의식의 대두로 인하여, 기존의 사회구조와 사회질서를 시정되어야 할 문제의 현실로 간주하는 사람들이 많이 나타나는 경향을 보이고 있다. 어느 사회에 있어서나 그 사회의 구조의 정당성에 대하여 문제의식을 가진 성원들이 생기고, 그 문제의식의 존재로 말미암아 그 사회는 집단으로서의 문제를 갖게 된다. 집단의 성립과 불가분의 관계를 가진 제도에 대한 불만에서 오는 문제다.[1]

가족 또는 직장과 같은 소규모의 집단에 있어서도 제도에 대한 문제의식과 불만은 있을 수 있고, 국제사회와 같은 대규모의 집단에 있어서도 제도에 대한 문제의식과 불만은 있을 수 있다. 그러나 현대에 있어서 집단의 구조적 정당성에 대한 문제가 가장 심각하게 제기되는 것은 국가라는 집단의 경우다. 국제사회의 경우는 아직 강제적 제재를 가할 수 있는 장치를 갖춘 조직체로서의 집단 이전의 단계에 있으며, 가족이나 직장, 그 밖의 작은 집단의 질서는 국가 질서의 제약을 크게 받는다. 그리고 국가를 위해서 타당성을 갖는 공

---

1 사회문제는 그것을 누군가가 의식할 때 비로소 현실적인 것이 된다. 사회문제가 현실적인 것으로 나타나는 것은 누군가가 그것을 문제로서 제기할 때에 생기는 현상이며, 문제의 제기는 문제의 의식을 필요조건으로 삼는다.

정한 사회의 원리는 다른 집단에 있어서도 대체로 원칙적 타당성을 가질 것이다. 따라서 논의의 서술을 간략하게 하기 위하여, 우리는 국가의 경우를 중심으로 집단이 봉착하는 원칙적 문제를 고찰하기로 한다.

국가의 구조와 제도에 대해서 모든 성원들이 동일한 불만을 느끼거나 동일한 방향으로의 개혁을 요구하는 경우는 거의 없다. 현존하는 구조와 제도로 이익을 보는 계층과 손해를 보는 계층이 나누어지기 마련이고, 이해관계를 따라서 현실을 보는 평가의 시각도 달라진다. 따라서 성원 전체가 보수와 혁신의 두 진영으로 대립하고, 이 두 진영이 다시 몇 갈래로 나누어지는 것이 일반적 현상이다. 현실에 대한 견해의 대립은 해결을 요구하는 문제의 상황이며, 이 문제의 해결을 위한 합리적 원리를 탐구하는 일은 정치철학 내지 사회윤리학의 중요한 과제의 하나다.

국가의 구조 또는 제도의 정당성에 관해서 제기될 수 있는 문제는 국가라는 집단이 수행해야 할 일들의 다양성을 따라서 다양하다. 그 가운데서도 가장 기본적인 것으로서 다음과 같은 것들을 들 수가 있다.

국가가 집단으로서 활동하는 과정에서 생기는 문제의 첫째는, 국가의 공동 과제를 수행함에 있어서 해야 할 일들을 어떻게 분담하느냐 하는 문제다. 한 국가가 국가로서의 기능을 다하기 위해서는 생산, 교육, 국방, 관리, 통신, 교역 등 여러 가지 일을 국민이 나누어 맡아서 해야 하거니와, 여러 가지 일들 가운데는 심한 고역도 있고 비교적 수월한 일도 있다. 여기서 이 일들을 어떠한 원칙을 따라서 분담해야 하느냐 하는 문제가 생기고, 현실적으로 시행되고 있는 원칙에 대해서 불만을 품는 사람들이 생기는 것이 일반적 현상이다.

어떠한 원칙을 따라서 일을 분담한다 하더라도 불만을 품는 사람들이 생길 수 있을 것이다. 그러나 분담의 원칙이 합리적임에도 불구하고 불만을 품는 사람이 있다면, 불만을 품는 사람에게 잘못이 있으므로 그가 생각을 바꾸어야 할 것이다. 한편 분담의 원칙이 불합리한 까닭에 불만을 품는 사람들이 생길 경우는, 그들의 불만은 정당한 것이므로 분담의 원칙을 바꾸어야 옳을 것이다. 결국은 합리적 분담의 원칙을 발견하는 것이 가장 긴요한 일이 된다.

일의 성과 또는 능률을 도외시한다면, 심한 고역과 즐겨 가며 할 수 있는 일을 골고루 돌아가며 교대로 맡는 방법이 가장 공평한 분담의 방법이 될 것이다. 그러나 이 방법을 실제로 채택한다는 것은 불가능에 가깝다. 특히 현대 국가가 해야 할 일들 가운데는 고도의 전문적 지식 또는 기술을 필요로 하는 것이 많은 까닭에, 같은 사람이 여러 가지 일을 돌아가며 할 수가 없다. 더욱이 국제적 경쟁에서 패퇴하지 않기 위해서는 생산의 능률과 품질의 향상에 역점을 두어야 하므로, 적재적소의 원칙을 따른 분업이 불가피한 실정이다. 능력에 따라서 일을 분담해야 하는 것이다.

사람의 능력은 선천적으로 결정되는 것이 아니라 교육과 훈련에 따라서 크게 좌우된다. 그런데 각자가 원하는 교육과 훈련을 전 국민에게 베풀 수는 없으므로, 국가는 교육과 훈련의 기회를 어떻게 분배하느냐 하는 문제에 부딪치게 된다. 교육과 훈련의 기회를 공정하게 얻었음에도 불구하고 능력이 떨어져서 고역스러운 단순노동을 맡게 되었다면 그렇게 된 책임은 본인에게 있다고 보아야 할 것이나, 능력 개발의 기회를 얻지 못해서 원하는 일을 할 수가 없게 되었다면 그에게는 제도에 대해서 불만을 가질 이유가 있다고 인정해야 할 것이다.

현대의 대부분의 자유주의 국가에 있어서는 공개 경쟁의 원칙에 의존하여 교육의 기회를 안배하는 것이 일반적 관행이다. 그러나 공개 경쟁에서 이기기 위한 경쟁력을 준비하는 과정에서 사회적 불평등이 작용할 여지가 있다. 사회적으로 유리한 가정환경에서 자란 사람이 그렇지 못한 사람보다 유리한 조건으로 경쟁을 시작하는 셈이 되는 것이다. 어떠한 가정에서 태어나는가는 본인의 자유의사나 책임과는 무관한 문제이므로, 경쟁의 출발점에서 불리한 처지에 놓이게 된 사람들은 사회의 구조나 제도에 대해서 불만을 갖기가 쉽다. 결국 공동의 과제 수행을 위한 일의 공정한 분배의 문제는 교육 기회의 공정한 분배의 문제로 연결되고, 교육의 기회를 분배하는 문제는 기존 사회제도의 공정성의 문제로 연결된다. 교육 또는 훈련의 기회를 공정하게 나누어 주는 일이 단순한 공개 경쟁만으로는 해결되기 어려운 복잡한 문제를 안고 있는 것이다.[2]

국가의 공동 과제를 분담하는 문제, 그리고 이와 관련된 교육의 기회의 공정한 분배 문제에 이어서 일어나는 것은 노동의 결과로서 얻은 생산의 열매를 어떻게 나누느냐 하는 문제다. 고역스럽고 지루해서 누구도 맡기 싫어하는 일을 하는 사람에게 분배를 많이 하고 서로 맡기를 원하는 일에 대해서 보수를 낮게 준다면 문제는 덜 심각할 것이다. 그러나 세계 여러 나라의 현실은 그와는 정반대의 길을 걷고 있는 실정이므로 경제적 가치 분배의 문제는 오늘의 사회윤리가 풀어야 할 가장 어려운 문제의 하나가 되고 있다.

경제적 가치의 분배는 생산의 양식과 밀접한 관계를 가지고 있다. 생산의 양식이 그 과실의 분배에 결정적 영향을 미치는 것이다. 따라서 경제적 가치 분배의 문제는 통상적으로 생산의 양식의 문제와 같은 다발의 문제로서 거론된다.

생산의 양식에 관해서 가장 큰 논쟁점이 되어 온 것은 생산수단을 집단의 소유로 하느냐 또는 개인의 소유로 하느냐 하는 문제다. 근세 이후의 세계 여

---

2 교육의 기회균등이 충분하게 이루어지기 위해서는 공개 경쟁뿐 아니라 경쟁의 조건이 같아야 한다. 그러나 예컨대 입학시험에 있어서, 같은 조건으로 경쟁할 경우는 드물며, 유리한 조건에서 겨루는 사람과 불리한 조건에서 겨루는 사람이 생기는 것이 일반적 현실이다. 구체적으로 말하면, 고학을 해가며 입시 준비를 하는 가난한 학생과 과외 공부를 해가며 준비를 하는 부유한 학생의 경쟁은 경쟁의 조건이 크게 다르다고 보아야 한다.

러 나라에서는 사유재산제도에 입각한 자본주의가 정착하여, 생산수단을 개인이 소유함에 따라서 생산 계획은 개인 또는 사기업체가 개별적으로 세우게 되고, 생산품의 유통은 자유 시장의 법칙에 맡기는 동시에, 생산 성과의 분배는 '고용인과의 합의'라는 형식을 빌려서 고용주가 일방적으로 정하는 관행이 일반화되었다. 산업혁명을 계기로 이 자본주의 경제체제는 그 비인간적 폐단을 드러내게 되었고, 이에 대한 비판의 결과로서 생산수단의 공동 소유를 전제로 하는 사회주의가 대두했음은 널리 알려진 사실이다.

생산수단을 집단이 소유하고 생산의 계획과 생산품의 유통 그리고 생산 성과의 분배를 정부가 통틀어 장악하는 사회주의 체제도 실천의 결과는 그리 만족스러운 편이 아니었다. 개인적 자유의 지나친 억제와 생산성의 저하 등 새로운 폐단이 나타난 것이다. 사회주의자들 가운데는 이러한 폐단이 일시적으로 나타나는 과도기적 현상이라고 변명하는 사람도 있지만, 그렇게 단순하게 믿기에는 여러 가지 의문점이 남아 있다.

자본주의가 앞세우는 '자유'의 이념과 사회주의의 바탕이 되고 있는 '평등'의 이념을 아울러 살려 보려는 절충 내지 종합의 시도도 다방면으로 이루어졌다. 그러한 시도는 이론의 차원에서도 이루어지고 실천의 차원에서도 이루어졌다. 그러나 생산과 분배에 관한 이 근본적 문제에 대해서는 지금도 여러 가지 학설과 여러 가지 실천이 대립하고 있는 실정이며, 그 가운데서 어느 학설과 어떤 실천이 옳다는 정설은 아직 없는 것으로 안다. 치열한 논쟁의 대상이 되고 있는 이 경제체제의 문제에 대해서는 다음 장(章)부터 여러 가지 학설을 검토해 가며 다시 고찰하기로 한다.

국가의 제도에 관해서 생기는 또 다른 문제는 정책 결정의 과정에서 국민이 어떻게 참여하는 것이 가장 바람직하냐 하는 문제다. 국가의 정책 결정은 국민 각자에게 직접 또는 간접으로 영향을 미친다. 따라서 국민은 각각 자기의 의사가 정책의 결정 과정에 반영되기를 희망할 이유를 가졌다. 또 많은 사람들은 자기가 속한 집단의 공동 관심사에 참여하는 일 자체에서 보람을 느낀다. 그러나 현대의 국가가 다루어야 할 문제들 가운데는 고도의 전문적 지식 또는 심오한 식견을 요하는 문제가 많으며, 또 국가의 정책 결정에 국민 모두를 참여시키는 일이 기술적으로 어려울 경우도 적지 않다. 이러한 어려움을 감안해서 대의원제도가 널리 채택되고 있으나, 대표로 선출된 사람들이 투표권자들의 권익 또는 의사를 충실하게 반영해 주지 않을 경우가 많아서 이 제도에도 문제가 없지 않다.

정책 결정에 참여하는 문제는 국민의 자유의 적극적 측면에 관한 문제이기도 하다. 앞으로 '자유'의 문제에 대해서는 좀 더 체계적인 고찰을 할 생각이므로, 그 기회에 정책 결정 과정에서의 국민의 참여 문제도 다시 거론하는 것이 좋을 듯하다.

5 장
고전적 자유주의자들의 최소 국가론

5장 고전적 자유주의자들의 최소 국가론

1. 개인의 타고난 권리

바람직한 사회구조의 원리가 무엇이냐는 문제에 대해서는 정부의 필요성 자체를 부인하는 극단론에서부터 강력한 중앙집권의 전제 국가를 옹호하는 극단론에 이르기까지 여러 가지 견해의 대립이 있다. 그 여러 가지 학설들을 빠짐없이 검토하는 것도 학문적 정리를 위해서는 뜻있는 일이 될 것이나, 이 저술의 목적을 위해서는 반드시 필요하다고 생각되지 않는다. 여기서는 그 가운데서 현실적으로 문제가 되고 있는 몇 가지 견해에 국한하여 그 주장들의 핵심을 비교하는 것만으로 충분할 것이다.

우선 첫 번째로 로크(J. Locke)와 노직(R. Nozick) 등이 옹호하는 최소 국가론부터 고찰할 생각이다. 이 고전적 자유주의 국가론은 현대의 정치 이론가들 사이에서 많은 지지를 받고 있는 편은 아니나, 실천의 세계에 있어서는 자유주의 국가들의 보수 세력의 이데올로기로서 살아 있으며 또 이 이데올로기를 명시적으로 옹호하는 노직의 새로운 논의도 있으므로, 우리로서도 이 보수주의 이론을 일단 짚고 넘어가는 것이 좋을 듯하다. 두 번째로는 고전적 자유주의와는 정반대의 극에 서 있다고 볼 수 있는 마르크스주의 정치 이론을 요점만이라도 훑어볼까 한다. 우리나라에서는 이 계열의 학설을 오랫동안 금기로 삼아 왔으나, 우리가 우리 현실에 적극적으로 대처하기 위해서는 어떤 사상이든 객관적 인식을 외면하는 것은 좋지 않을 것으로 믿는다. 세 번째로는 좌우의 두 극단론을 절충한 이론을 살펴볼 것이다. 고전적 자유주의에 입각한 초기의 자본주의도 여러 가지 폐단을 드러냈고, 마르크스주의에 입각한 공산주의 국가에 있어서도 마르크스의 예언과는 거리가 먼 현상들이 나타나게 되어, 여러 가지 수정론이 주장되기도 하고 그것이 부분적으로 실천에 옮겨지기도 했다. '복지국가'의 이름으로 실천되기도 하고 롤즈(J. Rawls)와 같은 학자에 의하여 그 철학적 뒷받침이 시도되기도 한 이 절충적 노선도 현대의 사회사상에 있어서 일단 주목해야 할 사조를 이루었다고 보아야 할 것이다.

로크의 철저한 자유주의 정치 이론의 기본 개념을 논리적으로 정당화하는 일에 큰 비중을 둔 노직의 『무정부, 국가, 유토피아(*Anarchy, State, and Utopia*)』는 도대체 '국가'라는 조직체가 필요하냐 하는 물음에서부터 시작한다. 인류가 지구 위에 나타나기 시작했을 때부터 이미 국가라는 조직체가 있었다고 보기는 어렵다. 국가라는 조직체가 생기기 이전의 인간들의 상황을 노직은 로크와 함께 '자연 상태(state of nature)'라고 부르거니와, 정부라는 것이 결여된 이 자연 상태보다도 국가라는 조직을 갖는 편이 바람직하다고 판단될 경우에만 국가는 존재 이유를 갖는다는 생각에서 그는 출발한 것이다.

로크에 따르면, 자연 상태에 놓인 개인들은 자연법(jus naturale)이 허용하는 범위 안에서라면 마음대로 행동할 수 있는 자유를 가졌다. 즉, 타인의 허락이나 간섭을 받지 않고 자기의 심신과 소유물을 자기가 적합하다고 믿는 바를 따라서 처분할 권한을 가지고 있다. 그런데 자연법은 아무도 남의 생명, 건강, 자유 또는 소유물을 해치지 말 것을 요구한다. 그러나 실제에 있어서는 이 자연법의 요구를 어기고 남의 권리를 침범하는 사람들이 생긴다. 이러한 사례에 있어서 권리의 침해를 당한 사람은 자기가 당한 피해를 보상받을 수 있을 정도로 가해자를 처벌할 권리를 가졌다.[1]

그러나 피해를 당한 사람이 가해자로부터 직접 보상을 받아 내거나 가해자에게 처벌을 가함으로써 침해받은 인권(人權)의 문제를 개인적으로 해결해야 하는 자연 상태에는 불편한 점이 많다. 첫째로, 사람들은 각각 아전인수(我田引水) 식으로 판단하는 경향이 있고, 자기가 당한 피해를 과대하게 평가할 가능성이 크다. 따라서 각자의 권리를 각자가 지켜야 하는 자연 상태에서는 권리의 침해가 지나친 보복을 부르게 되고 그 보복이 또 새로운 보복을 초래하는 악순환이 계속되는 가운데 끝없는 싸움을 종식시킬 수 있는 확실한 장치가 없다. 그리고 둘째로, 피해를 입은 사람이 약자일 경우에는 보상을 받아 낼 길이 그나마 없다. 이러한 불편을 없애기 위해서는 권리의 침해를 미연에 방지하고 이미 일어난 피해는 보상을 받아 내 줄 수 있는 어떤 대행 기관(agent)이 필요하다. 생각할 수 있는 여러 가지 대행 기관 가운데서 가장 적절한 것이 바로 국가(state)에 해당한다고 노직은 주장한다.[2]

개인의 자유에서 출발한 로크와 노직은 결국 국가의 필요성을 인정하게 되었다. 그러나 그들이 필요하다고 인정한 국가는 그 자체가 목적인 존재가 아니라 개인의 권리를 적절하게 보호하기 위한 수단적 장치에 해당한다. 자연 상태에서 국가가 탄생하는 과정을 로크는 '계약(contract)'의 개념을 매개로 하여 설명하였고, 노직은 논리적 가능성으로 설명한 차이는 있으나, 두 사람

1 John Locke, *Two Treatise of Government*, 2nd ed., Peter Laslett ed., New York: Cambridge University Press, 1967, Sections 4-10 참조.
2 같은 책, Sections 124-125, Sections 159-160 참조.

이 모두 개인들의 권리를 보호하기 위한 대행 기관으로서 국가의 필요성을 인정한 점에서 견해를 같이하고 있다.

로크와 노직에 따르면, 국가의 목적은 오로지 개인들의 권리를 보호하는 데 있으므로, 국가가 개인들의 권리 보호 이상의 일을 하는 것은 옳지 않다. 다시 말하면, 국민들의 타고난 권리 즉 인권을 보호하기에 필요한 최소한의 권력만을 행사하는 '최소 국가(the minimal state)', 즉 이른바 '야경국가(夜警國家)'만이 정당한 국가이며, 그 이상의 간섭을 국민에게 가하는 것은 천부의 인권을 침해하는 부당한 처사가 된다. 여기서 핵심적 문제로서 떠오르는 것은 도대체 '천부의 인권'이란 어떠한 것이냐는 물음이다. 천부의 인권을 어떻게 규정하느냐에 따라서 정부 내지 국가가 해야 할 임무가 달라질 것이다.

만약 모든 사람들이 타고난 권리 가운데 '생존'의 권리가 포함된다고 전제한다면, 국가는 모든 국민의 생존을 보장하기 위하여 가능한 모든 조처를 강구해야 할 것이다. 만약 모든 인간은 단순히 생존할 권리만을 가진 것이 아니라 '사람답게 살 권리'를 가졌다고 전제한다면, 국가는 모든 국민의 사람다운 삶을 보장하기 위하여 강구할 수 있는 모든 조처를 게을리하지 말아야 할 것이다. 그리고 '사람다운 삶'의 정도를 어떻게 규정하느냐에 따라서 국가가 해야 할 일의 범위가 달라질 것이며, '사람다운 삶'의 정도를 높이 잡을수록 국가가 국민을 위해서 해야 할 일의 범위는 넓어질 것이다.

그러나 로크와 노직은 타고난 인권의 핵심을 '생존' 또는 '사람다운 삶'의 개념으로 보지 않고 '자유(liberty)'의 개념으로 보았다. 그리고 그들이 인권의 핵심으로 간주한 자유란 개인이 자기의 것으로서 소유하고 있는 것을 그 개인의 마음대로 처분할 수 있는 권리를 의미한다. 그렇다면 개인이 '자기의 것으로서 소유하고 있는 것'이란 어떤 것들일까?

로크와 노직이 개인의 소유로서 첫째로 손꼽는 것은 각자의 자기 자신

(person), 즉 각자의 몸과 마음이다. 그리고 그들이 둘째로 손꼽는 것은 각자가 적당한 방법을 거쳐서 차지하게 된 소유물(holdings)이다. 각자의 몸과 마음이 무엇을 가리키느냐에 대해서는 별다른 논쟁의 여지는 없을 것이나, '정당한 방법을 거쳐서 차지하게 된 소유물'의 범위가 무엇이냐에 대해서는 여러 가지의 서로 다른 견해가 있을 수 있다. '정당한 소유물'에 대한 규정을 노직은 로크의 정신에 입각해서 다음과 같이 내렸다.

(1) 주인이 없는 사물을 올바른 취득의 원칙(the principle of justice in acquisition)에 따라서 취득한 사람은 그 사물을 소유할 권리를 가졌다.

(2) 어떤 사물을 그것에 대한 소유권을 가진 사람으로부터 올바른 이전(移轉)의 원칙(the principle of just transfer)을 따라서 물려받은 사람은 그 사물을 소유할 권리를 가졌다.

(3) 이상의 두 원칙을 따라서 가지게 된 사물 이외의 것에 대해서는 아무도 소유권을 가질 수 없다.[3]

위에 소개한 첫째 명제는 원초적 취득에 관한 로크의 견해를 요약한 것이다. 로크는 주인이 없는 사물에 대하여 누가 노동을 가했을 때 그 사물은 그 노동을 가한 사람의 소유가 된다고 믿었다. 예컨대, 주인이 없는 황무지를 개간한 사람은 그 개간지에 대한 소유권을 갖는다는 것이다. 그리고 첫째 명제에 있어서 '올바른 취득의 원칙'이라고 한 것은 이 책 4장 1절에서 언급한 바 있는 '로크의 단서'를 염두에 두고 가한 제한의 원칙으로 보면 될 것이다. 예컨대, 어떤 황무지를 개간하여 개인의 소유로 삼더라도 그러한 황무지가 많이 남아 있어서 타인에게 불이익을 주지 않을 경우에는, 그 땅에 대한 취득은 올바른 취득의 원칙을 벗어나지 않은 것으로 판단될 수 있을 것이다.

---

3 Robert Nozick, *Anarchy, State, and Utopia*, New York, 1974, p.151.

로크와 노직은 소유권을 절대적 권리로 보았다. 따라서 올바른 취득의 원칙에 의거하여 어떤 사물을 소유하게 된 사람은 그것을 마음대로 처분할 수 있는 권리를 가졌다고 그들은 주장한다. 그 자유로운 처분 가운데는 다른 사람과의 교환도 포함되고 다른 사람에 대한 증여도 포함된다. 위에 소개한 둘째 명제는 이 자유로운 처분의 권리에 의거하여 소유권이 타인에게로 이전될 수 있음을 명시한 것이다. 여기서는 자유의사에 따른 이전이냐 아니냐가 올바른 이전이냐 아니냐를 결정하는 기준이 된다. 협박에 눌렸거나 속임수에 걸려서 어떤 사물이 타인의 손으로 넘어갔을 경우에는 올바른 이전의 원칙을 어긴 것이며, 따라서 소유권의 정당한 이전이 이루어졌다고 볼 수 없다.

본래의 소유권자의 자유의사를 어기고 어떤 사물이 타인의 손으로 넘어가는 것은 정의롭지 못한 일이다. 이 부정의(injustice)는 시정되어야 하며, 이 시정의 원칙(the principle of rectification)을 집행하는 일은 국가가 수행해야 할 임무의 핵심에 해당한다. 결국 로크와 노직이 제시한 정의로운 사회는 국민 전체의 소유의 상태가 '취득의 원칙'과 '이전의 원칙', 그리고 '시정의 원칙'에 부합하는 사회라고 요약할 수 있을 것이다.[4]

2. 국가의 필요성

노직이 생각하는 정의로운 사회(just society)는 개인들이 타고난 자연권(natural rights)의 침해가 없는 사회다. 자연권은 절대적 권리이므로 이것을 침해하는 것은 악행(惡行)이며, 악행은 처벌을 받아야 마땅하다. 그것이

---

4 같은 책, pp.151–153 참조.

악행인 까닭에 처벌을 받아야 한다기보다는 인간의 타고난 권리가 침해를 당한 상태는 시정(rectification)을 요구하는 상태인 까닭에 그 시정의 방안으로서 처벌이 불가피한 것이다. 따라서 그 처벌에는 남의 악행으로 인하여 피해를 입은 사람에 대한 보상(compensation)의 뜻도 포함된다.

그렇다면 그 처벌의 권리는 누구에게 있다고 보아야 할 것인가? 인권의 침해를 당한 피해 당사자에게만 그 권리가 있는 것이 아니라 그 사회의 성원들 모두에게 처벌권이 있다고 보는 것이 자연 상태설(state-of-nature theory)에 입각한 노직의 생각이다. 그렇게 보는 이유는, 어떤 인권을 침해한 범행자는 다른 사람들에게도 피해를 입힐 가능성을 가진 위험한 인물인 까닭에, 모든 사람들은 잠재적 피해자라고 간주할 수 있다는 해석에 근거를 두고 있을 것이다.[5]

처벌의 권리가 피해자 개인에게만 있는 것이 아니라 사회 성원 모두에게 있다고 전제할 때, 누가 어떻게 처벌을 집행하느냐 하는 문제가 여러 가지 실천상의 어려움을 더하게 된다. 처벌의 권리가 피해자 개인에게만 있다면 그 개인 한 사람만 슬기로운 실천력을 가졌거나 그 한 사람에 대한 주위의 지원과 견제만 적절하면 과부족 없는 처벌을 어느 정도 기대할 수도 있을 것이나, 그 권리가 성원들 모두에게 있다면 적절한 처벌을 어렵게 만드는 조건들이 늘어나기 때문이다. 예컨대, 처벌의 권리가 누구에게나 있다고 한다면, 약삭빠른 사람이 선수를 쳐서 처벌을 가할 경우가 생길 것이다. 여기서 생기는 문제는 처벌은 한 번만 허용하느냐, 여러 번도 무방하냐 하는 문제다. 만약 처벌은 1회에 한하는 것으로 원칙을 세운다면, 범죄자와 가까운 사람이 재빨리 가벼운 처벌을 가함으로써 범죄자를 도와줄 수가 있을 것이다. 반대로 이미

---

5 같은 책, pp.137–138 참조.

집행된 처벌이 미흡할 경우에는 계속해서 처벌을 추가할 수 있다고 한다면, 한발 늦어서 처벌에 참여하지 못한 사람들이 이미 집행된 처벌을 미흡하다고 보는 주관적 판단에 입각하여 계속 처벌을 가함으로써 범죄자의 인권을 침해하는 결과를 가져올 염려가 있다.[6]

로크와 노직이 생각하는 정의로운 사회가 실현되기 위해서는 모자라지도 지나치지도 않은 마땅한 처벌을 1회에 걸쳐서 집행할 수 있는 실력을 가진 어떤 기관이 필요하다. 그 가장 적절한 기관이 다름 아닌 국가라고 그들은 믿고 있다. 특히 노직은 국가 이외의 다른 기관은 마땅한 처벌을 감당하기가 어려우며 마땅한 처벌에 대한 여망에 따라서 국가가 자연스럽게 생길 수 있는 이유를 세밀한 논리의 전개로써 설명하고 있다. 이 설명을 위하여 노직은 그의 주저 『무정부, 국가, 유토피아』 제1부의 지면을 대부분에 걸쳐서 사용하고 있거니와, 그 설명의 핵심은 범법자의 처벌을 맡아서 해줄 대행 기관은 오직 하나뿐이어야 한다는 점에 있다고 볼 수 있다.

각 개인이 단독의 힘으로 무법자의 횡포로부터 자신의 인권을 보호한다는 것은 불가능에 가까운 일이다. 따라서 개인의 인권침해를 예방하고 범죄자를 처벌하기 위한 조직이 필요하다. 그러한 조직의 하나로서 성원 모두가 직접 방위에 참여하는 '상호 보호 동맹(mutual protection association)' 같은 것도 생각할 수 있으나, 이 제도에는 모든 성원이 항상 보호 요청에 응해야 하는 등 결점이 많다. 따라서 인권 보호를 도맡아서 해줄 어떤 전문적 기관이 필요하게 되는데, 보호를 의뢰하는 사람들을 회원으로 삼는 사설 보호 기관(private protective agency)도 일단 생각할 수 있으나, 이 대안(代案)에도 여러 가지 문제점이 따른다.[7]

---

6 같은 책, p.138 참조.

의뢰인들로부터 어떤 보수를 받고 개인들의 인권을 보호하는 사설 기관이 사회의 질서를 담당할 경우에는 그런 기관이 여러 개 생길 것이고, 여러 대행 기관은 각각 자기가 맡은 회원들의 보호에만 전념하게 될 것이다. 그렇게 되면 보호 대행 기관들 사이에 세력 다툼과 분규가 생길 것이고, 자연히 실력 대결이 불가피하게 될 것이다. 대행 기관들의 그러한 실력 대결의 상황은 각 개인이 실력으로써 자기 자신을 지켜야 하는 자연 상태와 본질적으로 다를 바가 없다. 요컨대, '보호'라는 상품은 최강의 실력을 가진 것만이 제구실을 할 수가 있고, 최강의 보호를 보장할 수 있는 대행 기관만이 존속할 수가 있다. 결국 같은 지역 안에서는 복수의 보호 대행 기관이 공존할 수 없다는 결론을 얻게 된다.[8]

인권을 침해한 범죄자를 처벌할 수 있는 권한은 그 일을 능히 감당할 수 있는 실력과 권위를 가진 기관 하나가 독점을 하는 것이 바람직하다. 두 개 이상의 기관에게 그 권한을 인정한다면, 두 기관의 의견 내지 태도가 대립할 경우에 그 대립을 해결할 방도의 보장이 없기 때문이다. 그리고 인권 보호의 임무를 감당할 수 있는 실력과 권위를 가질 수 있기 위해서는 단순히 힘이 강한 것만으로는 부족하며, 모든 피보호인들이 납득할 만한 해결책을 강구할 수 있는 공정성과 지혜도 갖추어야 한다. 이해관계의 대립에서 오는 여러 가지 사회적 갈등을 원만하게 해결할 수 있는 실력과 권위를 갖춘 가장 적합한 기관으로서 국가 이외의 어떤 조직을 생각할 수 없다는 것이 노직의 요점인 것으로 보인다.

---

7 같은 책, pp.12-13 참조.
8 같은 책, pp.15-17 참조.

3. 올바른 국가의 임무

로크와 노직에 따르면, 국가는 개인들이 타고난 천부의 권리를 보호하기에 필요한 조직이다. 따라서 국민의 인권을 충실하게 보호하는 일이 국가가 수행해야 할 임무의 전부이며, 그 이상의 일을 시도하는 것은 개인의 권리를 침범하는 월권이다. 따라서 남의 인권을 침해하는 범죄자를 억제함으로써 사회의 질서를 유지하는 일에 실패하는 국가뿐 아니라 이 최소한의 임무 이상의 일을 벌이는 국가도 올바른 국가가 아니다. 현대의 사회주의 국가는 말할 것도 없고, 개인의 자유를 강조하는 자본주의 국가에 있어서도 재분배(redistribution)를 통하여 저소득층을 보호해야 한다는 것이 일반적 여론이거니와, 노직의 학설에는 '재분배'의 개념 자체를 부정하는 함축이 들어 있다.

시정(rectification)의 원칙을 따라서 재산권의 침범을 바로잡는 과정까지도 재분배의 한 형태라고 본다면, 노직의 정치철학에서도 재분배를 위한 조치가 국가의 임무 가운데 포함된다고 말할 수 있을 것이다. 그러나 일반적으로 사용되는 '재분배'라는 말은 노직의 경우와는 크게 다른 '인권'의 개념에 입각한 것으로서 노직의 정치철학과는 근본적으로 대립하는 개념을 가리킨다. 분배의 문제는 현대 정치철학의 핵심적 문제의 하나이거니와, 이 문제에 대한 노직의 견해를 밝히기 위해서는 우선 그가 어떤 사회를 정의로운 사회로 보았느냐 하는 것부터 살펴보는 것이 좋을 듯하다.

노직은 분배에 관한 자기의 주장에 '역사적 원리(historical principle)'라는 이름을 붙이고 있다. 분배의 원리가 **역사적**이라 함은, 분배에 관련된 사람들의 과거 행적이 분배의 정당성 여부를 판별하는 기준이 된다고 보는 기본적 입장을 가리킨다. 분배의 결과로서 현재 누가 무엇을 얼마나 갖게 되었는가에 따라서 분배의 정당성 여부가 결정된다고 보는 사람들의 학설에 '결말 상태 원리(end-result principles)'라는 이름을 붙이면서, 노직은 자기의 원리는 분배의 결과를 중요시하지 않고 오로지 그 내력(來歷)만을 문제 삼는다고 강조한다.[9]

결말 상태를 중요시하는 사람들은 바람직한 분배의 상태를 미리 가정하고 그 상태에 가깝게 접근한 사회일수록 정의로움에 가까운 사회라고 주장한다. 그러나 노직이 중요시하는 것은 분배의 결과가 아니라 그 과정이다. 당초에 **취득의 원칙**을 따라서 어떤 사물이 그 취득자의 소유가 되고, 그 소유권이 다시 **이전(移轉)의 원칙**을 따라서 다른 사람에게로 넘어가고, 그 소유권이 다시 이전의 원칙에 의하여 또 다른 사람에게로 넘어가는 과정을 거듭한 결과 빈부의 차이가 크게 벌어졌다면, 그 취득과 이전의 과정에 하자가 없는 한, 빈부의 격차가 아무리 크더라도 그 분배는 정의롭다는 것이 노직의 생각이다.

노직은 분배의 원리에 대한 모든 종류의 '정형화(patterning)'를 물리친다. 비록 역사적 원리에 속하는 것이라 하더라도 그것이 정형화된 원리일 경우에는 받아들일 수 없다는 것이다. 예컨대, "사회에 이바지한 공적에 따라서 분배한다." 또는 "도덕적 공과(moral merit)에 따라서 분배한다."는 따위는 역사적 원리이기는 하나 정형화된 역사적 원리인 까닭에 받아들일 수 없다고 노직은 주장한다. 개인이 어떤 사물을 소유하게 되는 정당한 이유는 여러 가지가 있을 수 있다고 보는 것이 노직의 기본적 출발점이며, 분배의 원리를 하나의 정형(pattern)으로 일원화하게 되면 정당한 소유의 범주 가운데 들어갈 수 있는 사례의 일부를 부당하게 배제하는 결과를 초래한다는 것이 그가 모든 정형화를 배격하는 이유라고 이해할 수 있을 것이다. 일단 정당하

---

9 같은 책, pp.153-155 참조.

게 어떤 사물에 대한 소유권을 얻은 사람은 그것을 자기 마음대로 처분할 권리를 가졌다고 노직은 보았으며, '마음대로 할 수 있는 처분' 가운데는 실로 여러 가지 행위가 포함될 수 있으므로, 정형화에 대한 노직의 부정은 이미 그의 출발점에 근거를 준비했다고 볼 수 있을 것이다.

노직은 모든 정형화한 분배의 원리뿐 아니라 **결말 상태**에 기준을 둔 모든 분배의 원리도 물리치거니와, '결말 상태 원리'를 물리치는 그의 논변의 핵심은 '결말 상태의 원리'를 실천에 옮기기 위해서는 개인의 기본적 자유의 유린이 불가피하다는 추론에 있다. 다시 말해서, 노직의 자유주의 분배론에 반대하는 어떤 결말 상태의 원리를 따라서 분배가 이루어진 상태를 D_1으로 표시할 때, 이 D_1의 상태의 붕괴를 막기 위해서는 개인의 자유에 대한 끊임없는 간섭이 불가피하다는 것이다. 예컨대, 기본 생활의 안정을 기본 목표로 삼는 복지사회론에 입각해서 분배를 실시한 결과로서 D_1이라는 상태에 이르렀다고 한다면, 이 D_1의 상태는 복지사회론자의 관점에서 볼 때 정의로운 상태다. 그런데 D_1의 상태에서 기본 생활의 안정을 얻은 사람들이 자기가 분배받은 재화의 일부를 절약하여 인기가 높은 어떤 농구 선수의 경기를 보기 위해서 사용함으로써 그 농구 선수를 부자로 만드는 결과를 가져올 경우를 상상할 수 있을 것이다. 이때 어떤 농구 선수가 많은 돈을 번 상태 D_2는 D_1이라는 그 이전의 상태와는 다른 상태로 보아야 하거니와, 만약 D_1만이 올바른 분배의 상태라면 D_2를 미연에 방지하기 위해서 농구 경기 입장권을 사는 국민들의 자유를 제한해야 한다는 것이다. 그리고 이러한 자유의 제한은 명백한 잘못이라고 노직은 주장한다.[10]

정당하게 소유하게 된 재화는 나 자신을 위해서 사용할 수 있을 뿐 아니라

---

10 같은 책, pp.160–163 참조.

타인에게 줄 수 있다고 보아야 한다는 것이 노직의 생각이다. 자기의 소유물을 자기 자신을 위해서만 사용할 수 있고 타인을 위해서 사용하거나 타인에게 주는 것은 허용될 수 없다면, 그것은 지독한 개인주의의 철학이다. 그런데 정형화된 분배의 원리를 고집하는 것은 바로 그 '남에게 줄 수 있는 자유'를 제한해야 한다는 주장을 함축한다. 왜냐하면 어떤 정형화된 원리에 따라서 분배된 결말 상태를 그대로 유지하자면 채택된 원리에 따라서 분배받은 것을 남에게 주지 말아야 하기 때문이다. 대략 이러한 논변으로 노직은 분배에 있어서 정형화된 원리와 결말 상태의 원리를 모두 물리치고 있다.[11]

노직에 따르면, 국가가 해야 할 임무는 개인의 타고난 인권이 침해를 당하지 않도록 예방하는 일과 인권의 침해가 생겼을 경우에 '시정의 원리'를 따라서 그것을 바로잡는 일에 그친다. 사회주의자나 복지국가론자들은 저소득층의 기본 생활을 보장해 주는 일을 국가의 주요 임무의 하나로 믿고 있으나, 그러한 믿음은 노직의 관점에서 보면 전적으로 그릇된 생각이다. 저소득층의 생활을 보장하자면 재분배가 불가피하게 되고, 노직의 견지에서 볼 때, 재분배란 어떤 형태의 것이든 인권의 유린을 함축하기 때문이다.

사회를 어떤 공분모에 바탕을 둔 공동체로 보기보다는 독립된 개인들의 집합으로 보는 노직의 견지에서 볼 때, 각 개인은 각자의 노동으로 생산한 것의 전부를 차지할 권리가 있다. 따라서 능력이 탁월하거나 노동시간이 많은 사람이 많은 재화를 소유하고 능력이 약하거나 게으른 사람은 적게 소유하게 되는 것은 당연한 일이다. 그런데 많이 가진 사람이 **자진하여** 그 일부를 갖지 못한 사람에게 주는 것은 무방하나, 국가가 갖지 못한 사람을 돕기 위하여 가진 사람으로부터 그의 소유의 일부를 강제로 징수하는 것은 소유권의 침해

---

11 같은 책, pp.167-168 참조.

가 된다.

자유주의 국가에서는 주로 누진세의 제도를 통하여 재분배를 실시하거니와, 노직은 근로소득에 대해서 세금을 물리는 것은 강제 노동과 같은 성질의 것이라고 비난한다. 자기의 노동으로 번 재화의 일부를 남에게 주도록 강요당하는 것은 자기를 위해서 필요한 노동보다도 더 많은 노동을 타인을 위해서 하는 셈이 되므로, 그 가외의 노동은 강제된 노동에 해당한다는 것이다. 세금을 내기가 싫은 사람은 어느 한도 이상의 일을 하지 않으면 되므로 강제 노동이 아니라고 반박할 사람이 있을지 모르나, 누진세 제도는 세금의 납부와 여유 없는 물질생활(bare subsistence) 사이에서 하나를 선택하도록 강요하는 것이므로 역시 강제라고 노직은 주장한다.[12]

4장 3절에서 사회의 공동 과제를 분담하는 문제와 관련하여 교육의 기회 균등의 문제를 언급했을 때, 필자는 유리한 직업을 갖기에 필요한 능력을 습득할 수 있는 기회를 공개 경쟁으로 분배하는 것만으로는 교육의 기회가 완전히 공정하게 주어졌다고 볼 수 없다는 관점에 대해서 가볍게 시사한 바 있다. 그러한 관점에 설 경우에는 소질이나 가정환경이 불리한 사람들을 위해서 국가가 특별한 배려를 해야 한다는 주장이 따르게 되거니와, 노직의 견지에서 볼 때는 국가가 장학제도 등으로 약자를 보호할 필요는 없게 된다. 부모가 부자이거나 유산이 많아서 유리한 조건 아래 출발하는 사람도 있고 가난한 가정에 태어나서 불리한 조건 아래 출발하는 사람도 있지만, 그 부모들의 재산이 정당한 과정을 거쳐서 얻은 것인 이상, 그러한 불균형 사태를 바로잡기 위해서 국가가 해야 할 아무런 일도 없다는 것이 노직의 논리인 것이다.

노직에 따르면, 국가의 임무는 개인의 인신(person)과 재산을 보호하는 일

---

12 같은 책, pp.169–171 참조.

에 국한된다. 개인들의 재산을 보호하는 일 가운데는 부당한 소유를 바로잡는 일이 포함되며, 어떤 소유가 정당한 소유인가 부당한 소유인가를 가려내기 위해서는 그것을 소유하게 된 전 과정을 원초적 취득에까지 소급해서 밝혀야 한다. 원초적 취득 가운데서 현재의 소유주가 직접 취득한 재화의 경우는 그 취득의 과정을 밝히기가 비교적 쉽겠지만, 양도와 증여 등 거듭된 이전 행위를 거쳐서 소유주가 여러 번 바뀐 경우에는 그 원초적 취득의 사정을 밝히기가 어려울 것이다. 그러나 원초적 취득의 정당성을 판별하는 문제에 대해서 노직은 만족스러운 논의를 전개하지 않았다.

원초적 취득의 가장 단순한 경우는 새로운 광맥의 발견 또는 새로운 공산품의 발명과 같은 일을 한 개인의 힘으로 성취했을 경우다. 이 간단한 경우에도 그 발견한 것 또는 발명한 것이 오로지 그 발견자 또는 발명자 한 사람만의 것이라고 볼 수 있을지에 관해서 이론의 여지가 없지 않다. 예컨대 광맥의 발견의 경우에는 '로크의 단서'를 따라서 그 광맥의 사유(私有)가 타인의 불이익을 가져오지 않을까를 검토해야 할 것이고, 새 공산품의 발명의 경우에는 그 발명을 가능케 한 기초과학과 축적된 기술의 혜택에 대해서 사회에 보답해야 할 의무가 있는지 없는지에 대해서 따져 보아야 할 것이다. 이러한 문제에 관련해서 일어날 수 있는 구체적인 어려움에 대해서 노직은 깊은 언급을 하지 않고 있다.

고용주와 근로자가 협동하여 새로운 생산품을 제조했을 경우에도 원초적 취득이 발생한다. 이 경우에 있어서 전체의 노동 성과는 일정한 방식으로 모든 관계자들에게 분배되거니와, 이때 각자가 분배받은 몫은 고용주와 근로자의 자유계약에 의거했으므로 각자의 취득은 정당한 취득이 된다고 보는 것이 노직의 견해일 것이다. 이 경우에 있어서 고용주와 근로자의 관계를 진정한 자유계약의 관계라고 볼 수 있느냐는 문제는 접어 두더라도, 고용주가 가지고 있는 생산재와 자본의 전부가 과연 고용주의 정당한 소유인지 아닌지를 어떻게 밝히느냐 하는 문제가 남게 된다. 어떤 고용주 또는 기업체가 소유하고 있는 생산재와 자본은 여러 차례의 이전을 거친 길고 복잡한 과정의 결과이므로, 그 소유권의 정당성을 밝히는 문제는 실천적 견지에서 볼 때 매우 어려운 문제가 아닐 수 없다.

아무도 자기의 인신 이외에는 재산을 소유하지 않은 완벽한 처녀지에서 국가가 시작된다면, 그리고 그 국가가 국민들의 최초의 취득부터 부정의(injustice)에 대한 시정(rectification)을 철저하게 시행한다면, 로크나 노직의 정치철학을 따르더라도 그들 나름의 정의로운 사회가 실현될 수 있을 것이다. 다시 말하면, 인류가 지구에 나타나기 이전에 로크의 정치철학이 먼저 준비되어 있어서 그가 주장하는 최소 국가가 아담과 이브의 최초의 취득부터 잘못이 없도록 감시하는 구실을 철저히 했다면, 로크의 정신에 부응하는 정의 사회의 실현이 가능했을 것이다. 그러나 로크의 철학은 이미 무수한 사람들의 무수한 소유권이 성립한 뒤인 17세기에 탄생하였다. 만약 로크의 철학이 탄생하기 이전의 모든 소유권을 인정하지 않고 백지로 돌린다면 그것은 인권의 침해가 되므로, 처녀지에서부터 새로운 국가를 시작한다는 것은 사실상 불가능한 일이었고, 앞으로도 그런 처사는 로크의 정신에 위배된다.

우리가 로크와 노직의 정치철학을 채택했을 때 현실적으로 할 수 있는 일은, **과거는 묻지 말고** 앞으로의 부정만을 예방하고 시정하는 일에 국한될 수밖에 없다. 이를테면 기정사실을 시효(時效)의 정신으로 인정하고 그 시점에서 출발하는 결과가 되는 것이다. 그나마 앞으로 부정을 **완벽하게** 막는다는 것은 아무리 탁월한 정부로서도 불가능할 것이므로, 기정사실화되어 시효를 얻고 묵인되는 부정이 점점 누적될 가능성이 많다. 그러므로 로크와 노직의 정치철학에 어느 정도의 이론적 설득력이 있다 하더라도 그것이 그대로 실천적 타당성으로 연결되기는 어려울 것이다.

4. 노직 정치철학의 문제점: '자연권' 개념을 중심으로

『무정부, 국가, 유토피아』에 있어서 노직이 보여준 논리의 전개는 대체로 정연하고 치밀한 편이다. '천부의 인권(natural rights)'을 전제로 삼고 출발하여, 국가의 필요성과 정당성의 근거를 밝히고 국가의 임무는 '재분배'를 포함하지 않도록 최소한으로 국한되어야 한다는 결론에 이르기까지에 결정적인 논리의 비약이 있다고는 생각되지 않는다. 다시 말하면, 그의 주요한 결론들이 어떤 것의 추론 과정에서의 논리의 비약에 기대어 얻어진 것이라고 보기는 어렵다. 따라서 노직이 옹호하는 결론들의 타당성 여부는 그의 추론의 출발점이 된 '천부의 인권' 또는 '자연권'의 개념에 달려 있다고 하여도 과언이 아닐 것이다.

노직은 로크의 뒤를 따라서 '천부의 인권'의 핵심을 **생존**에 두지 않고 **자유**에 두었다. 각 개인은 각자의 심신(心身)의 주인으로서 그 심신이 남의 간섭이나 침해를 받지 않을 자유가 있으며, 심신의 노동을 통하여 얻은 것을 마음대로 처분할 수 있는 자유를 가졌다는 것이 그의 '천부의 인권' 즉 '자연권' 개념의 핵심이다.[13] 그들이 이러한 자유의 권리를 '자연적(natural)'이라고 특징지은 것은, 이 권리의 근거가 법률이나 계약 또는 인습과 같은 어떤 인위적 사실에 있지 않고 인간이 타고난 자연적 자질에 있다는 뜻을 나타내기 위해서였을 것이다.

로크와 노직이 출발점으로 삼은 자연권 개념의 타당성이 자명(自明)하다고 보기는 어렵다. 다시 말하면, 우리는 그들의 자연권 개념에 대해서 몇 가지 의미 있는 의문을 제기할 수가 있다. 첫째로 우리는 다른 동물에게는 인정

---

13 같은 책, pp.150-151 참조.

되지 않는 자연권이 인간에게만 있다고 보는 이유를 물을 수가 있고, 둘째로 그 자연권의 내용이 왜 반드시 그들이 주장하는 그런 것이라고 보아야 하는 가도 물을 수가 있다. 단순한 논쟁을 위해서 그러한 의문을 제기할 수 있는 것이 아니라, 정말 의심스러워서 그렇게 묻지 않을 수 없는 것이다.

노직은 그의 '자연권' 개념을 정당화하기 위하여 정밀한 논변을 전개하기에 이르지 못하고 있다. 그러나 그는 그의 '자연권'의 개념이 자명하다고 전제지는 않았으며, 그 개념의 근거를 밝히기 위해서 잠정적이며 암시적인 견해를 표명하고 있다. 노직은 인간이 가진 어떤 특수성으로 말미암아 인간 특유의 권리가 생기게 되었다고 보는 인권론자들의 일반적 전제를 받아들이고, 그 특유한 권리의 근거가 된 인간의 특수성이 무엇인가 하는 문제에서부터 출발하여 그의 자연권 개념의 정당화를 위한 실마리를 찾고자 한다.

천부적 인권의 근거가 되는 인간의 특성으로서 전통적으로 거론된 것은 ① 감정과 자의식(自意識)을 가졌음, ② 합리성, ③ 자유의지를 가졌음, ④ 도덕성, ⑤ 영혼(soul)을 가졌음 등이다. 그러나 노직은 여기에 열거된 특성들 중의 어느 하나 둘이 천부적 인권의 근거라고 보기보다는 이것들의 연결에서 얻어지는 종합적 능력을 그 근거로 보는 것이 옳을 것이라고 주장한다. 그 종합적 능력이란, 노직에 따르면, 인간으로 하여금 "장기적 인생 계획을 세울 수 있고 … 자타(自他)를 위해서 온당한 삶의 원칙 또는 삶의 청사진을 따라서 행위하게 만드는" 그 무엇이다. 쉽게 말해서, 순간순간의 자극에 본능적으로 반응하기보다는 온당한 삶에 관한 일정한 원칙과 청사진을 따라서 체계적으로 살아갈 수 있다는 사실로 말미암아, 인간은 특수한 대접을 받을 수 있는 권리의 소유자가 되었다는 것이다.[14]

---

14 같은 책, pp.48-49 참조.

그러나 인간이 일정한 원칙과 청사진을 따라서 체계적인 삶을 영위할 수 있다는 사실이 어째서 특수한 대접을 받을 수 있는 권리 즉 **인권(人權)**의 근거가 된다는 것일까? 이 물음에 대한 노직의 대답은 '의미 있는 삶(meaningful life)'이라는 모호한 개념을 통하여 주어진다. 다시 말하면, 어떤 전체적 계획을 따라서 삶을 추구할 수 있는 능력은 인간에게 의미 있는 삶을 살 수 있는 길을 열어 준 결정적인 계기라는 것이다. 그리고 '의미 있는 삶'은 우리가 마땅히 추구해야 할 삶이며, 인권은 의미 있는 삶의 실현을 위해서 존중되어야 할 조건이라는 것이 노직의 생각인 것으로 보인다.[15]

노직 자신도 인정하고 있듯이, 로크가 주장한 자연권의 근거를 따지는 문제에 대한 그의 논변은 매우 엉성하고 불충분한 시도에 지나지 않는다. 첫째로, '의미 있는 삶'이라는 말의 개념 규정이 거의 없다. 왜 전체적 계획에 입각한 체계적인 삶에만 의미가 있고, 그렇지 않은 삶에는 의미가 없다는 것인지, 그는 밝히지 않았다. 장기적 안목의 계획이나 삶의 원칙에 대한 지성적 반성 없이 본능적으로 살아가는 가운데 저절로 조화를 얻는 일반 동물들의 삶에는 전혀 '의미가 없다(meaningless)'고 과연 단정할 수 있는 것인지, 아무 생각 없이 자연의 법칙을 따라서 꽃을 피우고 열매를 맺는 식물의 세계에도 의미가 있다고 볼 수 있는 여지가 있다고 보아야 할 것이 아닌지, 이런 문제에 대해서 노직은 언급을 회피하고 있다.

의미 있는 삶과 인권의 논리적 관계에 대해서도 노직은 깊이 파고들지 않았다. 즉, 의미 있는 삶을 실현하기 위해서는 왜 인권의 수호가 절대로 필요한지에 대해서 그는 납득할 만한 설명을 하지 못하고 있다. 이 점과 관련해서 노직은 사회 전체의 '의미 있는 삶'의 총량을 극대화하기 위하여 일부의 인권

---

15 같은 책, pp.49-50 참조.

을 유린하는 것이 옳을 경우도 있다고 주장할지도 모를 공리주의적 반박의 가능성에 대해서 가볍게 언급하고 있으나, 이에 대한 반론을 전개하지는 않고 말았다.[16]

천부의 인권을 앞세우는 철학자들 가운데는 로크나 노직이 주장하는 것과는 내용이 크게 다른 인권의 개념을 가진 사람들이 많다. 마르크스주의자들의 인권의 개념은 말할 것도 없거니와 롤즈나 복지사회론자들이 염두에 두고 있는 인권의 개념도 로크나 노직의 그것과는 크게 다르다. 따라서 노직의 정치철학이 확고한 기반을 장만하기 위해서는, 그가 출발점으로 삼은 '자연권'의 개념을 옹호하되, 마르크스주의자나 복지사회론자들이 주장하는 인권의 개념과는 다른 로크의 '자연권'의 개념이, 그리고 그것만이 옳다는 것을 이론적으로 밝혀야 했다. 그러나 노직은 '의미 있는 삶'이 실현되기 위해서는 인권이 존중되어야 함을 밝히려고 좀 시도했을 뿐이지 바로 로크가 주장한 '자연권'과 같은 내용의 인권이 존중되어야 한다는 것을 밝히기 위한 논변은 전개하지 않았다. 그리고 노직의 정치철학의 출발점이 된 '자연권'의 개념이 충분한 이론적 뒷받침을 얻지 못했다는 사실은, 그의 저술이 자랑하는 명쾌한 논리적 전개에도 불구하고, 그의 정치철학 전체의 큰 허점이 될 수도 있다는 것을 의미한다.

셰플러(S. Scheffler)는 로크의 그것과는 다른 '자연권'의 개념을 제시하고, 노직이 중요시하는 '의미 있는 삶'의 실현을 위해서는 로크의 자연권 개념보다도 오히려 자기가 옹호하는 자연권의 개념이 더 적합하다는 주장을 하고 있다. 우선 셰플러가 옹호하는 또 하나의 자연권의 개념이 어떤 것인가부터 알아보기로 하자. 그가 말하는 '또 하나의 개념(the alternative con-

---

16 같은 책, pp.50-51 참조.

ception)'에 따르면,

> 사람은 누구나 과히 궁색하지 않고 보람된 삶을 영위하기에 필요한 기회를
> 적당하게 갖기 위해서 그것을 향유할 필요가 있는 분배 가능한(distri-
> butable) 모든 사물의 충분한 몫을 차지할 자연권을 가지고 있다. 다만 여기
> 는 오직 하나의 단서가 붙는다. 그것은 과히 궁색하지 않고 보람된 삶을 위해
> 서 필요한 기회를 타인이 갖는 것을 방해하지 않고서는 얻을 수 없는 그러한
> 사물에 대해서는 아무도 자연권을 갖지 않았다는 단서다.[17]

　사람은 누구나 과히 궁색하지 않고 보람된 삶을 영위하기를 바란다. 이 소
망이 달성되기 위해서는 롤즈가 말하는 '기본적 선(primary goods)'에 해당
하는 것들을 어느 정도 향유해야 한다. 그 기본적 선 가운데서 분배할 수 없
는 것은 제외하고, 적어도 분배가 가능한 것들에 대해서는 모든 사람들이 충
분한 몫을 분배받을 천부의 권리를 가지고 있다는 것이 셰플러의 자연권 개
념이다. 구체적으로 말하자면, 사람은 누구나 기본 생활을 위해서 부족이 없
을 정도의 옷과 음식과 주거에 대해서 천부의 권리를 가지고 있으며, 의약과
상당한 정도의 자유에 대해서도 천부의 권리를 가졌다는 것이다.
　그런데 셰플러에 따르면, '의미 있는 삶'이 실현되기 위해서는, 로크의 자
연권 개념보다도 자기가 옹호하는 그것이 적합하다는 것이다. 왜냐하면, '의
미 있는 삶'을 어떻게 규정하든지 간에, 과히 궁색하지 않고 보람된 삶을 위
해서 요구되는 적당한 기회를 갖자면 그것이 없이는 곤란한 음식이나 의복

17　Samuel Scheffler, "Natural Rights, Equality, and the Minimal State", *Reading
　Nozick*, J. Paul ed., New Jersey, 1981, p.153 참조.

따위의 기본 생활의 필수품도 의미 있는 생활을 위해서 필요하다고 보는 것이 자유의 보장만을 강조하는 로크와 노직의 견해보다 더 합리적이라는 것이다.[18]

여기서 셰플러가 말하는 '또 하나의 자연권 개념'을 거론하는 것은 그의 자연권 개념을 두둔하기 위해서가 아니며, 누구의 자연권 개념이 타당한가를 따지기 위해서도 아니다. 이 자리에서의 필자의 의도는, 로크의 자연권 개념이 자명하지도 논증되지도 않은 개념이며 그것과는 다른 자연권 개념이 제시될 수도 있다는 사실을 밝힘으로써, '자연권'이라는 개념 자체의 성질을 탐구하고자 함에 초점이 있다. 좀 더 구체적으로 말하면, 도대체 '자연권'이라는 말이 어떤 객관적 사실을 가리키는 명사인지 또는 인간의 주관적 인생관 내지 세계관을 반영한 관념의 이름인지에 대해서 다시 생각해 보고자 하는 것이 이 자리에서의 필자의 의도다.

로크의 자연권 개념이 자명하지도 않고 논증된 것도 아니듯이, 셰플러가 내세운 자연권 개념도 자명하거나 논증된 개념이 아니다. 도대체 그토록 복잡한 내포를 가진 개념이 자명할 수는 없는 일이며, 셰플러는 자기의 개념이 로크의 그것보다 더 합리적임을 밝혀 보려고 시도하기는 했으나, 그 개념이 유일하게 옳은 자연권의 개념임을 논증했다고는 생각되지 않는다.[19] 그뿐만 아니라, 로크와도 다르고 셰플러와도 다른 세계관을 가진 사람들은 제3 또는 제4의 '자연권' 개념을 제시할 수도 있을 것이다. 이를테면 불교 철학자들과

---

18 같은 책, pp.158-160 참조.

19 헤어(R. M. Hare)가 지적하고 있듯이, 어떤 개념이 직관적으로 자명하기 위해서는 그 개념의 내포가 간단해야 한다. 그리고 '자연권'이라는 개념이 단순한 사실 개념이 아니라 가치 개념이라는 사실이 셰플러의 자연권 개념의 타당성을 논증하는 문제에 근본적인 어려움을 안겨 준다.

132 • 변혁 시대의 사회철학

슈바이처의 사상 안에 암시되어 있듯이, 세상의 모든 생명체에게 생존의 권리가 있다고 봄으로써 인간에게만 국한되지 않는 또 다른 자연권의 개념을 제시할 수도 있을 것이다.

여러 가지의 서로 다른 자연권의 개념이 제시될 수 있다는 사실을 근거로 삼고 여러 가지의 자연권 개념이 모두 허위라거나 자연권 개념들 가운데 낫고 못한 것의 구별이 전혀 없다고 결론지을 수는 없을 것이다. 그러나 여러 가지의 자연권 개념이 제시될 수 있다는 사실은, 자연권 개념에 전적으로 의존하고 있는 정치철학이 일반적으로 확고한 기초를 가졌다고 보기 어려움을 의미하며, 여러 가지의 자연권 개념 가운데서 유독 로크의 그것만이 특출한 합리성을 가졌다는 것을 밝혀 주지 못하는 한, 노직의 정치철학도 그 토대에 취약점이 있다는 것을 의미한다. 이제 다시 로크의 자연권 개념으로 되돌아가 그의 개념에 어떠한 문제점이 있는가를 구체적으로 살펴보기로 하자.

로크의 자연권 개념은, 개인의 몸과 마음은 전적으로 그 개인의 소유이며, 자연법에 저촉되지 않는 범위 안에서, 개인은 각각 자기가 원하는 바를 따라서 마음대로 행동할 수 있는 자유를 가졌다는 전제에서 출발하고 있다. 필자는 이 전제가 **전적으로** 틀렸다고는 생각하지 않으나 반론의 여지 없이 완벽하다고도 생각하지 않는다. 각 개인이 자기 자신의 몸과 마음의 주인이라는 것은 상식적 차원에서 받아들일 수 있으나, 개인의 독립성을 지나치게 강조한 나머지 개인의 사회성은 거의 고려하지 않은 점에 저 전제의 미흡함이 있다고 생각된다. 개인의 몸과 마음이 그 개인의 것이라고 일단 말할 수 있다 하더라도, 그 몸과 마음이 형성되는 과정에서 타인 또는 사회로부터 많은 것을 받고 있으며 따라서 개인들 상호간에 사회적 유대가 형성되었다는 사실을 무시해서는 안 될 것이다. 비록 사람의 몸과 마음이 일차적으로 개인의 것이라 하더라도, 그 몸과 마음의 사용으로 이루어지는 행위는 그 개인이 사회로부터 받은 것과 그 개인과 사회와의 유대를 감안하고 자제하는 바가 있어야 할 것이다. 로크의 자유 개념에도 '자연법이 허용하는 범위 안에서'라는 단서가 붙어 있기는 하나, 그가 말하는 '자연법'이 인간의 사회성에서 오는 제약을 충분히 함축하는 것으로는 보이지 않는다.

개인의 독립성과 자유를 지나치게 강조하는 로크의 인권 개념으로서는 개인이 공공 생활에 대해서 갖는 의무와 책임을 만족스럽게 설명하기가 어렵다. 우리는 3장에서 인간의 삶에 사생활의 측면과 공공 생활의 측면이 있음을 보았거니와, 로크의 인권 개념에 의존하면 개인의 사생활의 측면이 지나친 비중을 차지하는 반면에 그 공공 생활의 측면은 부당하게 경시되는 결과를 가져올 공산이 크다. 왜냐하면, 로크의 인권 개념은 타인의 권리를 침범해서는 안 된다는 점만 강조하고 개인이 사회에 참여하여 자기의 임무를 다해야 하는 적극적 의무에 대해서는 언급이 없기 때문이다.

노직이 그의 정치철학의 출발점으로 삼은 로크의 자연권의 개념에 관련하여 끝으로 한 가지 더 짚고 넘어가야 할 것은, 로크가 주장하는 원초적 취득(primitive acquisition)의 자유가 현대적 상황에서 받아야 할 제약에 대해서 충분한 고려가 있어야 한다는 사실이다. 로크는 개인이 자연의 일부에 노동을 가함으로써 그 부분의 가치를 증대했을 때 그 개인은 자기의 노동이 가해진 부분에 대한 소유권을 갖는다는 원칙을 세우고, 다만 그 경우에 같은 종류의 자연이 충분히 남아 있어서 그의 원초적 취득의 소유가 타인을 불리하게 만들지 않아야 한다는 단서(Lockean proviso)를 붙였다. 그런데 로크가 살았던 17세기와는 비교가 안 될 정도로 인구가 늘었고 과학 기술과 산업이 발달한 현대에 있어서 저 단서에 저촉되지 않는 자연은 지구에는 거의 남아 있지 않다. 따라서 로크의 단서는 이제 단순한 단서가 아니라 현실적으로는 기본 원리로서의 의미를 갖게 되었다. 바꾸어 말하면, 오늘의 상황에서는 자연 자원을 매개로 삼은 모든 원초적 취득은 전 국민에게 다소간 불이익을 가져온다고 보아야 하며, 자연 자원과 관련된 모든 원초적 취득에 대하여 모든 사람들이 다소의 권리를 주장할 수 있는 근거가 있다고 보아야 한다. 그렇다면 원초적 취득에 따르는 소유권의 분배의 문제가 대단히 복잡하게 되며, 국가가 해야 할 일은 단순한 부정의의 시정에 그치지 않고 국민총생산을 온 국민에게 분배하는 문제까지도 담당해야 한다는 결론이 불가피하게 된다.

6 장
고전적 사회주의의 역사관

6장 고전적 사회주의의 역사관

1. 로크와 노직의 반대극(反對極)

　로크의 사회철학은 개인을 자유의 주체로 보는 인간관에 입각하고 있다. 개개인은 각자가 독립된 주체이며 아무도 침범할 수 없는 절대적 권리의 소유자라는 전제가 로크의 사회철학의 출발점이다. 그리고 그 절대적 권리 가운데는 사유재산에 대한 소유권이 포함된다. 로크의 견지에서 볼 때, 개인의 육체와 정신은 그 개인의 것이며 육체노동 또는 정신노동을 통하여 획득하게 된 생산물 또는 재화도 그 개인의 것이다. 개인은 자기의 노동을 자연에 가하여 만들어 낸 생산물 또는 재화를 소유할 권리뿐 아니라 그것을 마음대로 사용하거나 양도하며 타인에게 줄 수 있는 권리까지도 가졌다고 로크는 믿었다. 이와 같은 믿음은 노직도 그대로 받아들였고, '자유민주주의'를 지지하는 사람들이 대체로 받아들이는 견해이기도 하다.

　로크와 노직의 사회철학은 매우 중요한 두 개의 기본명제를 그 바탕으로 삼고 있다. 그 기본명제의 하나는 "인간은 본래 개체적(個體的) 존재다."라는 것이요, 또 하나는 "사유재산제도는 정당한 제도다."라는 그것이다. 이 두 개의 기본명제와는 정반대의 명제들을 바탕으로 삼는 사회철학을 구상하는 것도 논리적으로 가능할 것이다. 즉, "인간은 본래 총체적(總體的) 존재다."라는 명제와 "사유재산제도는 부당한 제도다."라는 두 명제를 기본으로 삼는 사회철학을 전개하는 일도 논리적으로 가능할 것이다.

여기서 '논리적으로 가능하다'고 말하는 것은, 역사상에 실제로 나타난 사회철학설 가운데서 그 좋은 본보기라고 단정할 수 있는 적절한 실례를 제시하기에 다소의 어려움이 있기 때문이다. 헤겔(G. W. F. Hegel)이나 슈판(Spann) 같은 사람들은 인간이 총체적 존재임을 주장했음에는 틀림이 없다고 볼 수 있으나, 사유재산제도를 전적으로 배척했다고는 보기 어렵다. 마르크스(K. Marx)와 엥겔스(F. Engels) 같은 고전적 사회주의자들은 사유재산제도를 모든 악의 근원으로서 단죄했음에는 이론의 여지가 없으나, 인간의 본연의 모습을 총체적 존재로 단정했다고 볼 수 있을지에 대해서는 논란의 여지가 있을 것이다.

이 책을 저술하는 필자의 근본 동기는 사상사(思想史)에 나타난 여러 가지 유형의 사회철학을 소개하고자 함에 있지 않다. 필자의 가장 큰 관심은 우리 한국이 장차 지향해야 할 사회 발전의 방향 내지 목표의 설정을 어떻게 하는 것이 옳으냐 하는 문제로 쏠리고 있다. 이 문제로 직접 접근함이 필자에게 벅찬 과제임을 아는 까닭에, 우선 우리의 문제에 대해서 타산지석으로서의 도움을 줄 수 있는 학설 몇 가지를 고찰함으로써 접근의 징검다리로 삼자는 것이 이 자리에서의 필자의 의도다. 타산지석 내지 징검다리의 구실을 할 수 있는 학설의 하나로서 우리는 5장에서 로크와 노직이 대표하는 고전적 자유주의를 고찰하였고, 이제 그와는 정반대의 견지를 취하는 학설을 살펴보고자 하는 단계에 이르렀다. 고전적 자유주의와 정반대의 견지를 취하는 학설로서 필자는 마르크스와 엥겔스가 대표하는 고전적 사회주의를 거론하고자 하거니와, 고전적 자유주의에 대해서 정반대의 견지를 취하는 학설의 모델로서 고전적 사회주의를 과연 완벽하다고 볼 수 있느냐 하는 의문에 부딪치게 된 것이다. 필자 스스로 그러한 의문을 제기하게 된 것은, 마르크스와 엥겔스가 인간을 본래 총체적 존재로 보았다고 **단정**하기에 어려움이 있다고 생각되었기 때문이다.

마르크스가 인간을 총체적 존재로 파악했다고 단정하는 학자도 있다. 예컨대 뒤프레(Louis Dupré)는 마르크스가 "인간이 **총체적** 존재(generic being)이며, 인간의 참된 현실성은 사회 안에서 찾아야 한다고 확신했다."는 점에 있어서 헤겔을 앞지른다고 말하였다.[1] 마르크스가 인간의 참된 삶은 개인이 인륜적(人倫的) 전체에 유기적으로 통합될 때에만 가능하다고 믿었던 헤겔의 생각을 받아들였고, 또 그가 개인들이 공동체 안에서 완전히 융화되었던 것으로 추측된 '원시 공산 사회'를 긍정의 눈으로 평가했다는 일반적 해석이 빗나간 것이 아니라면, 마르크스의 인간관이 개인주의와 거리가 멀다는 견해는 일단 받아들여도 좋을 것이다.

그러나 마르크스가 인간의 **본질**을 총체적 존재로서 파악했다고 단정하기에는 어려움이 없지 않다. 『마르크스주의의 인간관(*Human Nature: The Marxian View*)』의 저자인 베나블(V. Venable)은 마르크스가 불변하는 '인간의 본질(das menschliche Wesen)' 따위를 인정한 바 없다는 것을 강조하고 있다. 즉 마르크스는 인간존재를 움직이는 경험의 세계를 통하여 파악했으며, 어떤 형이상학적 사변(思辨)에 근거하여 '보편적 인간의 본질' 따위를 생각해 내지 않았다는 것이다. 형이상학 또는 신학에 의존함이 없이 오로지 경험적 세계에 나타난 인간의 모습만을 근거로 삼는다면, 인간성이란 역사를 따라서 생성 내지 변화하는 무엇일 수밖에 없다는 결론이 불가피하게 된

---

1 Louis Dupré, *The Philosophical Foundation of Marxism*, New York, 1966, p.92 참조.

다는 것이다.[2]

　관습과 제도, 생산의 방법과 종교적 신앙 등 인간의 행위는 비록 변화한다 하더라도, 즉 경험의 세계에 나타난 인간의 모습은 변화한다 하더라도, '인간의 본질'만은 영원히 불변한다는 주장을 한다는 것은 논리적으로 가능한 일이며, 또 그러한 주장을 한 사상가들도 적지 않다. 그러나 형이상학적 사변을 즐겨하지 않았던 마르크스와 엥겔스는 실제에 있어서 이러한 논리적 가능성에 대하여 명백한 주장을 하지 않았다는 것이다.[3]

　불변하는 '인간의 본질'에 관한 상념(想念)이 한갓 환상에 불과하다는 주장을 마르크스와 엥겔스가 명백하게 말한 대목으로서 베나블은 『독일 이데올로기』 제2부에서 다음 구절을 인용하고 있다.[4]

　　사람들은 이제까지 인간 자신에 대해서, 인간은 어떠한 존재이며 어떠한 존재이어야 하느냐에 대해서, 끊임없이 거짓된 견해를 스스로 날조해 왔다. 사람들은 신(神) 또는 정상적 인간 등에 대한 자기의 생각을 따라서 인간의 관계를 이해하려고 들었다. 사람들은 자기의 두뇌가 만들어 낸 환상의 노예가 되었다. 창조자인 인간이 그들의 창조물 앞에 무릎을 꿇었다. 인간에게 굴레를 씌워서 그들을 괴롭히고 있는 괴물들로부터, 관념과 교조(敎條)와 상상적 존재로부터, 인간을 해방하라.

『포이에르바흐에 관한 명제』 가운데서 자주 인용되는 '명제 6'도 인간의

2　Vernon Venable, *Human Nature: The Marxian View*, Meridian Books, 1966, pp.9-22 참조.
3　같은 책, pp.19-20 참조.
4　같은 책, p.1 참조. 베나블은 이 인용을 그의 '머리말' 바로 뒤에 '제1부' 전체의 내용을 상징하는 구절로서 소개하고 있다.

불변하는 본질에 대한 형이상학적 독단을 비판하는 뜻을 담고 있다.

> 포이에르바흐는 종교의 본질을 인간의 본질로 바꾸어 버렸다. 그러나 인간
> 의 본질은 개인 각자에게 내재하는 추상(抽象)이 아니다. 사실에 있어서 인간
> 의 본질이란 사회적 관계들의 총체에 해당한다.

바로 이 점에 대한 인식이 부족했던 까닭에 포이에르바흐(Feuerbach)는
① 추상적이요 **외따로 존재하는** '개인'을 전제하게 되었고, ② 인간의 본질을
오직 '종족(Gattung)'으로밖에 이해할 수 없었다고, 마르크스는 같은 명제
의 뒷부분에서 말하고 있다.

위의 두 가지 인용을 통해서 우리는 마르크스가 보편적이며 변함없는 '인
간의 본질'이 선천적으로 정해져 있다는 형이상학설 내지 신학설을 용납하지
않았다는 것을 알 수가 있다. 그러나 이것만으로 마르크스가 인간을 '총체적
존재'로 보았다는 뒤프레의 견해가 **전적으로** 틀렸다고 보기는 어려울 것이다.
왜냐하면, 인간이 처음부터 총체적 존재로서의 **본질**을 가지고 있었으며 앞으
로도 영원히 그것을 가질 것이라는 형이상학설을 물리치더라도, 바람직한
인간의 모습을 총체적 사회성에 있다고 보는 견해를 취할 수는 있을 것이기
때문이다. 마치 공산주의 사회만이 본질적으로 참된 사회라는 주장을 물리
치더라도, 바람직한 사회는 공산주의 사회라는 주장을 내세울 수는 있는 것
과 같은 논리다.[5]
『포이에르바흐에 관한 명제』의 여섯 번째 명제 가운데도 인간의 총체적 측

---

5 이 경우에는 '인간의 본질'이라는 말이, 사실 개념을 가리키는 말로서 사용되지 않고 가치 개
  념을 가리키는 말로서 사용되고 있음에 주의해야 할 것이다.

면을 강조한 것으로 해석될 수 있는 말이 포함되어 있다. "인간의 본질이란 사회적 관계들의 총체다."라는 구절이 그것이고, '외따로 존재하는 개인'의 관념을 부정한 대목도 그것이다. 어쨌든 마르크스가 인간의 당연한 모습을 그 총체성에 있다고 보았다는 해석이 성립할 수 있는 여지를 전적으로 배제하기는 어려울 것이다.

한 가지 분명한 것은 마르크스를 철저한 개인주의적 인간관에 입각한 사상가로 보기는 어렵다는 사실이다. 각 개인을 침범할 수 없는 권리의 주인공이며 독립된 자유의 주체로 보고 그 권리와 자유를 지켜 주기 위하여 국가 내지 사회 조직이 필요하다고 본 로크나 노직과는 달리, 마르크스는 애당초 인간을 사회적 관계 속에 얽혀 있는 존재로 보고 그 사회적 관계가 삶에 있어서 차지하는 비중을 매우 크다고 보는 인간관에서 출발하고 있다. 마르크스의 견지에서 볼 때, 인간의 사회적 관계는 결코 부차적이거나 우연적인 것이 아니라 매우 본질적인 삶의 측면이다. 마르크스가 인간성(人間性)을 변화하는 무엇으로 본 것은 사실이나, 사회적 관계를 떠나서 살 수 없음이 인간존재의 불변하는 조건의 하나라고 본 것도 의심의 여지 없는 사실이다.

인간존재에 있어서 사회적 관계를 크게 중요시했다는 것만으로 마르크스의 사상이 인간을 총체적 존재로 본 인간관의 본보기라고 단정하기는 어려울 것이다. 그러나 마르크스가 인간을 총체적 존재로 봄에 있어서 투철하지 않았다 하더라도 그것이 우리에게 큰 문제가 되지는 않는다. 로크나 노직의 개인주의적 인간관과는 정반대의 인간관을 바탕으로 삼는 윤리학 내지 사회 사상을 구성한다는 것은 논리적으로 가능한 일이며, 역사상에 기록된 사상가나 학자들 가운데서 누가 이 반대의 극(極)에 바탕을 둔 모델에 가장 가까우냐 하는 것은 우리들을 위해서는 부차적인 문제다. 우리에게 필요한 것은 바람직한 한국의 미래상을 그림에 있어서 타산지석이 되고 징검다리의 구실을 할 수 있는 몇 가지 학설의 **모델**을 찾는 일이다.

2. 마르크스의 공산주의와 윤리학

"공산주의자들은 결코 도덕을 설교하지 않는다."고 마르크스는 『독일 이데올로기』에서 언명한 바 있다. 그는 자기의 사상 체계가 역사의 변화 과정에 관한 **사회과학**임을 강조하였다. 즉 그는 윤리학자로서 역사가 어떻게 변화하는 것이 바람직한가를 밝히는 것이 자기의 목적이 아니라 사회과학자로서 역사 변화의 필연적 과정을 기술하는 것이 자기의 목적이라고 주장하였다. 마르크스가 그의 저술에 있어서 어떤 추상적 도덕원리에 호소하기를 거부했다는 것은 널리 알려진 사실이다.

그러나 마르크스나 엥겔스의 저술 가운데 당위(當爲)의 관념이 전혀 들어 있지 않다고 단정하기는 어려울 것으로 보인다. 역사 또는 사회적 현실의 문제를 다룸에 있어서 완전한 가치중립의 태도를 취한다는 것은 매우 어려운 일이며, 본인의 의도와는 달리 어떤 가치 관념이 암암리에 잠입하는 것은 흔히 있는 일이다. 카멩카(E. Kamenka)도 지적했듯이, 마르크스와 엥겔스를 포함한 공산주의 이론가들이 자연과학자가 지진을 예언하는 것과 같은 태도로 공산주의 사회의 도래를 단순하게 예언했다고 보기는 어렵다. 마르크스와 엥겔스는 장차 실현되리라고 그들이 믿는 공산주의 사회가 자본주의 사회나 봉건사회보다 바람직한 사회라고 평가했음에 틀림이 없으며, '계급사회', '착취', '특권' 등은 없어져야 마땅한 사회현상으로서 좋지 않게 생각했음에도 틀림이 없다.[6]

---

6 예컨대, 『공산당 선언(*Manifesto*)』의 마지막 구절은 그들이 강한 당위 의식을 가지고 활동한 사상가였음을 여실히 보여주고 있다. 그 마지막 구절은 다음과 같다. "지배계급으로 하여금 공산주의 혁명 앞에 무릎을 꿇도록 하여라. 무산자들은 쇠사슬밖에는 잃을 것이 없다. 그들은 승리의 세계를 앞에 놓고 있다. 전 세계의 모든 노동자들이여, 단결하라!"

카멩카에 따르면, 세상에 알려진 마르크스의 저술 가운데서 윤리 문제에 대한 체계적인 주장을 찾아보기는 어렵다. 그러나 마르크스에게 젊은 철학도였던 시절이 있었음은 엄연한 사실이며, 경제학보다도 철학에 대한 관심이 깊었던 그의 초기 사상 가운데 휴머니스트에 가까운 윤리 의식의 단편이 담겨 있다는 것도 일반적으로 인정된 사실이다. 다만 그가 30세였던 1848년 이후의 마르크스는 당위의 문제를 떠나서 경제와 역사의 사실을 밝히고 기술하는 일에 전념하였다. 여기서 대두된 문제가 마르크스의 초기 사상과 후기 사상 사이에 연속성 내지 일관성이 있느냐 없느냐 하는 그것이었다. 이 문제에 대하여 서로 다른 견해들이 날카롭게 대립해 왔으나, 1939년과 1941년 모스크바에서 출판된 마르크스의 유고를 통하여 이 문제에 대한 해결도 실마리를 얻게 되었다고 카멩카는 말하고 있다. 새로 발간된 자료에 대한 분석을 통하여, 마르크스가 초기에 가졌던 윤리 의식을 함축한 철학은 그가 공산주의자가 되고 변증법적 유물론자가 된 뒤에도 그대로 지속되었으며, 전기와 후기 사이에 단절이나 일관성의 결여는 없다고 보는 견해가 더 강력한 뒷받침을 얻게 되었다는 것이다.[7]

　당위의 학으로서의 윤리학이 성립하기 위해서는 '의지의 자유'가 전제되어야 하고, 결정론적 세계관 내지 역사관을 받아들이는 견지에 서는 한, 윤리학적 당위를 말할 수 없다는 견해를 아직도 버리지 않는 학자들이 있고, 일반 상식인들에게는 이 견해가 너무나 당연한 것으로 받아들여지는 경향이 있다. 만약 결정론의 토대 위에서는 어떠한 윤리설도 설 자리가 없다는 생각이 옳다면, 윤리적 당위 의식을 함축했던 마르크스의 초기 사상과 결정론적 필연성을 강조한 그의 후기의 유물사관 사이에 논리적 일관성을 찾아보기가

　7　Eugene Kamenka, *Marxism and Ethics*, London: Macmillan, 1969, pp.6-8 참조.

어려울 수밖에 없다는 결론이 불가피하게 될 것이다.

그러나 널리 알려진 바와 같이, 스피노자는 결정론적 세계관을 바탕으로 삼고 훌륭한 윤리학의 체계를 세우는 선례를 남겼다. 스피노자가 결정론의 바탕 위에서 윤리학의 체계를 세울 수 있었던 것은 '자유'를 '필연'의 모순 개념으로 보지 않고 오히려 '필연'의 인식을 '자유'의 필요조건으로 보는 그의 자유 개념 때문이었거니와, 인식된 필연 속에서 인간의 자유를 발견한 스피노자적 자유 개념은 헤겔의 경우에도 수용되었고, 또 이 점에 있어서는 마르크스와 엥겔스도 헤겔의 생각을 계승했다고 볼 수 있을 것이다.

여기서 우리는 인간의 의지가 인과의 법칙을 따라서 필연적으로 결정되느냐, 또는 우연이 개입할 여지가 있느냐 하는 해묵은 문제와 대결할 필요는 없다. 지금 우리에게 필요한 것은, 설령 의지가 인과의 법칙을 따라서 필연적으로 결정된다는 심리설 내지 형이상학설을 받아들인다 하더라도, 윤리적 당위의 주장이 논리적 모순에 빠지거나 무의미하게 되지 않는다는 점을 밝히는 일이다. 유물사관(唯物史觀)이라는 결정론적 역사관을 주장한 마르크스나 엥겔스가 인간 또는 사회에 대해서 어떤 윤리적 평가의 태도를 취한다 하더라도 그것으로 논리적 모순을 범하게 되지 않을 뿐 아니라, 오히려 그러한 태도를 취하지 않을 수 없는 것이 마르크스와 엥겔스를 포함한 모든 인간의 존재 양식임을 밝히는 것만으로도 이 자리에서의 우리들을 위해서는 충분할 것이다.

자기의 삶에 대해서 유리하거나 또는 불리한 조건으로서 의식되는 사물 또는 현상에 대해서 어떤 평가적 태도를 취하는 것은 인간이 존재하는 양식의 보편적인 모습의 하나다. 쉽게 말해서, 인간은 살아 있는 동안 끊임없이 가치판단을 내리기 마련이다. 이 가치판단의 대상이 되는 것은 인간일 수도 있고 인간 이외의 사물일 수도 있다. 인간의 의지가 관여한 것으로 생각되는 행위 또는 인품을 대상으로 삼고 내려진 가치판단을 흔히 '도덕 판단' 또는 '윤리 판단'이라고 부르거니와, '도덕 판단' 또는 '윤리 판단'이 의미 있는 것이 되기 위해서는 '의지의 자유'가 전제되어야 한다는 것이 일부 윤리학자와 대부분의 상식인들의 생각이다.

"도덕 판단 내지 윤리 판단이 의미 있는 것이 되기 위해서 과연 '의지의 자유'가 전제되어야 하는가?" 하는 문제는 '의미 있다'는 말을 어떻게 이해하며 '의지의 자유'를 어떻게 규정하느냐에 따라서 대답이 달라질 문제다. 그러나 이 문제와 씨름을 하는 것은 이 자리에서 우리에게 꼭 필요한 일은 아니다. 우리에게 중요한 것은 스피노자나 마르크스와 같이 결정론적 세계관을 가진 사람들도 인간의 행위 또는 사회의 제도에 대해서 가치판단을 내리기 마련이라는 사실이다. '비결정(非決定)'이라는 뜻으로 의지에 '자유'가 있다는 것을 믿지 않는 사람도 도덕 판단 내지 윤리 판단을 완전히 보류할 수는 없는 일이며, 그러한 사람들이 내린 도덕 판단 내지 윤리 판단에 어떠한 의미가 있느냐 하는 것은 이 자리에서 우리에게 별로 중요하지 않다. 중요한 것은 역사에 나타나는 모든 일이 필연의 법칙을 따라서 결정된다 하더라도 인간의 평가적 태도는 없어질 수 없다는 사실이다.

인간의 의지와 행위를 포함한 모든 현상이 인과율 또는 그 밖의 어떤 법칙의 지배를 받는다면, 어떤 체계나 제도를 비난하는 행위 또는 바람직한 사회를 앞당겨 실현하도록 노력하고 투쟁해야 한다고 외치는 행위도 그 법칙을 따라서 필연적으로 일어난다고 보아야 할 것이다. 이를테면, 마르크스가 예언했듯이, 앞으로 계급이 없고 착취도 없는 사회가 필연적으로 도래한다는 것이 틀림없다 하더라도, 그 예언이 실현되도록 노력하자고 주장하거나 그 주장을 실천에 옮기는 것이 이상하거나 무의미하다고 보아야 할 이유는 없다. 왜냐하면 그러한 당위의 주장과 노력도 필연의 법칙을 따라서 불가피하게 생길 따름이며, 그 주장과 노력 자체도 계급 없는 사회를 실현하는 데 반드시 있어야 할 필요한 요소로서 미리부터 예정된 것의 나타남일 뿐이기 때문이다.

스피노자나 헤겔의 경우와 마찬가지로, 마르크스와 엥겔스의 경우에도 자유는 필연의 법칙에 대한 인식 안에서 성립한다. 엥겔스는 그의 『반(反) 뒤링』 안의 널리 알려진 구절에서 다음과 같이 말하고 있다.

> 자유란 자연법칙으로부터의 독립이라는 잠꼬대 속에서 성립하는 것이 아니라, 자연법칙에 대한 인식 안에서 성립한다. 다시 말하면, 자연법칙에 대한 인식이 이 법칙으로 하여금 결정된 목적을 향하여 체계적으로 작용하도록 도와주는 가능성을 통하여 자유는 실현된다. … 그러므로 '의지의 자유'란, 문제에 대한 참된 인식을 가지고 결심하는 능력 이외의 다른 아무것도 아니다.[8]

요컨대, 마르크스와 엥겔스는 '자유'를 '필연'의 모순 개념으로 보지 않고 필연에 대한 인식 내지 자각을 통하여 자유의 지평이 열린다고 본 것이다. 따라서 마르크스와 엥겔스에게 '자유냐, 필연이냐' 하는 양자택일의 문제는 생기지 않으며, "역사의 변천을 필연적 변화의 과정으로 본 이상 윤리적 당위의 주장은 할 수 없다."는 논리도 성립하지 않는다.

필연의 과정 그 자체 안에서 자유의 지평이 열린다고 보는 마르크스와 엥겔스에게는 '사실(Sein)'의 세계와 '가치(Sollen)'의 세계를 근본적으로 다른 두 영역으로 간주하는 이원론도 용납되지 않는다. 그들의 견지에서 볼 때, 오늘의 역사적 현실은 내일의 역사적 현실이 어떠한 모습으로 나타날 것인

---

8 F. Engels, *Herr Eugen Dührings Umwälzung der Wissenschaft*, XI. Lewis S. Feuer ed., *Marx and Engels: Basic Writings on Politics and Philosophy*, Anchor Books, 1959, p.279에서 인용.

가를 결정하며, 장차 나타나기로 예정된 그 세계는 마땅히 실현되어야 할 당위의 세계이기도 하다. 다만, 그 예정된 내일의 세계가 실현되는 과정에는 무수한 사람들의 실천이 참여하기 마련이며, 모든 사람들의 실천은 필연의 법칙을 따라서 수행되는 것이나, 실천하는 사람들의 주관(主觀)에는 '자유' 또는 '당위'의 의식이 수반할 경우가 허다하다.

'있는' 세계와 '있어야 할' 세계가 불가분의 관계를 가지고 연결되었다고 보는 마르크스와 엥겔스의 견지에 설 때, 참된 인식에는 실천이 따르지 않을 수 없다. 역사에 대한 참된 인식은 단순히 과거에 있었던 사건들에 대한 피상적 복사(複寫)를 의미하는 것이 아니라 앞으로 있어야 할 세계가 무엇인가를 내다보는 예견(豫見)까지도 포함한다. 그리고 인식의 주체는 인식의 대상인 역사 밖에 떨어져 있는 독립된 존재가 아니라 그 역사를 구성하는 요소들의 일부인 까닭에, 역사의 앞날에 대한 참된 인식을 통하여 역사가 가는 길에 동참하지 않을 수 없다고 보는 것이 그들의 견해라고 생각된다. 만약 이러한 해석이 빗나간 것이 아니라면, 마르크스와 엥겔스가 가치 언어를 사용하여 윤리적 당위의 주장을 하지 않았다 하더라도, 그들의 '사회과학'설 가운데 이미 윤리적 당위의 주장이 함축되었다고 보아야 옳을 것이다.

마르크스와 엥겔스가 규범적 발언을 전혀 안 한 것은 물론 아니다. 『공산당 선언』의 마지막 구절이 "모든 나라의 노동자들이여, 단결하라!"는 명령의 발언으로 마무리되고 있다는 것은 널리 알려진 사실이다. 그들이 1850년 봄에 작성한 「공산주의자 동맹에 보내는 중앙위원회의 제언」의 마지막 구절도 역시 강력한 규범의 언어를 포함하고 있다.

기나긴 혁명의 길을 끝까지 완주하기 전에는 독일의 노동자들이 득세하여 그들 자신의 이익을 쟁취할 수는 비록 없다 하더라도, 그들은 적어도 이 혁명운동으로 접근하는 첫째 활동이 프랑스 노동계급의 승리와 직결되며 이 승리가 그들에게도 큰 힘이 된다는 것을 분명히 알고 있다.

　그러나 독일의 노동자들은 그들의 계급적 이익이 무엇인가를 명백하게 인식하고, 하루라도 빨리 독립된 당(黨)으로서의 지위를 확보함으로써, 그리고 민주주의를 내세우는 소시민들의 위선적 감언이설에 잠시라도 현혹되어 프롤레타리아 계급의 독립된 조직에서 뒷걸음치는 일이 없도록 명심함으로써, 최후의 승리를 위하여 **최선을 다해야 할 것이다.** 그들의 표어는 마땅히 '영속적 혁명 운동', 이 한마디가 **아닐 수 없다.**[9]

　위의 인용은, 『공산당 선언』의 마지막 구절과 함께, 마르크스와 엥겔스의 본뜻이 미래 사회에 대한 단순한 예언에 있는 것이 아니라 실천을 통한 사회 혁신에 있었음을 명백하게 입증한다. 『자본론』을 비롯해서 '사회과학'임이 강조되고 있는 그들의 많은 저술 가운데는 규범적 당위의 언어가 겉으로는 드러나 있지 않다 하더라도, 그들의 모든 저술 밑바닥에는 노동자들의 단결과 투쟁을 격려하고 기대하는 실천의 동기가 숨어서 깔려 있다고 보아야 할 것이다. 그들이 전통적 윤리를 부정적 시각에서 혹평하였고, 그들 자신이 윤리설을 체계적으로 표명하지는 않았다 하더라도, 그들에게도 그들 나름의 윤리관이 있었음은 의심의 여지가 없다.

3. 인간다운 삶: 자유로운 사회

　경제생활의 기본 구조가 역사를 움직이는 원동력이라고 주장하여 '유물론

9　R. C. Tucker ed., *The Marx - Engels Reader*, Princeton University Press, 1978, pp.510~511 참조.

쟈'로 불리는 마르크스의 가장 큰 관심사는, 물질생활의 보장이 아니라 자유였다고 보는 것이, 그를 연구한 여러 전문가들의 일반적 의견이다.[10] 마르크스가 문필가로서의 활발한 활동을 시작한 것은 『라인 신문(*Rheinische Zeitung*)』의 기자 내지 편집인이 되면서부터였고, 당시의 프러시아 정부는 이 신문에 대해서 심한 검열로써 간섭을 자행하였다. 마르크스는 정부의 간섭에 맞서서 언론의 자유를 외치다가 편집인의 자리에서 밀려나게 되거니와, 다음의 인용은 『라인 신문』에 실렸던 마르크스의 논설의 한 구절이다.

> 검열을 받은 신문은 비록 그 결과로서 좋은 작품이 생겼다 하더라도 나쁜 신문이다. … 자유로운 신문은 비록 그 결과로서 생긴 작품이 시원치 않다 하더라도 역시 좋은 신문이다. … 내시(內侍)는 설령 그가 좋은 목소리를 가졌다 하더라도 불구임에 틀림이 없으며, 자연은 비록 낙태를 일으킨다 하더라도 역시 좋을 것이다.[11]

이것은 언론의 자유를 역설한 것이지만, 마르크스는 언론에 있어서만 자유가 소중하다고 본 것이 아니라, 삶의 모든 분야에 있어서 그것이 사람다운 삶을 위한 기본이라고 믿는 것으로 보인다. 그리고 젊은 철학도 시절에 품었던 자유에 대한 이 믿음은 마르크스가 성숙한 뒤에도 변함없이 그의 사상의 바탕에 깔려 있었다고 보는 것이 옳을 듯하다.

---

10 특히 카멩카는 그의 *The Ethical Foundations of Marxism* 첫머리에서 이 점을 강조하고 있다. 공산주의의 이상은 참된 자유의 사회를 건설함에 있다는 것을 밝혀 주는 마르크스 자신의 언어는 그의 『경제–철학 수고』 끝머리에서 찾아볼 수 있을 것이다.
11 Eugene Kamenka, *The Ethical Foundations of Marxism*, London, 1972, p.27에 인용된 것을 우리말로 옮겨서 재인용.

마르크스는 1843년에 엥겔스에게 보낸 편지에서 "인간의 자존심과 자유를 다시 한 번 사람들의 마음속에 일깨워야 하오. 이 감정만이 … 인간 최고의 목적인 민주(民主)의 나라를 위하여 일할 수 있는 협동심을 또다시 일으킬 수 있소."라고 쓴 일이 있다.[12] 그리고 그 뒤로 사반세기가 지난 1867년에 그의 딸이 한 장의 질문서를 통하여 '죄악'이 무엇이냐고 물었을 때, 그는 '노예근성'을 가장 미워한다고 대답하였다.[13]

마르크스가 그토록 중요시한 '자유'가 만약 '타인을 해치지 않는 짓이라면 무엇이든지 할 수 있는 권리', 즉 고립된 개인이 타인 또는 정부의 간섭을 거부하는 자유를 의미했다면, 마르크스의 사상은 로크나 노직의 그것과 크게 다르지 않은 방향으로 형성되었을 것이다. 그러나 마르크스가 옹호한 자유는 '우리'보다도 '나'를 앞세우는 개인주의자들의 자유는 아니다. 사람들 사이의 **유대** 내지 **관계**를 가볍게 여기는 개인주의적 자유를 마르크스는 옹호하지 않았을 뿐 아니라 적극적으로 비난하였다. 그는 개인주의자들이 금지옥엽으로 여기는 이른바 '**인권**(人權)'의 개념을 부정적 시각에서 보았거니와, 그 '인권'의 첫째 항목으로 꼽히는 개인주의적 '자유'도 따라서 배척되어야 마땅한 개념이었다. 그가 1843년에 발표한 논문 「유대인 문제에 관하여」 가운데 우리는 다음과 같은 구절을 발견한다.[14]

우리가 첫째로 주목해야 할 점은, 이른바 **인권**이라는 것은 … 단순히 **시민사회의 성원**의 권리, 즉 타인과 분리되고 공동체로부터 분리된 이기적 인간의

---

12 같은 책, p.30에서 다시 인용.
13 이 이야기는 E. H. Carr의 *Karl Marx: A Study in Fanaticism*, p.7에 실려 있다.
14 R. C. Tucker의 *The Marx-Engels Reader*에 영역으로 실린 "On the Jewish Question"(pp.26-52) 중에서 pp.42-43을 우리말로 옮김.

권리를 의미할 뿐이라는 사실이다. … 1793년에 선포된 「인권 및 시민권 선언」은 그 권리의 내용으로서 **평등**과 **자유** 그리고 **안전**과 **재산**을 열거하였다.

그러므로 '자유'란 타인을 해치지 않는 짓이라면 무엇이나 할 수 있는 권리를 말한다. 그것은 고립된 원자(monad)로서의 인간, 자기 자신의 껍데기 속에 들어박힌 인간의 자유다.

이른바 인간의 권리란 이기적 인간, … 즉 공동체로부터 유리된 인간, 자신의 껍데기 속에 들어박혀서 사사로운 이익만을 생각하며 사사로운 기분을 따라 행동하는 인간의 테두리를 벗어나지 못한다. '인권'의 관념 속에서는 인간이 종적 존재(species-being)라는 사실이 망각되고 있다.

이제 겨우 자신을 해방시키기 시작한 민족이, 인민이 여러 파벌 사이의 칸막이를 헐어 버리고 하나의 정치적 공동체를 수립하기 시작한 민족이, 동족과 공동체로부터 떨어져 나간 이기적 인간의 권리를 엄숙하게 선포한다는 것은(1791년의 선언) 도저히 이해할 수 없는 일이다. 그리고 오직 영웅적 희생만이 민족을 구할 수 있고 … 이기주의는 죄악으로서 벌 받아야 마땅한 이 시점에서, 저 선포를 다시 강조한다는 것은(1793년의 인권 선언) 도무지 이해하기 어려운 일이다.

여기에 비교적 긴 인용을 한 것은, 마르크스가 삶의 가장 높은 가치로서 숭상한 '자유'는 개인주의자들이 강조하는 '인권'의 주요 항목으로서의 자유와 다르다는 것과, 마르크스가 인간의 바람직한 모습 또는 본연의 모습을 하나하나 떨어진 개인들에서 찾지 않고 유대와 관계 속에 융화된 집단에서 찾는다는 것을, 이 인용을 통하여 확인할 수 있기 때문이다. 이 두 가지 생각은 마르크스 사상의 출발점일 뿐 아니라 그의 사상 전체를 떠받들고 있는 기반이기도 하다고 보아야 할 것이다.

마르크스의 자유는 스피노자의 그것에 가깝고 헤겔의 그것에 가깝다. 즉 인간 자신의 법칙을 따라서 행위할 때, 다시 말해서 인간의 이성이 유감없이 발휘될 때, 자유가 실현된다고 마르크스는 믿었다.[15] 이와 같은 그의 믿음은 우주의 이법(理法, logos)을 법의 근원으로 보는 자연법(自然法) 사상에 근거하는 것으로 보인다. 대학에서 법학 공부부터 시작한 마르크스는 일찍이 법이라는 것은 입법기관이 자의로 만들 수 있는 것이 아니라 자연 안에 이미 주어져 있다는 학설을 받아들였다. 그는 『라인 신문』에 발표한 「프러시아의 새 이혼 법안」을 비판한 논설에서 다음과 같이 말하고 있다.

> 입법가는 자신을 과학자라고 생각한다. 입법가는 법을 **만들거나 창조하는** 것이 아니라, 오직 그것을 말로 표현할 따름이다. 입법가는 정신적 관계 속에 내재(內在)하는 법을 겉으로 나타난 실정법으로서 선포할 뿐이다.[16]

자연 속에 이미 내재해 있는 법이 참된 법이며, 이 참된 법을 따르는 것이 마르크스가 그토록 소중히 여기는 '자유'다. 그리고 인간 속에 내재하는 참된 법은 바로 이성에 해당하니, 보편적 이성의 법칙을 따르는 행위를 통하여 자유가 실현된다. 인간을 자연의 일부로 본 마르크스의 견지에서 볼 때 자연법과 이성은 본질에 있어서 같은 것일 수밖에 없었고, 인간의 행위를 포함한

---

15 이성의 유감없는 발휘를 최고의 선(善)으로 보는 사상은 이미 그리스의 고전 철학에서 그 연원을 찾아볼 수 있다.

16 Loyd D. Easton, Kurt H. Guddat eds., *Writtings of the Young Marx on Philosophy and Society*, New York: Anchor Books, 1967, p.140.

모든 현상이 필연의 법칙을 따라서 결정된다고 보는 마르크스의 자유는 이성적 존재의 자기 본질에 대한 충실일 수밖에 없었을 것이다.

인간을 위해서 바람직한 삶 또는 올바른 삶은 사람답게 사는 것일 수밖에 없다. 그리고 마르크스의 견지에서 볼 때, 사람다운 삶이란 '자유로운 삶' 즉 이성 내지 우주의 이법을 따르는 삶이다. 그런데 인간이란 본래 한 사람 한 사람 떨어져서 존재하는 것이 아니라 여러 사람들이 하나의 종족(Gattung)을 이루고 연결되어 있다. 사람들끼리 연결되어 있을 뿐 아니라 인간은 다시 자연에 연결되어 전체가 하나의 연관성 속에서 움직인다. 따라서 한 개인만이 이성을 따르는 자유의 삶을 실현하기는 어려운 일이며, 사회 전체를 비이성적 상태로부터 해방시킴으로써 자유로운 사회, 인간다운 사회를 건설하는 것만이 사람다운 삶을 실현할 수 있는 유일한 길이다. 마르크스가 개인주의적 '인권'의 사상을 물리친 것도 이러한 맥락에서 이해할 수 있을 것이며, 그가 불합리한 사회현상을 부분적으로 하나하나 고쳐 나가기를 주장하는 대증요법(對症療法) 식의 개량주의에 반대한 것도 같은 맥락에서 이해할 수 있을 것이다. 마르크스에게 절실하고 중요한 실천의 문제는, "개인이 어떻게 행위해야 하는가?" 또는 "나는 어떠한 사람이 되어야 하는가?" 하는 물음이 아니라, "사회가 어떻게 되어야 하는가?" 또는 "우리는 어떠한 사회를 만들어야 하는가?" 하는 물음이었다.

마르크스가 본 올바른 사회는 이성적 사회일 수밖에 없었다. 그리고 그는 사람들이 하나의 '우리'로서 융화된 공동사회를 이성적인 사회, 즉 참으로 사람다운 사람들이 사는 인간 사회라고 믿은 것으로 보인다. 올바른 사회로 가는 길을 방해하는 가장 큰 적은 사람들의 사이를 갈라놓는 개인적 이기심이며, 이 개인적 이기심의 산물이 사유재산이요 특권이며 계급이라고 마르크스는 믿었다. 그의 초기 저술 가운데 보이는 다음 구절은 이러한 해석을 뒷받침한다.

대체로 말해서, '재산'의 의의는 **차이**와 **분리**를 개인의 실존적 내용인 것처럼 치부함에 있다. 재산제도로 인하여, 개인은 사회의 한 성원이 되고 한 일꾼이 되는 대신 사회로부터의 **예외자**로서 제멋대로 생활하고 활동할 수 있는 특권 소유자가 된다. … **재산제도**는 사회의 **분리**를 지배의 원리로 삼고 생긴 것일 뿐 아니라, 그것은 인간을 그의 보편적 존재로부터 분리한다. 재산은 인간을 동물로 만든다.[17]

여기서 우리는 마르크스가 또다시 인간의 총체성(總體性)을 강조하는 말과 만나게 되었다. 인간은 본래 개인적 존재가 아니라 '보편적 존재'라는 것이다. 개인은 긴밀한 유대로써 연결된 총체인 사회의 성원으로서 존재하는 것이며, 각각 떨어진 독립자(獨立者)로서 존재하는 것이 아니라고 본 것이다. 개인들은 각각 사회 안에서 해야 할 기능을 가지고 있으며, 각자에게 맡겨진 기능을 차질 없이 수행할 때, 사회는 조화를 얻을 것이고 거기에 사람다운 삶이 실현될 것이라고 마르크스는 믿은 것으로 보인다. 이와 같은 믿음의 견지에서 볼 때, 개인들이 각자의 이익에 집착함으로써 갈등을 일으키는 것은 인간 본연의 모습이 아니며, 사유재산은 개인적 이기심을 조장하는 사악한 제도다.

인간을 보편적 존재로서 존재할 수 있도록 만들어 주는 것은 인간성의 보편적 바탕을 이루는 '이성'이 아닐 수 없다. 사람들의 차이를 부각시키고 사람들을 서로 떼어 놓는 감정이나 욕심과는 달리, 사람들의 마음의 보편적 바탕을 이루는 이성은 인간의 융화와 사회의 조화를 가져오는 화합의 원동력

---

17 Eugene Kamenka, *The Ethical Foundations of Marxism*, p.39에 인용된 것을 다시 옮김.

이다. 대립을 막고 갈등을 해소하여 사회의 질서를 유지하기 위해서 국가의 권력과 같은 외부의 힘이 타율적으로 작용할 필요가 생기는 것은, 이성이 그 본연의 소임을 다하지 않을 경우다. 개인 모두가 이성을 따르는 자유인으로 행위할 때, 이성은 본래 보편성의 원리인 까닭에 사회는 자연히 융화와 조화를 얻게 될 것이다. 이성을 따르는 사회는 사람들이 자유를 누리는 삶의 현장이며, 사람다운 삶이 실현되는 인간 본연의 공동체다. 이와 같은 논리에 의거하여, 마르크스는 사람다운 삶의 사회를 이성이 지배하는 사회로 보았고, 그것이 곧 자유의 사회라고 보았던 것으로 생각된다.

마르크스는 인간이 보편적 존재임을 강조하고 인간 사회의 연대성(連帶性)과 총체성을 중요시하였으나, 개인의 희생을 요구하는 전체주의나 강력한 통치를 위한 전제주의(專制主義)는 그의 본래 의도와는 거리가 멀다. 그가 후일에 노동자 계급의 일시적 독재를 주장했고 그의 사상을 실천에 옮긴 나라들 가운데 전체주의를 연상케 하는 심한 독재를 감행한 사례가 적지 않으나, 젊은 시절에 그가 그렸던 인간다운 사회의 그림은 강제 없는 자유의 그 것이었고, 그의 후기 사상에 있어서도 궁극의 목표는 같은 그림의 실현에 있었다고 보아야 옳을 것이다. 그러한 자유 사회의 실현이 가능하리라고 그가 믿은 것은 인간 정신의 본바탕을 이성으로 본 그의 인간관에 연유한다고 생각된다. 이성은 이기심을 초월한 보편적 존재의 정신이며, 모든 사람들이 항상 이성적으로 행위하는 자유가 실현되기만 한다면, 마르크스가 그토록 미워한 억압과 착취에서 벗어난 사회의 실현도 가능하다는 논리가 성립할 수 있을 것이다.

'이성'을 원리로 삼고 갈등이 없는 사회를 실현할 수 있다고 본 마르크스의 인간관 내지 사회관이 확고한 이론적 뒷받침을 얻기 위해서는 아직도 더욱 많은 문제들이 밝혀졌어야 했다. 인간을 보편적 존재이게 하는 원리로서 제시된 이성(Vernunft)의 성질이 명확한 근거 위에서 더 상세하게 밝혀져야 했고, 분리와 갈등의 근원으로 알려진 감정 내지 욕구와 이성의 관계도 좀 더 명맥하게 밝혀질 필요가 있었다. 생물학적 욕구와 원초적 감정 가운데는 모든 사람들에게 공통적인 것도 있다. 그것들은 인간성에 있어서 공통적인 까닭에 도리어 생존경쟁의 원인이 되고 분리와 갈등의 근원이 되기도 한다. 프로이트가 대표하는 정신분석학자들에 따르면, 인간의 마음에 있어서 더 큰 비중을 차지하는 것은 '이성'으로 불리는 합리적 사고의 능력이 아니라 식욕과 성욕을 위시한 원초적 욕구와 감정이라고 보는 편이 경험적 사실에 가깝다. 이와 같은 여러 가지 실정을 감안할 때, 인성론(人性論)에 바탕을 둔 마르크스의 사회철학이 규명해야 할 문제는 많이 남아 있었다.

이성을 인간의 선천적이며 보편적인 본질(Wesen)이라고 주장하는 형이상학설을 받아들이고, 아리스토텔레스를 따라서 이성의 완전한 발휘가 인간의 최고선이라고 보는 목적론적 윤리설까지 끌어들였다면 마르크스의 문제는 그런대로 일단락을 지을 수 있었을 것이다. 그러나 독단이 함축된 형이상학설을 전제로 삼는 것은 마르크스가 선택한 방법론의 길이 아니었다. 적어도 성숙한 시기 이후의 그는 확실한 **사실**을 근거로 **이론**을 추구하는 것이 방법론적으로 타당한 순서라고 믿었으며, 추상적 이론을 전제로 삼고 구체적 사실을 이끌어 내는 연역의 길을 거부하였다. 앞에서 언급한 『포이에르바흐에 관한 명제』의 여섯 번째 명제의 뒷부분과 『독일 이데올로기』의 제2부에 보이는 여러 대목을 통하여, 우리는 마르크스가 형이상학적 방법에 대해서 비판적이었음을 확인할 수가 있다.

이성의 본질이 무엇이며 왜 우리는 이성을 따라서 행위해야 하는지를 밝힘으로써 윤리학설을 체계적으로 정리하는 일에 마르크스는 힘을 기울이지 않았다. 대학교수가 되기를 원했던 젊은 마르크스의 희망은 달성되지 않았고, 20대 중반부터 정치적 박해를 받아 가며 어려운 삶을 살아야 했던 그는, 철학적 이론을 연구하는 일보다도, 혁명의 이론과 실천을 추구하는 길로 뛰어들었던 것이다. 그는 우리가 어떠한 사회를 건설해야 할 것인가를 윤리학적으로 밝히는 일 대신에, 앞으로 어떠한 시대가 올 것인가를 역사적 필연의 법칙을 통하여 밝힘으로써 인간이 가야 할 길을 간접적으로 제시하는 편을 택하였다.

4. 근대 시민사회에 대한 비판

마르크스는 인간을 고립된 개인들의 집합으로 보기보다는 상호간의 유대와 관계를 통하여 연결된 총체로서 파악했을 뿐 아니라, 인간과 자연 사이에도 본질적인 상호 의존의 관계가 있음을 중요시하였다. 이러한 인간관 내지 세계관의 관점에서 볼 때, 참으로 바람직한 삶은 '나'와 전체의 융화 내지 조화 속에서 실현되어야 할 무엇이며, 배타적 개인주의나 이기주의는 마땅히 극복되어야 할 삶의 자세가 아닐 수 없다. 그러나 근대의 발달한 시민사회(civil society)나 그 연장선상에 출현한 근대국가는 배타적 개인주의 내지 이기주의가 지배하는 문제의 현실이라고 마르크스는 비판하였다.

마르크스가 1843년에 집필하여 『독불 연감(*Deutsche-Franzosische Jahrbücher*)』에 실린 「유대인 문제에 관하여」를 통하여, 그가 일찍부터 근대의 시민사회를 비판의 시각에서 바라보았음을 우리는 알 수 있다. 이 논문은 유대인에게서 발견되는 문제는 곧 기독교 사회가 안고 있는 문제이며, 기독교 사회의 문제는 근대사회 일반의 문제라는 함축을 가지고 전개되고 있다. 그리고 유대인이 보여주는 문제의 핵심은 그들이 돈과 이기심의 노예라는 점에 있다고 마르크스는 판단하였다.

유대인의 비밀을 그들의 종교에서 찾으려 들 것이 아니라, 유대교의 비밀을 유대인의 현실에서 찾아야 한다. 유대교의 세속성의 바탕은 무엇인가? **현**

실적 욕구, 즉 **이기심**이다. 유대인의 세속적 숭배의 대상은 무엇인가? **장사**다. 유대인의 세속적 신은 무엇인가? **돈**이다.[18]

돈은 이스라엘의 시기심 강한 신이며, 그 곁에는 다른 어떤 신도 존재할 수가 없다. 돈은 인류의 모든 신들을 격하시키며, 그것들을 상품으로 전락시킨다. 돈은 만물의 보편적이며 완벽한 **가치**이며, 따라서 인간과 자연을 포함한 모든 사물의 참된 가치를 박탈하였다. 돈은 인간의 노동과 존재의 소외된 본질이며, 이 소외된 본질은 인간을 압도하고 인간은 이 본질 앞에 무릎을 꿇는다.[19]

돈은 유대인에 의해서만 신인 것이 아니라 세계 전체의 신이 되고 말았다. "유대주의는 시민사회의 완성과 더불어 그 절정에 달했고, 시민사회는 기독교 세계 안에서 완성에 도달하였다." 그리고 완성된 시민사회에서 인간의 모든 종적 유대(紐帶)는 갈기갈기 끊어지고, 이기주의와 사적 욕심이 난무하는 가운데 인간 세계는 원자적 개인들의 세계로 분해되고 말았다. 결국 유대인의 정신이 전 세계로 확산되어 현대사회는 인간의 소외와 비인간화의 절정에 도달했다는 것이다.[20]

돈이 온 세계를 지배하는 신의 위치로까지 올라가게 된 것은 산업혁명을 계기로 자본주의 사회가 출현한 뒤의 일이다. 자본주의의 경제체제가 돈을 신의 자리로 밀어 올린 것이다. 따라서 근대 시민사회에 대한 마르크스의 비

---

18 K. Marx, "On the Jewish Question", R. C. Tucker ed., *The Marx-Engels Reader*, p.48.
19 같은 책, p.50.
20 같은 책, p.51 참조.

판은 자본주의 경제체제에 대한 비판을 의미한다. 자본주의 경제체제를 일관하고 있는 가장 기본적인 특성은 '모순'이다. 그 모순을 마르크스는 다음과 같이 서술하였다.

> 노동자가 더 많은 재산을 생산하면 할수록 그는 더욱 가난해지고, 그가 생산한 재산의 힘과 영향은 점점 커진다. 노동자가 상품을 많이 생산할수록 노동자 자신은 더욱 값싼 상품으로 전락한다. 물질의 세계의 가치가 올라갈수록 이에 비례해서 인간의 세계의 값은 떨어진다. 노동은 상품을 생산할 뿐 아니라, 노동과 노동자 자신까지도 상품으로 전환한다. 상품을 전반적으로 생산함에 따라서 그와 같은 전환이 가속화된다.[21]

노동자가 많은 재산을 만들수록 그 자신은 가난해지고, 노동자의 생산성이 높아질수록 노동자 자신의 값이 떨어지는 것이 사실이라면, 이것은 분명히 **모순**이 아닐 수 없다. 그러한 모순이 마르크스가 말한 그대로 일어났는지, 또는 오늘도 같은 모순이 되풀이되고 있는지, 그러한 문제는 이 자리에서는 일단 덮어 두기로 한다. 여기서는 마르크스가 어떠한 주장을 했는가를 살펴보는 것만으로 족할 것이다. 어쨌든 마르크스는 노동자가 일을 많이 할수록 자기는 가난해지고, 물질의 세계가 풍부해짐에 따라서 인간의 가치는 떨어지는 현상이 자본주의 체제 아래서 일어나고 있으며 그것도 필연적으로 일어날 수밖에 없다고 믿었던 것으로 보인다.

노동자가 많은 생산에 종사함으로써 도리어 가난해지고 물질의 세계가 풍

---

21 『1844년 경제 철학 수고』 안의 유명한 구절로 R. C. Tucker ed., *The Marx-Engels Reader*, p.71에 수록되어 있다.

부해짐을 따라서 인간의 가치가 떨어진다는 사실은 그것이 단순한 모순이라는 것 이상의 중대한 의미를 가졌다. 저 사실은 "노동이 생산하는 대상, 즉 노동의 생산품이 노동에 대하여 **낯선 무엇**으로서 맞선다는 것, 생산자로부터 **독립된 힘**으로서 대항한다는 것을 나타내기" 때문이다. 노동의 생산품은 '물질로 화한 노동'이며 '노동의 객체화(客體化)'이다. "오늘의 경제학이 다루는 조건 아래서는 노동의 실현은 노동자에게 **현실성의 상실**로서 나타난다. 그것은 **대상의 상실**과 **대상의 멍에**로서의 객체화다. 그것은 **소원**(疏遠)으로서의 소유요, **소외**(疏外)로서의 소유다."[22] 옛날 사람들이 스스로 만들어 낸 종교적 우상 앞에 무릎을 꿇고 그 노예가 되었듯이, 오늘의 노동자들은 자기가 만든 생산품의 노예가 되었다는 것이다.

생산품에 의해서 소외를 당하고 지배를 당하는 것은 노동자만의 운명이 아니다. 노동자를 상품으로 대접한 자본가들도 결국은 같은 운명을 나누게 된다. 자본주의 사회에 있어서의 소외는 인간 전반이 당하는 일반적 현상이다. 인간의 자기소외란 결국 인간이 자주성(自主性)을 상실함을 의미하는 것이니, 소외 현상의 일반화는 인간의 비인간화가 일반적 현상이 됨을 의미한다. 마르크스는 인간의 본색이 자유에 있다고 보았고, 자주성의 상실은 곧 자유의 상실을 함축하기 때문이다. 마르크스는 자본주의 경제체제가 내포하는 근본적 모순은 '소외'의 일반화를 불가피하게 초래한다고 보았고, 이 '소외'의 현상은 인간이 인간답기 위해서 실현해야 할 '자유'를 원천적으로 봉쇄한다고 보았던 것이다.

마르크스가 '소외'를 중대하게 생각한 것은, 자본주의 체제 아래서는 노동자가 비참하게 되지 않을 수 없고, 결국은 인간 전체가 불행하게 될 수밖에

---

22 같은 책, pp.71-72.

없다는 것을 '소외'라는 개념을 통하여 밝힐 수 있다고 믿었기 때문이다. 그런데 '소외'를 통하여 노동자의 참상(慘狀)과 인류의 불행이 불가피함을 밝히기 위해서는, 소외 그 자체가 불가피하다는 것을 먼저 밝혀야 한다. 마르크스는 자본주의 아래서의 노동이 왜 필연적으로 소외 현상을 초래한다고 보았는가? 노동의 조건 그 자체 안에 소외의 요인이 내재해 있기 때문이라고 그는 대답한다.

> 그렇다면 노동이 소외를 가져오는 요인은 무엇인가? 첫째는 노동이 노동자에 대해서 외적(外的)이라는 사실이다. 다시 말하면, 노동은 노동자 자신의 본질적 존재에 속하지 않으므로 노동자는 자기의 노동을 통하여 자신을 긍정하기보다는 도리어 자신을 부정한다는 사실이다. 노동자는 자신을 부정해 가며 노동에 종사하는 까닭에, 노동에 대해서 만족을 느끼지 못하고 불행을 느끼며, 그는 노동을 통해서 자신의 몸과 마음의 힘을 자유롭게 발휘하는 것이 아니라, 도리어 몸을 죽이고 마음을 파멸한다. 그러므로 노동자는 자기 자신의 노동을 자기 밖에 있는 무엇으로 느끼게 되고, 자기가 노동에 종사하는 동안 자신이 자신 밖으로 밀려났다고 느낀다. … 그의 노동은 스스로 원해서 하는 노동이 아니라 **강요된** 노동이다. 그것이 강요된 노동임은 노동자에게 절박한 사정이 없는 한 그가 노동을 전염병처럼 기피한다는 사실에 명백하게 나타난다. 강요된 노동, 즉 자기 자신을 소외시키는 노동은 자기희생의 노동이며 굴욕의 노동이다. … 노동자의 활동은 그 자신의 것이 아니다.[23]

쉽게 말해서, 노동이 소외를 초래하는 까닭은 그것이 노동자 자신의 능동

---

23 같은 책, p.74.

적 행위가 아니라 죽지 못해서 하는 강요된 노동이기 때문이라는 것이다. 그리고 그것이 '강요된 노동'이 될 수밖에 없는 사유는 자본주의 경제체제에 있다고 마르크스는 생각하였다. 자본주의 체제 아래서는 ① 생산재(生産財)를 소수의 자본가들이 독차지하고 있으며 노동자들은 그것을 전혀 가지고 있지 않다는 실정과, ② 과학 기술이 고도로 발달했다는 사실, 그리고 ③ 돈이 가치 체계의 정상에 자리잡게 되어 무한한 욕망의 대상으로서 사람들을 지배한다는 현실 등으로 말미암아, 노동자들은 자기 자신을 위해서 일할 수 있는 조건을 잃고 오로지 자본가들의 돈벌이를 위한 수단으로서 고용되어 고통스럽기만 한 노동에 종사하기 마련이라는 것이다.

노동자의 일을 더욱 강제적이며 기계적인 것으로 만들어 심한 고역이 되게 하는 것은 노동의 **분업**이라고 마르크스는 지적한다. 고용주인 자본가들은 이윤의 극대화를 지상 목표로서 추구하는 까닭에 생산의 능률 향상에 역점을 두기 마련이고, 생산성의 향상을 위한 최선의 방법으로서 노동 분담의 세분화를 꾀하기 마련인데, 이 노동의 분업이 노동자의 비인간화를 더욱 가속화한다는 것이다. 마르크스는 노동의 분업 내지 분담의 비인간적 폐단을 여러 각도에서 고발하고 있거니와, 이 고발에는 엥겔스도 전적으로 동조하고 있다.

노동의 분담은 첫째로, 일의 과정을 세분화함으로써 노동을 잔인한 고역으로 만들었다. 구체적으로 말하면, 정신노동과 육체노동을 분리하고 놀이와 일을 분리하며 생산과 소비를 분리함으로써, 노동자를 기계와 다를 바 없는 존재로 만들어서 일하는 즐거움을 완전히 박탈했다는 것이다.[24]

둘째로, 노동의 분업은 개인의 이익을 공동체 전체의 이익으로부터 인위

---

24 K. Marx, F. Engels, 「독일 이데올로기」, R. C. Tucker ed., *The Marx-Engels Reader*, p.159 참조.

적으로 분리해 버렸다. 다시 말하면, 상호간의 유대로써 연결된 개인들의 공동의 이익을 산산조각으로 나누어서 한갓 이기적인 이익들의 집합으로 전락시켰다.[25] 개인들이 하나의 공동체에 융화되고 개인의 이익과 공동체의 이익이 일치하는 것을 이상으로 삼는 마르크스의 견지에서 볼 때, 노동의 분업은 이 이상에 크게 역행하는 것이 아닐 수 없다.

셋째로, 노동의 분업은 사회적 관계를 비인간적 관계로 만드는 경향이 있으며, 이러한 경향으로 말미암아 인간의 노동은 인간과 맞서는 낯선 힘으로 변화하여 인간이 자기 자신의 노동에 의하여 노예 상태에 빠지는 불행을 초래하였다.[26] 사회는 본래 **인간적** 관계로 맺어진 **공동체**인데 노동의 분업은 개인들의 관계를 이기적 타산의 관계로 변질시켰고, 노동자는 자신의 노동을 통하여 자기를 소외시키는 경향을 가속화했다는 것이다.

넷째로, 노동의 분업은 인간의 정신적 역량(力量)을 물질적 역량으로 바꾸어 놓았다. 다시 말하면, 노동의 분업은 인간의 정신적 가치를 단순한 물질적 교환가치에 불과한 것으로 격하시켰다는 것이다.[27] 노동이란 본래 단순히 생존을 위한 고역이기보다도 그 자체에서 보람을 찾는 인격적 활동이어야 하는데, 분업은 노동을 기계적 몸놀림에 불과한 것으로 만듦으로써 그 의미를 상실케 했다는 것이다.

특히 산업사회에서의 공장 노동자들의 작업은, 끝없이 세분화되어서 한 인간으로서의 여러 가지 가능성을 종합적으로 발휘할 수 없게 함으로써, 노동자를 인간의 파편에 불과한 것으로 만든다고 마르크스는 비난하였다. 결국 공장 노동의 분업은 인간적 성장을 저해하고 노동자를 한갓 기계의 부속

---

25 같은 책, p.160 참조.
26 같은 책, p.160 참조.
27 같은 책, p.173 및 p.197 참조.

품으로 만듦으로써 불구(不具)의 괴물이 되도록 강요한다는 것이다.[28]

근대의 시민사회를 더욱 불합리하고 더욱 비인간적인 것으로 만드는 것은 계급적 갈등의 심화라고 마르크스는 지적하였다. 『공산당 선언』의 첫머리에서 마르크스와 엥겔스는 "이제까지 존재했던 모든 사회의 역사는 계급투쟁의 역사"라고 선언했으며, 계급 사이의 갈등은 결코 새로운 현상이 아니라는 사실을 인정하였다. 그러나 근대 자본주의 체제 아래서의 계급적 갈등은 과거 어느 사회의 그것보다도 심각하고 비인간적이라는 점에 새로운 문제가 있다고 마르크스와 엥겔스는 보았던 것이다.

자본주의 사회의 계급적 갈등이 과거의 어느 경우보다도 심각하고 비인간적인 것은 자본주의라는 경제체제 자체의 논리가 그러한 상황을 필연적으로 초래하기 마련이기 때문이라고 마르크스는 믿었다. 자본주의 사회는 황금만능의 사회, 즉 돈이 가치 체계의 정상을 차지하는 사회다. 돈이 최고의 가치인 까닭에, 자본가들은 되도록 많은 돈을 벌기 위하여 모든 수단을 동원하게 된다. 모든 자본가들이 서로 많은 돈을 벌려고 기를 쓰는 까닭에 그들 사이에 치열한 경쟁이 불가피하게 되고, 경쟁에서 이긴 자만이 살아남을 수 있는 까닭에 그들의 경쟁은 치열도를 더욱 가속화하게 된다. 경쟁에서 이기는 길의 첫째는 생산비의 감소에 있으며, 생산비를 줄이기 위해서는 고용한 노동자들의 임금 수준을 최저선으로 낮추어야 한다. 이러한 실정은 결국 빈부의 격차를 크게 벌어지게 하므로, 계급 간의 갈등은 과거 어느 때보다도 심각할 수밖에 없다.

마르크스에 따르면, 자본주의 체제는 모든 사람들을 결국은 자본가와 임

---

28 K. Marx, 『자본론』, 제1권, R. C. Tucker ed., *The Marx-Engels Reader*, pp.407-413 참조.

금 노동자의 두 계급으로 나누고 만다. 중간 계급의 존속이 불가능하다는 것이다. 소규모의 상인들, 수공업 종사자들, 그리고 자작(自作)하는 농부들과 같이 중산층 하류에 속하는 사람들은 모두 임금 노동자, 즉 프롤레타리아트로 서서히 전락하게 된다. 왜냐하면, 첫째로 그들의 영세한 자본은 대규모의 근대 기업에는 적합하지 않은 까닭에 대재벌과의 경쟁에서 견딜 수 없고, 둘째로 그들의 고유한 기술은 새로운 생산의 방법 앞에 무용지물이 되고 말기 때문이다. 이리하여 모든 중산계급 사람들은 조만간 프롤레타리아 계급에 편입될 운명에 놓여 있다는 것이다.[29] 모든 중산층이 몰락하게 되면 결국 남는 것은 큰 부자인 자본가 계급과 극빈자인 임금 노동자 계급뿐인데, 이 두 계층에는 심한 빈부의 격차가 있을 뿐 아니라 잔인한 착취와 피착취의 관계가 있는 까닭에, 그들 사이의 갈등은 종전에 있었던 계급간의 갈등보다도 심각할 수밖에 없다는 것이 마르크스와 엥겔스의 주장이다.

자본주의 체제 아래서의 착취는 "파렴치하고 직접적이며 잔인하다."고 마르크스와 엥겔스는 고발한다. 노동자가 받는 임금은 "그가 겨우 생존할 수 있고 겨우 종족을 번식하기에 필요한" 최소한 액수에 불과하다. "기계의 사용과 분업이 늘어 갈수록 노동의 괴로움은 늘어 가고, 노동의 혐오가 늘어 갈수록 노동자의 임금은 줄어든다."[30] 이토록 비인간적인 착취에 시달려야 하는 임금 노동자의 수는 점점 늘기 마련이고, "쇠사슬 이외에는 아무것도 잃을 것을 갖지 않은" 이들 임금 노동자들은 자본주의 체제를 타도할 막강한 세력으로서 성장한다.[31]

---

29 K. Marx, F. Engels, 「공산당 선언」, R. C. Tucker ed., *The Marx-Engels Reader*, p.474, pp.479-480 참조.
30 같은 책, p.479 참조.
31 같은 책, pp.480-483 참조.

5. 혁명으로 가는 길

근대의 시민사회를 소외와 착취의 비인간적 계급사회로 만드는 데 결정적 계기가 된 것은, 과학 기술의 발달에 힘입어 거대한 힘으로 성장한 오늘의 생산력을 소수의 개인들이 소유하는 사유재산제도라고 마르크스와 엥겔스는 보았다. 토지 또는 지하자원과 같은 자연의 일부를 개인이 독점해서 소유하는 제도에는 본래부터 문제가 있는 것이지만, 특히 과학 기술의 발달로 생산 시설과 생산양식이 방대한 규모로 확장된 현대 산업사회에 있어서는, 생산재 내지 생산 시설을 개인이 소유할 때, 그 문제성은 더욱 깊어진다고 그들은 주장한다.

옛날 수공업 시대에는 생산은 대개 개인 단위로 이루어졌다. 한 사람이 물레를 돌려서 실을 뽑았고, 쇠를 달구어서 호미나 낫을 만드는 일도 한 사람 또는 두 사람의 일손으로 감당할 수가 있었다. 따라서 물레나 베틀을 한 개인 또는 한 가족이 소유한대도 별로 문제가 없었고, 대장간의 풀무와 망치도 대장장이 부자 또는 형제가 소유하는 것은 오히려 자연스러운 일이었다. 그러나 현대 산업사회의 생산과정은 사정이 크게 다르다. 자동차 한 대를 만들거나 냉장고 한 대를 만드는 데 필요한 공장 시설은 어마어마하게 거대하며, 그것들 한 대의 생산품을 만드는 데 참여하는 사람들의 수도 대단히 많다. 짧게 말해서, 생산 시설 내지 생산재가 사회화되고, 생산양식도 사회화 내지 집단화된 것이 오늘의 실정이다. 이토록 대규모의 사회화 내지 집단화한 생산 시설 내지 생산재를 한 개인 또는 소수의 자본주가 독차지해서 소유한다는 것은 그 자체가 모순을 포함한다는 것이다.

자본가들은 각각 개인으로서 막대한 생산재를 소유할 뿐 아니라 자본가 계급이라는 **계급**을 형성하여 막강한 정치적 세력을 형성하고 있다. 이 막강한 계급적 세력에 대항하여 또 하나의 계급적 세력이 탄생하는 것은 필연적이며, 이 또 하나의 계급적 세력이 다름 아닌 공산주의자들을 핵심으로 삼는 프롤레타리아 계급 세력이다. 프롤레타리아 계급 세력의 직접적인 목표는 부르주아 계급을 타도하고 정치권력을 장악하는 일이다. "공산주의자들의 이론은 '사유재산의 폐지'라는 한마디로 요약될 수 있을 것이다."라고 『공산당선언』의 한 구절은 언명하고 있다.[32]

여기서 "공산주의자들의 **사명**은 사유재산제도를 폐지함에 있다."고 말하지 않고 "공산주의자들의 **이론**은 사유재산제도의 폐지"로 요약될 수 있다고 말한 것은, 마르크스와 엥겔스가 자신들의 주장을 단순한 사상운동에 그치지 않는 하나의 과학적 이론으로 정립하겠다는 뜻을 나타낸 것이라고 이해된다. 마르크스는 자기가 사회 개혁의 당위성을 주장하는 도덕론자가 아니라 혁명의 필연성을 설명하는 과학자임을 누누이 강조했거니와, 자신의 공산주의도 단순한 사상운동에 그치는 것이 아니라, 과학적 이론으로서의 성격이 강하다는 것을 주장하고 싶었을 것이다.

공산주의에 사상운동으로서의 일면이 있음은 마르크스도 부인하지 않는다. 공산주의는 혁명의 요구에 대한 각성을 촉구하고 프롤레타리아트의 계급의식을 일깨움으로써 혁명운동을 가속화한다. 그러나 "혁명이 역사적 필연에 의해서 성공하도록 만드는 조건들을 **창조**하는 일은" 공산주의자들의 과제가 아니다. "이 조건들은 거역할 수 없는 사회적-경제적 과정에 의해서 만들어진다. 필요한 것은 이데올로기 운동이 아니라, 사회적-경제적 사실에 대한 과학적 인식이다." 이 과학적 인식은 혁명이 불가피한 필연임을 밝혀주리라는 것이 마르크스의 주장이다.[33]

프롤레타리아트의 혁명과 부르주아 계급의 멸망이 필연 불가피하다는 것

---

32 같은 책, p.484.

을 마르크스와 엥겔스는 『공산당 선언』 제1장에서 역사 발전의 논리를 따라서 밝히고자 하였다. 그들의 논리의 대강을 살펴보기로 하자.

마르크스와 엥겔스에 따르면, 부르주아 사회의 출현 자체가 역사 발전의 필연성을 따라서 불가피하게 일어난 혁명의 산물이었다. 아메리카 대륙의 발견과 희망봉을 도는 항로의 개척은 근세 초기에 건설된 도시의 공민(公民)들 속에 싹트기 시작한 부르주아 계층에게 새로운 발전의 터전을 마련하였다. 인도와 중국의 시장 개척, 새로이 획득한 식민지와의 교역, 교역의 방법과 상품의 다양화는 상업과 항해술 그리고 공업에 일찍이 없었던 자극을 주었고, 이러한 자극은 토대가 흔들리기 시작한 봉건사회를 뒤집어엎을 혁명의 요소로서 작용하였다. 폐쇄적인 상업조합(guild)이 공업 생산을 독점했던 봉건적 산업 체제로서는 새로운 시장의 수요를 감당할 수가 없게 되었던 것이다.[34]

시장이 점점 커지고 상품에 대한 수요도 점점 늘어나는 가운데, 증기기관과 각종 기계의 발명이 공업 생산에 혁명을 초래하였다. 수공업은 거대한 근대 공업에 의하여 밀려날 수밖에 없었고, 수공업에 종사하던 중산층이 장악했던 산업의 패권은 새 시대의 거부로 등장한 근대 부르주아 계급으로 넘어가게 되었다. 부르주아 계급의 경제력이 한 단계 한 단계 상승함에 따라서 이들의 정치 세력도 증대하였다. 신흥 부르주아 계급이 중세의 봉건귀족들을 물리치고 새 시대의 지배자로서 군림하게 된 것이다.[35]

부르주아 계급의 최고 가치는 돈이며 그들의 인생관은 철저한 개인주의 내

33 Louis Dupré, *The Philosophical Foundation of Marxism*, New York, 1966, p.209 참조.
34 K. Marx, F. Engels, 『공산당 선언』, R. C. Tucker ed., *The Marx-Engels Reader*, p.474 참조.
35 같은 책, p.474 참조.

지 이기주의에 입각한다. 돈을 목표로 삼는 치열한 경쟁이 부르주아 계급 내부에서 일어나기 마련이며, 이 경쟁에서 지게 되면 프롤레타리아트로 전락해야 한다. 이러한 상황 아래서 부르주아가 존속하기 위해서는 생산의 도구를 혁신해야 하며, 생산관계와 사회의 모든 관계를 혁신해야 한다. "생산의 끊임없는 혁명, 모든 사회적 조건의 계속적인 파괴, 끝없는 불안과 동요는 부르주아 시대를 그 이전의 다른 시대와 구별하는" 기본 특색이다.[36]

부르주아 계급이 지배 세력으로 대두한 지 불과 백 년도 못 가서 과학 기술은 놀라운 발달을 이룩하였고 생산력은 어마어마하게 팽창하였다. 시장의 규모도 방대해지고 교역의 방법도 크게 발달하였다. 그래서 마침내 현대의 부르주아 사회는 마치 자기 자신의 주문으로 불러낸 요귀들을 조종할 수 없게 된 마술사의 꼴이 되고 말았다. 현대사회의 부르주아 계급이 자기가 만들어 낸 방대한 생산력을 감당하지 못함으로써 일어나는 자승자박의 가장 대표적인 예로서는 생산과잉에 의하여 주기적으로 닥쳐오는 경제공황을 들 수 있을 것이다. '생산과잉'이란 옛날에는 있을 수 없었던 현상이었거니와, 자본주의 산업사회에서는 이 현상이 주기적으로 경제공황을 몰고 온다. 일단 공황이 닥쳐오면 많은 생산품의 재고를 포기해야 하고 이미 창출한 생산력을 파괴해야 한다. 도대체 이러한 불합리한 사태가 일어나는 것은, 현대 자본주의 산업사회에 "물질문명이 지나치고, 생활용품이 너무 많으며, 공업과 상업의 발달이 지나치기 때문이다." 사회가 보유하고 있는 생산력은 부르주아 계급의 재산 증식을 위한 유리한 조건이 되기보다는, 그것이 지나치게 강대한 까닭에 도리어 불리한 조건으로서 작용한다. 그 강대한 생산력은 부르주아 계급을 구속하는 멍에가 되며, 그들이 이 멍에를 벗어나기 위해서는 부

---

36 같은 책, p.476 참조.

르주아 사회 전체의 질서를 파괴해야 하고, 부르주아의 재산의 존속 자체가 위협을 받아야 한다. "부르주아 사회의 조건들이 창출한 부(富)가 너무나 거대한 까닭에, 그 조건들이 현재 가지고 있는 용량으로서는 그 엄청난 부를 수용하기가 어렵게 되었다."는 것이다.[37]

그렇다면 부르주아 사회는 이 위기를 어떻게 극복하는가? 그들이 사용하는 위기 극복의 방법에 두 가지가 있다. 하나는 막대한 양의 생산력을 일부러 파괴하는 길이요, 또 하나는 새로운 시장을 정복하는 동시에 기존의 시장을 더욱 심하게 착취하는 길이다. 그러나 이 두 가지 길은 모두 미봉책에 불과하며, 결과적으로는 그들이 위기를 더욱 심각하게 만들 궁여지책일 따름이다. "부르주아 계급이 봉건제도를 타도할 때 사용했던 무기가 이제는 자기 자신들을 위협하는 모순을 자초한 것이다."[38]

부르주아 계급은 자기 자신들을 타도할 무기를 만들어 냈을 뿐 아니라 그 무기를 휘두를 사람들까지 나타나게 했으니, 그들이 다름 아닌 현대의 노동 계급, 즉 프롤레타리아트다. 자본주의가 발달하면 발달할수록 이 프롤레타리아트의 수도 늘기 마련인데, 이 계급의 노동자들은 자기 자신을 하나의 상품으로서 시장에 내놓아야 하며, 그들 자신을 불안정한 경쟁의 와중에 내던져야 한다. 기계의 발달과 노동의 분업으로 말미암아, 노동자들의 일은 단순하고 지루한 고역일 수밖에 없으며, 일이 고될수록 그들의 임금은 도리어 감소한다.[39]

이러한 상황 속에서 임금 노동자들의 불만은 쌓이게 되고, 불만은 분노를 유발한다. 처음에는 수입된 상품을 불사르고 공장의 기계를 파괴하는 행위

---

37 같은 책, p.478 참조.
38 같은 책, p.478 참조.
39 같은 책, pp.478-479 참조.

로 그들의 분노를 표시하고, 자본가를 대상으로 투쟁을 전개하기보다는 저희들끼리 싸우거나 지주 또는 소시민을 상대로 싸움을 건다. 그러나 임금 노동자의 수가 늘고 그들의 처지가 점점 더 비참하게 됨에 따라서, 그들은 하나로 뭉쳐서 자본가들을 상대로 싸움을 시작하게 되고, 그 싸움은 폭동으로 확대된다.[40]

부르주아 계급이 개발한 고도의 교통수단과 통신 시설의 덕분으로 프롤레타리아 계급의 단결은 단시일 안에 광범위한 규모로 확대하여 강대한 정치 세력을 형성한다. 한편 부르주아 계급은 자기들끼리의 이해 대립으로 인하여 내부에서 서로 싸우게 되고, 특히 외국의 자본가들을 상대로 하는 싸움에 말려들기 마련이다. 국제간에 전쟁이 일어나면, 부르주아 계급은 각각 제 나라의 노동자들에게 협조를 호소하지 않을 수 없게 되고, 노동자들을 자기 편으로 끌어들이는 결과는 호랑이 새끼를 집 안에서 키우는 격이 된다. 이와 같은 경로를 통하여 프롤레타리아 계급의 세력은 날로 불어나게 되거니와, 자본가들에게 쫓겨서 몰락한 중산층과 자기들끼리의 싸움에서 지고 지배 세력 밖으로 밀려난 자본가 계급의 패잔병들도 프롤레타리아 계급의 세력 확장에 일시적으로나마 보탬이 된다.[41]

마침내 계급투쟁이 결정적 시기로 가까워 가게 되면, 지배계급의 일부는 자기 계급을 떠나서 미래 사회의 주인이 될 프롤레타리아 계급에 가담한다. 특히 역사가 움직이는 방향에 대한 인식을 갖게 된 부르주아 계급의 사상가들의 일부는 혁명 계급의 진영으로 자리를 옮긴다. 그러나 "오늘날 부르주아 계급과 맞서는 여러 계층들 가운데서 진정한 혁명 계급은 오직 프롤레타리

---

40 같은 책, p.480 참조.
41 같은 책, p.481 참조.

아트뿐이다. 그 밖의 중산층이나 소시민들 가운데서 혁명 대열에 가담하는 사람들은 중산계급의 잔당으로서 살아남기 위한 계략으로 그렇게 하는 것이므로, 실제에 있어서는 보수 세력에 불과하며, 언제나 반동으로 돌아설 가능성을 품은 위험한 계층이다."[42]

프롤레타리아트는 이미 모든 것을 빼앗긴 상태에 있으며 기존의 질서 가운데 미련을 가질 만한 아무것도 갖지 않았다. 그들에게는 지켜야 할 아무것도 없으며, 그들이 궁지를 벗어나는 길은 오직 사유재산제도를 근간으로 삼는 기존 질서의 완전한 파괴를 전제로 하는 혁명의 길뿐이다. 옛날의 피지배계급은 사회의 발전을 따라서 처지가 개선되는 경향이 있었으나, 오늘의 노동자들에게는 그러한 희망이 전혀 없는 까닭에, 현존하는 부르주아 사회체제를 그대로 보존하는 한 더 나은 내일이 있을 수 없다는 것이다.

> 현대의 노동자들은 산업의 발달을 따라서 형편이 좋아지는 것이 아니라, 그와는 반대로 점점 어려움이 가중하여 그들의 계급 자체의 존속이 위협을 받게 된다. 그들은 극빈자가 되는 것인데, 그들의 가난은 인구의 증가와 산업의 발달보다도 더욱 빠른 속도로 진행한다. 여기서 부르주아가 사회의 지배계급으로서 더 이상 존속할 자격이 없다는 것, 그들의 생존 조건을 지배적 원칙으로서 사회에 강요할 수 없다는 것은 명백한 사실이다. 왜냐하면, 지배계급으로서 적합하기 위해서는 피지배자들의 생존을 보장해야 하는데, 오늘의 부르주아에게는 그 능력이 없는 것이다. … 바꾸어 말하면, 부르주아는 노동자들의 형편을 생존이 어려울 정도에까지 악화시키지 않을 수 없으며, 이러한 부르주아의 지배 아래서는 사회의 존속이 불가능하므로, 그들의 존재는

---

42 같은 책, pp.481–482 참조.

사회의 존속과 양립할 수 없는 것이다.[43]

부르주아 계급이 존속하기 위해서는 자본의 축적과 증대가 필요조건이며, 자본의 축적과 증대는 임금노동자의 힘을 빌리지 않고서는 불가능하다. 그런데 자본주의 자유 시장은 치열한 경쟁을 피할 수 없는 까닭에, 자본의 축적과 증대를 위해서는 노동자들의 대우를 점점 더 박하게 할 수밖에 없다. 도저히 견딜 수 없을 정도의 비인간적 대우를 받게 된 임금노동자들은, 자기들끼리의 경쟁을 멈추고, 하나로 뭉침으로써 혁명 세력을 형성한다. 자본주의가 발달할수록 이 혁명 세력은 점점 커지기 마련이고, 자본주의 사회는 그 자체가 안고 있는 모순으로 말미암아 멸망하지 않을 수 없다는 것이다.[44]

마르크스와 엥겔스는 프롤레타리아트의 혁명을 통하여 자본주의 사회가 멸망하는 것은 필연적이라고 주장하였다. 프롤레타리아트의 혁명이 필연적으로 성공하는 날 오늘의 임금노동자들은 새 시대의 주인이 될 것이다. 그러나 중세의 봉건사회가 무너지고 근대의 자본주의 혁명이 이루어졌을 때 새로운 지배계급이 생겼듯이, 프롤레타리아트 혁명의 결과로서 노동자들이 새로운 지배계급으로서 군림하게 된다고 보는 것이 그들의 주장의 핵심은 아니다. 노동자들이 지배계급으로 득세한다는 것은 새로운 피지배계급의 탄생을 함축하거니와, 마르크스와 엥겔스가 예견한 프롤레타리아트 혁명의 결과는 새로운 지배와 피지배 관계의 탄생이 아니라, 계급의 구별 자체가 없어지는 무계급사회의 출현이다. 혁명을 수행하는 과정에 있어서 노동자들의 정당인 공산당의 **일시적** 독재는 불가피하겠지만, 공산주의 사회가 완성되는 날에는

---

43 같은 책, p.483 참조.
44 같은 책, p.483 참조.

지배계급과 피지배계급의 대립이 완전히 자취를 감추게 될 것이라고 그들은 내다보았다.

엥겔스는 1847년에 작성한 『공산주의의 기본 원리』라는 문답식 혁명교서 (革命敎書)의 초고에서, "사유재산제도의 완전한 폐지는 어떠한 결과를 가져올 것인가?"라고 자문(自問)한 다음에, 공산주의 사회의 모습을 구체적으로 그리고 있다. 공산주의 사회에 대한 엥겔스의 그림의 내용을 간추려 보기로 하자.

자본가들 개인이 소유하고 있는 생산력과 그들이 마음대로 하고 있는 교역 (交易)과 분배를 사회가 장악하여 사회 전체를 위한 계획에 따라서 운영하게 되면, 자본주의 사회의 대기업에 수반되는 여러 가지 좋지 못한 폐단을 극복하는 결과를 얻게 될 것이다. 공업은 더욱 빠른 속도로 발달할 것이며 생산품의 물량도 크게 늘어날 것이나, 그것이 자본주의 사회에서와 같은 과잉생산이 되지는 않을 것이다. 모든 사람들에게 필요한 물건을 계획에 따라서 생산하는 까닭에 불필요한 물건은 생산되지 않을 것이며, 착취를 목적으로 삼는 자본가에게 고용되어서 마지못해 하는 노동이 아니라 사회의 주인으로서 기꺼이 하는 노동인 까닭에 생산성도 높아진다고 엥겔스는 믿은 것으로 보인다. 농업 생산도 역시 크게 늘어서 모든 사람들의 식량이 충분하게 될 것이다. 요컨대 "사회는 모든 사람들의 필요를 따라서 분배할 수 있는 물품을 충분하게 생산할 것이다."[45]

공산주의 사회에서는 계급의 대립은 자취를 감출 것이며, 인간소외를 가져오는 노동의 분업도 없어질 것이다. 사유재산제도가 없어지게 되므로 착

---

45 F. Engels, *Fundamental Principles of Communism*, 1847, E. Kamenka, *The Ethical Foundations of Marxism*, pp.153-155에서 인용.

취 계급과 피착취 계급이 대립할 근거가 없어지며, 생산성을 높이기 위해서 오로지 과학 기술에만 의지하지 않고 주인 의식을 가지고 자발적으로 일하는 새로운 인간상의 탄생에 힘입게 될 것이므로, 인간을 기계화하는 분업의 필요도 없어질 것이다.

공산주의의 새로운 생산방식은 새로운 인간상을 낳을 것이라고 엥겔스는 주장하였다. 자본주의 체제 아래서는 지나친 노동의 분업으로 어떤 부분의 한 가지 일밖에는 아무 일도 못하는 기계 같은 인간상이 나타났으나, 공산주의 체제는 생산의 전 과정을 거시적으로 파악하는 사람들을 요구하게 되므로 여러 가지 능력을 갖춘 전인(全人)들이 탄생할 것이라고 내다보았다. 교육도 여러 분야의 능력을 고루 갖춘 인물을 길러 내도록 힘쓸 것이며, 개인들은 자기가 원하는 대로 분야를 바꾸어 가며 생산에 종사할 수 있을 것이라고도 하였다. 결국 공산주의 체제의 사회에서는 그 성원들이 각자의 여러 가지 능력을 여러 분야에서 발휘할 수 있게 되리라는 것이다.

엥겔스에 따르면, 공산주의 사회에서는 농촌과 도시의 격차 내지 대립도 없어진다. 같은 사람이 농업에 종사할 수도 있고 공업에 종사할 수도 있을 것이므로 농부와 공장 노동자가 두 계급으로 분리될 까닭이 없을 것이며, 인구가 도시로 집중하는 현상도 없을 것이다. 이리하여 농촌과 도시는 하나로 융화되고, 모든 사람들은 합리적으로 계획된 생산의 혜택을 고루 나누게 된다는 것이다.

마르크스도 공산주의 사회의 모습에 대한 엥겔스의 그림을 대체로 받아들인 것으로 보아도 무방할 것이다. 그러나 카멩카에 따르면, 공산주의 사회에 대한 두 사람의 그림이 아주 똑같다고 보기는 어렵다. 엥겔스에게는 공리주의적인 일면이 강했고, 공산주의 사회가 이룩할 풍요로운 물질생활을 매우 강조했으나, 마르크스는 "사람이 **얼마나 많은 것을** 갖게 되느냐보다도 어떠한 과정을 통해서 그것을 갖게 되며 어떠한 조건 아래서 일을 하느냐에 더 깊은 관심을 기울였다."[46] 마르크스는 공산주의 사회를 물질의 풍요보다도 인간의 존엄성과 자유가 실현되는 사회로서 그리는 편으로 기울었다는 것이다. 그는 인간다운 삶의 핵심이 단순히 흡족한 물질생활에 있다고 보지 않고, 공동의 목표를 위한 협동 사업에 주체적으로 참여하는 가운데 있다고 보았다는 것이다. 이것은 마르크스의 이상이 경제적 평등과 물질적 풍요를 넘어서서 '소외'의 문제를 극복한 자유로운 인간 사회에 있었다는 점을 강조하는 것으로서, 마르크스가 젊어서 품었던 휴머니즘은 그의 성숙한 시기의 사상에도 일관해서 흐르고 있다는 카멩카의 견해에 입각한 해석이다.

엥겔스에게 유물론자로서의 측면이 현저하고 마르크스에게 휴머니스트로서의 색채가 농후하다 하더라도, 그들 사이에 사상적 대립 내지 논리적 모순 관계가 있다고 볼 이유는 없을 것이다. 유물론과 휴머니즘은 양립이 가능한 두 가지 사상이며, 엥겔스가 강조한 물질적 풍요는 소외의 극복과 인간적 자유의 실현을 위해서 유리한 조건이 될 수 있기 때문이다.

6. 이론과 현실: 평가적 고찰

이 저술은 누구의 학설을 연구하거나 비판하는 것을 본래의 목적으로 삼고 시작된 것이 아니다. 필자는 현대의 모든 사람들이 공통으로 부딪치는 물음으로부터 출발하였다. "나는 어떻게 살 것인가?" '나의 바람직한 삶'의 물음이 대답을 얻기 위해서는 '나'들이 함께 몸을 담고 있는 사회 내지 국가의 테두리를 고려하지 않을 수 없는 까닭에, 필자는 우리 한국이 처해 있는 여러 가지 현실을 염두에 두고, "우리는 어떠한 구조 내지 제도를 가진 한국 사회

---

46   E. Kamenka, *The Ethical Foundations of Marxism*, pp.155–156 참조.

의 건설을 목표로 삼을 것인가?"라는 물음을 제기하였다. 이 물음과 곧바로 대결하는 일이 힘에 벅참을 알았던 까닭에, 이를테면 접근을 위한 징검다리를 놓고자 하는 뜻에서, 바람직한 사회 내지 국가에 관한 기존 학설 가운데서 유형을 달리하는 몇 가지 견해의 큰 줄거리를 살펴보기로 했으며, 그 둘째로서 마르크스와 엥겔스가 대표하는 고전적 사회주의의 역사관을 선택했던 것이다.

이 저술의 목적을 위해서는 마르크스나 엥겔스의 철학과 사회과학 이론을 모든 면에 걸쳐서 살펴볼 필요가 없었으며, 이제 그들의 학설에 대한 평가적 고찰을 하게 된 이 단계에서도 그들의 학설을 세세히 검토할 필요는 없을 것이다. 우리에게는 다만 두 가지의 물음을 염두에 두고 그들의 학설을 평가하는 것만으로 충분할 것이다. 첫째, 유물론적 역사관에 입각한 마르크스와 엥겔스의 예언은 맞아 들어가고 있는가? 둘째, '공산주의 사회'라는 이름의 미래 사회에 대한 마르크스와 엥겔스의 그림은 우리가 실천적으로 추구할 목표로서 적합성 내지 타당성을 갖는가?

유물사관에 입각한 그들의 예언을 따라서 공산주의 사회의 도래가 필연적이며 또 공산주의 사회가 그들의 그림처럼 많은 장점을 가지고 있다면, "우리는 어떠한 사회의 건설을 목표로 삼을 것인가?"라는 물음은 확고부동한 대답을 얻은 셈이 될 것이다. 필연적으로 도래하기 마련인 사회가 아닌 다른 모습을 가진 한국의 미래상을 추구한다는 것은 무의미한 일이며, 필연적으로 도래할 미래상이 그토록 바람직하다면 그 밖의 다른 그림에 애착할 필요는 더욱 없을 것이다. 마르크스와 엥겔스의 유물사관이 역사적 현실에 대한 타당성을 잃고, 따라서 그들의 예언이 반드시 적중한다는 보장이 없다 하더라도, 그들의 사회주의 내지 공산주의가 바람직한 사회의 미래상을 제시하는 **당위론**(當爲論)으로서의 타당성을 가질 여지는 여전히 남아 있을 것이다. 왜냐하면 그들이 기대하는 사회주의 내지 공산주의 사회가 **필연적으로** 도래

한다는 보장이 없다 하더라도, 그들이 그린 사회의 미래상이 **윤리적 노력의 목표**로서 타당성을 가질 가능성은 남을 수 있기 때문이다. 우선 첫째 물음의 검토부터 시작해 보기로 하자.

마르크스와 엥겔스가 『공산당 선언』을 발표한 뒤로 140여 년이 지났다. 그 동안의 역사적 사실만을 가지고 말한다면, 그들의 예언이 척척 들어맞았다고 보기는 어렵다. 그들이 예언한 바와 같은 자멸의 길을 피하고자 하는 부르주아 측의 대비책이 주효하기도 하고, 그 밖에도 그들이 예상 못했던 사태가 그들의 예언을 의심스럽게 만드는 사례를 낳았다. 그러나 베나블이 말한 바와 같이, 그들의 예언이 **아주** 틀렸다고 단정하기도 아직은 어렵다. 그들은 공산주의 사회가 실현되기까지에 필요한 기간을 명백히 밝힌 적이 없으며, 프롤레타리아트 혁명이 아무런 우여곡절도 없이 순조롭게만 성공하리라고 낙관한 것은 아니기 때문이다. 짧게 말해서, 그들의 예언이 빗나갔다는 비판에 대해서 더 두고 보아야 안다고 변명할 여지는 남아 있는 것이다.[47]

베나블에 따르면, 20세기 초반에 일어난 역사적 변화만 보더라도, 마르크스와 엥겔스의 예언이 전혀 빗나갔다고 단정하기는 어렵다. 그 하나의 예로서, 엥겔스는 제1차 세계대전이 일어나기 30여 년 전에 이 어마어마한 전쟁을 예언했으며, 8백만 내지 천만의 군대가 두 진영으로 갈라져서 대학살을 하게 될 모습과 그 참담한 결과를 놀라울 정도로 정확하게 내다보았다. "그 전쟁은 일시적으로 우리를 후퇴시킬 것이며, 우리가 이미 가지고 있는 많은 것을 빼앗아 갈 것이다. 그러나 … 이 비극이 종말에 이르렀을 때, 프롤레타리아트의 승리가 이미 성취되거나 어쨌든 불가피하게 될 것"이라고 예언하였다.[48] 1917년의 러시아 10월 혁명을 제1차 세계대전의 결과로서 생긴 '프

---

47 Vernon Venable, *Human Nature: The Marxian View*, pp.181–182 참조.

롤레타리아트의 승리'라고 볼 때, 그리고 그 뒤에 세계의 여러 나라가 공산주의자들의 지배를 받게 되었다는 사실을 상기할 때, 엥겔스의 예언이 전적으로 틀렸다고 말하기는 어려울 것이다.

그러나 마르크스와 엥겔스의 예언을 함부로 과대평가하기도 어려운 실정이다. 그들이 예언한 대로, 프롤레타리아 계급을 대변하는 공산당의 세력이 여러 지역에서 일어났고, 세계의 절반에 육박하는 나라들이 공산주의 정권을 세웠거나 공산주의 세력에 우호적 태도를 보이게 된 것은 사실이다. 그러나 공산주의 정권을 세운 나라들의 실정은 그들이 낙관한 것처럼 그토록 풍요롭고 자유롭다고는 보기 어렵다. 공산국가들의 내부 사정도 나라에 따라서 각양각색이므로 일률적으로 말하기는 조심스러우나, 사유재산제도를 철폐하면 생산성이 크게 향상하게 될 것이라던 예언은 대체로 빗나간 것으로 보인다. 만약 사람들이 사회의 공유재산을 내 재산처럼 아끼고 국영 공장이나 집단농장의 일을 내 일처럼 열심히 했다면, 사회주의 체제 아래서의 생산성은 향상했을 것이며, 늘어난 생산을 공정하게 분배했다면 민중 일반이 풍요를 누릴 수도 있었을 것이다. 그러나 현실은 그림처럼 아름답지 않은 경우가 많았다. 노동에 쏟는 노력이 개인의 수입과 직결되지 않는 제도 속에서 사람들은 생산성이 올라가도록 열심히 일하지 않았던 것이다. 자발적으로는 열심히 일해 주지 않는 까닭에 노동에 대한 감독 내지 타율이 불가피하게 되었고, 전체의 생산이 부족한 까닭에 분배의 결정권을 가진 사람들의 팔이 안으로 굽는 사례도 허다하였다. 결국 새로운 지배와 피지배의 관계가 탄생한 것이다.

사회주의 국가에 있어서의 소득의 차이는 자본주의 사회의 빈부의 차이에

---

48 같은 책, pp.182-183 참조.

비하면 그 정도가 현저하게 약소하다는 사실을 인정한다 하더라도, '무계급의 사회'까지에는 요원한 거리가 그대로 남아 있다. 경제적 평등에 관한 한 사회주의 사회가 자본주의 사회보다 한 걸음 앞섰다는 주장을 인정한다 하더라도, 정치적 평등에 관해서는 도리어 전자가 후자보다 뒤떨어진 경우가 많다는 반박을 부정하지 못한다면, 프롤레타리아트 혁명이 무계급사회로의 접근에 성공했다고 장담하기는 어려울 것이다. '계급'이라는 개념을 오로지 경제적 우열의 관계로서만 이해하는 것은 일방적인 생각이다. 계급은 금력의 강약을 따라서 나누어지기도 하고 권력의 강약을 따라서 나누어지기도 한다고 보아야 하며, 모든 체제의 사회에서 금력의 강약과 권력의 강약이 일치한다고 보기는 어려울 것이다.

자본주의 경제가 발달할수록 착취는 점점 심해지고 노동자들의 빈곤은 점점 더해지며 중산층은 자취를 감추게 되리라던 예언도 모든 나라에서 적중했다고 보기는 어렵다. 산업의 발달과 경제의 성장이 노동자에게도 유리한 결과를 가져오도록 분배를 실시한 기업도 적지 않았으며, 복지사회의 건설에 역점을 둔 나라들 가운데는 건전한 중산층의 육성에 성공한 사례도 적지 않다. 산업혁명 당시의 원시적 자본주의를 지금도 그대로 묵수하는 나라는 적으며, 사회주의자들의 비판과 위협 아래서 궤도를 수정한 자본가들의 수가 많다는 사실을 무시해서는 안 될 것이다.

마르크스와 엥겔스를 위시한 공산주의 내지 사회주의 사상가들의 활동은 역사 발전에 대해서 정반대의 두 가지 방향으로 작용하였다. 한편으로는 프롤레타리아 계급의 의식화와 혁명운동을 촉진함으로써 일부의 자본주의 국가 내지 사회를 타도하는 데 막대한 영향을 미쳤으며, 다른 한편으로는 부르주아 계급의 경각심 내지 반성을 촉구함으로써 자본주의의 궤도 수정을 유발한 것이다. 결과적으로 프롤레타리아트의 혁명이 일단 성공하여 사회주의 정권이 수립된 나라들도 있고, 자본주의의 궤도 수정이 자본주의 사회의 모순을 현저하게 시정함으로써 체제 연장의 가능성을 위하여 길을 여는 데 성공한 나라들도 있다. 물론, 수정 자본주의로써 혁명의 불길을 막는 것은 일시적으로만 가능한 일이며, 프롤레타리아트 혁명은 언젠가는 성공하리라고 말할 수 있는 여지는 아직도 남아 있다. 그러나 그러한 말이 단순한 강변(强辯)이 아니기 위해서는 그 발언을 뒷받침할 만한 역사적 사실을 제시해야 할 것이다. 이 시점에서 우리는 근래에 중국과 소련을 위시한 여러 공산주의 국가에 있어서 도리어 자유화의 방향을 따르는 궤도 수정이 부분적이나마 시도되고 있다는 역사적 사실에도 주목해야 할 것이며, 반대로 공산주의자들의 세력이 강화의 추세를 보이는 자본주의 진영의 후진국도 더러 있다는 사실에 함축된 의미도 깊이 음미해야 할 것이다. 역사의 미래를 어느 하나의 길로만 단정해서 예언하기에는 역사를 움직이는 요인들이 너무나 다양하고, 우리가 가지고 있는 지식이 너무나 빈약하다.

경제적 조건과 경제문제로 인한 사회적 갈등이 역사의 변천에 지대한 영향력을 가지고 있음은 명백한 사실이다. 그러나 역사 변천의 모든 원인을 경제와 경제적 갈등으로 돌리는 것은 지나친 단순화다. 기후와 풍토, 종교와 교육 등 경제 이외에도 역사의 변천에 영향력을 가진 요인들이 적지 않으며, 사회적 갈등 가운데는 경제적 계급의 갈등으로 설명하기 어려운 것도 많이 있다. 뒤프레도 지적하고 있듯이, 민족 내지 인종 간의 갈등을 경제의 강대국이 경제의 약소국을 착취하는 현상이라고 설명하기 어려울 경우도 없지 않다.[49] 과거에는 경제력이 약한 야만 민족이 경제력이 풍부한 문화민족을 정복한 예가 허다하며, 앞으로도 그러한 경우가 전혀 없으리라고 단정하기는 어려울 것이다.

---

49 Louis Dupré, *The Philosophical Foundation of Marxism*, pp.210-211 참조.

마르크스는 헤겔 철학의 사변적 추상을 물리치고, 현실에 대한 올바른 이해를 꾀하는 철학은 '경험에 주어진 것'으로부터 출발해야 한다고 주장하였다. 그러나 그가 자기의 학설을 구축함에 있어서 경험에 주어진 것을 두루 충실하게 받아들였다고는 생각되지 않는다. 많은 경험론자들이 그렇게 했듯이, 마르크스도 다양한 경험적 사실 가운데서 자기가 옹호하는 결론을 위해서 유리한 것들만 강조하고 그렇지 않은 것은 무시해 버리는 주관적 선택의 오류를 범하였다. 세계의 모든 나라들이 부르주아 계급과 프롤레타리아 계급으로 양극화하게 될 것이며, 의사와 변호사를 포함한 모든 자유업자들도 자본가들의 값싼 고용인으로 전락하게 됨으로써, 중산층은 점차 사라질 것이라는 그의 예언도 그러한 주관적 선택이 아니고서는 정당화되기 어렵다. 오늘의 지구 위에는 중남미의 여러 나라와 동남아의 몇몇 나라들이 그렇듯이, 경제적 계급의 양극화 현상이 현저한 사회도 있고, 프랑스와 일본 그리고 독일의 경우와 같이 중산층이 무시할 수 없는 안정 세력으로서 건재하는 사회도 있다. 물론 역사는 앞으로도 계속 진행할 것이며, 세계의 모든 나라가 마르크스의 예언대로 양극화할 날이 언젠가는 올 것이라고 계속 주장할 수 있는 여지는 아직도 남아 있다. 그러나 이러한 주장이 사변적 추상론이 되지 않기 위해서는 오늘의 역사적 현실 속에서 그 주장을 뒷받침할 만한 근거를 찾아서 제시해야 할 것이다.

　비록 마르크스와 엥겔스의 필연론에 입각한 역사 예언이 전반적으로 적중했다고 보기 어렵다 하더라도, 그것만으로 그들의 학설을 전체적으로 쓸모 없는 학설이라고 성급하게 결론짓기는 아직 이를 것이다. 설령 그들의 학설이 역사적 사실에 대한 '과학'으로서는 많은 문제점을 안고 있다 하더라도, 만약 그들의 학설이 앞으로 우리가 지향해야 할 사회의 미래상을 제시한 윤리적 당위론으로서 성공했다고 평가된다면, 그것만으로도 그들의 학설이 남긴 공적은 크다고 보아야 마땅할 것이다. 따라서 우리는 이제 그들의 학설이 가지고 있는 규범적 윤리 사상의 측면으로 시선을 돌려야 할 것이다.

마르크스와 엥겔스가 사상가로서 활동했던 19세기는 18세기 말엽에 영국에서 시작한 산업혁명의 물결이 점점 높아지며 유럽 전역으로 퍼져 가던 시대였다. 당시의 공장 노동자들은 매우 비인간적인 노동조건 아래서 고역에 종사하였고, 노동에 대한 임금은 잔인할 정도로 약소한 것이 보통이었다. 아직 노동에 종사하는 것이 무리인 어린이들을 혹사하는 사례도 허다하였다. 이러한 실정을 목격한 마르크스나 엥겔스가 노동자들의 불우한 처지에 대하여 비판의 목소리를 높인 것은 인도주의적 경종으로서의 의의가 컸다. 마르크스와 엥겔스는 자본가들을 도덕적으로 비난하는 대신 자본가들의 그러한 경영 태도를 자본주의 자체의 논리에서 온 필연적 현상으로 진단하고, 그 필연적 현상의 종말은 부르주아 계급 자체의 멸망이 될 것이라고 예언했던 것이다. 그들의 발언이 직접적으로 사회의 부조리를 고발하는 형식을 취하지는 않았다 하더라도, 그 내용에 있어서 부당한 사회 현실을 예리하게 비판한 공적은 솔직히 인정해야 할 것이다.

돈이 가치 체계의 정상을 차지하는 자본주의적 물질문명의 폐단을 일찍이 간파한 것도 마르크스의 공적이었다. 돈이 많은 자가 승리자로서 군림하게 되는 금전 문화 속에서는 자유 시장을 매개로 삼고 돈벌이 경쟁이 치열한 양상을 띠기 마련이며, 자유 시장에서의 승리를 위해서는 되도록 많은 물건을 팔아야 한다. 소비자들의 생활을 위해서 필요한 물건을 만들어서 필요한 사람들에게 공급하는 것이 아니라, 돈을 벌기 위해서는 생활에 긴요하지 않은 상품까지 만들어서 소비자에게 강매한다. 이 강매 행위를 위해서 결정적 구실을 하는 것이 대중매체를 이용한 광고이며, 광고의 위력은 수요가 공급을 결정하는 것이 아니라 공급이 수요를 결정하는 주객전도의 불합리한 현상을 가져온다.

돈벌이를 주목적으로 삼는 기업주들이 새로운 과학 기술의 왕성한 생산력을 이용하여 필요 이상의 많은 물량의 상품을 제조하고, 광고를 통하여 소비욕을 자극함으로써 그 많은 상품을 팔아 넘기는 자유 시장의 경쟁 상황은 현대 산업사회에 여러 가지 폐단을 가져온다. 경쟁 심리는 허영심을 벗어나기 어려운 소비자들 사이에도 작용하기 마련이어서, 광고를 통하여 고취된 소비욕은 새롭고 값비싼 물건과 그 물건을 살 수 있는 돈에 대한 탐욕으로 성장한다. 물건에 대한 탐욕은 사치와 낭비를 조장하고 돈에 대한 탐욕은 시장에서의 경쟁을 더욱 가열하게 만든다.

사치와 낭비의 풍조는 당장은 번영의 신호처럼 보이기도 하나, 길게 볼 때 여러 가지 중대한 폐단의 원인임을 알게 된다. 사치와 낭비의 풍조는 공업의 발달을 지나치게 촉구하고, 지나친 공업화는 자연 자원의 고갈을 앞당길 뿐 아니라, 지구 환경의 오염을 가속화한다. 자유 시장에서의 치열한 경쟁에도 많은 폐단이 따른다. 치열한 경쟁에서 이기기 위해서는 생산비의 절감이 요청되고, 생산비 절감의 가장 손쉬운 길은 근로자의 임금 수준을 낮추는 방법이다. 임금의 수준을 낮춤으로써 돈벌이에 성공하는 기업주들이 늘어날 때 빈부의 격차도 늘어나고, 여기에 부유층의 사치와 낭비의 풍조가 결합할 때 계급 사이의 위화감이 더욱 조장되기 마련이다.

마르크스의 '소외(Entfremdung)'에 관한 주장도 현대의 금전 문화 내지 기계문명에 대한 비판으로서 대체로 긍정적 평가를 받고 있다. 돈이 인간을 지배하는 세상은 인간을 자유의 주체로서의 자리로부터 밀어내게 되고, 인간이 자기가 만든 생산품으로부터 지배를 당할 때 인간은 스스로 자신을 소외시키는 모순에 빠지게 된다. 이성의 요구에 따라서 주체적으로 활동하는 가운데 인간의 참된 자유가 실현된다고 볼 때, 현대의 금전 문화와 물질문명이 유발하는 인간소외의 현상은 인간을 인간답게 하는 원리로서의 자유에 대한 위협이기도 하다.

생산관계를 위시한 경제적 요인이 역사를 좌우하는 궁극적 요인의 유일한 것이라고 주장한 것은 지나친 단순화였으나, 역사에 있어서의 경제문제의 중요성을 명백히 밝힌 것은 마르크스의 공적에 속한다고 볼 수 있을 것이다. 경제문제를 중심으로 한 사회구조 내지 사회제도의 잘못은 불문에 붙이고, 도덕과 교육, 종교와 사상 등 관념의 세계만을 개선함으로써 사회의 개혁이 가능하다고 믿었던 소박한 사상가들의 안이한 생각의 비현실성을 깨우친 것은 실천윤리학의 발전을 위해서 좋은 약이 되었다.

마르크스는 현대사회의 온갖 비리는 사유재산제도에서 유래한다고 보았다. 그러나 자본주의 사회가 안고 있는 내부의 모순으로 인하여 프롤레타리아트 혁명이 불가피할 것이고, 따라서 모든 사회악의 근원인 사유재산제도도 자연히 폐지될 것이라고 예견하였다. 혁명이 진행되는 과도기 동안에는 공산당의 독재 등 부득이한 애로도 있을 것이나, 공산주의 사회가 제대로 실현되는 날에는 만인에게 인간다운 삶이 보장되는 공정하고 건전한 사회와 만나게 될 것이라고 낙관하였다.

그러나 앞에서도 고찰한 바와 같이, 마르크스와 엥겔스가 기대했던 이상적 공산주의 사회가 역사의 법칙을 따라서 **필연적으로** 실현되리라는 예언에는 형이상학적인 믿음이 깔려 있는 것으로 보인다. 바꾸어 말하면, 그러한 사회가 반드시 도래하리라는 것을 확신할 만한 역사적 증거가 아직은 나타나지 않았다. 역사의 법칙을 따라서 그러한 사회가 필연적으로 도래하리라는 보장이 없더라도, 인간의 노력에 의해서 그 실현으로 접근할 수 있는 가능성이 높다면, 공산 사회에 대한 마르크스와 엥겔스의 그림은 윤리적 노력에 목표를 제시하는 규범설(規範設)로서의 타당성은 가질 수 있을 것이다.

마르크스와 엥겔스가 그린 공산주의 사회는 모든 생산재(生產財)의 공유를 전제로 한 생산과 분배의 계획적 공동 관리에서 출발한다. 이 계획적 공동 관리의 결과로서 첫째로 전체의 생산량이 크게 늘어나는 동시에 소비생활의 낭비는 자연히 없어질 것이라고 그들은 기대하였다. 둘째로, 계급의 대립이 자취를 감출 것이며, 인간의 소외를 몰고 오는 분업의 고역도 없어질 것이라고 예견하였다. 셋째로, 공산주의 생산양식은 여러 가지 능력을 고루 갖춘 전인형(全人型)의 새로운 인간상을 창출할 것이며, 사람들은 자기가 원하는 일에 자유롭게 종사하며 여러 가지 능력을 발휘할 수 있을 것이라고 내다보았다. 넷째로, 농촌과 도시의 격차 내지 대립도 없어지고, 인구의 도시 집중 현상도 없어질 것이며, 사람들은 각자의 희망을 따라서 농촌 생활과 도시 생활을 자유롭게 즐길 수 있을 것으로 보았다. 다섯째로, 인간은 존엄성을 회복할 것이고, 모든 사람들은 진정한 자유를 누리며 인간다운 삶을 즐기게 될 것이었다.

위와 같은 그림의 사회를 실현할 수 있다면, 그 그림은 인류의 윤리적 목표를 제시한 것으로서 별로 나무랄 곳이 없다고 생각된다. 그리고 시간의 제한 없이 영원 속에서 꾸준히 노력한다면, 마르크스와 엥겔스가 그린 바와 같이 개인과 사회 그리고 인간과 자연이 하나로 융화되는 경지에 도달함이 전혀 불가능하다고 비관할 이유도 없을 것이다. 그런 뜻에서 마르크스와 엥겔스의 그림은 아주 멀고 먼 아득한 미래를 위한 이상으로서는 의미를 가졌다고 볼 수 있을 것이다.

그러나 우리에게 현실적으로 더 절실한 문제는, 구체적 전략을 세워 가며 상식으로도 전망이 가능한 시간 안에서 실천적 접근이 가능한 목표를 세우는 과제다. 그런데 마르크스와 엥겔스가 제시한 공산주의 사회의 그림은 우리가 지금 당장 접근을 꾀할 수 있는 현대인의 목표로서는 어려운 점이 적지 않다는 것이 역사적으로 드러났다. 1917년에 러시아의 10월 혁명이 일어난 뒤로 지금까지 나타난 역사적 추세를 근거로 삼고 판단할 때, 공산주의의 이상이 실현되기까지는, 설령 그 실현이 언젠가는 가능하다고 하더라도, 아득히 오랜 세월이 걸릴 것으로 생각된다. 아무리 오랜 세월이 걸린다 하더라도 그것이 옳은 길이라면 그 길을 선택해야 한다는 주장도 여기서 나올 수 있을 것이다. 현재에 큰 대가를 치르지 않더라도 그 이상으로 조금씩 접근할 방법이 있다면, 우리는 마땅히 지금 당장 그 길로 들어서야 할 것이다. 그러나 마르크스가 제시한 길은 현재의 손실에 개의치 않는 혁명의 길이다. 물론 혁명이라는 것은 미래의 큰 것을 위해서 현재의 작은 것을 희생하고자 하는 의지를 전제로 하는 것이며, 그러한 의지가 정당할 경우도 적지 않다. 그러나 미래에 얻고자 하는 목표가 너무나 크고 어려워서, 그곳에 도달하기까지에 얼마나 오랜 세월이 걸릴지 짐작조차 할 수 없으며, 그때까지의 희생이 너무나 클 경우에는, 불확실한 미래의 선(善)을 위하여 확실한 현재의 악(惡)을 어느 정도까지 용납할 수 있느냐 하는 문제를 생각하지 않을 수 없다.

이 문제는 매우 어려운 철학적 문제이며, 우리가 어떠한 인생관 또는 세계관에 입각하느냐에 따라서 그 대답이 달라질 것이다. 우리가 여러 세대에 걸친 전 인류를 하나의 유기적 전체로 보고, 역사 진행의 과정에 상관없이 먼 장래에 도달할 어떤 목적의 실현만이 중요하다는 세계관을 갖는다면, 미래를 위해서라면 현재의 희생은 아무리 커도 상관없다는 대답을 얻을 것이다. 그러나 현대인 가운데 그러한 인생관 내지 세계관을 가진 사람은 적으며, 그런 사람이 더러 있다 하더라도 그것을 남에게까지 강요할 수 있을 정도의 확실한 근거를 제시하기는 어려울 것이다.

공산주의에 담긴 이상의 실현을 어렵게 하는 근본 이유는 현대인의 개인주의적 성향과 남보다 나를 먼저 생각하는 자기중심적 사고방식에 있다. 공산주의의 이상이 그림처럼 실현되기 위해서는, 사회의 모든 성원이 나와 사회를 체질적으로 동일시하는 집단적 자아의식을 갖거나 나와 다른 모든 사람들을 차별 없이 아끼는 공평무사한 높은 도덕성을 가져야 한다. 그러나 현대인의 의식구조는 저 공산주의가 요구하는 인간상과 너무나 먼 거리에 있는 까닭에, 공산주의라는 사회사상을 현실에 적용했을 때, 그 본래의 그림과 전혀 다른 결과가 나타나는 것이다.

여기서 우리는 현대인의 인간성은 자본주의 제도의 산물이며, 사유재산제도를 철폐하고 사회주의 체제로 대체하면 개인주의적 성향 또는 자기중심적 사고방식은 점차 소멸할 것이라는 반론을 예상할 수 있을 것이다. 인간성이 사회의 구조와 자연 조건을 따라서 변화할 수 있다는 것은 부인하기 어려운 상식이며, 10월 혁명이 일어난 지 이제 70여 년밖에 지나지 않았다는 사실을 감안할 때, 인간성의 한계를 들어 공산주의 실현의 어려움을 말하는 것은 성급한 결론이라고 반박할 수 있는 여지가 있다고 필자도 생각한다. 그러나 인간성 개조의 가능성을 십분 고려한다 하더라도 공산주의의 이상에 적합한 인간상이 탄생하기까지에는 마르크스와 엥겔스가 예상한 것보다는 훨씬 오랜 세월이 걸릴 것이라고 생각하지 않을 수 없다. 제도를 개선함으로써 인간성을 개조하는 일이 어느 정도는 가능할 것이다. 그러나 사유재산제도의 철폐와 집단적 공동 관리 등으로 인간의 개인적 자아의식과 자기중심적 사고방식을 어느 정도 완화할 수는 있다 하더라도 아주 없애기는 어려울 것이다.

벌떼나 개미떼는 한 덩어리가 되어서 살고 있으며, 개체들의 이기적 행동은 찾아보기 어렵다. 벌이나 개미에게 이기적 행동이 없는 것은 그것들이 이미 속해 있는 무리를 떠나서는 하루도 살 수 없기 때문일 것이다. 무리를 배반하는 것은 곧 죽음을 의미하는 까닭에, 벌과 개미는 무리를 배반하는 이기적 행동을 할 수가 없다. 그러나 인간의 경우는 사정이 크게 다르다. 인간도 아득한 옛날에는 집단과 개인의 운명이 일치하는 경우가 있었을 것이다. 그러나 역사가 발전함에 따라서 개인의 독립성이 강화되는 반면에 집단에 대한 예속성은 감소하는 방향으로 생활 조건이 변화하는 추세를 보였다. 이제부터라도 개인의 생사와 집단의 흥망이 완전히 일치하는 철저한 중앙집권의 사회제도를 만들 수 있을지도 모른다. 그러나 그러한 사회제도가 과연 바람직한 것일지는 자못 의심스럽다.

현대인의 개인주의적 성향 내지 자기중심적 사고방식이 공산주의 사회의 건설에 적합하지 않은 첫째 이유는, 개인주의적 성향을 가진 사람은 집단을 위한 공동 사업에 대해서 자기 개인의 사업의 경우와 마찬가지의 열성을 보이지 않는다는 사실에서 나타났다. 사회주의 제도 아래서 교육을 받고 자란 사람들도, 집단농장이나 국영 공장에서 일할 때는, 자기 개인이나 가정의 일을 할 때와 같은 자발성과 적극성을 보이지 않는 경향이 현저하였다. 그리고 그 결과로서, 사회주의 체제 아래서는 생산성이 올라가고 물자가 풍부해질 것이라던 예상이 크게 빗나갔다.

생산성의 저하는 공산주의 사회 건설에 치명적 차질을 가져왔다. "필요에 따라서 분배한다."는 기본 원칙에 실천적으로 접근하기 위해서는 생산품의 총량이 풍부해야 하거니와, 생산성의 저하는 저 기본 원칙을 난처하게 만든다. 따라서 억지로라도 생산성을 높여야 하고, 그러기 위해서는 감독과 강제가 불가피하다. 노동에 대해서 감독이 따르고 강제가 가해진다는 것은, "능력에 따라서 일한다."는 원칙에 어긋날 뿐 아니라, 일 속에서 보람을 찾는 '자유'로부터도 멀어진다. 또 공장 노동에서 생산성을 높이기 위해서는 작업에 기계화와 분업을 도입하지 않을 수 없으므로, 여기에도 '소외'의 위험성은 따라다닌다.

공산주의에 반대하는 세력의 위협 때문이라고는 하지만, 당 간부나 관료들의 감독과 강제, 그리고 기계화와 분업의 도입에도 불구하고, 소비생활의 물자에 관한 한 대개의 사회주의 국가들은 자본주의 국가들보다 물량이 결핍한 상태에서 살아야 했다. 물자의 총량이 부족한 까닭에, 분배의 재량권을 가진 사람들의 공정무사(公正無私)에도 어려움이 따랐다. 자본주의 국가에 비하면 소득분배의 격차가 적은 편이라고는 하지만, 그래도 특권층과 일반 대중의 차이는 생기기 마련이어서, '계급 없는 사회'의 건설도 앞으로의 과제로서 남아 있을 뿐이다. 계급 없는 사회가 되기 위해서는 금력의 평등뿐 아니라 권력의 평등까지도 실현되어야 하거니와, 자기중심적 경향이 강한 개인들을 집단의 목표에 맞도록 통솔하기 위해서 중앙집권이 불가피한 사회주의 체제에는, 금력의 평등을 위해서 권력의 특권층이 필요하다는 고민이 따른다.

어떤 사회사상이 이상주의에 가까울수록, 그 사상의 이념을 실현하기 위해서는 높은 민도(民度)의 수준이 요청된다. 마르크스의 공산주의가 높은 이상주의인 데 비하여 현대인의 도덕적 심성은 너무나 낮은 수준에 머물고 있다. 특히 공산주의가 요구하는 인간상은 자기 개인보다도 집단 공동체를 더 위하는 그것인데, 현대인에게는 개인적 자아의식이 강할 뿐 아니라 이기주의의 심성까지 현저하므로, 이론과 현실 사이에 현격한 거리가 생기기 마련이다.

일찍이 플라톤(Platon)이 『이상 국가론』에서 공산주의를 제창했을 때, 그는 그 체제를 감당하기에 적합한 통치 계급을 양성함이 선결문제임을 간파하였다. 그는 통치 계급에 대한 가족제도의 폐지와 특별히 마련된 교육제도를 통하여 그의 이상 국가가 요구하는 인간상의 구현이 가능하다고 주장하였다. 그러나 널리 알려진 바와 같이 그는 시칠리아 왕국에서 이상 국가 실현에 실패하였고, 말년의 저술인 『법률』에서는 통치자 계급에게도 어느 정도의 사유재산을 허용하고 가정도 갖도록 하는 등 그의 지나친 이상론을 현실에 맞도록 수정하였다.

플라톤의 조국 아테네는 작은 도시국가였고, 그가 잠시 왕궁에 머물렀던 시칠리아도 작은 섬나라였다. 이토록 작은 규모의 국가에서 그 통치 계급만의 인간상을 개조하는 일조차 지극히 어려운 과제였다. 마르크스가 염두에 둔 공산 사회는 전 인류를 망라한 국제사회였고, 그의 공산 사회가 실현되기 위해서는 노동자와 농민을 포함한 모든 사람들의 높은 도덕 수준이 요구되고 있다. 마르크스의 공산 사회가 실현되기까지에는 플라톤의 이상 국가의 경우보다도 더 많은 어려움을 극복해야 하고 더 많은 세월이 필요하다고 보아야 할 것이다.

언젠가 먼 미래에 실현할 요원한 이상으로서 이해할 때, 마르크스의 공산주의에는 그 나름의 깊은 함축이 담겨 있다. 그러나 우리가 지금 당장에 그 실현을 서두를 경우에는 많은 무리가 뒤따를 것이다. 우리가 저 먼 이상에 접근하기 위해서는 먼저 여러 중간 단계를 거쳐야 하며, 우리에게 우선 절실하게 요구되는 것은 오늘의 인간상의 수준으로써 실천이 가능한 중간 목표에 관한 이론을 탐구하는 일이다.

7 장

수정 자유주의에 입각한 사회정의론

7장 수정 자유주의에 입각한 사회정의론

1. 롤즈 사회정의론의 기본적 구상

로크의 자유주의 사상을 이론적 배경으로 삼고 성장한 고전적 자본주의 경제체제가 몰고 온 비리(非理)와 폐단에 대한 사회주의자들의 비판은, 사회주의를 전체로서 받아들이기를 원치 않는 사람들에 의해서도 부분적으로는 받아들여지는 경우가 많았다. 자본주의 체제의 덕을 보고 있는 계층의 사람들 사이에서도, 지나친 빈부의 격차와 노동환경의 악조건 등은 마땅히 시정되어야 할 문제를 안고 있다고 보는 것이 오늘날 다소라도 식견을 가진 사람들의 일반적 상식이다. 불만 세력의 위협에 대처하고자 하는 계산에 의해서이든, 또는 인도주의적 양심의 소리를 따르고자 하는 도덕적 동기에서이든, 현대의 선진국으로 불리는 자본주의 국가들 가운데 19세기적 자본주의를 '수정' 없이 고수하는 나라는 드물다. 그리고 이러한 시대적 추세를 반영하는 여러 가지 형태의 수정주의 이론도 나타나고 있거니와, 그러한 수정주의 이론들 가운데서 특히 학계의 주목을 끈 학설로서 존 롤즈(J. Rawls)의 사회정의론을 들 수 있을 것이다.

롤즈의 사회정의론은 바람직한 사회가 갖추어야 할 첫째 덕목은 '정의 (justice)'라는 믿음을 전제로 삼고 출발한다. 바람직한 사회의 실현을 위해서는 높은 생산성과 풍부한 물질, 따뜻한 인정과 쾌적한 생활환경 등 여러 가지 조건이 갖추어져야 하겠지만, 그 가운데서 가장 중요한 것은 사회의 기본 구조와 여러 제도들이 정의의 원칙에 잘 부합해야 한다는 것이다. "진리가 이론 체계의 첫째 덕목이듯이, 정의는 사회제도의 첫째 덕목이다."[1]

사회가 정의롭기 위해서는 우선 그 기본 구조가 공정한 원칙을 따라서 짜여져야 하고, 다음에는 모든 제도가 같은 원칙을 따라서 정립되어야 한다. 정의로운 사회를 위한 이론을 탐구하는 학자로서 가장 먼저 해야 할 일은 사회의 기본 구조를 위한 규범을 밝힐 정의의 원칙을 제시하는 일이다. 롤즈가 20여 년의 오랜 연구의 결과로서 내놓은 『사회정의론』의 주목적은 확고한 이론적 근거에 의해서 밑받침된 정의의 원리를 마련하는 일이었다.

오랜 연구와 많은 논쟁을 거쳐서 롤즈가 결론으로서 얻은 정의의 원칙은 자유주의적 정의론의 그것이었으며, 결과적으로 그는 세계가 자본주의와 사회주의의 대립 속에서 크게 고민하고 있는 현대의 사상계에서 자본주의 편에 가까운 하나의 중도주의(中道主義) 이론을 제시한 모양이 되었다. 그러나 롤즈가 발표한 저술에 나타난 것만으로 판단할 때, 그의 결론이 자본주의와 사회주의의 대립을 중도에서 화해시키려는 절충설을 창안하고자 하는 동기의 산물이라고 말하기는 어렵다. 철학자로서의 롤즈의 포부는 모든 이데올로기적 주관을 초월하여 보편타당성을 가진 사회정의의 원리를 세우고자 함에 있었다.

20세기 초엽 이래 현대 윤리학은 매우 중대한 두 가지 문제의 도전을 받아

---

1 John Rawls, *A Theory of Justice*, Harvard University Press, 1971, p.3.

왔다. 하나는 "어떠한 사회가 참으로 올바른 사회인가?" 하는 현실적이고 규범적인 문제이며, 또 하나는 "규범적 윤리 문제에 대해서 객관적 타당성을 가진 해답을 얻을 수 있는가?" 하는 메타 윤리학적 방법론의 문제다. 롤즈가 직접적으로 대결한 것은 첫째 문제다. 그러나 그는 이 첫째 문제에 대해서 아무도 반대하기 어려운 해답을 치밀한 논리의 뒷받침이 따르는 학설의 형태로 제시함으로써, 둘째 문제에 대해서도 긍정적 해답을 간접적으로 제공하는 업적을 세우고자 하였다. 사실(is)에 대한 지식을 근거로 삼고 당위(ought)에 대한 규범을 찾아낼 수 있느냐 하는 물음을 둘러싸고 메타 윤리학 차원의 많은 학설이 제시되었으나 아직 만족스러운 해답을 얻었다고 보기 어려운 상황에서, 롤즈는 사회정의의 규범적 문제를 새로운 방법으로 처리함으로써 저 메타 윤리학의 문제에도 결정을 내리는 효과를 거두려고 했던 것이다.

롤즈가 사용한 '새로운 방법'이란 전대미문의 **완전히** 새로운 것이라는 뜻으로 새로운 방법은 아니며, 그 이전에도 주장된 적이 있었던 계약론의 옛 사상을 새롭게 원용함으로써 구상한 새로운 방법이었다. 롤즈는 '정의의 원리' 또는 그 밖의 도덕의 원리들이, 지구에 광맥(鑛脈)이 존재하듯이, 인간 밖에 미리부터 존재한다고는 보지 않았다. 그의 출발점은 미리부터 주어져 있는 객관적 원칙의 실재(實在)에 대한 믿음이 아니라, 모든 사람이 **동의하는** 실천의 원칙이 있다면 그 원칙은 보편타당성을 갖는다고 볼 수 있으리라는 믿음이었다. 다시 말하면, 롤즈는 정의의 원리가 인간에 앞서서 미리 주어져 있다고 보지 않고, 그것은 인간이 주체적으로 구성해야 할 것으로 보았던 것이다. 윤리의 원칙을 인간이 주체적으로 구성해야 한다는 견해도 새로운 것은 아니나, 롤즈는 그 구성 방법에 있어서 계약설의 바탕을 독창성 있게 활용하였다.

롤즈가 당연한 것으로 전제하고 있는 것은 개인주의적 인간관이다. 개인은 각각 자신의 삶을 본인의 뜻에 따라서 설계하고 그 설계의 실현을 추구함이 마땅하다는 전제로부터 출발하고 있다. 다만 인간은 사회 안의 존재인 까닭에 그들이 속해 있는 사회의 기본 구조와 제도의 영향을 크게 받는다. 따라서 사람들은 각각 자신에게 유리한 사회의 구조와 제도를 바라게 되며, 이때에 생길 수 있는 이해관계의 대립을 공정하게 조정하기 위해서 요구되는 것이 다름 아닌 사회정의의 원칙이다. 따라서 정의의 원칙은 모든 사람들에게 공정함이 바람직하거니와, 어떠한 원칙이 참으로 공정하냐 하는 문제에 대해서 당사자들의 의견이 대립하기 쉽다. 당사자들의 의견이 대립하는 가장 큰 이유는 각각 자신에게 유리한 원칙을 선호하는 자기중심적 성향 때문이다. 그리고 합리성(rationality)의 부족도 의견 대립의 원인의 하나다.

정의의 원칙을 정립하고자 하는 당사자들에게 어떤 조건을 줌으로써 그들로 하여금 자기중심적 성향을 자제하게 하고, 또 충분히 합리성을 발휘하도록 만든다면, 그들은 아마 어떤 정의의 원칙이 바람직하냐 하는 문제에 대해서 의견의 일치를 볼 것이요, 그렇게 해서 합의에 도달한 원칙은 공정한 원칙으로서 타당성을 가지리라고 롤즈는 믿었다. 롤즈의 정의론에서 중요한 개념의 구실을 하는 '원초적 상태(original position)'는 바로 그 바람직한 원칙에 대한 합의(agreement)를 위해서 필요한 조건을 갖춘 출발점에 해당하는 바 계약 당사자들이 놓여 있는 상태다.

공정한 원칙에 대한 합의를 위해서 필요하고 충분한 조건이 갖추어진 '원초적 상태'에서, 각계각층의 이해관계를 두루 고려할 수 있는 합리적인 사람들이, 자유롭고 평등한 당사자들의 대표로서, 만장일치의 합의로써 선택한 사회의 기본 구조의 원칙이 공정하고 타당성 있는 정의의 원칙으로서의 자격을 갖는다고 보아야 한다는 것이, 롤즈의 사회정의론의 기본적 구상이다. 따라서 롤즈의 정의론을 대하는 우리들의 관심은 다음과 같은 물음으로 집약될 수 있을 것이다. 첫째, 롤즈가 말하는 '원초적 상태'의 조건들이란 어떠한 것이며, 그 조건들의 선택은 어떠한 문화적 주관 내지 이데올로기적 선입견과도 관계없이 객관적 근거 위에서 이루어졌다고 볼 수 있는가? 둘째, 원초적 상태를 전제로 삼을 때 만장일치의 선택을 받게 되리라고 롤즈가 말하는 원칙들은 어떠한 내용을 가졌으며, 저 원초적 상태라는 전제와 결론으로서 얻어진다는 그 원칙들 사이에 논리적 필연성이 있다고 볼 수 있는가? 셋째, 롤즈의 방법을 통하여 얻게 된 정의의 원칙은 오늘의 한국 사회에 효과적으로 적용할 수 있는 것일까? 이 세 가지 물음을 중심으로 롤즈의 정의론의 핵심을 고찰하기로 한다.

2. 원초적 상태

롤즈의 원초적 상태에 주어지는 첫째 조건은 '선택의 대상이 될 원칙들의 목록'이다. 생각할 수 있는 모든 정의관의 원칙들 가운데서 최선의 것을 선택하는 것이 이상적이라고 하겠지만, 아무런 대안들(alternatives)의 제시도 없이 막연한 상태에서 최선의 원칙을 뽑아낸다는 것은 현실적으로 어려운 일이다. 그러므로 계약에 임하는 당사자 대표들 앞에 고려의 대상이 될 만한 원칙들을 나열해서 제시할 필요가 있다고 롤즈는 생각하였다. 그의 대안 목록에 오른 것은 공리주의적 정의관, 자아실현설의 정의관, 직관론적 정의관 등 전통적 정의관들의 원리와 롤즈 자신이 제시한 '정의의 두 원칙' 등이다. 이 목록에 오른 대안들 가운데서 모든 대표들의 찬성을 얻고 선택되는 것은 결국 자기가 제시한 '정의의 두 원칙'이라는 것을 밝히고자 하는 것이 롤즈의 의도다.[2]

---

2 같은 책, pp.122-125 참조.

롤즈의 원초적 상태에 주어지는 둘째 조건은 '정의의 상황(circumstances of justice)' 즉 '사람들 사이의 협동이 가능하고 또 필요한 정상적인 조건들'이다. 이 조건들은 크게 두 부류로 나누어지거니와, 하나는 객관적 조건들이요 또 하나는 주관적 조건들이다. 객관적 조건이라 함은 사람들이 함께 사는 지역적 내지 시대적 여건 등 외부적 조건을 말하며, 그 가운데서 가장 중요한 것은 '알맞을 정도의 결핍'이다. 정의의 문제 가운데서 큰 비중을 차지하는 것은 물자의 분배에 관한 그것이거니와, 모든 사람들이 소원대로 가질 수 있을 정도로 물질이 풍부하거나, 사람들이 완전히 이성을 잃을 정도로 물질이 극도로 결핍한 상태에서는 정의로운 분배의 문제가 합리적으로 다루어질 여지가 없는 까닭에, 알맞은 결핍이 중요한 조건이 된다는 것이다. 그리고 주관적 조건이라 함은 사람들의 욕구와 관심 등을 위시한 협동의 주체들의 내부적 조건을 말하며, 그 가운데서 롤즈가 강조하는 것은 '상호 무관심(mutual disinterest)'이다. 원초적 상태에서의 상호 무관심이란, 인간성의 애타적 측면을 부인하거나 이기적 측면을 강조하는 뜻을 함축하는 것은 아니며, 다만 최초의 상황에서 계약에 임하는 대표들은 타인에 대한 사랑이나 미움의 감정을 잠시 가두어 두는 편이 객관적으로 타당한 선택을 위해서 유리하다는 뜻을 말하고자 하는 것으로 보인다.[3]

원초적 상태의 셋째 조건은 도덕적 원칙에 일반적으로 따르는 '형식적 제약'이다. '옳음'의 개념에 따르는 제약이기도 한 이 형식적 조건으로서 롤즈가 열거한 것은, 일반성(generality), 적용에 있어서의 보편성(universality), 공지성(publicity), 원칙들의 우선순위(ordering), 궁극성(finality) 등 다섯 가지다. 계약론적 견지에서 볼 때, 이 다섯 가지의 조건은 정의의 원칙을 포

---

3 같은 책, pp.126-130 참조.

함한 모든 도덕의 원칙이 따라야 할 형식적 제약임이 논리적으로 명백하다는 것이다.[4]

원초적 상태의 네 번째 조건은 '무지의 장막(veil of ignorance)'이다. 최초의 상황에서 정의의 원칙을 논의하는 당사자들이 각각 자신에게 유리한 원칙을 선택하고자 하는 주관을 배제하기 위해서는, 당사자들이 자신들의 사회적 지위나 타고난 소질 또는 그 밖의 개별적 사실에 대한 지식을 갖지 않는 것이 바람직하다. 자신의 성격이나 가치관 같은 개인적 특수 사정에 대한 지식은 물론이요, 당사자들의 시대와 사회에 관한 지식까지도 주관적으로 작용할 가능성이 있으므로, 무지의 장막으로 가려야 한다는 것이다. 다만 사회나 인간성 일반에 관한 지식은 정의 문제를 생각하는 데 도움을 줄 것이므로 제한할 필요가 없다고 롤즈는 주장하고 있다. '무지의 장막'은 원초적 상태를 규정하는 조건들 가운데서 중요한 위치를 차지하며, 그것은 롤즈의 창의적인 개념이기도 하다.[5]

롤즈가 말하는 원초적 상태가 갖추어야 할 다섯 번째 조건은 '당사자들의 합리성(rationality)'이다. 여기서 말하는 '합리성'이란 가치가 작은 것보다는 가치가 큰 것을 선택하는 계산상의 합리성을 말한다. 원초적 상태의 당사자들은 자신들의 가치관 또는 삶의 설계를 모르는 상태에 있으므로, 어느 원칙이 가장 유리한지 상세한 계산을 할 수는 없다. 그러나 재산, 수입, 권력, 자유, 기회 등 사회적 기본 가치(social primary goods)는 어떠한 가치관 내지 인생관을 가진 사람을 위해서도 많을수록 좋으므로, 원초적 상태에서의 '합리성'은 더 큰 사회적 기본 가치를 선호하는 심성(心性)에 해당한다. 그리

---

4 같은 책, pp.130-135 참조.
5 같은 책, p.136 이하 참조.

고 이 '합리성' 가운데는 시기심(envy)에 좌우되지 않는 냉철함도 포함된다. 또 '합리적인' 사람은 수치심이나 굴욕감에 좌우되는 일도 없다. 요컨대, 나의 처지와 남의 처지를 비교하는 따위의 경쟁심을 벗어나서 오로지 자기 자신의 이해득실만을 냉철하게 계산하여 큰 쪽을 선택하는 심리가 여기서 말하는 '합리성'이다. 롤즈는 계약 당사자들의 합리성 속에 또 한 가지 심성을 포함시킨다. 그것은 궁극적으로 합의한 원리에 대해서 서로 충실할 것을 믿을 수 있다는 성실성이다. 즉, 원초적 상태의 당사자들은 "자기가 지킬 수 없는 계약에 동의하지 않는다는 뜻에서 합리적이다."[6]

이상에 요약한 바와 같은 원초적 상태의 조건들이 아무런 문화적 주관 또는 이데올로기적 선입견과 관계없이 모두가 객관적 근거에서 발굴된 것으로는 보이지 않는다. 우선 롤즈가 제시한 정의의 원리들의 대안들, 즉 선택지만 보더라도 어떤 주관 내지 선입견의 개입이 있음을 찾아볼 수 있다. 그가 제시한 정의의 원칙들의 목록 가운데 롤즈가 결론적으로 내세우는 그의 두 원칙이 들어 있거니와, 도대체 이 두 원칙이 이렇게 일찍부터 얼굴을 내밀 수 있었던 것은 어떤 주관의 작용이 아니고서는 불가능하다. 원초적 상태의 조건들이 먼저 설정되고 그러한 조건들을 갖춘 최초의 상황으로부터 롤즈의 두 원칙이 연역적으로 도출된 것이 아니라, 그의 두 원칙의 근간은 그가 「공정으로서의 정의」라는 논문을 발표했던 1958년에 이미 형성되어 있었다. 롤즈는 자신의 경험과 사유 그리고 직관에 입각하여 가장 타당성이 높다고 믿는 정의의 두 원칙을 먼저 구성하였고, 그렇게 구성된 두 원칙이 만장일치의 합의를 볼 수 있기 위해서 원초적 상태가 갖추어야 할 조건들을 추후에 생각했던 것이다. 다만 추후에 생각된 그 조건들이 모두 객관적으로 타당한 조건

---

6 같은 책, p.142 이하 참조.

들임을 밝힘으로써 자신이 이미 구성한 두 원칙의 타당성을 간접적으로 밝히고자 하는 것이 그의 전략이다.

원초적 상태에 부여된 조건들이 객관적 타당성을 가졌다는 것을 롤즈는 많은 논의를 통하여 설명하고 있으나, 그의 설명이 모든 면에서 만족스럽다고 보기는 어렵다. 그들 조건 가운데서 '형식적 제약'에 관한 부분은 '도덕적 원칙'의 개념을 논리적으로 분석함으로써 설명할 수가 있으나, 그 밖의 조건들에 대해서는 논쟁의 여지가 있는 것으로 생각된다. 예컨대, 롤즈는 전통적으로 유력한 정의관들의 원칙에 자신의 정의관의 원칙을 추가하여 선택지에 해당하는 원칙들의 대안 목록(list of alternatives)을 작성했다고 하나, 그 목록 가운데 마르크스주의의 사회정의 원칙을 넣지 않은 점에 대해서 납득할 만한 해명을 하지 않고 있다. 롤즈는 전통적 정의관들 가운데서 가장 비중이 큰 것으로서 공리주의의 그것을 지목하고, 공리주의 정의 원칙보다도 자신의 두 원칙이 더 높은 설득력을 지녔다고 주장함으로써, 필경 자신의 두 원칙이 만장일치로 선택될 것이라는 결론에 도달하고 있다.

마르크스는 정의의 원칙의 문제를 직접 규범 윤리학의 문제로서 다루지는 않았다. 그러나 "능력에 따라 일하고 필요에 따라 분배한다."는 그의 공산주의 사상 가운데 사회정의에 관한 주장이 함축되어 있음은 의심의 여지가 없으며, 마르크스의 사상이 현재 지구 위에서 가지고 있는 영향력을 감안할 때, 그의 정의관도 마땅히 원초적 상태에서 검토될 원칙들의 목록 가운데 삽입했어야 한다고 생각된다.

롤즈의 계약론적 발상의 바탕에는 개인주의 인생관이 깔려 있다. 또 그의 원초적 상태를 규정하는 '상호 무관심'과 '무지의 장막' 그리고 '합리성' 등의 관념의 바탕에도 개인주의가 깔려 있다. 그런데 이 개인주의라는 것은 동서고금의 모든 인간에게 공통된 사상은 아니며, 개인주의에도 문화와 시대를 반영하는 주관성 또는 이데올로기적 선입견의 배경이 있다고 보아야 할 것이다.

네이글(T. Nagel)은 롤즈가 '무지의 장막'의 두께를 규정함에 있어서 당사자들이 각자의 가치관도 모르는 것으로 가정한 것은 완전한 중립적 태도가 아니라고 비판하고 있다. 어떤 개인이 자신의 성별, 인종, 천부의 재능이 무엇인지 알고, 그에 따라서 어떤 원칙을 선택한다면 그것은 불공정한 일이라고 하겠으나, 자신의 가치관이 무엇임을 알고 그 가치관에 적합한 원칙을 선택하는 것은 불공정하다고 볼 이유가 없다는 것이다. 다시 말해서, 계약 당사자들로 하여금 각자의 가치관에 따라서 정의의 원칙을 선택하기를 허용하지 않고 롤즈가 말하는 사회적 기본 가치를 다다익선(多多益善)으로 보는 가치관에 따라서 원칙을 선택하도록 강요하는 것은 불공정하다는 것이다. 롤즈는, 당사자가 어떠한 가치관을 소유하고 있느냐에 관계없이, 재산, 수입, 자유, 사회적 지위에 대한 경쟁의 기회 등은 모든 사람들을 위해서 평등하게 값지다고 전제하고 있으나, 이 전제의 객관적 타당성이 의심스럽다고 네이글은 지적하였다.[7]

피스크(M. Fisk)도 롤즈의 '원초적 상태'를 가치중립적인 가정으로 볼 수 없다는 점을 지적하고 있다. 롤즈는 개인 각자에게 자신의 삶을 자유롭게 설계할 수 있는 권한이 있다는 것을 전제로 삼고 원초적 상태의 여러 조건들을 규정하고 있거니와, 여기서 전제가 된 '자유'의 개념은 인간이 현실적으로 집단적 존재임을 경시하는 개인주의 이데올로기의 산물이라는 것이다. 피스크에 따르면, 롤즈가 천부의 자유(natural freedom)의 하나로서 중요시한 자유주의적 '사상의 자유'는 지배 계층을 위해서 은근히 도움이 되는 개인주

---

7 Thomas Nagel, "Rawls on Justice", N. Daniels ed., *Reading Rawls: Critical Studies of A Theory of Justice*, Oxford, 1975, pp.9-10 참조.

의적 개념이다.[8] 롤즈가 중요시한 사상의 자유가 반드시 지배 계층을 위해서만 도움이 된다고 보는 것이 옳은지에 대해서는 논란의 여지가 있을 것으로 생각된다. 그러나 롤즈의 정의론에서 중요한 위치를 차지하는 '자유'의 개념이 개인주의 이데올로기의 색체를 띠고 있으며, 공동체 안에서 이성(Vernunft)을 발휘하는 가운데 자유가 실현된다고 본 마르크스주의자들의 '자유'의 개념과는 상당한 거리가 있음에는 의심의 여지가 없다.

롤즈의 '원초적 상태'가 완전히 중립적인 개념이 아니라는 사실이 롤즈의 사회정의론 전체에 치명상이 된다고는 생각되지 않는다. 다만 롤즈의 '정의의 두 원칙'이 **객관적** 근거에서 연역된 것이며 따라서 **보편적** 타당성을 갖는다고 주장하는 자찬(自讚)의 평가에는 상당한 지장을 가져올 것으로 보인다.

3. 정의의 두 원칙

롤즈가 말하는 원초적 상태를 전제로 삼을 때 만장일치의 선택을 받게 되리라고 기대되는 정의의 원칙을 롤즈는 다음과 같이 서술하였다.

첫째, 각 개인은 모든 사람들의 유사한 자유의 체계와 양립할 수 있는 평등한 기본 자유의 가장 광범위한 전체 체계에 대하여 동등한 권리를 갖도록 한다.

둘째, 사회적 불평등 내지 경제적 불평등은, (a) 최소 수혜자(the least advantaged)에게 최대의 이익을 보장하는 동시에, 후세를 위한 절약의 원칙에 위배됨이 없도록 조정되어야 하며, (b) 그 불평등의 계기가 되는 직위(office)와 지위(positions)는 공정한 기회균등의 원칙을 따라서 모든 사람에

---

8 Milton Fisk, "History and Reason in Rawls Moral Theory", N. Daniels ed., *Reading Rawls*, pp.59-60 참조.

게 개방되어야 한다.[9]

롤즈의 정의 원칙은 두 가지로 나누어져 있고, 또 그 둘째 원칙은 다시 두 항목으로 나누어진다. 따라서 그의 원칙들이 요구하는 것들 사이에 충돌이 생길 수 있으므로, 그 충돌을 해결하기에 필요한 우선순위의 규칙이 마련되어야 한다. 롤즈가 제시한 우선순위의 규칙은 다음과 같다.

첫째, 평등한 자유에 관한 첫째 원칙은 경제적—사회적 가치의 분배에 관한 둘째 원칙보다 절대적으로 우선한다. 따라서 자유의 제한은 오직 더 큰 자유를 위해서만 허용될 수 있다.

둘째, 두 번째 정의의 원칙은 효율성(efficiency)의 원칙 또는 이익 극대화의 원칙보다 절대적으로 우선한다. 그리고 기회균등의 원칙은 차등의 원칙보다 우선한다.[10]

이상과 같이 요약되는 롤즈의 정의론의 가장 두드러진 특색은, '최대의 평등한 자유'를 크게 강조하고 있다는 사실에서 발견된다. 롤즈의 정의론에서 최고의 위치를 차지하는 기본적 가치는 자유이며, 되도록 많은 자유를 모든 사람들이 평등하게 누려야 한다는 것이 롤즈의 생각이다. 자유는 분배의 대상이 되는 기본적 가치들의 체계에 있어서 정상(頂上)에 위치하므로, 다른 어떤 사회적 가치의 증대를 위해서 자유를 제한하는 일은 **원칙적으로** 용납될 수 없으며, 오직 더 큰 자유를 위한 자유의 제한만이 정당성을 갖는다.

롤즈는 어떤 경제적 이득을 위해서 자유를 제한해서는 안 된다고 거듭 강조하였다. 그러나 이 자유 우선의 원칙이 적용되기 위해서는 사람들의 기본적 욕구가 충족될 수 있을 정도의 경제 발전이 선행되어야 한다고 그는 단서

---

9 John Rawls, *A Theory of Justice*, p.302 참조.
10 같은 책, pp.302-303 참조.

를 붙이고 있다. 경제력이 빈약하여 기본적 욕구의 충족조차 어려운 사회에서는 '자유'의 권리를 누린다는 것이 사실상 불가능할 경우가 많다. 이러한 저개발 사회의 경우에는, "자유를 즐길 수 있을 정도로 문명의 수준을 끌어올리기 위해서 그렇게 할 필요가 있을 경우에만 평등한 자유의 부정이 정당한 처사가 될 수 있다."는 것이다.[11]

롤즈가 그토록 소중히 생각하는 '자유'가 어떠한 것인가는 그가 열거한 '기본적 자유들(basic liberties)'에 의해서 짐작할 수가 있다. 롤즈가 열거한 시민의 기본적 자유들은 "개략적으로 말해서, 투표권과 공직에 대한 피선거권 따위의 정치적 자유, 언론과 집회의 자유, 양심의 자유와 사상의 자유, 인신(the person)의 자유와 사유재산을 가질 수 있는 자유, 법으로 규정한 정당한 이유가 없는 한 체포나 구금을 거부할 수 있는 자유" 등이다.[12] 결국 롤즈가 기본적 사회적 가치의 으뜸으로서 숭상한 자유는 자유주의 국가들의 헌법이 자유 조항에서 보장하는 그것과 대체로 일치한다고 볼 수 있다.

여기서 분명한 것은 롤즈의 '자유'가 개인주의에 입각한 자유주의적 전통의 자유라는 사실, 다시 말해서 그의 자유는 이성의 자율(自律)을 강조한 스피노자의 자유나 사회 공동체와의 조화를 초래하기 마련인 이성적 활동 가운데 자유가 있다고 본 마르크스의 견해와는 다른 점을 가졌다는 사실이다. 이와 같은 롤즈의 자유 개념을 통해서, 우리는 그의 사회정의론이 문화적 내지 이데올로기적 주관과 무관하지 않는다는 사실을 다시 한 번 확인하게 된다.

'차등의 원칙(difference principle)'으로 불리는 롤즈의 둘째 원칙은 사회

---

11 같은 책, p.152.
12 같은 책, p.61.

적 내지 경제적 불평등이 허용될 수 있는 조건을 밝히기 위한 것이다. 자유에 관해서는 평등의 원칙을 강조한 롤즈였으나, 사회적 지위나 경제적 분배의 문제에 있어서는 도리어 불평등이 바람직할 수도 있다는 것을 그는 인정하고, 이 둘째 원칙을 통하여 불평등이 허용될 수 있는 조건을 명시하고 있다. 사회적 불평등 내지 경제적 불평등은 그 자체로서 바람직하지 않은 것임에 틀림이 없으나, 그 불평등을 감수함으로써 불우한 처지에 놓인 사람들이 더 큰 이익을 얻게 될 경우에는 큰 것을 위해서 작은 것을 희생할 수도 있다는 것이 롤즈의 생각이다.

롤즈에 따르면, 차등 대우가 정당한 것이 되기 위해서는 세 가지 조건을 만족시켜야 한다. 첫째로, 유리한 처지에 놓인 사람이 받을 수 있는 우대의 정도는 그 우대로 말미암아 최소 수혜자가 최대의 이익을 보장받을 수 있는 선에서 멈추어야 한다. 둘째로, 우대받을 수 있는 직위나 지위에 접근할 수 있는 기회는 모든 사람에게 균등하게 열려 있어야 한다. 셋째로, 후세 사람들의 안정된 생활을 위해서 요구되는 절약의 원칙을 위배함이 없어야 한다. 이와 같은 롤즈의 차등의 원칙을 성공적으로 실천에 옮길 경우에 일종의 복지 사회국가가 실현될 공산이 크다고 볼 수 있을 것이다.

롤즈는 자신이 옹호하는 정의의 두 원칙과 이에 수반하는 우선(優先)의 규칙이 그의 '원초적 상태'를 전제로 삼고 필연적으로 연역된다고 주장하였다. 그러나 비록 롤즈의 '원초적 상태'를 전제로서 받아들인다 하더라도, 반드시 그가 제시한 '두 원칙'이 만장일치의 선택을 받게 될 것이라고 단정하기는 어려울 것으로 보인다.

첫째로, 롤즈의 차등의 원칙에 포함된 '최소 수혜자의 이익 극대화'의 조항이 만장일치의 선택을 받도록 함에 있어서 결정적 구실을 한 '최악 최선의 규칙(maximin rule)'의 적용에 관련하여 여러 학자들의 비판이 있었거니와, 이들 비판에 대해서 롤즈가 만족스러운 대답으로 일관하기는 어려울 것으로 보인다. 다시 말하면, 롤즈로 하여금 평균 공리주의를 물리치고 그의 두 원칙을 도출할 수 있게 한 것은, '불충분한 이유(insufficient reason)'의 원칙을 거부하고 최악 최선의 규칙을 적용했기 때문인데, 왜 반드시 최악 최선의 규칙을 적용해야 하는지 그 당위성에 대한 설명이 어려울 것으로 보인다.[13]

타인에 대해서 서로 무관심하고 시기심도 없는 사람들이 각각 자기의 이익을 극대화하고자 하는 동기를 가졌다고 전제할 때, 만약 기본적 가치에 대한 차등 분배가 자기의 몫의 절대치를 높여 줄 가능성이 크다면, 당사자들은 그 차등 분배에 찬성할 이유를 가질 것이다. 즉, 차등 분배가 그 집단 전체의 생산성과 부(富)를 증대하는 데 효과적이라는 전제 아래서, 그 늘어난 가치의 혜택이 자기들에게도 돌아오리라고 기대될 때, 사람들은 그 차등 분배에 찬성할 것이다. 이때에 차등 분배의 기준을 무엇에 두느냐 하는 문제가 생기거니와, 계약 당사자들은 장차 일어날 수 있는 가능한 경우들에 대한 확률을 모르는 상태에서 그 기준을 정해야 하는 것이 원초적 상태의 조건이었다. 이 경우에 우리는 불충분한 이유의 원칙에 의거해서 그 기준을 정할 수도 있고, 최악 최선의 규칙을 따라서 그것을 정할 수도 있는데, 전자에 의거하면 평균 공리주의의 원칙을 결론으로서 얻게 되고, 후자에 의거하면 롤즈의 차등 원칙을 결론으로서 얻게 된다. 장차 일어날 사태에 관한 확률을 모르는 상태에서 위험부담이 클지도 모를 불충분한 이유의 원칙에 의존하는 것은 불합리하다는 것이 롤즈의 주장이나, 그것이 불합리하다는 점에 대해서 의문을 제기할 수 있을 것이다.

최악 최선의 규칙을 적용하는 편이 도리어 불합리하다고 생각되는 경우가 있다는 반례(反例)를 여러 가지로 들 수 있는 가운데, 배리(B. Barry)가 제시

---

13 R. P. Wolff, *Understanding Rawls*, Princeton University Press, 1977, pp.50–51 참조.

한 레인코트에 관한 반례는 특히 인상적이다. 만약 최악의 경우에 대비하는 것이 마땅하다는 방침을 따라야 한다면, 다소라도 비가 올 가능성이 있는 지역에 사는 사람들은 언제나 레인코트나 우산을 들고 다녀야 할 것이다. 그러나 비가 올 확률이 낮은 경우에까지 우비를 들고 다니는 것이 과연 합리적이라고 볼 수 있겠느냐 하는 것이 배리가 제기한 이론(異論)의 요점이다.[14]

최악의 경우를 최선으로 하도록 배려함이 언제나 합리적일 수 없다는 것을 밝히는 사례가 롤즈에게 치명적인 타격을 주리라고는 생각되지 않는다. 롤즈는, 후손들에게까지 막대한 영향을 미칠 사회 기본 구조의 원칙을 마련하기 위한 원초적 상태에 있어서, 계약 당사자들이 취해야 할 합리적 태도는 최악 최선의 전략이라고 주장했을 뿐이요, 모든 경우에 최악 최선의 원칙을 적용해야 한다고 주장한 것은 아니다. 따라서 최악의 경우를 지나치게 염려하는 것이 도리어 불합리한 경우도 있을 수 있다는 것이 롤즈에게 큰 타격을 주리라고 속단하기는 어렵다. 다만, 원초적 상태에 놓인 대표자들이 '최악 최선의 전략'을 택해야 한다는 것을 **적극적으로** 밝힐 책임이 롤즈에게 있다는 사실에 비추어 볼 때, 과연 그의 논의가 만족스러우냐 하는 것이 문제로서 남는다.

롤즈는 최악 최선의 전략을 적용함이 합리적인 것은 다음과 같은 세 가지 조건을 갖춘 상황이라고 주장한다. 첫째로, 어떤 사태가 일어날 수 있는 확률이 알려져 있지 않아야 한다. 둘째로, 계약 당사자는 최악 최선의 전략이 보장해 주는 최소의 혜택 이상의 것에 대해서는 별로 욕심을 부리지 않는 가치관을 가져야 한다. 셋째로, 최악 최선의 전략 이외의 다른 원칙을 따랐을 경우에는 견딜 수 없을 정도의 불행한 결과가 야기될지 모른다는 예견(豫見)이 서야 한다. 그리고 롤즈의 원초적 상태는 이 세 가지 조건을 갖추었으므

---

14 Brian Barry, *The Liberal Theory of Justice*, 1975, pp.89-90 참조.

로, 바로 이 경우는 최악 최선의 원칙을 적용해야 마땅하다는 것이다.[15]

이러한 롤즈의 주장에 대하여 헤어(R. M. Hare)는 다음과 같은 반론을 제기하고 있다. 첫째, 객관적 확률을 계산할 수 있는 모든 지식을 박탈한 것은 자의적(恣意的)이다. 둘째, 롤즈의 둘째 조건을 인정하는 것은 원초적 상태의 당사자들로 하여금 자기의 가치관에 대해서 아는 바가 없도록 한 본래의 가정과 모순된다. 셋째, 견딜 수 없을 정도의 불행한 결과가 생길지 모른다는 예견에 관한 셋째 조건이 정당화하는 것은 극대화 전략(maximizing strategy)이 아니라, 보험 전략(insurance strategy)이다.[16]

이 세 가지 가운데 객관적 확률을 계산할 수 있는 지식을 박탈한 것은 자의적이라고 말한 첫 번째 지적은, 롤즈가 마련한 무지의 장막이 필요 이상으로 두텁다는 헤어의 견해의 한 예시(例示)로 볼 수 있거니와, 이 비판은 롤즈에게 별로 큰 타격을 주지 않을 것으로 보인다. 롤즈는 본래 자기가 원하는 결론이 도출되도록 원초적 상태의 조건들을 정했다는 것을 자인했던 것이며, 그의 그러한 설정에 어떤 불합리한 점이 없는 한 자의적임을 나무랄 수는 없기 때문이다. 헤어의 세 번째 지적도 롤즈에게 큰 타격을 주지는 못할 것으로 보인다. 왜냐하면, 원초적 상태에 있어서는 최악 최선의 전략과 보험 전략은 결국 같은 내용으로 귀착할 것이기 때문이다. 그러나 헤어의 두 번째 지적은 롤즈의 견지에서 되받아넘기기가 어려울 것이다. 롤즈는 그의 저술 첫머리에서 계약 당사자들의 "특정한 성격이나 포부 또는 가치관이 원리 선택에 영향을 주는 일이 없도록 보장해야 한다."고 분명히 말한 바 있다.[17] 그런데 이

---

15 John Rawls, *A Theory of Justice*, pp.154-155 참조.

16 R. M. Hare, "Rawls' Theory of Justice", N. Daniels, *Reading Rawls*, pp.104-105 참조.

17 John Rawls, *A Theory of Justice*, p.18.

제 와서 그들에게 "최소의 혜택 이상의 것에 대하여 별로 욕심을 내지 않는다."는 가치관이 필요하다고 말하는 것은 명백한 자기모순이 아닐 수 없다.

더 큰 자유를 위하여 작은 자유를 희생할 수는 있으나, 소득 또는 재산의 증대를 대가로 받는 조건으로 자유나 권리를 양보할 수 없다는 롤즈의 우선순위 원칙에 대해서도 많은 비판이 제기되었다. 롤즈 자신도, 모든 경우에 자유의 절대 우선을 고집했을 때 어려운 문제가 생긴다는 것을 알았던 까닭에, 경제생활이 어느 정도의 수준에 이르기 전에는 기본 생활의 안정을 위해서 자유를 양보할 수도 있다는 단서를 미리 달아 두었다. 그러나 자유가 절대적 우선권을 차지하는 것이 정확하게 어떤 경제 수준부터이냐 하는 문제를 떠나서도, 그러한 단서만으로 문제가 완전히 해결되리라고는 생각되지 않는다.

자유에도 여러 가지 종류가 있다. 모든 종류의 자유를 남김 없이 누린다는 것은 현실적으로 불가능한 일이며, 여러 가지 자유 사이에 경합이 생길 경우에 더 큰 자유를 살림으로써 현실적으로 누리는 자유의 전 체계가 가장 광범위하게 되도록 해야 한다는 것이 롤즈의 생각이다. 여기서 필요한 것이 여러 가지 자유들의 결합으로서의 자유의 체계들 가운데서 어느 것이 가장 광범위한가를 비교할 수 있는 방법이다. 그 비교가 가능하기 위해서는 여러 가지 종류의 자유를 같은 단위로 환산할 수 있는 지수(指數) 같은 것을 만들어야 하는 것인데, 하트(H. L. A. Hart)와 울프(R. P. Wolff)가 입을 모아 지적했듯이 그것은 매우 어려운 일이다.[18]

더욱 근본적인 문제는 경제적 가치에 대한 자유 및 권리의 절대적 우위를

---

18 H. L. A. Hart, "Rawls on Liberity and its Priority", N. Daniels ed., *Reading Rawls*, pp.230-252, 특히 pp.233-235 참조. R. P. Wolff, *Understanding Rawls*, pp.85-98 참조.

인정하는 원칙에 대하여 과연 모든 계약 당사자들이 동의하겠느냐 하는 문제다. 울프가 말한 바와 같이, 어떤 종류의 정치적 권리는 단순한 수단에 불과한 것으로 보는 인생관도 있을 수 있는 일이며, 그러한 인생관을 가진 사람의 견지에서 볼 때는, 투표권 또는 입후보권을 포기하는 대가로 큰 재산을 얻을 수 있다면, 그러한 거래는 별로 불합리할 것이 없다는 판단이 서게 될 것이다.

자기의 정의론의 정당성을 밝히고자 하는 전 과정을 통하여, 어려운 고비를 만날 때마다 롤즈가 내세우고 의지한 것은 '사리에 맞는다(reasonable)'라는 개념이다. 정의의 원리의 기본 개념으로서의 '사회적 기본 가치'에 대한 '얇은 가치관(thin theory of good)'을 옹호할 때도 그렇게 하였고, 그의 '최악 최선의 전략'을 옹호할 때도 그렇게 하였으며, 그의 원칙들 상호간의 우선순위를 정당화할 때도 그렇게 하였다. 그리고 자기의 주장이 합리적이라는 것을 보증해 주는 것은 언제나 롤즈 자신의 직관(intuition)이었다.

"반드시 사리(事理)에 맞도록 해야 할 이유가 있는가?" 하는 반문을 여기서 제기할 수도 있을 것이다. 그러나 '이유(reason)'를 묻는 것 자체가 이미 사리에 맞아야 함을 전제로 하는 것이며, 모든 이론적 탐구는 사리의 중요성을 인정하는 묵약을 바탕으로 삼고 출발한다고 볼 수 있으므로, 이 반문은 롤즈에게 별로 큰 지장을 가져오지는 않을 것이다. 다만 롤즈는 자기의 주장이 사리에 합당하다는 것을 밝힘에 있어서 충분한 근거를 제시했느냐 하는 것이 문제로서 남아 있을 뿐이다.

밀러(R. W. Miller)는 롤즈의 차등의 원칙이 마르크스주의적 사회 인식을 가진 사람들의 찬동을 얻기가 어려울 것이라고 논평하고 있다. 마르크스주의자들에 따르면, 다음 세 가지 명제가 적중하는 사회가 존재할 수 있다. 첫째, 불평등의 격차를 좁히기 위해서는 계급투쟁이 불가피하다. 둘째, 사회의 최상 계급은 지배계급이며, 정치와 이데올로기의 여러 제도들은 지배계급의 이익을 위해서 일방적으로 작용한다. 셋째, 지배계급의 전형적 성원들은 금력과 권력 그리고 지위에 대하여 특별히 큰 욕구를 가졌다. 그리고 이 세 가지 명제 가운데 하나라도 적중하는 사회에서는 롤즈의 차등의 원칙은 현실적으로 지켜지기가 어렵다(왜냐하면 롤즈의 차등의 원칙을 이행하는 일과 위의 세 명제의 상황은 양립할 수 없기 때문이다). 따라서 인간 사회 가운데는 위에서 말한 세 가지 명제가 적중할 경우가 많다는 것을 믿는 마르크스주의자들은 현실적으로 지켜지기 어려울 가능성이 많은 차등의 원칙을 사회의 기본 구조를 규정하는 원칙으로서 받아들이기를 거부할 것이라고 밀러는 주장한다.[19]

만약 밀러가 말하는 마르크스주의자들의 사회 인식이 거짓이라는 것을 밝힐 수 있다면, 롤즈에 대한 밀러의 비판은 부당한 것으로서 물리침을 받게 될 것이다. 그러나 밀러가 말하는 마르크스주의자들은 **모든** 사회에 대해서 저 세 가지 명제가 적중한다고 믿는 것이 아니라 일부의 사회에 대해서 적중할 가능성이 있다고 믿는 것이므로, 그들의 사회 인식이 거짓이라는 것을 경험적으로 밝히기는 매우 어렵다. 결국 무지의 장막이 걷혔을 때 어떠한 상황의 사회와 만나게 될 것인지에 대한 확률적 추측조차 어려운 상태에서 정의의 원칙을 모색해야 하는 것이 원초적 상태에 놓인 당사자들의 처지다. 이러한 처지에 놓인 당사자들 가운데서 마르크스주의적 사회 인식을 가진 사람들을 설득하기 위해서는, 그들의 사회 인식이 그릇되다는 것을 밝히거나 적어도 그들의 사회 인식에 입각하여 태도를 결정하는 것은 **사리**에 맞지 않는다는 것을 밝힐 수 있어야 할 것이다.

---

19 R. W. Miller, "Rawls and Marxism", N. Daniels ed., *Reading Rawls*, pp.226-228 참조.

문제는 '사리'에 맞는 길과 맞지 않는 길을 구별하는 객관적 기준을 어떻게 세우느냐에 있는 것으로 보인다. 롤즈는 자신의 직관을 그 기준으로 삼은 셈이며, 그의 직관은 그가 존중하는 '숙고 판단(considered judgments)'의 핵심이기도 하다. 롤즈는 모든 사람들의 숙고 판단이 자기의 직관에 동의해 줄 것을 기대하면서 자신의 정의론의 정당성이 인정되기를 바라는 터인데, 그와는 다른 직관 또는 숙고 판단을 가진 사람들도 있다는 사실로 말미암아, 그의 정의의 원칙이 정당함을 밝혀 내기에 어려움을 겪게 된 것이다. 다니엘스 (N. Daniels)를 비롯한 여러 논평자들이 지적하고 있듯이, 롤즈의 정의론은 '평등적 자유주의'라고 부를 수 있는 일종의 사회사상을 배경으로 삼고 있는 것이며, 일정한 사회사상을 바탕에 깔고 있다는 뜻에서, 그것은 역시 주관 (主觀)의 영향을 완전히 벗어나지 못했다는 평가를 면하기 어려운 한계를 가졌다고 보아야 할 것이다.

4. 롤즈의 정의론과 한국의 실정

롤즈의 사회정의론의 두 원칙이 자명한 원리로부터 연역된 것이 아니라 어떤 이데올로기를 바탕에 깔고 있다는 것만으로 그 타당성을 전적으로 부정할 수는 없을 것이다. 이제까지의 우리의 비판적 고찰이 크게 빗나간 것이 아니라면, 롤즈의 사회정의론이 모든 시대의 모든 사회에서 **보편적으로** 타당성을 갖는다는 주장은 타격을 입게 될 것이다. 그러나 그의 정의론이 어떤 특정한 시대의 특정한 사회에서 적합성을 가질 수 있는 여지는 충분히 남아 있다. 가령 롤즈 자신이 태어나서 살고 있는 미국 사회에 적용한다고 가정했을 때, 롤즈의 정의론이 다른 사람들의 어떤 정의론보다도 성공을 거둘 수 있는 가능성은 다분히 있다고 보아야 할 것이다.

롤즈의 정의론이 그 논자의 나라인 미국에서 적합성을 갖는지 안 갖는지는 우리들의 관심사가 아니다. 필자가 이 저술을 시작한 것은 필자 자신과 우리 한국이 당면하고 있는 현실에 대한 관심에서였고, 우리가 지금 롤즈의 학설을 문제 삼고 있는 것도 그의 학설이 우리들의 현실 문제에 대해서 타산지석(他山之石)의 도움을 줄 수 있으리라는 기대 때문이다. 단적으로 말해서 롤즈의 정의론이 가진 논리적 한계에 대한 고찰이 일단 끝난 이 자리에서 우리가 생각해야 할 절실한 문제는, 그의 학설이 오늘날 우리 한국에 대해서 어느 정도의 적합성을 가질 수 있겠느냐 하는 문제다.

결론적으로 볼 때, 롤즈의 사회정의론은 복지국가의 이념에 가깝다. 바꾸어 말하면, 롤즈의 정의론을 따라서 헌법을 마련하고 견제 정책을 수행하는 나라는 결과에 있어서 '복지국가'로 불리는 범주에 속하게 될 것이다. 경제적 소득의 차등을 인정하되 그 차등의 정도는 최소 수혜자에게도 이익을 가져올 수 있는 범위 안으로 국한한다는 롤즈의 둘째 원칙은 복지 국가의 기본 원리와 일치한다. 롤즈가 강조하는 대로 평등한 자유에 관한 첫째 원칙의 우위를 지킨다 하더라도, 그의 정의의 두 원칙을 실천에 옮기는 나라는 대체로 복지국가의 범주 안에 들어갈 것으로 생각된다.

외세의 흥정으로 인하여 분단 상황을 오래 지속하게 된 우리 한국은, 자본주의와 사회주의 두 이데올로기의 갈등도 매우 심각한 지역이 되었다. 두 진영으로 갈라진 우리 민족이 평화적으로 통일하는 길을 대립하는 두 이데올로기 가운데서 하나만을 살리는 방향에서 찾기는 현실적으로 극히 어려울 것이므로, 두 이데올로기의 장점을 종합한 어떤 중도주의(中道主義) 노선에서 민족의 비극을 극복할 수 없을까 하는 생각은 이 나라의 지성인들이 한 번쯤은 갖게 되는 자연스러운 발상이다. 이러한 맥락에서 볼 때, 하나의 중도주의 노선임에 틀림이 없는 복지국가의 이념은 우리의 관심을 끌지 않을 수 없으며, 롤즈의 정의론도 그것이 복지국가의 이념을 체계적으로 뒷받침하고자 하는 철학적 시도의 하나로서 이해할 수 있다는 점에서, 우리들의 관심의 대상이 된다. 그러나 우리 한국이 장차 선택해야 할 노선의 문제를 지금 전체적으로 고찰할 단계는 아니며, 이 자리에서는 롤즈의 정의의 원칙이 성공적으로 적용되기에 필요한 조건들을 우리나라가 어느 정도 갖추고 있는가를 간단히 살펴보고자 하는 것이다.

롤즈의 첫째 원칙은 평등한 자유를 강력히 주장하면서 어떠한 물질적 이득을 위해서도 자유를 양보할 수는 없다고 역설한다. 그러나 이 자유 우선의 원칙이 무리 없이 적용될 수 있기 위해서는 국민 전체의 물질생활이 어느 수준 이상으로 안정되어야 하며, 그 나라의 문화 수준도 상당한 높이에 도달해 있어야 한다는 것을 롤즈 자신이 미리 말하고 있다. 기본 생활조차 안정되지 못한 저개발 단계의 국가에서는 자유보다도 더욱 시급한 것이 있을 수 있다는 점을 인정한 것이다. 바꾸어 말하면, 자유를 현실적으로 즐길 수 있을 정도로 문명의 수준을 끌어올리기 위해서 필요한 경우에는 평등한 자유의 부정이 정당할 수도 있을 것이다. 그러나 그가 말하는 "자유를 즐길 수 있을 정도로 발달한 문명의 수준"이 어느 정도의 것인지에 대해서 롤즈는 구체적으로 언급하지 않았다.

구체적으로 언급한 바는 없으나, 이른바 '선진국'으로 불리는 나라들이 그 수준에 이른 '문명국'에 포함될 수 있으리라는 것은 거의 확실하다. 그리고 국민의 대다수가 굶주림에 시달리는 극빈과 문맹의 나라들은 그 수준에 미달한 경우로 보아야 할 것임에 틀림이 없다. 그러나 개발도상국 또는 중진국의 단계에 왔다고 흔히 말하는 우리 한국의 경우는 어느 편에 가까운지 속단하기가 쉽지 않다. 그뿐만 아니라, 우리가 한국의 미래상을 진단할 경우에는 민족의 통일을 염두에 두어야 할 것이며, 따라서 북한의 사정까지도 고려의 대상으로 삼아야 할 것이므로, 상황 판단은 더욱 어려워진다.

우리 남한의 경우 일인당 국민소득이 4천 달러 선을 넘어섰다고는 하나,[20] 빈부의 격차가 심하므로 자유를 현실적으로 즐길 수 없는 사람들의 층이 아직도 두텁다고 보아야 할 것이다. 롤즈의 두 원칙을 적용하면 빈부의 격차는 자연히 줄게 될 것이므로 국민의 총생산만 어느 수준에 오르면 현재의 불균형은 별로 문제가 될 것이 아니라는 논리를 주장할 사람도 있을 것이다. 그러나 자유 우선의 원칙을 지켜 가면서 롤즈의 차등의 원칙을 효과적으로 적용하기 위해서는 국민 전체의 도덕적 수준이 매우 높아야 할 터인데, 우리는 여기서 우리의 도덕의식이 과연 그 정도의 수준에 와 있느냐 하는 문제와 부딪치게 된다.

북한의 경제 수준은 남한의 그것보다 크게 뒤떨어지고 있는 것으로 전해지고 있는 반면에, 빈부의 격차는 남한의 경우보다 적을 것으로 보는 것이 일반의 상식이다. 그러나 평등을 지향한 그 분배의 실천이 자유 또는 자율을 바탕으로 삼고 된 것이 아니라 강력한 공권력의 힘을 빌려서 억제로 강행한 결과라는 사실이, 롤즈의 두 원칙을 적용하기에 어려운 여건으로 작용할 가능성이 크다. 결국 남한과 북한을 합쳐서 생각할 때, 롤즈의 두 원칙을 우리나라에 적용하기에는 경제와 정치 그리고 윤리 의식의 현 단계에 적지 않은 어려움이 있을 것으로 보인다.

롤즈의 사회정의론에서 계약 당사자들로 가정되고 있는 사람들은 철저한 개인주의자인 동시에 합리성이 매우 강한 사람들이다. 원초적 상태에서 만장일치로 선택된 롤즈의 두 원칙이 그 장막을 걷어 낸 현실 사회에서 차질 없이 이행되기 위해서는, 그 현실 사회의 사람들도 개인주의에 철저한 동시에 강한 합리성을 가지는 것이 바람직하다. 다시 말하면, 롤즈의 두 원칙은 합리성이 강한 개인주의자들로 구성된 사회에서 시행되기에 적합한 내용을 담

---

20 일인당 국민소득이 4천 달러를 넘어섰다는 정부의 발표를 일단 따랐다, 국민소득 산출 방법에 따라서 4천 달러에 크게 밑도는 수치가 나올 수도 있겠으나, 여기서는 그것이 문제의 초점이 아니므로 덮어 두기로 한다.

고 있다.

한국의 전통 사회는 개인주의보다도 가족주의가 지배하는 사회였다. 해방을 계기로 남한은 미국 문화의 영향을 크게 받게 되었으며, 북한은 소련을 비롯한 동구의 사회주의 문화의 영향을 크게 받게 되었다. 이 외래문화의 충격으로 말미암아 한국 전통 사회의 가족주의는 남한에 있어서도 크게 파괴되었고 북한에 있어서도 큰 타격을 받았다. 다만 가족주의가 파괴되는 방향은 남한과 북한의 경우가 서로 달랐다. 남한에서는 대가족제도로부터의 개인의 독립을 고취하는 방향으로 파괴되었으나, 북한에서는 가족보다도 더 큰 국가 또는 민족 공동체를 자아의 단위로서 강조하는 방향으로 파괴되었다. 남한에서는 개인주의의 방향으로 가족주의가 파괴되는 경향으로 변화가 생겼으나, 타인에 대한 무관심 또는 타인의 사생활에 대한 무간섭이 미국의 개인주의자들과 같은 정도에는 아직 이르지 않고 있다. 북한에 관한 정보는 극히 제한되어 있고 또 많은 경우에 굴곡된 보도의 영향도 있어서 그 상세한 실정을 알 수가 없다. 다만, 인간성이라는 것이 단시일 안에 근본적으로 달라지기 어렵다는 사실로 미루어 볼 때, 북한 사람들이 국가 또는 민족을 자아로서 의식하는 심성이 확고하게 형성되는 단계에는 아직 크게 미치지 못했을 것으로 짐작이 간다.

투철한 개인주의자들의 사회가 아니면 롤즈의 두 원칙을 적용하기 어렵다고 단정할 수 있느냐는 반문에 대해서 '그렇다'고 대답하고 그 대답을 논리적으로 뒷받침하기는 쉬운 일이 아니다. 그러나 롤즈의 첫째 원칙이 그토록 역설하는 '자유'는 개인의 자유이고, 그 개인의 자유가 서구적 개인주의 전통의 '자유'인 이상, 롤즈의 첫째 원칙과 가족 또는 그 이상의 어떤 집단을 '자아'로 보는 인생관 사이에 어떤 갈등이 생길 가능성은 충분히 있다고 보아야 할 것이다.

남한에 있어서나 북한에 있어서나 한국인이 투철한 개인주의자가 아니라는 사실이 롤즈의 정의 이론을 한국에 적용하는 데 불리한 조건이 될 것이라는 주장은, 객관적 사실들의 관계에 대한 가치중립적 서술이며, 개인주의 또는 롤즈의 정의론에 대한 가치판단을 전제로 한 주장은 아니다. 다시 말하면, 우리의 주장이 우리 한국인도 투철한 개인주의자가 됨으로써 롤즈의 정의론에 잘 적응할 수 있도록 되어야 한다는 뜻을 함축하는 것은 아니다. 우리들의 됨됨이를 따라서 그것에 적합한 실천 이론을 선택할 것이냐, 또는 바람직한 실천 이론을 먼저 정하고 그것에 맞도록 우리의 사람됨을 고쳐 가야 하느냐 하는 문제는, 그 자체가 매우 어려운 별개의 문제다.

투철한 개인주의자들이 아닌 우리 한국인은 합리성이 강한 편도 아니다. 이지(理智)보다는 감정이 우세한 사람들이 더 많은 것이 이제까지의 한국인이다. 적어도 롤즈의 정의론이 가정한 원초적 상태의 사람들에 비하면, 대부분의 한국인은 합리적 측면보다는 감정적 측면이 강한 편이다. 그리고 감정적 측면에 비해서 합리적 측면이 약하다는 사실은 롤즈의 두 원칙을 적용하기에 불리한 조건이 될 것이다. 특히 롤즈의 둘째 원칙인 '차등의 원칙'이 무리 없이 적용되기 위해서는 남이 나보다 잘사는 것을 보고도 시기심을 느끼지 않을 정도로 사람들이 냉철해야 하거니와, 감정의 측면이 우세한 우리 한국인은 "사촌이 땅을 사면 배가 아프다."는 속담이 있을 정도로 시기심이 강한 편이며, 상대적 빈곤감에 있어서도 매우 예민한 반응을 보이는 사례가 허다하다.

이제까지의 고찰로써 롤즈의 사회정의론이 우리 한국에 대해서는 별로 쓸모가 없다는 결론에 도달했다고는 생각하지 않는다. 큰 테두리에 관한 한 롤즈의 정의론에는 우리 한국을 위해서도 적합성을 가진 의견들이 적지 않이 포함되어 있다. 다만 롤즈의 사회정의론을 산출한 문화의 배경이 우리의 그것과 다른 만큼 그의 학설이 바로 우리 한국 사회를 위해서 안성맞춤이 되기는 어렵다는 결론을 우리는 얻었을 뿐이다.

8 장
민주사회주의의 이념

8장 민주사회주의의 이념

1. 복지국가론에 대한 급진주의자들의 비판

우리가 앞에서 롤즈의 사회정의론을 고찰한 것은, 그의 학설이 여러 가지 사회 이론 가운데서 하나의 유형(類型)을 대표할 만한 비중을 차지한다고 보았기 때문이다. 그가 대표하는 사회 이론의 노선은 자유민주주의를 기본으로 삼고 평등에 관한 사회주의자들의 주장을 부분적으로 받아들인 것으로서, 굳이 이름을 붙인다면 넓은 의미의 '사회민주주의(social democracy)'의 범주에 속한다고 볼 수 있을 것이다. 그리고 그의 학설을 실천에 옮겼을 때 생기는 국가는 '사회복지국가(social welfare state)'의 일종이 될 것이다. 롤즈는 자신을 복지국가론자로 규정한 바가 없으나, 그의 사상 가운데 사회 복지의 이념이 강하게 깔려 있음은 부인하기 어려울 것이다. 어쨌든 우리의 큰 관심은 어떤 개인의 학설보다도 여러 학설들이 대표하는 사회 이론의 유형을 비교함에 쏠리고 있으며, 이 자리에서의 우리들의 관심은 중도 노선의 하나로 볼 수 있는 사회민주주의 내지 복지국가의 이념을 여러 시각에서 검토하는 일에 머무르고 있다.

'복지국가'의 이념은 보수와 급진 두 진영으로부터 많은 비판을 받았다. 보수주의자들은 실천과 이론 어느 관점에서 보더라도 복지국가의 이념은 용납하기 어렵다고 비판하였다. 실천적 관점에서 볼 때, 복지국가의 건설은 일견 바람직하다는 인상을 주나 실제로 해보면 여러 가지 문제가 생긴다는 것이다. 예컨대, 모든 사람의 기본 생활을 국가가 보장하는 제도는 사람들을 나태하게 만들며, 모든 환자들의 치료를 국가가 책임지는 제도는 많은 낭비와 국고의 손실을 가져온다는 것이다. 그리고 이론적 관점에서 보더라도, 복지국가는 개인의 재산권을 침해함으로써 천부의 인권을 유린하는 결과를 가져온다고 보수주의자들은 비판한다. 그러나 보수 진영으로부터의 이러한 비판은 복지국가의 이념에 대해서 치명적 타격을 주기는 어려울 것으로 보인다. 어떤 이념을 사회 현실에 적용했을 때 본의 아닌 부작용이 생기는 것은 대부분의 이념이 부딪치는 일반적 난점이며, 복지국가가 경험하는 실천적 난관은 시행착오의 과정에서 제도를 보완함으로써 극복할 수 있는 문제라고 볼 수 있을 것이다. 그리고 보수주의자들이 절대시하는 개인의 재산권은 로크와 노직이 옹호한 고전적 자유주의에 입각한 개념으로서, 현대인의 관점에서 볼 때 많은 문제점을 안고 있음은 이미 5장에서 밝힌 바 있다.

　필자가 보기에는, 복지국가론에 대한 비판들 가운데서 우리가 더 깊은 관심을 가지고 대해야 할 것은 급진주의자들의 진영에서 오는 그것이라고 생각된다. 비판 세력이 갖는 현실적 비중으로 보나, 비판 이론의 학문적 예리성으로 보나, 급진주의자들의 비판이 더 큰 의미를 지니고 있다고 생각되는 것이다. 급진주의자들의 비판도 그 관점을 따라서 몇 가지로 구분될 수 있거니와, 그 가운데서 가장 현실적인 것은 경험적 사실에 근거한 비판이다. 경험적 사실에 입각한 비판론에 따르면, 복지국가가 내세우는 목표는 그럴듯하나, 그 목표가 현실적으로 달성되는 사례가 드물다는 것이다.

　티트머스(Richard Titmuss)는 영국의 사회복지정책을 비판한 저술에서 영국 사회가 소득과 생활 수준의 평준화 방향으로 발전하고 있다는 주장은 사실과 다르다고 꼬집었다. 영국 정부가 발표한 공식 통계에 따르면 제2차 세계대전 이후의 영국은 평등 사회의 방향으로 발전하고 있는 것으로 보이나, 이러한 통계는 피상적인 것으로서 사회 현실의 실질적 변화를 정확하게 나타내는 것은 못 된다는 것이다. 부유한 사람들이 재산이나 소득을 가족의 명의로 분산시키는 따위의 수법을 쓰는 까닭에, 그들의 소유나 소득이 실제보다 적은 것으로 통계에 나타나고, 누진율에 의한 많은 세금을 모면하는 결과를 가져오게 된다는 것이다. 그뿐만 아니라, 판공비와 승용차의 제공 또는 유급 휴가 등의 혜택에 담긴 음성 수입은 세금이나 통계에 반영되지 않는 까닭에, 정부가 제시하는 공식 통계만으로 경제적 가치 분배의 실상을 파악하기는 어렵다고 티트머스는 지적한다.[1]

미국도 사회복지정책을 강구하는 나라로 알려지고 있으나, 미국이 경제적 풍요의 절정을 구가하던 1960년대에 있어서도 누진율에 의한 세금 징수로써 분배적 불평등을 근본적으로 완화시키지는 못했다고 논자들은 비판하였다. 겉으로는 평등 사회의 실현이 가까워 가는 듯한 선전도 있었으나, 내실에 있어서는 소득과 재산 그리고 소비의 격차는 여전히 계속되고 있다는 것이다. 어떤 논자는 미국의 사회복지정책이 기여한 것은 저소득층의 고통을 덜어 줌에 있어서보다도 사회질서를 유지함에 있어서였다고 꼬집었다.[2] 이러한 비판과 지적은 미국인 가운데 그 경제적 풍요 속에서도 가난을 면치 못한 사람들이 무수하게 많이 남아 있다는 사실에 근거를 두고 있었다.

사회복지국가들 가운데서 가장 앞선 나라로 알려진 스웨덴의 경우도 경제

---

1 Richard Titmuss, *Income Distribution and Social Change*, Toront, 1962, p.198 참조.
2 Norman Furniss, Timothy Tilton, *The Care for the Welfare State*, Indiana University Press, 1977, p.74 참조.

적 불평등의 문제는 여전히 심각한 상태를 벗어나지 못했다는 지적이 있었다. 사회복지정책의 성공을 강조하는 정부의 선전에도 불구하고, 빈민층의 문제가 실질적 해결을 보았다고 말하기는 어려운 실정이라는 것을 폭로하는 연구 보고서가 쏟아져 나왔다. 사회복지정책이 부분적 성공을 거두는 사례가 없는 것은 아니나, 자본주의가 가진 본질적 한계로 말미암아, 경제적 불평등의 문제가 근본적 해결을 보지 못하고 끊임없는 어려움에 부딪친다는 것이다.[3]

　비판이라는 것이 흔히 그렇듯이, 사회복지정책을 시행한 나라들의 실패를 추궁한 경험론적 비판 가운데는 주로 실패한 사례만을 강조하고 성공한 사례에 대해서는 침묵을 지키는 편파적 태도를 취한 경우도 없지 않을 것이다. 그러나 그들이 없는 사실을 조작해서 보고했다고는 생각되지 않으며, 급진론자들의 안목에 찰 정도로 성공한 사회복지국가가 거의 없다는 것은 객관적 사실로서 인정해야 할 것이다. 다만 사회복지국가의 완전한 성공 사례를 제시하기 어렵다는 사실이 사회복지국가 이념의 근본적 부당성을 입증한다고 보기는 어렵다. 어떤 사회 이념이 그리는 그림에 가까운 사회가 실현되기 위해서는 그 사회를 구성하는 모든 성원의 이기심을 초월한 협동이 필요한데, 복지사회의 이념과 같은 중도주의 노선의 이념은 보수와 급진 두 극단의 협동을 얻기가 어렵다. 따라서 복지국가론자들이 실현한 사회가 그들의 그림과 다르다는 이유로 그들의 그림을 쓸모없는 것으로 성급하게 단정해서는 안 될 것이다. 어떠한 사회 개혁의 이론도 단시일 안에 실천적 성공을 거두기는 어렵다. 복지사회의 이론이 실천에 옮겨지기 시작한 지도 아직 오래지 않다. 어떤 단정적 평가를 내리기 전에 더욱 많은 시행착오와 노력이 앞서야 할

3　같은 책, pp.75~76 참조.

것이다. 모든 현실 사회는 그려진 이상에 뒤떨어지기 마련이다. 문제의 핵심은 그림과 현실의 거리를 얼마나 좁힐 수 있느냐에 있으며, 그런 뜻에서 우리의 평가는 상대적일 수밖에 없다.

복지국가의 이념에 대한 비판의 또 하나의 유형은 구조적 견지에서 복지국가론의 한계를 단정하는 따위의 것이다. 이 유형의 논자들은 사회복지정책이 경제적, 사회적 불평등을 해소하지 못하는 것은, 사회복지국가가 가진 조직적 구조에 연유하는 필연적 결과이므로, 앞으로 어떠한 수정의 노력을 하더라도 이 정책이 성공할 가능성은 없다고 예언한다. '복지국가'라는 것은 자유주의적 자본주의 국가의 테두리를 벗어나지 못하는 까닭에, 그 구조적 한계로 말미암아 평등 사회 실현의 가능성을 처음부터 결여하고 있다는 것이다.

사회복지국가의 구조적 결함으로 말미암아 그 목표의 실현이 실패할 수밖에 없는 이유로서 급진론자들이 첫째로 거론하는 것은, 자본주의의 테두리를 벗어나지 못하는 복지국가는 필연적으로 불필요한 물품의 과잉생산을 막을 수 없다는 주장이다. 복지국가는 자본주의적 사기업을 제도적으로 옹호하는 까닭에, 이윤의 극대화를 위한 과잉생산은 계속될 수밖에 없으며, 이 과잉생산품을 소비하는 길은 낭비와 전쟁에서 찾을 수밖에 없다고 논자들은 주장한다.

사회복지국가의 구조적 특성으로 말미암아 평등 사회의 실현이 실패할 수밖에 없는 둘째 이유로서 거론되는 것은, 복지국가정책이 버리지 못하는 능력주의의 원칙이다. 능력주의 사회에서는 기회의 균등을 강조하기 마련이며, 능력의 차이가 많은 사람들에게 동등한 기회를 줌으로써 생기는 결과는 생산과 성취의 불평등일 수밖에 없다. 따라서 능력주의에 입각한 기회의 균등이란 결국 불평등을 위한 정책이 되고 만다는 것이다.

사회복지국가의 구조적 결함으로서 세 번째로 거론되는 것은 대의원제도에 입각한 정부의 비민주적 성격이다. 논자들에 따르면, 일반 시민이 정치에 참여하는 것은 가끔 실시하는 투표를 통하는 길뿐인데, 이 투표라는 것은 특권층이 독점하는 신문이나 라디오 또는 텔레비전 등이 제시하는 것들 사이에서 하나를 선택하는 자유에 불과하다. 대의원제도를 통한 일반 시민들의 정치 참여는 오직 간접적이고 맹목적일 따름이며, 중요한 정책 결정에 대해서 일반 시민의 의사가 반영될 경우는 별로 없다는 것이다.[4]

사회복지국가의 구조적 특색에 관련된 이상과 같은 비판은 복지국가의 현실적 취약점을 지적한 것으로 볼 수 있을 것이다. 그러나 그러한 취약점이 있다는 것을 근거로 삼고 복지국가의 이념을 전적으로 부정하기에 앞서서 우리가 신중히 고찰해야 할 문제들이 있다. 첫째로, 사유재산제도를 인정하는 복지국가에 있어서는 불필요한 물품들의 과잉생산을 막을 길이 전혀 없는 것일까? 둘째로, 복지국가가 제공하는 균등한 기회가 유능한 사람들을 유리하게 만들고 무능한 사람들을 불리하게 만드는 경향을 극소화함으로써, 대다수의 사람들에게 사람다운 삶의 길을 여는 것이 원칙적으로 불가능한 것일까? 셋째로, 사유재산제도를 받아들이는 복지국가의 구조 속에서는 대의원제도의 불합리한 측면을 보완하는 길이 없는 것일까? 그리고 끝으로, 급진주의자들이 주장하는 혁명의 길을 통하면 복지국가의 이념으로서는 도달할 수 없을 정도의 바람직한 사회를 건설할 수 있다고 보장할 수 있는 것일까? 나무랄 데 없는 사회는 하나의 이상이요 하나의 소망이다. 우리들의 현실적인 문제는 어느 길이 그 이상으로 접근하기에 가장 적합하냐 하는 상대적 비교의 문제다.

---

4 이와 같은 구조론적 견지에서 복지국가를 비판한 사람들로서는 마르쿠제(Herbert Marcuse), 해링턴(Michael Harrington) 등이 있다. N. Furniss, T. Tilton, *The Case for the Welfare State*, pp.77–87 참조.

위에서 소개한 경험론적 비판가들과 구조론적 비판가들은, 복지국가론자들이 내세운 목표 자체는 일단 긍정적으로 받아들이고, 다만 그 목표를 사유재산제도를 옹호하는 복지국가로서는 실현할 수 없음을 주장하였다. 그러나 넓은 의미의 '신좌파(new leftist)'에 속한다고 볼 수 있는 사람들 가운데는 복지국가론자들이 설정한 목표 자체에 근본적 결함이 있다고 비판하는 학자들이 있다. 복지국가론자들은 '복지(welfare)'라는 개념 자체를 부르주아지의 가치관에 입각해서 이해하고 있는데, 여기에 이미 근본적 결함이 있다고 보는 것이다.

논자들에 따르며, 복지국가론자들의 '복지'의 개념은 지나치게 물질적이다. 복지국가의 시민들은 주로 소비생활에서 만족을 구하며, 일 자체에서 만족을 구하기보다는 소비 물품을 살 수 있는 돈을 버는 데 관심을 쏟고 있다는 것이다. 삶의 보람과 행복은 무엇을 얼마나 가졌느냐보다도 그가 어떤 사람이냐에 달려 있다고 보아야 하는데, 복지국가론자들은 이 점에 대한 인식이 부족하다고 논자들은 비판한다.

복지국가에 대해서 신좌파 학자들이 가하는 둘째 비판은, 공동체 생활의 중요성에 대한 강조가 부족하다는 지적이다. 개인들은 크고 작은 여러 가지 공동체(community)에 속해 있으며, 공동체의 공동 이익은 개인들의 이기적 목적보다도 우선적으로 중요시되어야 마땅하다. 그러나 복지국가는 개인들의 능력을 존중하고 경쟁관계를 긍정적으로 받아들이는 가운데 공동체 생활의 유대와 협동의 중요성을 소홀히 한다는 것이다.

논자들의 세 번째 비판은 복지국가가 소외(疏外)의 문제를 해결하지 못한다는 지적이다. 공동체 생활의 중요성에 대한 인식이 부족한 가운데 개인들은 외톨이로 고립하게 되고, 이 고립은 그 자체가 소외의 한 국면이다. 또 노동의 불만스러움에서 오는 소외도 복지국가가 충분하게 해결해 주지 못하고 있는 문제로서 남아 있다고 논자들은 주장한다. 그리고 복지국가는 국민의 기본 생활을 보장하는 일에만 역점을 두고 있을 뿐, 공동 과제의 수행에 관한 정보를 널리 알리는 일과 공동 관심사의 결정 과정에 일반 국민을 참여시키는 일에는 소극적이다. 이 정보와 참여로부터의 소외는 복지국가에서 흔히 볼 수 있는 또 하나의 소외 현상이라고 논자들은 주장한다.

복지국가의 이념에 대해서 논자들이 가하는 네 번째 비난은 자연의 파괴와 환경의 오염에 대한 배려가 부족하다는 점을 거론한다. 지나친 공업화와 과잉생산에 대한 의욕에 기인하는 자연 파괴와 환경오염의 뿌리는 자본주의와 시장경제체제에 연유하거니와, 복지국가는 당면한 물질생활 보장의 문제에 골몰한 나머지 깨끗한 자연을 지킨다는 더 원대한 문제에 대해서는 충분한 대책을 강구하지 않는다는 것이다.[5]

이상에 소개한 신좌파 계열로부터의 비판은, 일부 복지국가정책에 대해서 좋은 충고의 뜻을 가질 수는 있으나, 복지국가의 이념에 대한 치명적 타격을 주지는 않는다. 첫째로, 여러 복지국가에서 기본 생활의 보장을 우선적 과제로 삼고 있는 것은 사실이나, 물질생활만을 중요시하고 정신생활은 소홀히 여기는 것이 복지국가의 근본정신은 아니다. 물질생활의 토대 위에 찬란한 정신문화를 구축하는 것은 복지국가의 이념에 결코 위배되지 않는다. 둘째로, 공동체 생활의 중요성을 소홀히 여기는 것도 복지국가의 기본적 특색이라고 단정하기는 어렵다. 사유재산제도를 수용하는 한에 있어서 복지국가론자들에게 개인주의의 경향이 있다는 것을 부인하기는 어려울 것이다. 그러나 복지국가론자들은 사회 성원들 사이의 협동과 상부상조를 매우 중요시하며, 따라서 공동체 생활의 중요성도 결코 과소평가하지 않는다. 셋째로, 작

---

5 신좌파의 견지에서 복지국가를 비판한 사람으로는 북친(Murray Bookchin), 긴티스(Herbert Gintis), 윌리엄스(Raymond Williams) 등이 있다. 같은 책, pp.87~92 참조.

업 과정의 세분화를 막지 못하는 한, 복지국가에 있어서도 '소외'의 문제는 어려운 문제로서 남게 된다는 것은 부인하지 못할 것이나, 이 문제는 공업화 시대의 일반적 문제이며, 이 문제에 대해서 특별히 복지국가가 무성의하다거나 본질적 한계를 가졌다고 보기는 어려울 것이다. 넷째로, 자연의 파괴와 환경의 오염 문제에 대해서도 우리는 비슷한 논리를 전개할 수 있을 것이다. 자연 파괴와 환경오염의 문제는 현대의 모든 산업사회가 안고 있는 일반적인 문제이며, 진정한 '복지사회'를 위해서는 반드시 극복해야 할 문제다. 이윤의 추구를 목적으로 삼는 사기업 제도를 허용한다는 점에서, 복지 국가는 그것을 허용하지 않는 사회주의 국가에 비해서 불필요한 공업화를 통제하는 데 어려움이 많은 것은 인정하지 않을 수 없다. 그러나 그 어려움이 본질적으로 극복할 수 없는 어려움이라고 단정할 수는 없을 것이며, 사회주의 국가의 경우는 다른 문제에 있어서 복지국가보다 더욱 큰 어려움에 부딪칠 가능성이 있다는 사실에 대해서도 깊이 고려해야 할 것이다. 문제는 여기서도 상대적 비교의 문제다.

2. 맥퍼슨의 롤즈 비판

자본주의와 시장경제를 근간으로 삼는 자유 민주 사회(liberal-democratic society)는 참된 민주주의 사회가 될 수 없다는 견해를 고수하는 맥퍼슨(C. B. Macpherson)은, 롤즈가 정의로운 사회의 모형으로서 제시한 국가를 '본질에 있어서 자유민주주의적 자본주의 복지국가'라고 규정한다. 「수정 자유주의(Revisionist Liberalism)」라는 논문을 통한 맥퍼슨의 롤즈 비판은, 비록 짧기는 하나, 롤즈의 기본 사상의 뿌리에 대한 것이며 '자유민주주의' 일반과 '복지국가'의 이념에 대한 부정적 함축을 담고 있다.

맥퍼슨이 롤즈에게 가하는 첫째 비판은, 롤즈가 사회적 불평등을 어떤 사회에서나 **불가피한 현상**으로 전제하고 있으며, 따라서 그의 정의 원칙은 **오직 계급사회에서만** 의미를 가질 수밖에 없는 제한을 가졌다는 점에 대해서이다. 다시 말하면, 롤즈는 사회적 불평등을 불가피한 현상으로 보았고 따라서 모든 사회에는 계급의 구분이 있기 마련이라는 전제에서 출발함으로써, 그가 모형으로서 제시하는 '정의로운 사회'도 결국은 계급사회의 테두리를 벗어나지 못하게 된 것은 크게 잘못이라는 것이다. 맥퍼슨이 그것을 잘못이라고 비판하는 이유는 "롤즈가 말하는 의미의 '계급' 즉, 그 성원들의 삶의 전망을 결정하게 될 계급이 없는 사회라는 것은 원칙적으로 불가능하다고 볼 이유가 없다."는 그의 믿음에 근거한다.[6]

롤즈가 계급의 구분을 불가피한 현상이라고 전제했다는 증거로서 맥퍼슨은 롤즈의 「분배적 정의(Distributive Justice)」라는 논문의 한 구절을 들고 있으나, 그 구절에서 롤즈가 말한 것은 어떤 사회나 완전한 평등은 있을 수 없는 것이 우리의 현실이라는 사실을 가리킨 정도에 불과하며 '계급(class)'의 불가피성을 적극적으로 주장한 맥락은 아니다.[7] 만약 모든 사회적 불평등은 필연적으로 계급의 탄생을 가져온다면, 롤즈는 계급의 불가피성을 전제로 삼고 정의론을 구상했다는 비판을 면하기 어려울 것이다. 그러나 사회적 불평등이 곧 계급을 의미하는 것이 아니라 불평등의 정도가 어느 정도를 넘어섬으로 말미암아 '계급의식'이 생겼을 때 비로소 계급이 생기는 것이라면, 롤즈가 계급의 존재를 **오늘의 현실**로서 인정한 것은 분명하나, 그 불가피성을 주장했다고까지 말하기는 어려울 것이다.

---

6 C. B. Macpherson, *Democratic Theory: Essays in Retrieval*, Oxford, 1973, p.90.

7 같은 책, p.89 참조. 맥퍼슨이 이곳에서 언급한 롤즈의 구절은, P. Laslett, W. G. Runchiman eds., *Philosophy, Politics and Society*, 제3집, Oxford, 1969에 실린 "Distributive Justice"의 제2절과 제4절 참조.

'계급'의 개념을 어떻게 이해하느냐에 따라서 '계급 없는 사회'의 가능성을 강력하게 시사한 맥퍼슨의 주장의 타당성이 좌우될 것이다. 만약 사회적 불평등이 어느 정도 이상에 이르렀을 경우에 비로소 계급이 탄생하는 것이라고 보는 편이 옳다면, 맥퍼슨이 시사한 대로 계급 없는 사회의 탄생은 가능하다고 보아야 할 것이다. 그러나 사회적 불평등이 있는 곳에는 반드시 계급의 구별이 있다고 보는 것이 옳다면, '계급 없는 사회'의 존재는 형식논리적으로는 가능할지 모르나 그 현실적 가능성은 매우 희박하다고 보아야 할 것이다. 사람들의 능력의 차이가 완전히 없어지지 않는 한, **절대적 평등**의 사회가 실현되기는 현실적으로 어려울 것이기 때문이다.

맥퍼슨이 롤즈의 정의론에 가한 둘째 비판은 롤즈의 첫째 원칙과 둘째 원칙 사이에 정합성(整合性)의 문제가 있다는 지적이다. 롤즈는 그의 첫째 정의의 원칙에서 모든 사람은 '기본적 자유'에 대한 '동등한 권리'를 가져야 한다고 주장했으며, 둘째 정의의 원칙에서는 '사회적, 경제적 불평등'이 정당화될 수 있는 조건을 제시하였다. 여기서 롤즈는 소득이나 재산의 불평등이 있더라도 기본적 자유만은 동등하게 누릴 수 있다는 것을, 즉 사회적, 경제적 불평등과 평등한 자유가 양립할 수 있다는 것을, 암묵리에 전제하고 있음이 분명한데, 과연 그렇게 간단히 전제할 수 있느냐 하는 것이 맥퍼슨의 반론이다. 맥퍼슨도 경제의 불평등이 언제나 자유의 불평등을 수반한다고 주장하지는 않는다. 그러나 자본주의적 시장경제의 체제 아래서는 경제의 불평등과 자유의 평등이 현실적으로 양립할 수 없다고 주장한다. 맥퍼슨에 따르면, 자본주의 사회에서는 "힘의 불평등의 결과로서 소득과 재산의 불평등이 생기며, 이 소득과 재산의 불평등은 다시 힘의 불평등을 초래하는데, 이 힘의 불평등은 결국에 가서 이들 계급에 속하는 사람들의 자유와 인권 그리고 본질적 인간 대우의 불평등으로 연결된다."는 것이다.[8]

비자본주의(non-capitalist) 국가 가운데서도 소득과 재산의 차등을 허용하는 나라가 있을 수 있고, 그런 나라에서도 경제적 계급이 생길 수 있을 것이라고 맥퍼슨은 주장한다. 그리고 비자본주의 국가에서의 경제적 불평등은 반드시 힘의 지배와 직결될 필연성이 없는 까닭에, 그것이 자유와 인권의 불평등을 초래하지 않을 수도 있을 것이며, 만약 롤즈의 두 원칙을 비자본주의 체제에 적용한다면 좋은 성과를 거둘 수도 있으리라고 그는 부언한다. 그러나 롤즈는 그의 두 원칙을 자본주의 사회에 적용함으로써 '수정 자유주의를 위한 헌장(憲章)'을 마련하고 말았다는 것이다.[9]

이 대목에서 문제가 되는 것은 주로 두 가지 점이라고 생각된다. 첫째는 롤즈가 과연 자기의 정의 원칙을 오직 자본주의 사회에만 적용될 원칙으로서 제시했다는 것이 사실이냐는 점이며, 둘째는 자본주의 체제하에서는 경제적 불평등은 반드시 인권과 자유의 불평등을 초래하나 사회주의 체제하에서는 반드시 그렇지 않다는 맥퍼슨의 주장이 충분한 근거를 가진 주장이냐 하는 점이다.

롤즈가 그의 정의의 두 원칙을 자본주의 체제에 적용하기 위한 원칙으로서 제시했다고 맥퍼슨이 주장한 것은 롤즈가 1958년에 처음 발표한 논문 「분배적 정의」에 근거를 두고 있다. 롤즈는 이 논문에서 자신의 두 원칙이 자본주의 체제를 위한 것이라고 명언은 하지 않았으나, 그것들을 구체적으로 적용하는 예시(例示)에 있어서 자본주의 체제의 경우를 들었을 뿐 다른 체제에 대한 언급은 없다. 그러므로 롤즈가 그의 두 원칙을 내세우기 시작한 초기에 있어서 자본주의 체제를 배경에 깔았다고 말할 수 있는 근거는 있다고 인정된다.

---

8 C. B. Macpherson, *Democratic Theory*, pp.90–93 참조.
9 같은 책, p.90 참조.

그러나 롤즈는 그의 주저인 『사회정의론』을 발간한 1971년에 이르는 동안 비판을 겪었고, 자기의 학설에 부분적 수정을 가하였다. 그 수정 가운데는 롤즈를 반드시 자본주의의 옹호자로 단정하기 어렵게 만드는 배려도 들어 있다. 롤즈는 그의 『사회정의론』 가운데서 자기의 두 원칙은 자본주의 체제 에서뿐 아니라 사회주의 체제에서도 적용될 수 있다는 점을 명시적으로 또 는 암시적으로 말했던 것이다. 『사회정의론』의 5장 42절 '경제체제에 관한 몇 가지 의견' 가운데는 롤즈의 정의 원칙이 어떠한 경제체제에도 적용될 수 있다는 뜻을 함축하는 발언이 도처에 산재해 있다.

롤즈는 경제적 효율성을 위해서나 평등한 자유와 기회균등의 실천을 위해 서나 시장 제도(market system)가 바람직하다고 믿고 있다.[10] 그리고 자유 시장 제도는 사회주의 체제에서도 도입할 수 있을 뿐 아니라 그렇게 하는 것 이 바람직하다는 것을 역설한다.

그러므로 자유 시장 제도의 활용과 생산수단의 사유 제도(private owner-ship) 사이에 본질적 유대관계가 없음은 명백하다. … 시장경제가 어떤 의미 에서 최선의 방책이라는 것을 가장 면밀하게 탐구한 사람들이 이른바 부르주 아 경제학자들이었음은 사실이나, 이와 같은 연결은 역사적 우연에 불과하 다. 적어도 이론상으로는, 사회주의 체제도 자유 시장 체제의 좋은 점을 활용 할 수가 있다. 그 좋은 점의 하나는 효율성이다.[11]

시장 제도의 활용과 사회주의 체제의 운영 사이에 아무런 모순관계도 없다

10 John Rawls, *A Theory of Justice*, pp.271-273 참조.
11 같은 책, pp.271-272.

는 것을 이해하기 위해서는, 가격이 가진 할당의 기능(allocative function)과 분배의 기능(distributive function)을 구별하는 것이 매우 중요하다. 전자는 경제적 효율성의 달성을 위해서 가격 제도를 활용하는 문제와 관련된 기능이요, 후자는 개인들이 공헌의 대가로서 얻을 소득을 결정하는 문제와 관련된 기능이다. 사회주의 체제가 여러 투자 사업에 자원을 할당함에 있어서 이윤율(interest rate)을 제정하고, 자본 또는 토지나 임야 같은 부족한 자연 자원의 사용에 대하여 임대료를 징수한다 해도, 사회주의 이념에 조금도 어긋날 것이 없다.[12]

이상에 인용한 구절만으로도 롤즈가 자기의 두 원칙을 자본주의 사회에만 국한해서 적용하기 위한 이론으로서 제기했다고 말하기 어려움은 의심의 여지가 없다. 다만 자유 시장 제도를 사회주의 체제에 도입하더라도 사회주의 이념에 어긋남이 없을 뿐 아니라 실제로 좋은 성과를 거둘 수 있다는 롤즈의 주장이 과연 현실적 타당성을 갖느냐 하는 문제는 제기될 수 있을 것이다. 그러나 이것은 우리가 고찰하고 있는 맥퍼슨의 비판이 제기한 문제와는 별개의 것이다.

롤즈는 자기의 정의 원리가 사회주의 체제에도 적용될 수 있음을 부인하지 않았으나, 자기의 학설이 자본주의 체제와 더 조화되기 쉽다고 생각했음에는 의심의 여지가 없다. 그는 자본주의 체제 그 자체를 파괴해야 한다고는 생각하지 않았으며, 다만 자본주의에 따르기 쉬운 폐단을 막을 수 있는 장치만 마련하면 되리라고 믿었다. 그가 제시한 '차등의 원칙'이 바로 그 폐단을 막기 위해서 고안한 장치에 해당한다. 그런데 맥퍼슨이 주장하는 바와 같이,

---

12 같은 책, p.273.

자본주의 체제 아래서는 경제적 불평등은 필연적으로 인권과 자유의 불평등을 수반하기 마련이며, 오직 사회주의 체제만이 인권과 자유의 평등을 실현할 수 있다는 것이 사실이라면, 자본주의 체제를 적극적으로 부정하지 않은 것만으로도 롤즈는 맥퍼슨의 비판 앞에 무력할 수밖에 없을 것이다.

경제적 불평등이 인권과 자유의 불평등을 수반하느냐 안 하느냐 하는 문제는 경제적 불평등의 정도에 따라서 결정된다. 경제적 불평등이 있는 곳에 반드시 인권과 자유의 불평등이 수반되는 것이 아니라, 그 정도가 어느 한계선을 넘어설 경우에 저 두 가지 불평등은 불가분의 관계를 갖는다. 이 점에 대해서는 롤즈와 맥퍼슨이 견해를 같이한다. 다만 롤즈는 자본주의 체제 아래서도 경제적 불평등의 정도가 지나치지 않도록 조정할 수 있다고 믿는 데 반하여, 맥퍼슨은 자본주의 체제의 본질적 특성으로 말미암아 그러한 조정은 불가능하다고 단정한다. 맥퍼슨이 그렇게 단정하는 이유를 상세하게 알기 위해서는 그가 '서구적 민주주의(western democracy)'라고 부르는 자본주의 체제 전반에 대한 그의 비판을 살펴볼 필요가 있을 것이다.

3. 서구적 민주주의에 대한 맥퍼슨의 비판

맥퍼슨은 서구적 민주주의 또는 '자유민주주의'가 정당한 사회사상이 될 수 없다는 것을 **논리적으로** 밝히기 위해서 여러 편의 논문을 썼다. 자유민주주의의 사회사상으로서의 부당성을 논리적으로 밝히는 가장 설득력 있는 방법은 자유민주주의의 정당성을 뒷받침하기 위하여 제시된 이론들을 격파하는 길이라고 본 맥퍼슨은, 자유민주주의를 정당화하는 이론들에 결정적 결함이 있음을 밝히고자 꾀하였다.

자유민주주의를 정당화하는 이론들은 두 가지의 극대화의 주장을 근간으로 삼는다고 맥퍼슨은 보았다. 다시 말해서, 자유민주주의자들은 자유민주주의가 옳다는 것을 밝히기 위하여, 첫째로는 그것이 개인들의 쾌락적 만족(utilities)을 극대화한다는 것을 주장했고, 둘째로는 그것이 개인들의 인간으로서의 힘(power)을 극대화한다고 주장했다는 것이다. 처음부터 두 가지 극대화를 주장한 것은 아니며, 당초에는 쾌락적 만족의 극대화를 구가했으나, 다음에 인간의 본질을 더욱 고귀한 것으로 보고자 하는 19세기적 도덕관의 요청을 따라서 인간으로서의 힘의 극대화에 대한 주장이 추가되었다는 것이다. 이 두 가지 주장이 모두 틀렸다는 것을 밝힘으로써 자유민주주의 정당성을 부인하자는 것이 맥퍼슨의 전략이다.[13]

자유민주주의 사회가 개인들의 쾌락적 만족을 극대화한다고 주장하는 사람들은 자유민주주의가 쾌락적 만족의 사회적 총량을 극대화할 뿐 아니라 각 개인에게 공정한 최대의 만족을 준다고까지 주장하였다. 이러한 주장을 한 학자의 대표로서는 벤담(J. Bentham)이 알려져 있거니와, 벤담은 인간의 본질을 쾌락의 소비자(consumer of utilities)로 보았을 뿐 아니라 한 개인이 쾌락을 누릴 수 있는 능력은 누구나 같다고 보았던 까닭에 그러한 주장을 하게 된 것으로 이해된다.

쾌락적 만족의 극대화를 자유민주주의 체제 정당화의 궁극적 근거로서 주장하는 사람들은 인간의 본질을 생물학적 욕구의 다발로 보는 인간관에 입각했던 것이며, 이러한 인간관은 고전적 경제학자들 이전에도 있었던 해묵은 인간관이다. 이 인간관은 자유주의적 전통의 바탕을 이루어 왔으며, 현대에 있어서도 자유민주주의 사회를 정당화하는 이론적 근거로서 생명을 유지하고 있다. 그러나 인간을 한갓 만족을 추구하는 욕구의 다발로 보는 인간관

---

13 이 전략에 따라서 맥퍼슨이 발표한 논문은 "The Maximization of Democracy"와 "Problems of Non-Market Theory of Democracy"로 그의 *Democratic Theory*에 수록되어 있다.

에 대한 반론이 벤담 당시부터 강력하게 대두하였다. 인간의 본질은 생물학적 욕구의 충족을 추구함에 있는 것이 아니라 타고난 잠재 능력을 발휘하여 자아를 실현함에 있다는 고대 그리스 철학 이래의 인간관이 다시 고개를 든 것이다. 삶의 보람은 인간의 잠재력을 발휘하는 활동 그 자체에서 찾을 것이며, 행동의 결과로서 얻는 쾌락적 만족은 이차적 의미를 가질 뿐이라는 고전적 인간관이, 칼라일(T. Carlyle), 니체(F. Nietzsche), 밀(J. S. Mill), 마르크스 등에 의하여, 여러 가지 형태로 벤담적 인간관에 도전하였다. 인간을 본질에 있어서 이성적 존재로 보는 이 전통적 인간관은 19세기 서양 사상계에서 큰 세력으로 소생되는 추세를 보였다. 그러나 산업혁명과 발맞추어 크게 발달한 물질문명을 배경으로 삼고 일어난 쾌락주의적 내지 소비자적 인간관도 이미 확고부동한 세력을 이루고 있었던 까닭에, 이것을 자유주의 세계에서 완전히 몰아낸다는 것은 불가능한 상태였다. 여기서 나타난 것이 저 두 가지 인간관을 절충적으로 결합하는 시도였으며, 밀과 그린(T. H. Green) 등의 학설에서 그러한 시도의 노력을 찾아볼 수 있다. 17세기부터 발달하기 시작한 자유 시장 사회에서 형성된 소비성향의 욕구와 인간 본연의 모습으로의 복귀를 동경하는 새로운 도덕적 요구를 다 같이 만족시키는 길은, 저 두 가지 인간간과 두 가지 인간적 소망을 어떤 모양으로든 결합하는 방향에서 구할 수밖에 없었던 것이다. 다시 말하면, 쾌락주의적 인간관의 요구도 충족시키고 이성주의적 인간관의 요구도 만족시켜 주는 체제가 바로 자유민주주의라는 주장을 하지 않을 수 없는 처지에 몰리게 되어, 논자들은 두 가지 극대화를 아울러 주장했다고 맥퍼슨은 분석한다. 그러한 그 두 가지의 주장이 모두 별로 신빙성이 없다는 것이다.[14]

쾌락적 만족의 극대화의 주장을 받아들이기 어렵다는 근거로서 맥퍼슨은 두 가지 이유를 제시한다. 첫째로, "일정한 사물로부터 사람들이 얻게 될 만족을 단일한 기준으로 비교할 수가 없다. 따라서 시장 제도가 가져다주는 만

족의 전부가 다른 제도로써 얻을 수 있는 만족의 전부보다 크다는 것을 밝히
는 문제에" 이론적 어려움이 따른다. 둘째로, 자유민주주의를 옹호하는 사람
들은 그 체제 아래서 쾌락적 만족의 사회적 총화(總和)가 최대치에 이를 것이
라고 주장하는 데 그치지 않고 '공정한 극대화(equitable maximization)'를
기대할 수 있다고 주장함으로써 더욱 큰 어려움을 자초하였다. 논자들이 여
기서 말하는 '공정성(equity)'이라 함은 '총생산에 대한 각자의 기여도
(contribution)를 따라서'라는 뜻으로 이해할 수 있는데, 자유 시장 제도에서
계산하는 '기여도'에는 노동력과 기술뿐 아니라 자본과 토지 등 모든 종류의
자원까지도 포함된다. 따라서 '기여도에 비례하는 분배'를 **공정한** 분배라고
말할 수 있기 위해서는, 생산에 참여하는 사람들이 이미 가지고 있는 능력과
자본 또는 토지 등 모든 자원이 **공정한 소유**여야 한다. 그런데 자본주의 사회
에서 사람들이 가지고 있는 능력과 자본 등에는 질과 양에 엄청난 차이가 있
는 것이 현실이다. 이러한 격차가 있음에도 불구하고, 현재 사람들이 차지하
고 있는 여러 가지 자원(resources)을 과연 '공정한' 소유라고 볼 수 있겠느
냐 하는 것이 맥퍼슨의 두 번째 지적이다. 개인이 소유하는 재능과 기술은 그
의 정당한 소유라고 보아 줄 수 있다 치더라도, 그가 소유하는 자본이나 토지
까지도 그렇게 보아 주기는 어렵다는 것이다.[15]

자유민주주의 또는 자유 시장 제도가 개인들의 인간으로서의 힘을 극대화
한다는 주장은 더욱 받아들이기 어렵다고 맥퍼슨은 강조한다. 여기서 거론되
고 있는 '인간으로서의 힘'이란, 한 개인이 현실적으로 가지고 있는 여러 가
지 힘의 종합을 일컫는 것이다. 개인이 가지고 있는 재능과 기술을 포함한 노

---

14 C. B. Macpherson, "The Maximization of Democracy", *Democratic Theory*, pp.4-
6 참조.
15 같은 책, pp.6-8 참조.

동력은 물론이요, 남을 부릴 수 있는 힘 또는 자본과 시설 및 토지 등 경제력까지도 이 '인간으로서의 힘' 가운데 들어간다. 그런데 자유민주주의 사회는 자본주의적 시장의 사회이고, 자본주의 시장 사회에서는 각자가 마땅히 소유해야 할 인간으로서의 힘이 각자에게 머물러 있는 것이 아니라, 약자들은 그것을 강자들에게 빼앗기는 현상, 즉 '사람들의 힘의 일부가 타인에게로 전이하는(transfer) 현상'이 생기기 마련이다. 다시 말해서, 강자들은 타인에게 속해야 마땅한 재산을 자기들의 것으로 만들 수 있고, 타인에게 주어진 능력을 자신들의 목적을 위해서 사용할 수가 있다. 그러므로 약자들은 타고난 능력을 자기가 원하는 방향으로 발휘하고 사용할 수 있는 자유를 상실하게 되며, '사람으로서의 힘'을 극대화한다는 것이 사실상 불가능하게 된다. 결국 이상과 같은 사유로 말미암아, 자본주의 사회가 개인들이 가진 사람으로서의 힘의 극대화를 가져온다는 주장은 거짓으로 판명된다는 것이 맥퍼슨의 논리다.[16]

고전적 자본주의 사회에서 '힘의 전이(轉移)' 현상이 일어난 것은 사실이나 현대의 수정된 자본주의 사회에서는 사회복지정책을 통해서 그러한 폐단을 시정할 수 있다는 주장도 맥퍼슨은 받아들이지 않는다. 복지국가론자들은 누진세, 의료보험제도, 국영 복지시설 등을 통하여 부의 재분배를 실시함으로써 '힘의 전이'를 보상할 수 있다고 주장하나, 이러한 주장에는 현실적 타당성이 없다는 것이다. 왜냐하면, 현재의 복지국가들은 모두 자본주의 체제에 의존하고 있으며, 자본가들의 생산 의욕을 북돋우기 위해서 그들을 옹호하는 정책을 쓰기 마련인데, '힘의 전이'를 보상하기 위한 재분배 정책을 강력하게 추진한다면, 자본가들이 생산 의욕을 상실할 것이므로, 그 재분배 정책이 곧

---

16 같은 책, pp.8–12 참조.

한계에 부딪칠 수밖에 없기 때문이라고 맥퍼슨은 설명한다.[17]

자유민주주의 사회는 강자가 공공연하게 약자를 유린하는 폭력 지배의 사회는 아니다. 그런데 이 자유주의 사회에서 어떻게 해서 '힘의 전이'가 생길 수 있는 것일까? 누구나 자기 자신을 지키기 위해서 최선을 다할 수 있는 자유 사회에서 '힘의 전이'가 생기는 까닭은 무엇일까? 맥퍼슨에 따르면, '힘의 전이'가 자유세계에서 생기는 직접적 원인은 대부분의 자본과 여타의 자원을 일부 계층이 차지하고 있다는 사실에 있으며, 대부분의 자원을 소수가 차지하게 된 계기는 개인에게 무제한의 재산을 가질 수 있는 권리를 인정한 제도에 있다. 그리고 개인에게 무제한의 사유재산 소유를 허용하는 제도는 두 가지 가치판단에 입각하여 성립하였다. 그 가치판단의 첫째는 일과 보수의 배정을 권위(authority)에게 맡기는 것보다는 개인들의 자유경쟁에 맡기는 것이 낫다는 생각이요, 그 둘째는 생산성의 끝없는 증대를 최고의 가치의 하나라고 보는 생각이다.[18]

맥퍼슨에 따르면, 생산성의 끝없는 증대를 최고의 목표의 하나로 생각하는 가치관은 이미 로크가 은연중에 가지고 있었고, 그것이 명백하게 드러난 것은 18세기 내지 19세기에 이르러서이다. 그리고 이 가치관의 뿌리는 무제한의 욕망을 정당한 것으로 보는 근세적인 사고방식이다. 인간이 무제한의 욕망을 가진 것은 오랜 옛날부터 있었던 일이지만, 대부분의 옛날 윤리학자 내지 정치철학자들은 무제한의 욕망은 마땅히 억제되어야 할 좋지 못한 심성이라고 생각하였다. 그러나 17세기부터 무제한의 욕망을 갖는 것은 사리에 맞는 일이며 도덕적으로 나무랄 일이 아니라는 생각이 머리를 들기 시작

---

17 같은 책, p.12 참조.
18 같은 책, pp.16–18 참조.

하였다. 결국 자유민주주의 사회에서 '힘의 전이' 현상의 기초가 된 둘째 가치판단은, 무제한의 욕망을 자연스럽고 합리적인 심성으로서 긍정적으로 받아들이는 근세적 태도 변화에 연유한다는 것이다.[19]

자유민주주의 사회의 정당성을 밝히기 위하여, 자유주의자들은 자유민주주의가 두 가지 극대화(maximization)를 가져온다고 주장하였다. 첫째는 개인의 쾌락적 만족의 공정한 극대화요, 둘째는 각 개인의 '인간으로서의 힘'의 극대화다. 이 두 가지의 극대화가 자유민주주의 사회를 정당화하는 근거가 된다고 본 배후에는 다음 세 가지 명제가 전제로서 깔려 있다. 첫째, 모든 사람들이 원하는 바를 최대한으로 달성하기에 가장 효율적인 사회체제는 가장 바람직한 사회체제다. 둘째, 인간은 본성에 있어서 끝없는 쾌락적 만족을 추구한다. 셋째, 인간은 본성에 있어서 자신이 타고난 인간으로서의 능력을 남김 없이 발휘하기를 염원한다.

맥퍼슨은 자유주의자들이 전제하고 있는 위의 세 가지 명제 가운데서 첫째와 셋째 것은 받아들이나, 둘째 것은 받아들이지 않는다. 인간의 본성이 무제한의 쾌락적 만족을 추구하도록 되어 있다는 인간관은 역사적 사실과 다르다는 것이다. 맥퍼슨에 따르면 자본주의가 나타나기 이전에는 물질의 결핍이 어쩔 수 없는 숙명으로 받아들여졌고, 쾌락적 만족을 무제한으로 즐긴다는 것은 일반인으로서는 사실상 불가능한 일이었으며, 실제로 무제한의 쾌락적 만족을 추구하는 것이 일반적 현상이 아니었다. 무제한의 쾌락적 만족을 추구하는 풍조가 생긴 것은 자본주의적 시장 사회가 출현한 근세 이후의 일이며, 인간을 끝없는 쾌락의 추구자로 보는 인간관 자체가 자유민주주의 내지 자본주의의 산물이다. 자유 시장을 전제로 삼는 자본주의 사회가 유

---

19 같은 책, pp.17-18 참조.

지되기 위해서는 쾌락적 소비에 대한 무제한의 욕구를 창출할 필요가 있었고, 이 필요에 호응하기 위해서는, 인간은 원래 무제한의 쾌락적 만족을 추구하는 본성을 가지고 있으며 이 본성은 자연스럽고 합리적이라는 인간관이 요청되었다는 것이다. 요컨대 자본주의 사회가 유지되기 위해서는 무제한의 쾌락을 추구하는 인간상의 출현이 요구되었고, 이러한 소비성향의 인간상을 권장하고 정당화하는 이론적 뒷받침을 위하여, 쾌락적 만족을 끝없이 추구하는 것은 인간의 본성 가운데 그 중추에 해당한다는 인간관을 주장하였다는 것이 맥퍼슨의 논리다.[20]

인간을 끝없는 쾌락의 추구자로 보는 인간관이 비판을 받기 시작한 것은, 인간 이하의 비참한 생활 수준을 강요당한 노동자들이 상당한 정치적 의식을 갖게 된 19세기 중엽부터였다. 존 스튜어트 밀, 마르크스, 생시몽, 그린 등을 포함한 여러 사상가들이, 자본주의 사회가 초래한 사회적 불평등을 마땅히 시정되어야 할 중대한 문제로 인식하는 동시에, 이 문제가 해결되기 위해서는 인간을 단순한 욕구 충족을 추구하는 소비자(consumer)로 보는 인간관에 수정이 가해져야 한다고 보았던 것이다. 인간의 본질을 단순한 쾌락이나 소유를 추구함에 있다고 보기보다는 인간으로서의 능력을 발휘하여 자아(自我)를 실현하고자 함에 있다고 보는 고전적 인간관을 다시 살려야 한다고 보았던 것이다. 이 고전적 인간관에 따르면, 삶의 궁극적 목적은 쾌락적 만족의 극대화에 있는 것이 아니라 인간으로서의 능력 발휘의 근대화에 있다고 보아야 한다는 결론을 얻게 될 것이다.

그러나 인간을 쾌락적 만족의 추구자로 보는 벤담 식의 인간관을 미련 없이 포기할 수 없는 것이 자본주의적 시장 사회의 내부 사정이었다. 자본주의

---

20 같은 책, pp.29-31 참조.

적 시장 사회의 생산방식을 유지하고 분배 방식을 정당화하기 위해서는 인간을 쾌락 추구에 골몰한 소비자로 보는 인간관을 남겨 둘 필요가 있었던 것이다. 여기서 자유와 평등을 아울러 옹호하고 싶었던 서구의 민주주의 사상가들이 시도한 것이 저 고전적 인간관과 이 자본주의적 인간관을 접목시키는 일이었다. 그러나 이 두 가지 인간관을 결합하고자 한 그들의 시도는 실패할 수밖에 없다는 것이 맥퍼슨의 비판이다. 맥퍼슨도 저 두 가지 인간관의 결합이 논리적으로 불가능하다고는 보지 않는다. 다만 자본주의적 시장 사회에서는 그 결합이 **사실상** 실패하기 마련이라는 것이 그의 주장이다. 왜냐하면, 자본주의 시장 사회에서는 무제한의 이윤 추구를 허용하는 까닭에, 능력의 차이가 심한 사람들의 자유경쟁은 '인간으로서의 힘의 전이'를 초래하기 마련이고, 이러한 결과는 '모든 사람들의 평등한 자아실현'을 이상으로 삼는 고전적 인간관과는 조화를 이루기 어렵기 때문이라는 것이다.[21]

4. 맥퍼슨이 제시한 대안

두 가지 극대화의 실현을 근거로 삼고 자본주의 체제의 정당성을 입증하고자 한 자유주의자들의 시도가 실패했다는 것을 밝히기 위해서 맥퍼슨이 비판적 고찰을 통하여 전개한 논리의 줄거리에는 다음과 같은 명제들이 포함되어 있다. 첫째, 자본주의 체제가 쾌락적 만족의 극대화를 가져온다는 것이 비록 사실이라 하더라도, 쾌락적 만족의 극대화를 최고의 선(善)으로 보는 가치관 내지 그 가치관의 바탕이 된 쾌락주의적 인간관은 잘못된 것이며, 그것은 자본주의 체제가 정당하다는 결론을 뒷받침하기 위한 결정적 논거(論

---

21 같은 책, pp.32-35 참조.

據)가 될 수 없다. 둘째, '쾌락적 만족의 극대화'가 자본주의 체제 정당화를 위해서 다소라도 도움이 될 수 있는 것은, 자본주의 체제가 쾌락적 만족의 **사회적 총화**(總和)를 극대화할 경우가 아니라, 그것이 국민 각자의 쾌락적 만족을 **공정하게** 극대화할 경우인데, 경쟁자들의 능력의 차이가 심한 현실 속에서, 시장경제를 주축으로 삼는 자본주의 체제가 각자의 쾌락적 만족을 공정하게 극대화한다는 것은 불가능한 일이다. 셋째, 자본주의 체제는 '인간으로서의 힘의 극대화'를 실현하기에 적합한 체제라는 논자들의 주장이 옳다면, 그 주장은 자본주의 체제의 정당성을 뒷받침하는 논거가 될 수 있을 것이다. 그러나 '힘의 전이'가 생기기 마련인 자본주의 시장 사회에 있어서 약자와 무산자를 포함한 모든 사람들이 힘의 극대화를 실현한다는 것은 불가능한 일이다. 넷째, 자유주의 사상가들 가운데 평등의 중요성도 인정하는 사람들은 쾌락적 만족의 추구에 인간의 본질이 있다고 보는 자본주의적 인간관과 타고난 능력의 유감없는 발휘를 최고선(最高善)으로 보는 자아실현론적 인간관의 접목을 꾀하였다. 그러나 저 두 가지 인간관의 결합이 논리적으로 불가능한 것은 아니지만, 그 두 가지 인간관 속에 암시되어 있는 삶의 목표를 자유민주주의 내지 자본주의 체제 아래서 달성한다는 것은 사실상 불가능하므로, 저 두 가지 인간관의 결합 시도는 현실적으로 무의미하다.

자본주의적 시장 사회를 옹호하고자 하는 자유론자들의 정당화 이론에 대한 맥퍼슨의 비판이 모든 점에서 완벽한 것은 못 된다 하더라도, 두 가지 극대화의 주장을 통하여 자본주의 시장 사회의 정당성을 입증하고자 한 자유주의자들의 시도가 성공을 거두지 못했음을 밝히기에는 충분할 것이다. 그러나 자유주의자들이 그들의 체제를 정당화하고자 한 논의에서 실패했다는 사실만으로 자유민주주의 체제의 부당성이 밝혀졌다고 볼 수는 없다. 일반적으로 말해서, 어떤 체제를 옹호하는 사람이 그 체제의 정당성을 적극적으로 입증하지 못했다 하더라도, 그 체제가 바람직한 체제일 수 있는 가능성은 남아 있다고 보아야 한다. 어떤 체제가 가장 바람직하냐 하는 현실적 문제는, '옳으냐, 그르냐' 하는 흑백논리의 문제가 아니라, 상대론적 비교의 문제이기 때문이다. 자유민주주의 체제의 정당성을 직접적으로 입증하려는 이론적 시도가 성공하지 못했다 하더라도, 자유민주주의를 능가하는 다른 어떤 대안의 제시가 없는 한, 그 체제가 이제까지 알려진 체제들 가운데서 최선의 체제일 가능성은 아직 남아 있다. 이러한 논리는 맥퍼슨 자신이 누구보다도 잘 알고 있는 사실이다.

그러나 우리는 자유민주주의자들의 주장에 대한 고찰을 비교론적 시각에서 계속해야 한다. 왜냐하면 20세기의 문제는 자유민주주의자들의 주장과 다른 주장들의 대결의 문제이기 때문이다. 그리고 인간으로서의 힘의 극대화에 대한 자유민주주의자들의 주장도 결국은 상대론적 주장이다. 그것은 자유민주주의 시장 사회는 다른 어떤 사회보다도 모든 개인들에게 각자의 자아를 실현할 가능성을 더 크게 보장한다는 주장이다. 따라서 우리 사회에서 갖지 못한 사람들로부터 가진 사람에게로 향한 '힘의 전이' 현상이 계속 일어난다 하더라도, 같은 현상은 어떠한 체제의 사회에서도 일어나기 마련이라는 것만 밝힐 수 있다면, 자유민주주의자들의 주장은 아직도 타당성을 가질 수 있을 것이다.[22]

자유민주주의 체제의 정당성을 부정하는 맥퍼슨의 비판이 결정타가 되기 위해서는, 자유민주주의를 능가할 수 있는 대안의 제시가 있어야 한다. 그렇다면 맥퍼슨 자신은 어떠한 대안을 제시하는가? 그는 '쾌락적 만족의 극대

---

22 같은 책, p.13.

화'라는 목적을 위해서 자유민주주의를 능가할 수 있는 대안의 체제를 제시할 필요는 없다고 보았다. 쾌락적 만족을 끝없이 추구하는 것이 인간의 본성이라는 인간관을 그는 물리쳤기 때문이다. 우리가 지향해야 할 최고의 목표는 모든 사람들이 타고난 인간으로서의 능력을 충분히 발휘하여 자아를 실현함이라고 믿은 맥퍼슨은, '인간으로서의 힘의 극대화'라는 기준에 비추어서 자유민주주의 체제보다 우월한 대안의 체제를 제시하는 것이 자유민주주의에 반대하는 이론가에게 주어진 과제라고 보았다.

맥퍼슨의 견지에서 볼 때, '힘의 극대화'를 방해하는 가장 큰 장애 요인은 '힘의 전이' 현상이다. 그리고 '힘의 전이' 현상을 초래하는 근본 원인은 생산의 수단을 독과점한 계급과 그것을 갖지 못한 계급의 대립 내지 분리에 있다. 따라서 맥퍼슨이 제시할 대안의 체제는, 모든 사람들이 생산수단에 자유롭게 접근할 수 있는 체제라야 한다. 이러한 사회에 두 가지 유형이 있다고 맥퍼슨은 보았다.

그 첫째 유형은 모든 사람들이 토지나 그 밖의 생산수단을 마음대로 가질 수 있는 독립적 생산자들의 사회다. 로크가 가정한 태초의 '자연 상태(state of nature)'가 이 유형에 해당한다. 이 유형의 사회에서는, 생산물의 단순한 교환은 있을지 모르나 노동력을 팔고 사는 거래는 없을 것이므로, 진정한 힘의 전이는 생기지 않을 것이다. 그러나 이러한 원시 경제의 사회체제를 현대의 여건 속에서 보편적으로 채택할 수 있다고는 아무도 생각하지 않을 것이다. 선진 산업사회를 수공업과 원시적 농경 사회로 되돌릴 수는 없는 일이며, 현재 지구 위에 남아 있는 수공업과 원시적 농경 사회의 주민들도 원시경제의 단계에 언제까지나 머물러 있을 수 없는 형편에 있으며, 또 그 단계를 벗어나고 싶어 하는 소망을 가지게 되었다. 그러므로 모든 사람들이 각각 자기의 생산수단을 소유하는 독립적 생산자들의 사회는 문제 삼을 필요가 없다고 맥퍼슨은 이를 제쳐 놓았다.[23]

'힘의 전이' 현상이 생기지 않을 수 있는 사회의 유형으로서 맥퍼슨이 두 번째로 거론한 것은 사회주의 사회의 경우다. 사회주의 사회에서는 어떠한 개인도 전체 사회의 생산수단을 소유하지 않는 까닭에, 유산자 계급이 무산자 계급의 힘을 빼앗는 현상이 자동적으로 일어날 리가 없다고 맥퍼슨은 본 것이다. 사회주의 사회에 있어서도 성원들의 힘의 일부를 사회 전체의 생산수준의 향상과 그 밖의 공동생활의 목적을 위해서 동원하는 일이 불가피할 것이다. 그러나 이것은 그 자체가 남의 이익을 위해서 나의 힘을 남에게로 옮겨 가는 '힘의 전이'와는 다르며, 또 이것으로 인해서 어떤 사람의 인간적 본질이 손상을 입지 않는다고 맥퍼슨은 사회주의 체제를 옹호한다.[24]

 그러나 '힘의 전이'가 자동적으로 생기지 않는다는 것만으로 자유민주주의에 대한 사회주의의 우월성을 단정할 수는 없다고 맥퍼슨은 한 걸음 물러선다. '힘의 전이'를 따지는 관점에서 비교할 때는 사회주의가 자유민주주의보다 우월하다는 평가에 이른다 하더라도, 다른 관점에서 볼 때는 자유민주주의가 사회주의보다 우월하다는 평가를 얻을 경우에는, 두 체제의 일장일단을 종합적으로 비교하는 또 하나의 과정을 거쳐서 최종적 결론을 내려야 한다는 점을 그는 간과하지 않은 것이다. 개인의 '힘의 극대화'를 방해하는 것이 비단 '힘의 전이'만은 아니라는 사실을, 시민적 자유와 정치적 자유의 제한도 개인의 힘을 감소시키는 요인의 하나로서 계산에 넣어야 한다는 사실을, 맥퍼슨은 잊지 않았다. 그뿐만 아니라, 시민적 자유와 정치적 자유에 관한 한, 이제까지의 사회주의 국가들은 자유민주주의 국가를 따르지 못했다는 사실도 맥퍼슨은 솔직하게 인정하였다.[25]

---

23 같은 책, pp.13-14 참조.
24 같은 책, p.14 참조.

자유민주주의 사회에서 '힘의 전이'가 생기는 것은 이 사회의 구조적 특성에서 오는 필연적 결과라고 맥퍼슨은 믿고 있다. 그러나 사회주의 사회에서 시민적 자유와 정치적 자유가 크게 제한을 받는 것이 사회주의 체제 자체의 내부적 특성 때문인지, 또는 이제까지의 사회주의 국가들을 에워싼 환경적 여건 때문인지, 그것은 아직 증명이 불가능하다고 그는 말한다. (그것이 사회주의 체제의 내부적 특성에 유래하는 것이 아니라 그 환경적 여건 때문이라는 것을 짐작할 수는 있으나, 그것을 증명할 만한 근거는 아직 손에 잡히지 않았다는 것이다.) 그것을 분명하게 증명할 수 없는 까닭에, 자유민주주의 체제와 사회주의 체제의 일장일단을 종합적으로 비교하는 일이 매우 어려운 문제라는 것이다. 물론 마르크스가 예언한 바와 같은 무계급의 자유 사회가 실현되기만 한다면, 모든 사람들이 타고난 능력을 충분히 발휘할 수 있는 기회가 어떤 자유민주주의 사회보다도 많이 주어질 것이며, 따라서 '힘의 극대화'를 위하여 가장 적합한 체제는 사회주의 체제라는 것도 저절로 밝혀질 것이다. 그러나 맥퍼슨은 마르크스의 이상이 반드시 실현되리라고 장담할 정도로 광신적인 사회주의자는 아니다. "마르크스주의 혁명을 통하여 세워진 어떤 사회도 아직 그의 미래상(vision)을 실현하지 못했으며, 장차의 실현 가능성조차 아무도 알 수 없다."고 그는 냉정하게 말하고 있다.[26]

자유민주주의 사회와 사회주의 사회의 체제 가운데서 어느 편이 '인간으로서의 힘의 극대화'를 위해서 더 유리한 체제인지, 지금까지의 경험과 지식만으로는, 객관적 방법으로 비교하기가 어렵다고 맥퍼슨은 실토한다. 그것이 어려운 이유는 주로 "사회주의 체제의 내재적 특성(inherent properties)

---

25 같은 책, p.14 참조.
26 같은 책, p.15 참조.

에 대한 지식의 부족"에 있다. 객관적 비교가 어려운 까닭에, 남은 길은 두 체제에 대한 주관적 판단에 의존하는 수밖에 없다. 여기서 말하는 '주관적 판단'이란 사회 성원들의 두 체제에 대한 선택을 말한다.[27]

자유민주주의 사회의 주민들이 사회주의 체제보다도 자유민주주의 체제를 지지하는 편으로 꾸준히 투표해 왔다는 사실을 맥퍼슨은 솔직하게 인정한다. 그러나 이 사실만으로 자유민주주의 체제의 우월성을 인정하는 주관적 판단이 최종적으로 내려졌다고 속단해서는 안 된다는 것이 맥퍼슨의 주장이다. 왜냐하면 자유민주주의를 지지해 온 사람들의 선택이 잘못된 판단에 입각했을 가능성이 많으며, 그들의 선택의 근거가 된 판단이 거짓이라는 사실을 깨닫게 되는 날, 그들의 선택이 바뀔 공산이 크기 때문이다. 자유민주주의 체제를 선택하게 만든 근거의 구실을 한 판단에 세 가지가 있을 수 있다고 맥퍼슨은 생각한다.

첫째로 생각할 수 있는 것은, 자유 시장 사회에서 생기기 마련인 '힘의 전이' 현상에 대한 인식의 결핍으로 말미암아 자유민주주의를 선택했을 가능성이다. 자본주의 사회의 높은 생산성에 힘입어서 비교적 풍요롭게 사는 사람들은, 그 물질적 풍요에 현혹되고 압도되는 바람에, 저 '힘의 전이'를 간과하기가 쉽다. 그러나 사회주의 선진국의 생산성이 자본주의 국가의 그것을 따라잡을 날이 조만간 올 것이며, 그때에는 자유 시장 사회의 '힘의 전이'에 대한 올바른 인식과 더불어 저 무지에 입각해서 자유민주주의를 선택한 사람들은 그 태도를 바꾸게 될 것으로 기대된다.

둘째로 생각할 수 있는 것은, ① 자유민주주의 사회에서 향유할 수 있는 시민적 자유와 정치적 자유를 사회주의 사회에서 기대할 수 있는 '힘의 전이'로

---

27 같은 책, p.15 참조.

부터의 자유보다도 중요하다고 보는 가치판단과 ② 사회주의 사회에서는 시민적 자유와 정치적 자유를 누릴 가능성이 없다는 경험적 판단에 입각해서, 선거권자들이 자유민주주의 체제를 선택했을 가능성이다. 그러나 이 두 가지 판단도 조만간 버림을 받을 가능성이 많다고 맥퍼슨은 예언한다. 왜냐하면 사회주의 사회에서도 생산성을 높이는 데 성공하여 주민들의 물질적 기대를 충족시킬 수 있게 되는 날에는, 시민적 자유와 정치적 자유를 허용할 수 있게 될 것이기 때문이다. 그렇게 되면, '힘의 전이'라는 결함이 있음에도 불구하고 시민적 자유와 정치적 자유 때문에 자유민주주의를 선택한 사람들의 태도가 바뀌게 될 것으로 기대된다는 것이다.

셋째로 생각할 수 있는 것은, 인간의 본성을 충분히 즐기고 충분히 발휘하기 위해서는 기업의 자유와 소유의 자유를 포함한 시장경제의 자유가 필수적이라고 보는 판단에 입각해서 자유민주주의 체제를 선택했을 가능성이다. 시장경제의 자유를 그토록 높이 평가하는 판단은, 맥퍼슨에 따르면 인간을 끝없는 욕망의 소유자라고 보는 인간관에 입각해서, 사람이 사람답게 살기 위해서는 우선 물질적 풍요가 앞서야 한다는 가정에서 유래한 것인데, 인간을 끝없는 욕망의 소유자로 보는 인간관이 자본주의 사회가 만들어 낸 역사적 산물이라는 사실을 깨닫게 되는 날, 이 그릇된 인간관에 입각해서 자유민주주의를 선택한 사람들의 태도는 달라질 것이다.[28]

맥퍼슨이 옹호하고 싶은 결론은 자유민주주의 사회보다 사회주의 사회가 바람직하다는 그것이다. 그가 사회주의를 자유민주주의보다 바람직하다고 주장하는 근거는, 인간으로서 타고난 능력을 모든 사람이 최대로 발휘하기에 전자가 더 적합하다는 믿음에 있다. 모든 사람들의 자아실현을 극대화하

---

28 같은 책, pp.15-16 참조.

기에 가장 적합한 체제가 가장 바람직한 체제라는 대전제가 맥퍼슨의 사회철학 바탕에 깔려 있는 것이다. 그러나 모든 사람들의 고른 자아실현이라는 목적에 비추어 볼 때 사회주의 체제가 자유민주주의 체제보다 우월하다는 것을 객관적으로 증명할 길이 없다고 보았던 까닭에, 맥퍼슨은 자유민주주의 사회의 주민들이 자유민주주의를 선호하는 경향이 있으나 그들의 선택이 무지 또는 그릇된 판단에 유래했음을 밝힘으로써, 사회주의 체제의 우월성을 간접적으로 밝히고자 했던 것이다.

그러나 자유민주주의 체제의 선호가 그릇된 판단에 입각했다는 것이 분명하다 하더라도, 그것만으로 사회주의 체제의 우월성이 밝혀졌다고 보기는 어려우며, 이 점은 누구보다도 맥퍼슨 자신이 잘 알고 있다. 그러므로 사회주의가 자유민주주의보다 우월하다는 것을 밝히기 위해서는 다른 어떤 보충적 논의의 지원이 필요하다. 맥퍼슨 자신이 개진한 보충적 논의 가운데서 가장 중요한 것은, 자유민주주의 사회에서 '힘의 전이'가 생기는 것은 시장경제의 구조적 논리에서 오는 불가피한 현상이나, 사회주의 사회에서의 시민적 자유와 정치적 자유의 억압은 극복이 가능한 한시적(限時的) 현상이라는 주장이다. 맥퍼슨이 자본주의 시장경제에서의 '힘의 전이'를 구조적 특성에서 유래하는 불가피한 현상이라고 주장한 이유에 대해서는 이미 앞에서 소개한 바가 있다. 이윤의 극대화를 추구하는 것이 자본주의 시장경제의 본성이며, 이윤을 극대화하기 위해서는 나의 이윤 추구 과정에서 남의 힘을 내 목적에 맞도록 이용함이 불가피하다는 논리였다. 그리고 자본가들의 끝없는 이윤 추구를 밑받침하는 것으로서 사유재산의 무한정 획득을 허용하는 제도가 있고, 이 제도를 정당화하는 이론으로서 인간을 끝없는 욕망의 소유자로 보는 인간관이 있다는 맥퍼슨의 주장도 이미 언급한 바 있다.

사회주의 사회에서의 시민적 자유와 정치적 자유에 대한 억압은 극복이 가능한 한시적 문제라고 주장하는 맥퍼슨의 논거는 과학 기술의 발달에 힘입은 생산성의 상승과 깊이 연결되어 있다. 생산성을 밀어 올리는 데 결정적 구실을 한 과학 기술의 발달에서 한 걸음 앞선 것은 서방의 선진국들이었다. 서방 선진국들의 놀라운 과학 기술의 수준은 절대적 빈곤의 문제를 해결할 수 있을 정도의 높은 생산성을 확보하기에 이르렀으나, 끝없는 이윤의 추구를 위하여 소비성향을 자극함으로써 새로운 수요를 창출해야 하는 자본주의 시장의 기본적 특성 때문에, '상대적 빈곤'이라는 새로운 사회문제를 끌어들였다. 그러나 고도의 과학 기술이 서방 국가들만의 전유물일 수 없으며 사회주의 체제를 수용하는 동방의 여러 나라들도 이제는 굳이 시민적 자유와 정치적 자유를 억압하지 않더라도 절대적 빈곤의 문제를 해결할 수 있을 정도의 높은 생산성을 발휘할 수 있게 되었다. 그뿐만 아니라, 사회주의 사회에서는 무제한의 사유재산 획득이 허용되지 아니하므로, 공연히 소비성향을 자극함으로써 새로운 수요를 인위적으로 만들어 내어 '상대적 빈곤'의 문제를 자초할 이유도 없다. 결국 자본주의 사회에서는 과학 기술의 놀라운 발달로 인한 생산성의 향상에도 불구하고, 끝없는 이윤 추구와 그 때문에 생기기 마련인 '힘의 전이'로 말미암아, '타고난 능력의 발휘를 통한 자아의 실현'이라는 인류의 이상이 달성되기를 기대할 수가 없으나, 사회주의 사회에서는 이제 노동을 강제하거나 시민적 자유와 정치적 자유를 박탈하지 않고도 경제적 결핍의 문제를 해결할 수 있는 생산력을 갖게 되었을 뿐 아니라, 무제한의 소유욕에서 오는 '힘의 전이'로 불평등 사회가 되지 않을 수 없는 어려움도 없으므로, 만인의 '자아실현'을 위해서 적합한 체제가 될 수 있다는 것이다. 대략 이상과 같은 논리의 전개로 맥퍼슨은 사회주의 체제가 자유민주주의 체제보다 우월하다는 결론을 옹호하고 있다.[29]

---

29 같은 책, pp.16-23 참조.

그러나 맥퍼슨은 마르크스나 엥겔스가 제창한 사회주의를 그대로 옹호한 것은 아니다. 만약 그가 마르크스나 엥겔스의 사회주의를 계승했다면, 우리가 맥퍼슨을 거론하는 것은 이 저술이 의도하는 바에 별로 도움이 되지 않을 것이다. 우리의 일차적 관심은 특정한 개인의 학설에 있는 것이 아니라, 로크가 대표하는 고전적 자유주의와 마르크스가 대표하는 고전적 사회주의 사이에 위치하는 절충적 학설의 유형(model)을 발견함에 있기 때문이다. 우리는 그 유형의 하나에 가까운 것으로서 롤즈의 학설을 이미 고찰하였고, 이제 그 또 하나의 유형에 담긴 사상과 논리를 찾아보기 위한 방편으로서 맥퍼슨의 주장을 검토하고 있는 것이다. 이러한 맥락으로 볼 때, 맥퍼슨을 짚은 우리의 선택이 적합성을 갖기 위해서는, 그의 사상에 로크나 노직과 다른 점이 있을 뿐 아니라 마르크스나 엥겔스와도 다른 점이 있어야 한다. 그러나 필자는 맥퍼슨 자신이 고전적 사회주의를 직접 비판한 문헌에 아직 접하지 못하였다. 다만 맥퍼슨에 대한 이제까지의 우리 고찰만을 근거로 삼고도 그의 길과 고전적 사회주의의 길이 전적으로 일치하는 것은 아님을 짐작할 수 있을 것이다. 서방의 민주주의 국가들이 자랑거리로 삼고 있는 개인의 시민적(civil) 자유와 정치적 자유를 매우 중요하게 평가한 것만 보더라도, 맥퍼슨의 사회사상 바탕에 개인주의적 인간관이 깔려 있음을 알 수 있으며, 우선 이 점에 있어서, 인간의 총체성(Gattungs Wesen)을 강조한 마르크스와 대조적임을 발견한다.

『민주주의 이론』이라는 이름으로 발간된 맥퍼슨의 논문집에 실린 논문들 전체를 통하여 그가 비판한 것은 **자유**민주주의(liberal democracy) 또는 서**방** 민주주의(western democracy)이며, 민주주의 그 자체는 아니다. 자본주의적 시장경제를 전제로 삼는 자유민주주의 체제로써는 민주주의자들이 목표로 내세우는 '인간으로서의 힘의 공정한 극대화'를 실현할 가능성이 없다는 것이 맥퍼슨의 비판의 핵심이며, 인간으로서의 힘의 공정한 극대화를 이상으로 삼는 가치관만은 원칙적으로 받아들이는 것이 그의 기본적 입장이다. 바꾸어 말하면, 맥퍼슨은 **진정한** 민주 사회의 실현을 염원했던 것이며, 무제한의 사유재산을 허용하는 자본주의적 시장경제제도를 가지고는 그 실현이 불가능하다고 보았던 것이다. 여기서 진정한 민주주의에 대한 맥퍼슨의 견해가 밝혀진다면, 우리는 그가 고전적 자유주의와 고전적 사회주의를 모두 미흡하다고 보는 견지에서 마음속에 간직한 대안의 그림을 찾아낼 수 있을 것이다.

맥퍼슨은 '만족스러운 민주주의 이론(adequate democratic theory)'을 세우기 위해서는 민주주의 사회가 희구하는 '힘의 극대화'가 무엇을 의미하는지를 명백히 이해할 필요가 있다고 생각한다. 그것을 명백하게 하기 위해서 그는 '능력(capacities)'과 '힘(power)'을 구별한다. 그가 말하는 '능력'은 타고난 재능과 습득한 기량 또는 잠재적으로나 현실적으로 가지고 있는 체력과 정신력을 의미하며, 그가 말하는 '힘'은 저 '능력'을 사용 내지 발전시킬 수 있는 힘을 의미한다. 특히 그는 잠재한 가능성을 발전시키는 일이 개인의 삶을 위해서 매우 중요하다고 믿었던 까닭에, 저 능력 발휘의 힘을 '개발할 수 있는 힘(developmental power)'이라고 불렀다. 맥퍼슨이 말하는 '능력'은 개인들이 실제로 가지고 있는 무엇을 의미하며, 그가 말하는 '힘'은 개인들이 마땅히 가져야 할 무엇을 의미한다. 따라서 그가 말하는 힘은 일종의 권한을 의미하는 윤리적 개념이며, 그가 말하는 '힘의 극대화'는 '개발할 수 있는 힘'을 남김 없이 발휘하는 것을 의미한다. 그래서 결국, 힘의 극대화를 최고의 윤리적 가치로 보는 윤리설은 '자아의 실현'을 최고의 목표로 보는 윤리설과 상통한다.[30]

'힘의 극대화', 즉 개인이 간직하고 있는 능력의 충분한 발휘는 각각 그 능력의 소유자를 위한 것이라야 한다고 맥퍼슨은 거듭 강조한다. 비록 나의 능력이 발휘되더라도 그 결과가 내 의사와는 달리 타인에게로 귀속된다면, 그것은 '힘의 전이'에 해당하는 것으로서 정당한 일이 아니다. 그런데 자본주의적 시장경제를 주축으로 삼는 자유민주주의 체제에서는 힘의 전이가 불가피한 까닭에, 만인의 공정한 힘의 극대화라는 우리들의 목표를 자유민주주의 체제 아래서 달성한다는 것은 불가능한 일이다. 이러한 논리를 따라서, 맥퍼슨은 사유재산의 한정 없는 소유를 허용하는 자유민주주의 체제에 반대하고, '힘의 전이'를 막을 수 있다고 본 사회주의 체제를 대안으로서 제시했던 것이다.

맥퍼슨이 생산재의 사유를 반대하는 점에서는 비록 사회주의 편을 들기는 했으나, 그가 정당한 사회의 목표로서 전제하고 있는 '힘의 극대화' 개념이 서방세계의 민주주의자들이 주장하는 개인주의에 가깝다는 점에서, 그의 학설이 마르크스적 사회주의를 단순하게 추종했다고 보기는 어렵다. 맥퍼슨은 개인들의 능력 발휘가 각각 자신을 위한 것이 되어야 하며 타인을 위한 도구의 구실을 해서는 안 된다는 점은 누누이 강조했으나, 개인의 능력 발휘가 사회 전체의 공동 목표를 위해서 이바지해야 한다는 말은 하지 않았다. 맥퍼슨은 각자가 타고난 소질의 개발을 중요시했으나, 공동체 생활에 대한 적극적 참여와 헌신적 공헌이 자아의 실현을 위한 절실한 조건임을 강조하지는 않았다. 또 맥퍼슨이 그 중요성을 높이 평가한 시민적 자유와 정치적 자유는 서구 사회의 개인주의적 자유이며, 개인들과 공동체가 조화로운 하나를 이루게 하는 이성적 활동 가운데 자유가 실현된다고 보는 또 하나의 '자유'에 대해서는 말하지 않았다. 이러한 점을 종합해 볼 때, 맥퍼슨은 서구의 개인주의적 인간관의 바탕 위에서 사회주의적 경제 이론을 받아들였다고 결론지을

---

30 C. B. Macpherson, "Problems of Non-Market Theory of Democracy", *Democratic Theory*, pp.40–57 참조.

수 있을 것이다. 다시 말해서, 서방의 자유주의자들이 내세우는 민주주의의 목표가 실현되기 위해서는 자본주의 경제 제도를 포기해야 한다는 것이 맥퍼슨의 생각이다. 맥퍼슨의 마음속에 자리한 '대안' 가운데 서구적 개인주의의 색채가 현저함을 밝히기 위하여, '민주주의'에 대한 그의 말을 다음에 옮겨 보기로 한다.

　민주주의를 단순히 정부의 선택과 권한 부여(authorization)에 관한 절차적 장치로 보지 않고 일종의 사회로서 이해할 때, 민주주의에 내재하는 평등의 원칙은, '1인 1표(one man, one vote)'뿐 아니라, **"개인은 각각 자기가 원하는 바를 따라서** 충분히 인간답게 살 수 있는 실질적 권리를 동등하게 가질 것"도 요구한다. 민주주의를 단순한 정치적 제도로 보지 않고 **개인들의** 복잡한 관계의 총체로 보는 것은, 오늘날 민주주의를 소망하는 사람들 또는 그것을 가진 사람들의 … **현실적** 인식이다. 그러므로 현대에 있어서 민주주의의 유지 내지 개선을 위하여 해설하거나 변호하고자 하는 학설, 또는 처방을 제시하고자 하는 학설은, "모든 개인들은 각각 자기가 원하는 바를 따라서 마음대로 살 수 있는 실질적 권리를 동등하게 갖는다."는 것을 기본 원칙으로 삼아야 한다. 이것은 바로 모든 **개인은** 마땅히 **자기 자신을** 충분히 존중하고 또 충분히 활용해야 한다는 원칙을 말하는 것이다.[31]

끝으로 자본주의 제도가 물러가고 그 자리에 생산재의 공유(共有) 제도가 와야 한다고 주장하는 개혁의 논리에서도 맥퍼슨과 마르크스 사이에는 근본적 차이가 있다. 마르크스에 따르면, 자본주의 사회는 그 자체의 내부적 모

---

31 같은 책, p.51.

순으로 말미암아 스스로 붕괴하기 마련이고 그 뒤에는 역사 발전의 필연적 법칙을 따라서 사회주의 사회가 일어나기 마련이었다. 그래서 그는 자기의 사상 체계가 어디까지나 사회과학이라고 주장하였다. 그러나 맥퍼슨이 자본주의를 부정한 이유는, 역사 발전의 필연적 법칙에 있는 것이 아니라, 자본주의 체제를 가지고는 앞으로 인류의 대다수가 소망하는 바를 충족시켜 줄 수 없다고 본 전망에 있다. 서방의 여러 나라 사람들도 이제는 단순한 소비로서의 쾌락 추구만으로는 만족하지 못하고, 타고난 능력을 발휘하여 자아를 실현하고자 하는 소망을 되살리는 경향을 보이고 있으며, "세계 인구의 3분의 2가 이미 시장 윤리에 반기를 들고 인간의 존엄성을 확보하기 위한 새로운 길을 찾고 있다."는 경험적 사실이, 맥퍼슨으로 하여금 자본주의 제도의 포기를 주장하게 하는 근거다. 바꾸어 말하면, 맥퍼슨의 방법론은 영국과 미국의 경험론적 전통에 뿌리를 둔 자연론적 윤리설의 그것이며, 마르크스와 엥겔스를 배출한 독일의 형이상학적 전통과는 거리가 멀다.

맥퍼슨이 사회주의 경제 제도를 자본주의 경제 제도보다 우월하다고 주장하는 이유들 가운데서 중요한 것을 추려서 다음과 같이 요약할 수 있을 것이다.

첫째, 자본주의 경제 제도 아래서는 '힘의 전이' 현상이 반드시 일어나기 마련이며, 이 현상은 '힘의 공정한 극대화'라는 인간 목표 달성에 치명적 저해 요인이 된다. 사회주의 경제 제도 아래서도 사회 전체의 생산력을 증대하기 위하여 개인들의 힘을 사회로 전이할 필요가 생기나, 이것은 다른 개인의 이익을 위한 '힘의 전이'와는 다르며, 이것이 어떤 개인의 인간적 본질에 손상을 입힌다고는 보기 어렵다.

둘째, 이제까지의 사회주의 사회에서 시민적 자유와 정치적 자유가 심한 제약을 받은 것은 사실이며, 이 사실이 인간으로서의 힘을 약화시킨다는 것도 부인하기 어렵다. 그러나 시민적 자유와 정치적 자유의 제한을 사회주의 사회의 특성에 내재하는 불가피한 현상이라고 단정하기는 어려우며, 여건만 좋아지면 사회주의 체제 아래서도 시민과 정치의 자유를 누릴 수 있을 것으로 전망된다.

셋째, 과학 기술의 지속적 발달로 장차 경제적 생산력은 크게 증진될 것이며, 과학 기술의 발달은 선진 자본주의 국가들만의 독점물이 될 수 없으므로, 사회주의 사회에서도 생산력의 놀라운 증진은 실현될 것이다. 그런데 자본주의 사회에서는 비록 생산력이 크게 증진된다 하더라도, 기업이 새로운 수요를 창출하기 위하여 끝없는 소비욕을 자극하므로, 결핍의 문제는 항상 남게 된다. 그러나 사회주의 체제에는 무제한의 이윤 추구를 위해서 사치와 낭비를 조장하는 세력이 없으므로, 생산력의 향상은 결핍의 문제에 종지부를 찍게 될 것이며, 상대적 빈곤이라는 사회문제가 일어날 염려도 없을 것이다.

넷째, 자유민주주의 사회에서는 끝없는 이윤 추구와 끝없는 소비욕을 만족시키기 위해서 끝없는 생산이 필요하고, 사람들은 끝없는 생산에 종사하기 위하여 정력과 시간을 낭비하기 마련이다. 그러나 사회주의 사회에서는, 과학 기술과 생산력의 수준이 선진 자본주의 국가를 따라잡게 되는 날, 꼭 필요한 물자를 생사하는 일을 위해서만 강요된 노동을 감수하고, 남는 시간과 정력은 인간적 능력의 개발을 통한 자아의 실현에 투입할 수 있게 될 것이다.

이상과 같이 요약되는 맥퍼슨의 주장에는 공감을 느끼게 하는 점도 많이 있으나 의심스러운 점도 적지 않다. 첫째로, 자본주의 경제 제도 아래서는 '힘의 전이'가 불가피한 현상이고, 사회주의 경제 제도 아래서는 공동체를 위해서 강요된 노동에 종사할 경우가 있더라도, 그것은 다른 개인을 위한 것이 아니므로, 자본주의적 시장경제에서 생기는 '힘의 전이'와는 근본이 다르다는 주장에는 다소의 편견이 개재됐다고 생각된다. 과거에 자본주의 사회에서 이른바 '착취'의 현상이 일어났으며 현재도 일어나고 있다는 사실을 부인하기는 어려울 것이다. 그러나 사회복지국가를 포함해서 모든 자본주의 사회에서는 '힘의 전이'가 **불가피**하다고 단정하는 것은 지나친 주장이다. 자본주의 경제 제도 아래서의 '착취'의 정도가 점차 줄어들고 있다는 사실과 앞으로도 이 추세는 계속될 것이라는 전망을 완전히 무시하는 것은 공정한 태도가 아니다. 한편 사회주의 제도 아래서는 강요된 노동도 '공동체'를 위한 것이므로 거기에 '힘의 전이'가 생긴다고 볼 수 없다는 주장에는 사회주의를 두둔하는 시각이 깔려 있다. 명분상으로 공동체를 위한 노동이라 하더라도, 공동체의 운영권을 가진 사람들이 그들의 권력을 남용하지 못한다는 보장이 없는 한, 공정한 분배를 기대하기 어려우며, 분배에 불공정이 있는 곳에는 어디서나 '힘의 전이'가 초래된다. 관료들 또는 공무원에 준한 사람들이 운영하는 국영기업체가 반드시 근로자를 우대한다고 보기 어려운 우리나라의 현실은 관료나 당 간부가 반드시 기업주나 최고 경영자보다 도덕적이라고 믿을 이유가 없다는 것을 암시한다. 어떠한 체제를 선택한다 하더라도 권력 또는 금력의 집중을 막지 못하면 부정이 생길 소지는 남기 마련이다.

둘째로, 시민의 자유와 정치의 자유의 부재가 사회주의 사회의 특성에 내재하는 불가피한 현상이 아니며, 시민의 자유와 정치의 자유를 충분히 누릴 수 있는 사회주의 사회의 건설이 **불가능**하지 않다는 주장은 **원칙적**으로 받아들일 수 있을 것으로 보인다. 자유가 있는 사회주의 사회를 기대할 수 없다는 주장은, 착취 없는 시장경제 사회를 생각하기 어렵다는 주장보다도 더욱 편파적이다. 다만, 착취 없는 시장경제 사회를 바람직한 사회의 모델로서 주장하는 사람은 착취를 막을 수 있는 조건과 장치에 대한 충분한 구상을 제시해야 하듯이, 자유로운 사회주의 사회의 건설을 주장하는 사람은 자유의 실현을 위해서 요구되는 여건과 준비에 대한 충분한 고찰로써 자기의 주장을 뒷받침해야 할 것이다.

셋째로, 과학 기술의 발달이 선진 자본주의 사회만의 독점물이 될 수 없다는 것도 당연한 주장이며, 사회주의 사회는 탐욕스러운 추구로 말미암은 소비욕의 자극과 이에 따른 사치와 낭비를 막을 수 있는 점에서 자본주의 사회보다 유리하다는 것도 옳은 주장이다. 그러나 과학 기술의 수준만 선진 자본주의 국가를 따라잡게 되면 생산성에 있어서도 자본주의 사회에 뒤질 까닭이 없다는 낙관에는 의문이 따른다. 생산성의 고저는 오로지 과학 기술에 의해서만 결정되는 것이 아니라, 일하는 사람들의 노력에 의해서도 크게 좌우된다. 집단농장 또는 국영 공장에서 일하는 사회주의 국가의 근로자들이 능력과 업적에 따라서 분배가 결정되는 자본주의 사회의 근로자들에 비해서 일에 대한 창의와 열성이 뒤떨어진다는 것은 일반적으로 알려진 역사적 사실이다. 공동체를 위한 일에서도 나 개인을 위한 일에서와 마찬가지의 열성을 가지고 일하는 기풍이 자율적으로 생기기 전에는, 사회주의 사회가 안고 있는 생산성 향상의 문제는 쉽게 풀리지 않을 것이다. 사회주의 체제는 대단히 높은 윤리 수준의 인간상을 요구한다.

넷째로, 사회주의 사회에서는 끝없는 이윤의 추구를 위해서 소비욕을 자극하는 선전 광고 따위가 없을 것이므로, 필요 이상의 사치와 낭비로 정력과 시간을 남용하지 않고, 더 많은 정성을 자아실현에 바칠 수 있다는 주장에도 일리가 있다고 생각된다. 다만, 이 경우에도 생산성이 자본주의 사회보다 크게 뒤떨어지지 않는다는 조건이 필요하다. 사회 전체가 지나치게 빈곤하면, 모든 사람들이 타고난 능력을 개발하여 자아실현에 전념하기가 사실상 매우 어렵다.

맥퍼슨 자신이 그런 표현을 사용하지는 않았으나, 경제는 사회주의 체제를 따르고 정치는 서구적 민주주의를 따르는 것이 가장 바람직하다고 보는 것이 맥퍼슨의 결론이라고 볼 수 있을 것이다. 하나의 먼 이상으로서는 나무랄 데 없는 결론이다. 다만, 이 결론이 실천적 성공을 거두기 위해서는 하나의 전제 조건이 필요하다. 대부분의 사회 성원들이 개인으로서의 '나'에 대한 집착을 버리고 공동체로서의 '우리'를 위해서 협동하는 높은 민도에 이르기 전에는, 동구의 사회주의와 서구의 민주주의를 성공적으로 접목하는 일은 많은 어려움에 봉착할 것이다.

　서구의 민주주의와 동구의 사회주의를 접목 내지 절충하고자 하는 학설들도 저 두 가지 이념 가운데 어느 편에 더 큰 비중을 두느냐에 따라서 크게 두 부류로 나누어질 수 있을 것이다. 관점에 따라서는 달리 생각할 수도 있을 것이나, 사회제도에 관한 문제들 가운데서 가장 큰 쟁점이 되고 있는 것은 생산재에 대한 사적 소유를 인정하느냐 안 하느냐 하는 경제 제도의 문제라고 보는 것이 현대의 상황에 적합할 것이다. 그러므로 필자는, 자본주의적 시장경제를 전제로 하되 사회복지정책 등 재분배의 장치를 통하여 평등을 실현해야 한다고 주장하는 학설은 서구적 민주주의에 더 큰 비중을 둔 것으로 간주하여 '사회민주주의'라고 부르는 반면에, 생산재의 사회적 공유를 전제로 하되 시민적 자유와 경제적 자유의 제한을 극소화하기 위하여 서구적 민주정치의 장점을 살려야 한다고 주장하는 학설은 동구적 사회주의에 더 큰 비중을 둔 것으로 간주하여 '민주사회주의'라는 이름으로 부르고자 한다. 롤즈의 학설은 전자의 한 표본으로 보고 맥퍼슨의 학설은 후자의 한 표본으로 본다 하더라도, 크게 무리가 되지는 않을 것이라고 생각한다.

9 장
유토피아 그리기

9장 유토피아 그리기

1. 개인의 견지에서 본 소망스러운 삶

여러 사상가들이 이상(理想)의 나라의 그림을 그렸다. 대개 본인들은 그것의 실현이 가능하다고 믿으며 그 그림을 그렸지만, 아직까지는 그대로 실현된 적이 없다는 뜻에서, 그것은 '유토피아'의 그림들이었다. 비록 실현되지는 못했지만, 그 실현이 가능하다고 믿고 움직인 사람들이 많았을 경우에는, 그 그림들은 역사의 발전에 긍정적으로 작용하기도 하고 부정적으로 작용하기도 하였다. 그림과 똑같은 모습의 사회가 실현되지는 않았다 하더라도, 그 그림이 역사 발전의 방향을 제시하는 등대의 구실을 하여 도움을 주기도 하고, 낮은 현실의 여건을 무시하고 높은 그림으로의 무리한 비약을 성급하게 서두른 나머지 도리어 얻은 것보다 잃은 것이 더 많은 경우도 생겼다. 그러나 이상 사회의 그림을 그리고 그 그림으로의 접근을 진지하게 꾀했다는 것은 그 동기로 보아 높이 평가되어야 할 장한 일이었으며, 그림으로의 접근을 방해하는 조건들이 무엇인가를 신중하게 고려하기만 한다면, 앞으로도 이상 사회의 그림 그리기는 결과에 있어서도 긍정적으로 작용할 공산이 큰 좋은 일이라고 필자는 믿는다.

이 자리에서 필자도 서투른 솜씨로나마 '이상'이라는 이름의 그림을 시도하고자 한다. 그것은 전체가 한 장의 그림으로 보일 수도 있고 표리(表裏)의 관계를 가진 두 장의 그림으로 보일 수도 있는 그런 그림이 될 것이다. 필자는 그 실현 가능성에 대해서는 크게 신경을 쓰지 않고 우선 아름다움에만 치중하여 첫 번째 그림의 윤곽을 잡아 볼 생각이다. 따라서 처음에 얻어지는 것은 '유토피아'라는 이름에 어울리는 그런 그림이 될 공산이 크다. 일단 '유토피아'의 그림을 얻은 다음에, 실현성의 문제를 고려해 가며, 그 그림의 내용을 수정할 생각이다. 그렇게 함으로써 두 번째로 얻게 되는 그림은, 당장 실현이 가능하지는 않더라도 먼 장래에는 실현을 기대할 수도 있다는 뜻에서, '유토피아'보다는 '이상 사회'라는 말이 어울리는 그런 것이 되기를 희망한다.

우리의 그림은 개인의 내면세계에 초점이 맞추어질 수도 있을 것이며, 전체 사회의 구조적 측면에 초점이 맞추어질 수도 있을 것이다. 아마 두 가지 초점을 모두 살리는 것이 바람직할 것이므로, 우리가 그리는 그림은 표리의 관계를 가진 두 장의 그림에 가까운 것이 되기 쉬우리라고 보았던 것이다. 우리의 그림은 바람직한 개인들의 모습과 바람직한 사회의 모습을 아울러 제시해야 할 것이며, 개인들의 사람됨과 사회의 구조 사이에 어떤 관계가 있는지도 밝혀 주어야 할 것이다.

이 저술의 첫머리에서 말한 바와 같이, 우리가 생활인으로서 처음 부딪치는 문제는 "나는 어떻게 할 것인가?" 또는 "나는 어떤 삶을 가질 것인가?"였다. 바람직한 인격 또는 바람직한 사회에 대한 문제는 저 원초적 문제에 대답하고자 하는 과정에서 자연히 만나게 되는 문제라는 뜻으로 '2차적 문제'라고 볼 수 있을 것이다. 그러므로 개인과 사회라는 두 측면을 가지게 될 우리들의 그림을 도대체 어디서부터 붓을 대야 할 것인가 하는 어려운 물음 앞에서게 된 우리는, "나는 어떠한 삶을 가질 것인가?"라는 저 원초적 문제에서 실마리를 찾는 것이 좋을 것 같은 예감이 든다. 저 원초적 문제가 모든 윤리학적 내지 사회철학적 문제의 뿌리라고 생각되기 때문이다.

이미 2장에서 밝힌 바와 같이, "나는 어떠한 삶을 가질 것인가?"라는 물음에 대해서 우리가 일차적으로 얻는 대답은 "합리적으로 작성된 삶의 설계를 따라서 살아라."였다. 삶의 설계가 합리적으로 작성되었다고 인정될 수 있기 위해서는, 첫째로 공정한 사회가 요구하는 규범에 저촉함이 없어야 하며, 둘째로 그 사람으로서 실현이 가능한 여러 가지 삶 가운데서 가장 큰 가치를 지닌 것에 가까운 편을 선택해야 한다. '공정한 사회가 요구하는 규범'이 무엇인지를 밝히는 문제는 우리가 앞으로 실현의 목표로 삼아야 할 바람직한 국가 내지 사회의 모습을 탐구하는 문제의 일환으로서 남아 있다. 그리고 한 개인으로서 실현할 수 있는 삶 가운데서 어느 것이 가장 큰 가치를 지녔다고 볼 수 있느냐 하는 문제에 대해서는 2장 3절에서 엉성하게나마 시도했던 '가치 비교의 척도'에 관한 고찰이 해답의 기초로서 도움을 줄 수 있을 것이다. 이 자리에서는 한 개인이 실현할 수 있는 삶의 가치의 문제를 다시 부연해서 고찰함으로써, 우리들의 '유토피아 그리기'로 접근하는 출발점으로 삼을까 한다.

수명이 짧은 것의 가치보다는 그것이 긴 것의 가치를, 혜택을 줄 수 있는 범위가 좁은 것의 가치보다는 그것이 넓은 것의 가치를, 무엇을 위한 수단에 불과한 것의 가치보다는 그 자체가 목적이 되는 것의 가치를, 더욱 크다고 보아야 한다는 결론에 도달했던 2장 3절에서의 고찰을 따를 때, 어떠한 삶이 가치 실현을 극대화함에 가까운 것일까? 돈과 재물, 권력과 지위, 관능적 쾌락 등 외면적 목표의 달성에서 크게 성공하는 것은 우리가 찾는 가치 실현 극대화의 길에서 멀다고 보아야 할 것이다. 외면적 목표들은 본래 수단으로서의 성격이 강하고, 그 생명이 비교적 짧은 편이며, 여러 사람들이 나누어 가질수록 각자에게 돌아가는 혜택은 거의 반비례적으로 줄어든다. 그러므로 가치 실현의 극대화를 지향하는 우리의 길은 내면적 생활의 성취에서 찾아야 할 것으로 보인다.

한 알의 솔씨를 위해서 가장 바람직한 것은, 그것에서 싹이 트고 잔솔로 자란 다음에, 드디어 노송(老松)에까지 이르는 삶의 과정이라고 보는 것이 사리에 합당할 것이다. 같은 논리는 인간의 경우에도 타당성을 가지리라고 생각된다. 다만 사람의 한 수정란의 가능성은 한 알의 솔씨의 경우보다도 무한히 복잡하고 다양하다. 잠재적으로 가지고 있는 가능성이 복잡하고 다양할 뿐 아니라, 인간은 생애의 전개 과정도 소나무를 포함한 식물의 경우와는 크게 다르다. 소나무의 경우는 바람과 기후 풍토 등 오로지 외부의 조건들에 의해서 그 운명이 결정되지만, 인간의 경우는 아주 어린 시절을 지난 뒤에는 자신의 주체적 선택이 그의 생애에 결정적 요인으로 작용한다.

개인이 삶의 과정에서 단행해야 할 선택 가운데서 가장 기본적인 것은 삶의 설계의 핵심을 이루는 목적들의 체계를 선택하는 일이다. 앞에서의 고찰을 통하여 한 가지 분명한 것은 저 목적들의 체계의 정상(頂上)의 자리에 어떤 외면적 목표를 놓는 것은 부당하다는 사실이다. 바꾸어 말하면, 목적들의 체계의 정상은 어떤 내면적 목표가 차지해야 한다는 것이 앞에서의 고찰을 통하여 우리가 얻은 결론이다. 이 결론과 "솔씨를 위해서 가장 바람직한 길은 솔씨에 담긴 가능성을 충분히 발휘하여 노송에 이르는 것이다."라는 조금 전의 비유를 연결하면, 개인에게 잠재해 있는 가능성을 합리적 설계에 따라서 발휘함을 삶의 최고의 목표로 삼는 것이 그 사람을 위해서 바람직한 길이 되리라는 추론(推論)을 얻게 된다.

고전적 자아실현론자들이 주장했듯이, 이성(理性)의 철저한 발휘만을 삶의 최고 목표로 삼을 필요는 없을 것이다. 이성을 발휘하여 나무랄 데 없는 인격자로 성장하는 것도 매우 훌륭한 목표의 하나가 될 수 있을 것이나, 그

밖에도 타고난 지능을 살려서 과학자가 된다거나, 미적(美的) 창작의 소질을 연마하여 예술가가 된다거나, 천부의 체질과 체격을 살려서 운동선수로 성장하거나, 남다른 상상력과 창의력을 발휘하여 발명가가 되는 등, 삶의 목적으로서 적합한 길은 다양하다.

모든 사람들이 이른바 저명인사로서 세상에 알려지기는 어려울 것이며, 반드시 그렇게 될 필요도 없다. 특별하게 탁월한 소질을 타고나지 못한 사람들 가운데는 평범한 시민으로서 일생을 보낼 수밖에 없는 경우도 흔히 생길 것이다. 그러나 그런 사람들도 사회에 참여해서 사회에 이바지할 기회는 있기 마련이며, 비록 무명지사로서 소리 없이 산다 하더라도, 각자에게 적합한 일을 통하여 능력을 발휘하고 사회에 이바지하는 것은 뜻있고 보람된 일이다. 어떤 분야에서이든, 어떤 사회적 지위를 통해서이든, 자신의 능력을 살려서 사회에 참여하고 사회에 이바지하는 것은 모든 사람들을 위해서 값지고 바람직한 삶의 목표의 일부로서 고려되어야 한다.

삶을 설계함에 있어서 목적들의 체계의 정상에 어떤 내면적 목표를 배치하기 위해서는 그 사람의 가치관이 어떠한 외면적 가치보다도 그가 목적들의 체계의 정상에 놓고자 하는 내면적 목표를 선호해야 한다. 그리고 목적들의 체계의 정상에 어떤 내면적 목표를 배치한다 하더라도, 그것이 한갓 '설계'의 단계에만 머물고 실천이 따르지 않는다면 별로 의미가 없다. 다시 말하면, 내면적 목표를 목적들의 체계의 정상에 배치한 설계가 실천에 의해서 뒷받침되어야 한다. 따라서 어떠한 외면적 가치보다도 특정한 내면 목표를 **선호한다** 함은, 단순히 마음속에서 높이 평가함에 그치지 않고, 실제 행동으로써 그 내면적 목표로 가는 길을 선택한다는 뜻이다.

일반적으로 말해서, 외면적 가치의 세계보다도 내면적 가치의 세계가 더욱 소중하다는 것이 전통적으로 우세한 관념이었다. 우리들 현대인 가운데도 저 전통적 관념을 따라서 내면적 가치의 세계가 더욱 소중하다고 **생각하**

는 사람들이 많이 있다. 그러나 고도의 소비문화를 창출하는 현대의 자본주의 산업사회에 살고 있는 우리들은, 중대한 외면적 목표와 중대한 내면적 목표 사이에서 하나를 선택해야 할 기로에 서게 되면, 전자의 방향으로 기우는 경향이 있다.[1] 내면적 가치의 우위(優位)를 인정하는 관념(觀念)의 힘이 외면적 가치에서 발산되는 유혹의 힘을 당하기 어려운 것이다. 그러므로 목적들의 체계의 정상에 어떤 내면적 목표를 세우고, 그 목표를 실천으로 추구하는 삶을 갖기 위해서는, 단순한 관념에 그치지 않고, 실천적 행동을 통해서 외면적 가치의 세계보다도 내면적 가치의 세계를 선호하는 가치 태도를 몸에 익히는 일이 선행해야 한다.

우리가 아무렇게나 살기를 원치 않고 굳이 삶을 설계하는 번거로움을 자초하는 것은 무엇 때문일까? 우리가 굶지 않을 정도의 벌이를 위해서 최소한의 일만을 하고 나머지 시간은 게으름을 즐기는 안이한 생활의 길을 택하지 않고 애써 소질을 연마하여 떳떳한 사람이 되고자 꾀하는 것은 무엇 때문일까? 수입을 많이 올릴 수 있는 사람이 됨으로써 남보다 호의호식하기 위해서 굳이 힘든 길을 택하는 사람들도 있을 것이다. 그러나 자아의 성장을 도모하는 노력이 호의호식을 위한 것이라면, 그것은 외면적 가치를 삶의 최고 목표로 삼는 것이므로, 올바른 삶의 태도라고 보기 어렵다. 그러므로 우리가 굳이 힘든 길을 택하는 정당한 이유가 될 수 있는 것은, 소질을 연마하여 자아를

---

1 관념적으로는 내면적 가치가 더 소중하다고 생각하면서도 실제의 행동은 외면적 가치 선호로 기우는 첫째 이유는, 원하는 내면적 가치를 얻었을 때보다 원하는 외면적 가치를 얻었을 때 경험하는 만족감의 **강도**가 월등하게 강하다는 사실에서 찾을 수 있을 것이다. 예컨대 주색의 쾌락을 즐기는 순간에 얻는 만족감의 강도는 좋은 음악을 들을 때 경험하는 즐거움보다 일반적으로 강렬하며, 탐냈던 고위직을 얻었을 때의 만족감은 불편하던 관계가 화목한 관계로 바뀌었을 때보다도 더욱 강하다. 한국 사람들이 외면적 가치 편으로 쏠리는 둘째 이유는, 한국 사회가 외면적 가치 획득에 성공한 사람들을 출세한 사람으로서 부러워하는 가치 풍토에 있을 것이다. 사람들은 대개 남에게 초라한 사람으로 보이기를 싫어한다.

개발하는 그 과정 자체가 값지고 보람된 일이라는 믿음뿐일 것이다.

정상적인 사람들은 소질을 연마하여 자아를 개발하는 노력의 과정이 값지고 보람된 일이라는 믿음을 대개 가지고 있으며, 또 이 믿음이 건전하고 정당하다는 것도 믿고 있다. 그러나 이러한 믿음이 도대체 무엇을 근거로 삼고 형성된 것일까?

로빈슨 크루소처럼 무인도에 혼자 사는 사람은, 만약 그 혼자의 삶이 일평생 계속되리라고 전망된다면, 소질을 연마하여 자아를 개발하는 노력이 값지고 보람된 일이라는 생각을 갖지 않을 것이다. 만약 무인도에 평생 동안 혼자 살도록 운명지어진 사람이 있고, 그가 한 어떤 일도 다른 지방 사람들 또는 후세 사람들에게 알려질 가능성이 전혀 없다고 한다면, 그에게 천부의 재능이 있고 호기심 또는 창작의 의욕이 강해서 과학적 연구나 예술적 창작을 통하여 어떤 업적을 남길 수 있다 하더라도, 그는 자신의 업적이 값지고 보람된 일이라는 믿음을 갖지는 못할 것이다. 그의 과학적 발견이 고기잡이나 채취에 도움을 줄 경우에는 그가 자기의 발견에 대해서 수단적 가치를 의식할 가능성은 있을 것이다. 그러나 그의 과학적 연구 자체에 가치가 있다는 의식을 갖기는 어려울 것이다. 필자는 문화적 활동의 본래적(本來的) 가치에 대한 의식은 타인의 존재, 즉 사회생활과 불가분의 관계를 가졌다고 믿는다.

나의 문화적 활동의 가치에 대한 의식을 고취하는 것이 타인의 존재요 사회생활이라 함은, 인간이라는 것이 사회에 참여하여 사회에 이바지하는 가운데 자신의 존재 의의와 삶의 보람을 느끼기 마련이라는 사실을 암시한다. 나는 나의 타고난 소질을 개발하여 값어치 있는 사람으로 성장하고 싶은 욕망을 가지고 있을 뿐 아니라, 사회에 참여해서 쓸모있는 일꾼으로서 사회에 이바지하고자 하는 욕구도 가지고 있다. 나의 소질을 개발하여 값어치 있는 사람으로 성장하기를 원하는 욕구 자체가 인간이 사회적 존재라는 사실과 불가분의 관계를 가졌다. 내가 만약 영원히 외톨이로 살기 마련이었다면, 소질을 개발하고자 하는 욕구 또는 값어치 있는 사람이 되고자 하는 의욕을 별로 느끼지 않을 것이다.

사회에 참여하여 사회에 이바지한다는 목적을 달성하기 위해서 나의 소질을 개발한다는 뜻은 아니다. 나의 소질을 개발하여 값어치 있는 사람으로 성장하는 것도 그 자체가 목적이요, 사회에 참여해서 사회에 이바지하는 것도 그 자체가 목적이다. 다만 이 두 가지 일은 서로 밀접한 관계를 가지고 있는 것으로서, 내가 값어치 있는 사람으로 성장한다는 사실 그 자체가 사회에 참여해서 사회에 이바지하는 일이 되는 것이요, 또 사회에 참여해서 사회에 이바지하는 가운데 나의 성장이 이루어지고 나의 사람됨이 실현되는 것이다. 결국 소질을 개발하여 값어치 있는 사람으로 성장하는 일과 사회에 참여하여 사회에 이바지하는 일은 동전의 앞면과 뒷면처럼 같은 일의 두 측면이다.

자신이 타고난 소질을 개발하여 값어치 있는 사람됨을 실현하고, 그러한 자아 성장 내지 자아실현의 과정을 통하여 사회에 참여하고 사회에 이바지하기를 원하는 것은, 사회적 존재로서의 인간이 공통적으로 가지고 있는 가장 근원적인 소망이다. 이 근원적 소망을 달성하는 일은 모든 사람들을 위해서 바람직한 일이며, 이 근원적 소망이 달성될 때 인간으로서의 삶의 보람이 실현된다고 말할 수 있을 것이다.

생물로서의 인간에게는 소질을 개발하여 값어치 있는 사람이 되어 사회에 참여하고 사회에 이바지하기를 원하는 것보다도 더욱 원초적인 욕구가 있다. 건강한 삶에 대한 욕구다. 의식주의 기본 생활이 보장된 가운데 개체의 생명을 건강하게 유지하고 이성(異性)과의 결합을 통하여 종족을 유지하고자 하는 욕망은 생물로서의 인간이 가지고 있는 가장 원초적인 욕구이며, 이 원초적 욕구의 충족은 타고난 소질을 개발하고 사회에 이바지하고자 하는 문화적 욕구의 충족을 위해서도 필수적이다. 소질을 개발하여 값어치 있는 사람으로 성장하고 사회에 참여해서 사회에 이바지하기 위해서는 우선 생물로서의 건강한 삶이 전제되어야 하는 것이다.

그러나 생물학적 욕구의 충족이 문화적 욕구의 충족을 위한 단순한 수단이라고는 생각되지 않는다. 건강한 생존을 지속한다는 것은 그 자체가 목적으로서의 성격을 가지고 있으며, 그것이 다시 자아의 성장과 사회를 위한 봉사 등과 같은 한 단계 높은 차원의 목적을 위한 기초의 구실을 한다고 보아야 할 것이다. 삶의 단면 가운데는 그 자체가 목적인 동시에 또 다른 목적을 위한 수단으로서의 뜻이 강한 것들이 흔히 있으며, 생물학적 생존도 그러한 단면의 하나다.

인간은 대개 어떤 목적의식을 가지고 살기 마련이다. 그 목적들의 체계가 어떠한 내용으로 구성되느냐 하는 것은 개인에 따라서 차이가 있을 것이나, 우리가 합리적으로 삶을 설계한다고 가정할 때, 적어도 다음 세 가지는 우리들의 목적의 체계 가운데 원칙적으로 포함되어야 하리라는 것이 이제까지의 고찰을 통해서 얻은 결론이라고 볼 수 있을 것이다. ① 생물로서의 건강한 생존, ② 타고난 소질을 개발하여 높은 수준의 사람됨을 실현함, ③ 사회에 참여해서 사회에 이바지함.

위의 세 가지 목표는 내면적으로 연결되어 있다. 생물로서의 건강한 생존은 타고난 소질의 개발을 위한 기반의 구실을 한다. 그러나 전자는 후자를 위한 단순한 수단은 아니며, 그 자체가 목적의 일부이기도 하다. 개인들은 각자의 소질을 개발하고 어떤 수준의 사람됨을 실현함으로써 사회를 위해서 필요한 존재가 된다. 그러나 소질을 개발하여 자아를 실현함이 단순히 사회를 위한 수단은 아니며, 높은 수준의 사람됨을 실현하는 것 자체가 소중한 목적으로서의 일면을 가졌다. 결국 생물로서의 생존과 개인적 자아실현, 그리고 사회의 성원으로서의 참여와 봉사는, 유기적으로 연결된 하나의 구체적 인생의 세 측면으로서 이해될 성질의 것이다.

2. 소망스러운 삶에 적합한 심성

생물로서의 건강한 생존을 바탕으로 삼고 타고난 소질을 개발하여 높은 수준의 사람됨에 도달하는 과정을 통하여 사회에 참여하고 사회에 이바지하기를 원하는 것은, 합리적인 삶을 지향하는 모든 사람들의 공통된 소망이다. 인간이 그 본성(本性)에 있어서 이성적 존재이고 불우한 처지로 인해서 상처를 받지 않은 정상적인 사람들은 누구나 합리적인 삶을 지향하기 마련이라고 볼 수 있다면, 세 가지 측면을 가진 저 소망은 모든 정상적인 사람들에게 공통된 소망이라고 볼 수 있을 것이다. 더러는 예외적인 사람들이 있을지도 모른다. 그러나 저 소망의 달성이 가능하다고 전망됨에도 불구하고, 다른 길을 선택함이 바람직하다는 것을 이론의 뒷받침까지 해가며 주장하기는 용이하지 않을 것이다.

우리는 지금 유토피아 그리기를 시도하고 있다. 실현성 여부는 잠시 묻지 않기로 하고, 가장 바람직한 삶의 모습을 그려 보려고 하는 중이다. 일부 사람들의 소망만 달성되고 다른 사람들은 좌절하고 만다면, 그것을 가장 바람직한 삶의 모습이라고 볼 수는 없을 것이다. 모든 사람들의 소망이 다 같이 달성되는 것이 가장 바람직한 삶의 모습이 아닐 수 없다.

불우한 처지로 인해서 상처받지 않은 정상적인 사람은 누구나 합리적인 삶을 지향할 것이고, 합리적 삶을 지향하는 사람은 생물로서의 건강한 생존을 바탕으로 삼고 타고난 소질을 개발하여 어떤 수준의 사람됨에 도달하는 과정을 통하여 사회에 참여하고 사회에 이바지하기를 원하는 것이 인간으로서의 기본적인 소망이라고 말했다. 그렇다면, 모든 사람들이 다 같이 이 소망을 달성할 수 있어야 가장 바람직한 삶의 모습이라고 볼 수 있을 것이다.

인간의 소망이 저절로 달성되는 경우는 거의 없으며, 오로지 당사자들의 노력에 의해서 그것이 가능하게 된다. 어떤 소망이 달성되기 위해서는, 그 소망을 가진 당사자와 그의 삶에 대해서 영향력을 가진 사람들이 그 소망에 적합한 행위를 해야 하는 것이다. 그리고 사람들이 그들의 소망을 달성하기에 적합한 행위 즉 올바른 행위를 하기 위해서는, 그들의 심성(心性)이 올바른 행위를 선택하기에 적합해야 한다. 그렇다면, 합리적인 삶을 지향하는 사람들이 희구하는 저 기본적 소망을 달성하기에 적합한 행위를 선택하기 위해서, 우리는 어떠한 심성의 인품이 되어야 하는 것일까?

첫째로, 우리는 선택의 기로에 섰을 때 문제 상황을 여러 각도에서 깊이 생각하는 합리적 사고에 투철해야 할 것이다. 생물로서의 건강한 생존을 바탕으로 삼고, 타고난 소질을 개발하여 어떤 수준의 사람됨에 도달하는 과정을 통하여 사회에 참여하고 사회에 이바지하는 것을 기본적 소망으로 삼는 삶의 설계 자체가 합리적 사고에 입각한 선택이라는 사실이 우선 이 첫째 조건을 요청한다. 그리고 일부의 유리한 계층의 사람들뿐 아니라 모든 사람들의 인간적 소망이 고루 성취되는 것이 바람직하다고 본 우리들의 이상도 이 첫째 조건을 요청한다. 특히 현대의 사회는 그 규모가 거대하고 구조가 복잡하여 우리가 부딪치는 문제 상황도 복잡하기 쉬우며, 문제가 복잡하고 어려울수록 그 해결을 위해서 합리적 사고에 의존해야 할 필요성이 커진다는 사실도 이 첫째 조건을 요청한다.

현대 생활에서 우리들이 부딪치는 문제들의 대부분을 차지하며 또 가장 심각한 부류에 속하는 것은, 인간과 인간의 만남에서 오는 사회적 갈등의 문제라고 생각된다. 그리고 현대사회의 규모가 거대하고 구조가 복잡하다는 사실은 현대인의 사회적 갈등의 문제를 더욱 복잡하고 어려운 것으로 만드는 경향이 있다. 문제가 복잡하고 어려울수록 그 해결을 위해서는 투철한 합리적 사고의 힘을 빌려야 한다고 필자는 믿고 있다. 왜냐하면, '합리적 사고'라 함은 사리(事理)를 존중하는 태도를 의미하며 공정(公正)의 원리를 숭상하는 태도와 상통하기 때문이다. 구체적 상황에서 무엇이 '사리'에 합당하며 무엇이 '공정의 원리'에 해당하는지에 대해서 논란의 여지가 있을 수 있다는 사실을 감안한다 하더라도, 현대의 사회적 갈등의 문제를 해결함에 있어서 주관의 편견에 좌우될 염려가 큰 감정적 태도보다는 사리와 공정성을 따르고자 하는 합리적 태도가 믿음직하다는 것은 의심의 여지가 없으리라고 생각된다.

비록 합리적 태도에 투철하다 하더라도 오직 냉정하기만 하고 뜨거운 정열의 추진력이 없으면, 저 인간적 소망을 달성하기에 어려움이 있을 것이다. 타고난 소질을 연마하여 상당한 수준의 인품으로 성장하기 위해서는 장기간에 걸친 꾸준한 노력이 앞서야 하며, 자신의 성장을 꾀하는 꾸준한 노력을 계속할 수 있기 위해서는 삶을 긍정적으로 받아들이는 뜨거운 정열의 뒷받침이 있어야 한다. 그리고 사회에 참여해서 이바지하고자 하는 목적을 위해서도 뜨거운 정열의 합세가 필요하다. 사회의 질서를 파괴하지 않고 타인의 권익을 침범하지 않는 소극적 기여를 위해서는 사리를 배반함이 없는 합리적 태도만으로도 충분할 것이다. 그러나 바람직한 사회 또는 이상적 사회의 건설이라는 공동의 목적에 적극적으로 참여하는 데는 뜨거운 정열의 밀어 줌이 필요하다. 개인적 목적의 실현을 위해서나 사회적 목적의 실현을 위해서나, 냉정한 이지(理智)의 힘만으로는 부족할 경우가 많으며, 뜨거운 정열의 힘이 합세할 때 좋은 성과를 얻는 것이 삶의 현실이다.

소질을 연마하여 사람됨의 수준을 높이고 그러한 자아실현의 과정을 통하여 사회에 참여하며 이바지한다는 인간적 목적의 달성을 위해서는, 냉철한 이지와 뜨거운 정열을 아울러 갖되 이 두 측면이 조화와 균형을 이룬 심성이 바람직하다고 생각된다. 뜨거운 정열로 높은 목표를 추구하되 편견이나 아집으로 흐르지 않고, 냉철한 이지로 현실을 분석하되 허무주의나 냉소로 흐르지 않는 건실한 사람들이 대세를 이룰 때 개인과 사회의 삶이 모두 순조롭게 전개될 것이다.

소망스러운 삶의 실현을 위해서 적합한 인품이 갖추어야 할 심성의 조건으로서 세 번째로 요청되는 것은, 재물과 권력 또는 관능적 쾌락 따위의 외면적 목표에 대한 욕심이 지나쳐서는 안 된다는 조건이다. 금력과 권력 또는 관능적 쾌락 따위의 외면적 목표는 옛날부터 많은 사람들의 강한 욕구의 대상이었으며, 특히 현대 자본주의 사회의 물질문명은 이것들에 대한 욕구를 더욱 촉진하는 추세를 보이고 있다. 실제 행동에 나타난 것을 기준으로 삼고 판단할 때, 현대에 사는 많은 사람들의 가치 체계에 있어서, 돈이나 권력 또는 사치나 향락 따위의 외면적 가치가 소질의 개발, 원만한 대인관계 또는 공정한 사회를 건설하는 일에 대한 참여 따위의 내면적 가치보다도 높은 자리를 차지하고 있다.

돈이나 권력 또는 사회적 지위 따위의 외면적 가치를 추구하는 일과 소질을 개발하여 탁월한 전문가가 되는 것 또는 사회에 참여해서 공동체에 기여하는 것 따위의 내면적 가치를 실현하는 일이 **전혀** 양립할 수 없다고는 생각하지 않는다. 그러나 외면적 목표들에 대한 욕심이 내면적 목표들에 대한 의욕을 압도하는 생활 태도를 버리지 않는 한, 소질을 충분히 발휘하여 높은 경지의 인품에 도달하거나 바람직한 사회의 건설을 위해서 **크게** 이바지하기는 어려울 것이다. 탐욕스러운 생활 태도를 가지고 도달할 수 있는 인품이나 사회에 대한 공헌은 어느 한계선을 넘어서기 어렵다. 비록 유토피아의 그림을 시도하고 있다 하더라도, 개인이 보유하는 능력을 무한한 것으로 가정할 수는 없으며, 개인의 능력에는 한계가 있다는 인간적 현실을 감안할 때, 탐욕스러운 생활 태도를 취하는 사람이 자아의 실현과 사회의 건설을 위해서 할애할 수 있는 힘은 적을 수밖에 없다고 보아야 할 것이다.

소망스러운 삶의 실현을 위하여 적합한 심성이 갖추어야 할 조건으로서 네 번째로 요청되는 것은, 자아의 의식이 거시적 안목과 결합하는 일이다. 우리는 누구나 무엇인가를 위해서 살기 마련이고 그 '위함'의 대상의 세계는 '나'

를 중심점으로 삼고 나선형으로 전개하는 것이 보통이다. 나선형으로 전개되는 이 '위함'의 대상의 세계는 사람에 따라서 그 범위가 크기도 하고 작기도 하며, 같은 사람의 경우에도 때에 따라서 그 범위의 크기에 차이가 생긴다. 이 '위함'의 대상에 해당하는 세계의 범위가 클수록, 그리고 넓은 범위를 '위함'의 대상으로서 의식하는 시간이 많은 심성을 가진 사람일수록, 그는 우리의 유토피아 실현을 위해서 바람직한 인품이다. 그런데 세상을 바라보는 안목이 거시적일수록, 그 안목이 자아의식과 결합할 때, 그 사람이 갖는 '위함'의 대상의 범위가 넓어지기 마련이다. 그러므로 "자아의식이 거시적 안목과 결합된 심성의 인품"이라는 말과 "'위함'의 대상의 범위가 넓은 인품"이라는 말은 외연(外延)이 같은 개념을 지칭하는 말이 된다.

'자아'라는 것은 물질의 체계가 아니라 의식(意識)의 체계다. 그리고 의식은 고정된 무엇이 아니라 유동하는 무엇이므로, 의식의 체계로서의 자아도 의식의 흐름에 따라서 그 범위에 신축성이 생기기 마련이다. 일반적으로 말해서, 세상을 바라보는 안목이 거시적인 사람일수록 그가 평상시에 의식하는 '자아'의 범위가 넓은 경향이 있다. 자기의 일신(一身)과 이에 직접 부착된 좁은 범위만을 '자아'로서 의식하는 소아(小我)의 인품도 있을 수 있고, 인류 전체를 '자아' 또는 자아의 연장으로서 의식하는 대아(大我)의 인품도 있을 수 있거니와, 원칙적으로 말해서, 평상시에 의식하는 자아 범위가 넓은 인품일수록 소망스러운 삶을 실현하기에 적합한 인품이라고 필자는 생각한다.

일상적 언어로 말해서, 이기적인 사람보다는 공동체 의식이 강한 사람이 바람직한 삶을 실현하기에 적합한 인물이라고 생각된다. 사회에 참여해서 사회에 이바지한다는 목표를 위해서뿐 아니라, 소질을 개발하여 개인의 자아를 실현한다는 목표를 위해서도 강한 공동체 의식이 바람직하다고 필자는 믿고 있다. 그러나 타율적 전체주의에 의해서 주입된 공동체 의식까지도 바람직하다고 생각하는 것은 아니며, 개인주의의 벽을 넘어서 자율적으로 확대된 자아의식으로서의 공동체 의식에 도달함이 바람직하다는 뜻이다.

공동체에도 여러 가지 종류가 있고 같은 개인이 여러 공동체에 동시에 속해 있을 경우가 허다하므로, "강한 공동체 의식이 바람직하다."는 명제는 하나의 원칙론으로서는 타당성을 가질 것이나, 언제나 절대적으로 옳다고 보기는 어려울 것이다. 우리는 가정이라는 작은 공동체에도 속해 있고 국가라는 큰 공동체에도 속해 있다. 그리고 지역 공동체와 같은 중간적 규모의 공동체에도 속해 있다. '공동체 의식'이라는 개념에는 '공동체를 아끼는 마음'이라는 뜻이 포함되어 있고, 이 뜻은 어떠한 종류의 공동체의 경우에도 통용되는 것이므로, '공동체를 아끼는 마음'이라는 동일한 마음의 자세가 여러 가지 크고 작은 공동체에 대해서 다 같이 긍정적으로 작용할 수도 있을 것이다. 그러나 같은 개인이 속해 있는 여러 공동체들의 이해관계가 반드시 일치하지만은 않는 까닭에, 한 공동체를 아끼는 마음과 다른 공동체를 아끼는 마음 사이에 갈등이 생길 경우도 있다. 예컨대, 고장을 위하는 길과 나라를 위하는 길이 일치하지 않는 것으로 나타났을 경우에, 애향심이라는 공동체 의식과 애국심이라는 공동체 의식 사이에 갈등이 생긴다. 이럴 경우에는 고장에 대한 공동체 의식이 지나치게 강하면 그 '애향심'이라는 이름의 공동체 의식은 나라에 대해서 부정적으로 작용할 가능성이 크다. 이럴 경우에 "강한 애향심이 반드시 바람직한 것인가?" 하는 물음이 제기될 수 있다. '애국심'의 경우도 마찬가지다. 지나친 애국심이 세계의 평화를 위협할 수도 있으므로, "강한 애국심이 반드시 바람직한 것인가?" 하는 물음도 제기될 수 있다.

작은 공동체를 아끼는 마음이 지나쳐서 더 큰 공동체에 대하여 부정적으로 작용할 경우에, 작은 공동체에 대한 향념(向念)의 정당성이 문제가 될 수 있다 함은, 공동체 의식 가운데도 부당한 것이 있을 수 있다는 의미를 함축한다. 여기서 생기는 문제가 공동체 의식의 정당성을 평가하는 기준이 무엇이냐 하는 그것이다. 그러나 이 문제와 본격적으로 대결하는 것은 이 자리에서 꼭 필요한 논의가 아닐 것이다. 다만 이 경우에도, 평가의 기준이 되는 것은 합리성일 수밖에 없을 것이라는 필자의 직관적 판단을 잠정적 대답에 대신 하고자 한다. 가족이라는 공동체에 대한 애착이 지나쳐서 그것이 이웃 또는 그 밖의 사회에 대해서 피해를 준다면, 그 애착은 불합리한 것이라고 볼 수 있을 것이다. 애향심이 지나쳐서 향토보다 더 큰 공동체에 피해를 준다면, 그 애향심도 불합리한 공동체 의식이라고 보아야 할 것이다. 일반적으로 말해서, 정당성을 인정받을 수 없는 모든 공동체 의식에는 불합리하다는 약점이 있다고 볼 수 있을 것이다.

그렇다면, 공동체 의식이 정당성을 갖기 위해서는 반드시 합리적이라야 하는 것일까? 불합리한 면을 가진 **모든** 공동체 의식은 부당하다고 단정할 수 있는 것일까? 필자는 반드시 그렇다고 생각하지 않는다. '공동체 의식'이라는 것이 본래 이지(理智)에 가까운 심리이기보다는 감정에 가까운 심리이기 때문이다. 애향심, 애국심, 동창 의식 등이 모두 그렇듯이, 공동체 의식이라는 것의 바탕을 이루는 것은 넓은 의미의 사랑의 감정이요 모종의 정열이다. 그러므로 정당성이 인정되는 모든 공동체 의식의 기본 특색을 합리성에서 구하는 것은 옳지 않다고 생각된다. 불합리한 요소를 가진 공동체 의식에도 정당한 것이 있을 수 있다고 보아야 할 것이다.

일제시대의 독립투사들이 처자를 버리고 외국으로 망명하여 승산이 희박한 항일 투쟁에 투신한 행위를 합리적이라고 보기는 어렵다. 그러나 그러한 희생적 행위의 바탕이 된 민족에 대한 공동체 의식에 합리성이 결여한다는 이유로 그 공동체 의식을 부당하다고 말하기는 어렵다. 이 경우에도 민족이라는 공동체에 대한 애착이 불합리할 정도로 강했음으로 인하여 가족이라는 공동체가 피해를 입었다고 볼 수 있음에도 불구하고, 그 독립투사들의 민족에 대한 공동체 의식을 부당하다고 단정하기는 어렵다. 아마 민족이라는 공동체의 값을 가족이라는 공동체의 값보다도 높다고 보는 관념 때문일 것이다. 합리론자들은 대체로 결과를 중요시하는 경향을 갖거니와, 결과를 따지기로 말하면, 독립투사들의 가족이 입은 피해는 명백한 현실이고 그들이 민족에 대하여 실질적으로 기여한 바는 의심스러울 경우에도, 우리는 그들의 합리성을 초월한 민족의식을 반드시 부당하다고 생각하지 않는다. 그러나 한국의 독립투사들의 민족의식이 지나쳐서 그로 인하여 세계 질서에 피해를 주었다면, 아마 그들의 민족주의에 대한 평가는 달라졌을 것이다.

　슈바이처가 아프리카 원주민을 위해서 베푼 인술은 합리성을 초월한 뜨거운 사랑이었다. 그의 헌신적 열중은 그에게 단란한 가족생활을 즐길 여가를 주지 않았고, 그의 부인은 열대지방의 풍토병에 걸려서 생명을 잃었다. 상식적 기준으로 볼 때, 슈바이처의 '사랑의 철학'의 실천을 합리성의 척도로 평가하기는 어려울 것이다. 슈바이처의 행위에는 분명히 합리성을 초월하는 일면이 있었으나, 이 사실이 그의 생애에 대한 평가를 절하하는 이유가 되지는 않는다. 공동체에 대한 상식을 초월한 사랑이 그 '불합리성'으로 인하여 비난을 받아야 마땅한 것은, 사랑의 대상이 된 그 공동체보다 더 큰 공동체가 그 불합리성 때문에 피해를 입을 경우에 국한된다. 슈바이처가 실천으로 사랑한 생명의 세계보다 더 큰 공동체는 생각하기 어려우므로, 그의 사랑에 불합리한 요소가 있었다 하더라도 그것이 그의 생애의 값을 떨어뜨리지는 않는다.

　소망스러운 삶의 실현을 위하여 적합한 심성이 갖추어야 할 조건으로서 다섯 번째로 요청되는 것은, 괴로움과 어려움에 부딪치더라도 좌절함이 없이 꾸준히 밀고 나가는 강한 의지력을 갖는 일이다. 소질을 연마하여 자아의 성장을 실현하는 일이나 일익을 담당하여 바람직한 사회를 건설하는 일은 일조일석에 성취될 수 있는 과제가 아니며, 그 기나긴 과정에는 많은 어려움이 따른다. 이 어려운 고비에서 주저 물러앉지 않는 강한 의지력이 없으면, 비록 좋은 삶의 설계를 구상했다 하더라도 그 설계에 따르는 삶을 실현하기는 어려울 것이다. 그러므로 어려움 앞에서도 굴하지 않는 강한 의지력도 우리들의 바람직한 인간상(人間像)이 갖추어야 할 조건의 하나다. 값진 삶은 오직 실천을 통해서만 실현될 수 있고, 차질 없는 실천은 강한 의지력을 가진 사람들만이 할 수 있는 일이다.

강한 정신력은 강한 체력의 바탕이 없으면 오래 유지되기 어렵다. 건전한 정신력과 건강한 체력은 대체로 깊은 상관관계를 가졌다. 우리가 소망스럽게 생각하는 삶을 실현하기에 적합한 인물이 되기 위해서는 정신과 육체 두 측면에 모두 활력이 충만해야 할 것이다.

3. 소망스러운 사회의 소임

이제까지 우리는 개인의 견지에서 본 소망스러운 삶과 그러한 삶을 실현하기에 적합한 개인의 심성의 그림을 현실에 크게 구애함이 없이 그려 보았다. 다음은 인간의 집단인 사회의 소망스러운 모습을 하나의 그림으로서 그려 볼 차례다. '하나의 그림으로서' 그린다 함은 그 그림과 부합하는 사회의 실현성 여부는 아직 고려하지 않는다는 뜻이다.

소망스러운 사회의 모습과 소망스러운 개인의 모습 사이에 모순이 있어서는 안 될 것이다. 우리가 이제부터 그리고자 하는 소망스러운 사회의 모습과 앞에서 우리가 그린 소망스러운 개인들의 모습 사이에 정합성(整合性) 내지 일관성이 있어야 할 것이다. 소망스러운 사회의 모습과 소망스러운 개인들의 모습은 같은 그림의 앞면과 뒷면에 해당하기 때문이다.

우리는 앞에서 소망스러운 개인의 모습을 "생물로서의 건강한 생존을 바탕으로 삼고, 각자의 타고난 소질을 연마하여 자아의 성장을 실현하는 과정을 통하여, 사회에 참여하고 사회에 이바지한다."는 표현으로 묘사하였다. 그러므로 우리들이 그리는 소망스러운 사회 역시 그렇게 묘사된 개인들의 집합으로서 그려져야 할 것이다. 여기서 개인과 사회의 관계를 목적과 수단의 그것으로 보느냐 또는 부분과 전체의 그것으로 보느냐 하는 문제에 깊이 관여할 필요는 없을 것이다. 다만, 개인들의 집합이 사회를 이룬다는 가치중립적 사실만을 염두에 두는 것으로 충분할 것이다.

개인의 견지에서 본 소망스러운 삶의 모습에 비추어 볼 때, 소망스러운 사회의 첫째 조건은 모든 사람들에게 건강한 삶을 누리기에 필요한 경제적 여건을 마련해 주는 일일 것이다. 다시 말해서, 생물로서의 건강한 삶을 누리고자 하는 본인의 노력에도 불구하고 의식주의 기본 생활조차 어려운 사람이 생길 수 있는 사회는 소망스러운 사회라고 보기 어려울 것이다. 그러나 생물로서의 건강한 생존을 위해서 요구되는 물질을 모든 사람들에게 마련해 줄 수 있는 것만으로 소망스러운 사회의 경제적 조건으로서 충분하다고 볼 수는 없다. 생물학적으로 건강한 생존을 토대로 삼고, 다시 나아가서 소질을 연마하기 위해서도 경제적 뒷받침이 필요하므로, 모든 사람들의 자아의 개발을 위해서 요구되는 교육비를 보장하는 일도 소망스러운 사회가 갖추어야 할 경제적 조건의 일부가 아닐 수 없다. 쉽게 말해서, 돈이 없는 까닭에 소질 연마에 필요한 교육을 받지 못하는 사람이 생긴다면 소망스러운 사회라고 보기 어렵다.

생물학적 생존과 교육에 필요한 경제력이 갖추어지는 것만으로 충분하다고 보기는 어려울 것이다. 교통과 통신에 불편이 없을 정도의 시설의 추가도 필요할 것이며, 모든 사람들이 스포츠와 건전한 오락을 즐길 수 있을 정도의 경제력도 필요할 것이다. 그러나 사치스럽고 호화스러운 생활을 가능케 할 정도로 물질이 풍요로울 필요는 없을 것으로 생각된다. 물질이 풍부할수록 살기 좋은 사회라고 볼 수 있을지는 의문이다. 지나치게 풍요롭고 지나치게 편리한 물질생활은 도리어 사람들을 나약하고 게으르게 만들 염려가 있다. 사람들의 몸과 마음을 건전하게 유지하기 위해서는 문화가 나약하거나 사치스럽지 않은 것이 바람직하다.

개인들의 바람직한 삶과 조화되는 소망스러운 사회가 갖추어야 할 둘째 조건은, 모든 사람들에게 가능한 최대한의 자유를 허용하는 일일 것이다. 소질을 연마하여 자아를 실현하고 사회에 참여해서 마음껏 이바지하기 위해서는 소신대로 활동할 수 있는 자유를 가져야 하기 때문이다. 자아의 성장을 위해서나 사회에 대한 공헌을 위해서나 능력을 유감없이 발휘하는 일이 긴요하며, 능력의 유감없는 발휘를 위해서는 거리낌 없는 자유가 있어야 한다.

'자유'라는 말은 사람에 따라서 그 의미하는 바에 다소간 차이가 있게 사용되어 왔다. 그러므로 "소망스러운 사회가 갖추어야 할 조건의 하나는 모든 사람들에게 최대한의 자유를 허용하는 일이다."라는 명제의 뜻이 명백하게 전달되기 위해서는, 여기서 우리가 사용하고 있는 '자유'의 의미를 대략이나마 밝혀 둘 필요가 있을 것이다. 여기서 우리가 말하는 '자유' 즉 소망스러운 사회의 조건으로서 강조되는 자유가 '방종'을 의미할 수 없음은 명백하다. '방종이 아닌 자유'라 함은 '어떤 제약(制約)의 테두리 안에서의 자유'를 의미한다고 보아야 하거니와, 이 경우에 방종을 견제함으로써 '방종 아닌 자유'를 이끌어 내는 제약의 구실을 하는 것으로서 두 가지를 생각할 수 있을 것이다. 하나는 법 또는 제도가 가하는 밖으로부터의 제약이요, 다른 하나는 이성이 가하는 안으로부터의 제약이다.

우리가 소망스러운 사회를 위한 조건으로서 강조하는 자유는, 소극적으로는 이성의 지시를 따르는 자율로서의 자유요, 적극적으로는 인간에게 잠재한 능력의 극치(極致)인 이성의 발휘로서의 자유다. 타고난 소질을 연마하여 나의 사람됨을 높은 수준으로 끌어올리는 성장의 과정에 있어서나 사회에 참여하여 사회에 공헌하는 과정에 있어서나, 이성을 따르는 자율로서의 자유와 이성의 적극적 발휘로서의 자유는 모두 긴요한 조건이다. 그리고 인간 능력의 극치로서의 이성을 발휘함은, 그 자체가 '높은 수준의 사람됨'의 중추를 이루는 것인 동시에, 인간 사회의 역사를 이끌어 가는 원동력의 발동이다. 그러므로 이성에 바탕한 자유를 억제하는 것은 어떠한 경우에도 소망스러운 사회의 그림에 어울리지 않는다.

개인들의 바람직한 삶과 조화되는 소망스러운 사회가 갖추어야 할 셋째 조건은, 인간이 인간을 지배하거나 지배당하는 일이 없다는 뜻으로, 모든 사람들이 평등한 관계를 유지하는 일이다. 정치적 억압, 경제적 수탈, 물리적 폭력의 위협 등으로 인간이 인간을 지배하거나 지배당하는 불평등의 관계가 발생하는 것은 우리가 지금 생각하고 있는 소망스러운 사회의 그림에 적합하지 않다.

사람이 사람의 것을 빼앗거나 사람이 사람을 유린하는 일이 있어서는 안된다는 생각은, 적어도 근세 이후에는 모든 사상가들이 공통으로 가진 사상이다. 사유재산에 대한 개인의 소유권을 절대시한 로크나 노직과, 생산재의 개인 소유 제도를 모든 사회악의 근원이라고 본 마르크스나 엥겔스는 사상체계 전체로서는 양극으로 나누어지는 사상가들이지만, 인간이 인간의 것을 빼앗거나 인간이 인간을 유린해서는 안 된다고 믿은 점에서는 의견이 같았다. 인간 상호간의 공정성(fairness)을 사회정의의 기본으로 인정한 롤즈나, 사람들 사이에 '힘의 전이(transfer of power)'가 있어서는 안 된다고 역설한 맥퍼슨도 이 점에 있어서는 다를 바가 없었다. 다만 남의 것을 빼앗아도 안 되고 남에게 빼앗겨도 안 되는 인간의 권리가 무엇이며 모든 사람들의 권리를 보장하기에 가장 적합한 제도가 무엇이냐는 문제에 대해서 견해의 차이가 있었던 까닭에, 이들 사이에 여러 가지로 서로 다른 사상 체계의 대립이 생기게 된 것이다.

우리들의 소망스러운 사회가 갖추어야 할 넷째 조건은 모든 사람들에게 배울 수 있는 기회와 일할 수 있는 기회를 충분히 마련해 주는 일이다. 각자가 타고난 소질을 연마하여 높은 수준의 사람됨으로 성장하기 위해서는, 모든 사람들에게 배울 기회를 충분히 마련해 주어야 하고, 각자가 사회의 성원으로서 마음껏 공헌할 수 있기 위해서는 모든 사람들에게 능력에 따라서 일할 수 있는 기회를 주어야 한다. 물론 배움의 기회와 일의 기회 사이의 경계선이 언제나 뚜렷한 것은 아니다. 많은 경우에 우리는 배우며 일하고 일하며 배운다. 다만 서술의 편의를 위해서 두 가지 기회를 일단 나누어 보았을 뿐이며, 우리가 말하고자 하는 요점은 기회가 없어서 배우지 못하거나 일하지 못하는 사람이 생기는 것은 우리가 그리고자 하는 소망스러운 사회의 모습이 아니라는 사실이다.

이상에서 우리는 소망스러운 사회가 갖추어야 할 네 가지 조건을 열거해 보았다. 그러나 여기서 '조건'으로서 열거된 것은, "어떤 사회가 가장 소망스러운 사회로서 평가되기 위해서는 그 성원들에게 어떤 혜택을 줄 수 있어야 하는가?" 하는 물음에 대한 대답으로서 제시된 것이며, 그러한 혜택을 줄 수 있기 위해서 어떠한 사회구조 내지 사회제도가 가장 바람직하냐 하는 물음은 아직 언급도 되지 않은 문제로서 남아 있다. 이제 사회구조 내지 사회제도의 측면에서, 소망스러운 인간 집단의 모습을 그려 보기로 하자.

4. 소망스러운 사회의 체제

사회의 체제와 그 사회를 구성하는 성원들의 심성 사이에 밀접한 상관관계가 있다는 것은 널리 알려진 상식이다. 그 두 가지 사이의 관계가 어느 한쪽이 다른 한쪽에 완전히 의존하는 일방적 관계가 아니라 서로 영향을 주고받는 상호(相互)의 관계라는 것도 이제는 논란의 여지 없는 중론(衆論)에 가깝다. 일반적으로 말해서, 한 사회의 기본 체제와 각종 제도는 그 사회 성원들의 심성 내지 의식구조에 지대한 영향을 미치고, 어떤 체제나 제도의 도입이 실질적으로 어떤 결과를 가져오느냐 하는 것은 그 체제나 제도를 도입한 사람들의 심성 내지 의식의 수준에 따라서 크게 좌우된다. 그러므로 어떤 체제 내지 제도가 가장 바람직하냐 하는 물음은 체제 내지 제도를 도입하고자 하는 사회를 구성하는 성원들의 의식 수준에 따라서 대답될 물음이며, 사람들이 현재 가지고 있는 심성 또는 의식의 수준을 고려함이 없이 하나의 보편적인 문제로서 저 물음을 제기하는 것은 무의미한 일이다. 실천을 위한 물음으로서 바람직한 체제 내지 제도의 형태를 물을 때에는 문제된 사회의 성원들이 가지고 있는 심성 또는 의식의 수준을 고려하고, 그러한 수준의 민도(民度)를 가진 사람들에게 가장 적합한 체제가 무엇인지를 물어야, 비로소 실천적으로 의미가 있는 물음이 될 것이다.

그러나 지금 우리는 실현성의 문제는 일단 접어 두고 단순한 유토피아를 그리고 있는 중이다. 바꾸어 말하면, 우리는 지금 **실현**이 **가능한** 최선의 사회 체제 내지 사회제도를 문제 삼고 있는 것이 아니라 **생각할 수 있는** 최선의 체제 내지 제도의 모습을 상상해 보고 있는 것이다. 굳이 사회 성원들의 심성 또는 의식구조와의 관계를 고려한다면, 사람들의 심성 내지 의식구조는 이미 최고의 수준에 도달했다는 전제 아래서 가장 소망스러운 체제 내지 제도의 모습을 그리는 것으로 생각하면 될 것이다.

사람들의 심성 내지 의식구조 이외에도 바람직한 사회체제 또는 사회제도와 관계가 있는 것으로서 자연조건이 있다. 모든 성원들에게 안정된 기본 생활을 보장해 주는 것은 사회의 중요한 임무의 하나이며, 그것을 보장하기에 가장 적합한 체제 내지 제도가 무엇이냐 하는 문제는 그 사회가 처해 있는 자연조건과 밀접한 관계를 가졌다. 예컨대, 인구에 비해서 무진장 넓은 토지를 가진 나라의 경우와 인구는 많고 국토는 좁은 나라의 경우는 바람직한 토지 제도에 차이가 생길 수 있다. 만약 기후가 이상적이고 세균도 없어서 환자가 생기지 않거나 만병통치의 효능을 가진 약초가 잡초처럼 흔하게 자생하는 땅이 있다면, 그런 땅을 가진 나라에는 의료보험제도라는 것이 필요치 않을 것이다. 공산품을 포함해서 모든 물자가 남아돌아갈 정도로 풍요로운 상태에서는, 경제에 관한 체제나 제도의 문제는 거의 생기지 않을 것이다.

소망스러운 사회의 그림을 작성하는 출발점에서 우리는 사람들의 심성 내지 의식구조의 수준이 이미 최고의 경지에 도달했다고 가정하기로 하였다. 그러나 자연조건에 대해서는 최선의 경우를 가정하지 않는 편이 좋을 것이다. 인간에게 필요한 물질은 아무것도 부족한 것이 없을 정도로 풍요로운 지구를 가상하는 것은 아무런 의미도 없을 것이다. 인간의 심성 내지 의식구조는 인간의 노력에 따라서 앞으로 그 수준이 점차 높아질 가능성을 배제할 수 없으나, 지구의 자연조건이 현재보다 월등하게 좋아진다는 것은 생각하기 어렵기 때문이다. 그러므로 지구의 자연조건은 현재와 대동소이하다는 것을 전제로 삼는 것이 무난할 것으로 보인다. 우리가 그리는 유토피아의 실현 가능성은 전혀 기대하지 않으나 그것이 우리들의 요원한 목표를 위한 **방향 설정**에는 다소의 도움이 될 것을 기대하고 있다. 그런데 지구의 자연조건을 공상적인 높은 수준으로 전제한다면, 그러한 전제에 입각한 유토피아의 그림은 우리들의 방향 설정을 오도할 염려가 있다.

9장 1절에서 우리는 바람직한 삶의 실현을 위해서 적합한 심성의 특징을 대략 다음과 같은 것으로 보았다. 첫째, 냉철한 합리성과 뜨거운 정열을 아울러 가졌다. 둘째, 삶의 궁극목표를 내면적 가치의 실현에 둔다. 셋째, 원대한 안목과 넓은 시야를 가지고 세상을 바라보며, 타인에 대한 사랑과 공동체 의식이 강하다. 넷째, 온갖 어려움 앞에서도 굴하지 않고, 자신이 세운 삶의 설계를 실천에 옮길 수 있는 강한 의지력과 굳센 체력을 갖추었다. "사회의 성원 모두가 이상과 같은 심성을 충분히 갖추어 높은 의식 수준에 도달했다고 가정했을 때, 사회가 그 소임을 다하기 위해서는 어떠한 체제 또는 제도를 갖는 것이 적합한가?" 이것이 지금 우리 앞에 놓인 물음이다.

사회의 성원 모두가 최고 수준의 의식구조를 가진 대아(大我)의 심성의 인품이라면, 어떠한 체제를 선택하더라도, 사리에 맞는 운영을 통하여 대체로 만족스러운 결과를 얻을 공산이 크다. 가령 사유재산제도를 허용한다 하더라도 끝없는 탐욕으로 인한 폐단은 생기지 않을 것이며, 사회주의 체제를 도입한다 하더라도 생산성의 저하나 특권층의 권력 남용 따위의 문제는 일어나지 않을 것이다. 그러나 모든 사람들이 전지전능한 경지에까지 도달한다는 것은 생각조차 하기 어려우며, 지구의 자연조건이 물질적 내지 물리적 한계를 가지고 있다는 현실을 고려할 때, 체제는 어떤 것이라도 무방하다고 보기는 어려울 것이다.

공동의 관심사를 결정하는 과정에 모든 성원들이 직접 또는 간접으로 참여하는 제도를 '민주주의적'이라고 부른다면, 높은 수준의 심성을 갖춘 사람들의 사회도 민주주의적으로 운영되는 것이 바람직할 것이다. 플라톤의 이상국가론이 제안했듯이, 국사(國事)의 결정권을 공정무사한 소수에게 일임한다 하더라도, 나랏일을 의도적으로 잘못 처리할 염려는 없을 것이다. 그러나 현대 국가와 같이 대규모의 사회가 당면하는 문제들은 매우 복잡하고 다양한 까닭에 그 적절한 해결을 위해서는 여러 분야의 전문적 지식이 동원되어야 하며, 소수의 사람들이 그 여러 가지 지식을 모두 갖춘다고 전제하는 것은 유토피아의 그림으로서도 지나치게 공상적이다. 그러므로 좀 더 적합한 해결 방안을 찾기 위해서는 중지(衆智)를 모을 수 있는 다수의 참여가 바람직하며, 비록 같은 결론으로 낙착된다 하더라도, 시간에 쫓기지 않는 문제의 경우에는, 여러 사람들이 결정 과정에 참여했다는 그 사실 자체에도 의의가 있다.

방대한 규모를 가진 현대사회에서, 비록 모든 성원들의 이해관계가 얽혀 있는 문제라 하더라도, 모든 성원들이 직접 결정 과정에 참여하기는 현실적으로 어려울 것이다. 그러므로 대의원제도를 활용해야 할 경우가 많을 것이며, 대의원을 선출하는 방법으로서는 이제까지 여러 민주적 선진 사회에서

사용해 온 공정한 절차를 원용하는 것이 바람직할 것이다. 다만 소수의 대의
원에게 지나치게 많은 권한이 부여되는 중앙집권제보다는, 가급적 권력을
분산시켜 여러 사람들에게 직접 참여의 기회를 나누어 주는 편이 좋을 것이
다.

　현대사회에서 체제의 문제와 관련하여 가장 큰 쟁점이 되는 것은 생산재의
소유권에 관한 문제일 것이다. 이 문제는 모든 사람들의 기본 생활과 직결되
는 공동의 관심사이므로, 모든 사람들의 의사를 반영하여 민주주의적으로
결정해야 할 문제들 가운데 하나다. 어떤 경제체제가 절대로 옳다고 일률적
으로 단정하기는 어려울 것이며, 그 나라의 사정을 잘 아는 국민 전체의 여론
을 반영하여 합리적인 길을 선택함이 원칙에 합당할 것이다. 다만 여기서 우
리가 직관적으로 내다볼 수 있는 것은, 우리들의 유토피아의 경우에 있어서
사회주의 체제가 적합한 체제로서 부상할 가능성이 비교적 크다는 사실이
다.

　생산재의 공동 관리를 핵심으로 삼는 사회주의 이론이 젊은 지식인들에게
강한 매력을 갖는 것은 그 이론에 포함된 이상주의적 포부와 논리적 설득력
때문일 것이다. 자기가 그 사회에서 점유하고 있는 기득의 지위나 경제체제
가 자신에게 미칠 영향을 고려하지 않고 오로지 제삼자의 견지에서 문제를
고찰할 때, 사회주의 체제가 가장 합리적이고 인도주의적이라는 판단에 도
달하는 사람들이 많다. 이러한 판단을 따라서 많은 지식인들이 사회주의자
가 되었고, 실천을 통하여 사회주의 운동에 가담하기도 하였다. 그들의 머리
에는 아름다운 그림이 떠올랐고, 그 그림은 실현이 가능할 것으로 전망되었
다. 그러나 사회주의 이론을 현실에 적용한 대부분의 국가에 있어서 실제로
나타난 결과는 미리 기대했던 그림과 크게 다른 경우가 많았다.

　사회주의 이론을 현실에 적용했을 때 결과가 예상을 배반한 가장 큰 이유
는, 그 이론의 이상이 높은 데 비하여 그 이론을 적용한 나라 사람들의 의식

수준이 낮았다는 사실에 있다고 필자는 믿는다. 이미 플라톤이 일찍이 통찰했듯이, 사회주의 내지 공산주의가 성공을 거두기 위해서는 그 사상을 실천에 옮기는 사람들의 수준이 완벽에 가까울 정도로 높아야 한다. 적어도 공동체를 위해서 사리사욕을 초월할 수 있는 사람들이라야 사회주의 내지 공산주의 국가의 주인 노릇을 제대로 할 수 있다. 그러나 그러한 높은 수준의 사람들로 가득 찬 나라는 아직 없었고, 일찍이 사회주의 혁명으로 새로운 체제를 도입한 국가들은 대체로 물질적으로도 빈곤한 나라들이었다. 기본 생활도 어려운 사람들이 다수를 차지하는 가난한 나라에서 자기중심적 가치관을 벗어나지 못한 사람들이 사회주의 체제를 시도했으므로, 생산성은 저하되고 특권층은 권력을 남용하게 되어, 결국 그들의 사회주의는 애초의 그림과는 크게 다른 결과를 가져왔던 것이다.

그러나 지금 우리가 그리고 있는 유토피아를 건설할 사람들은 이미 앞에서 말한 바와 같은 높은 심성을 갖춘 탁월한 의식 수준의 사람들이다. 그들은 적어도 자기중심적 가치관은 확실히 벗어난 사람들이므로, 사회주의 체제를 채택하여 공장이나 농장을 공동의 소유로 만든다 하더라도 생산성이 저하되거나 권력이 남용되는 일은 없을 것이며, 그들의 사회주의가 국민의 낮은 의식 수준으로 인하여 실패할 염려도 따라서 없을 것이다.

유인(誘引)의 부족에서 오는 모든 생산성의 저하와 이기심의 발동에서 오는 권력의 남용만 없다면, 사회주의 체제가 자본주의 체제보다 좋은 결과를 얻을 가능성은 상당히 높다고 볼 수 있을 것이다. 첫째로 기업체들 사이의 돈벌이 경쟁이 없을 것이므로, 물품의 과잉생산과 공급이 수요를 결정하는 모순이 생기지 않을 것이다. 일정한 품목에 대한 전체의 수요를 대강 예측할 수 있을 것이며, 필요한 물품을 필요한 분량만큼 계획 생산할 수 있을 것이다. 따라서 둘째로, 과잉생산에서 오는 주기적 공황의 불행도 없을 것이며, 지나친 공업화로 인한 자원의 낭비도 미연에 방지할 수 있을 것이다. 그리고 셋째로, 필요 이상의 공업화를 자제함으로써 자구 환경의 오염을 극소화하는 결과를 가져올 수 있을 것이다. 넷째로, 현대 자본주의 사회의 가장 큰 폐단의 하나인 금전 문화 내지 소비문화를 극복할 수 있을 것이다. 현대 자본주의 사회에서는 돈이 가치 체계의 정상을 차지하고 있다. 돈을 많이 가진 사람, 그리고 많은 돈을 뿌리며 호화롭고 사치스러운 생활을 즐기는 사람들을 인생에서 가장 성공한 사람으로 인정하는 풍조가 팽배해 있다. 돈을 목적으로 삼는 경쟁이 치열하며, 이 목적의 달성을 위해서 모든 수단이 동원된다. 일정한 시기에 있어서 한 사회가 가지고 있는 돈 또는 재물의 총량은 일정하므로, 돈 또는 재물을 목적으로 삼는 경쟁은 '제로섬 게임(zero-sum game)'의 성격을 띠기 마련이고, 이 경쟁에서의 승패는 빈부의 격차를 불합리하게 확대하는 결과를 초래한다. 지나친 빈부의 격차는 계급의식을 자극하여 사회를 분열시키며, 적게 가진 사람들은 기본 생활이 보장된 뒤에도 상대적 빈곤감에서 오는 불만 속에 살게 된다. 이러한 일련의 사실은 외면과 내면의 평화를 모두 위협하는 요인으로서 작용하며, 현대의 문화를 외화내빈(外華內貧)의 불건전한 방향으로 이끌어 가고 있다. 그러나 사회주의의 근본정신을 역사의 현실 속에 살릴 수만 있다면, 현대의 금전 문화 내지 소비문화의 폐단을 극복할 수 있는 길이 열릴 것이다.

사회주의를 실천에 옮겼을 때 그 근본정신과는 다른 결과가 생기는 이유는, 사회주의를 실천에 옮긴 사람들의 심성 내지 의식 수준이 그 근본정신을 따라가지 못했기 때문이라고 하였다. 그러나 지금 우리가 그리고 있는 유토피아의 주민들은 높은 수준의 심성을 갖춘 사람들로 가정되고 있다. 그러므로 우리의 유토피아에서는 사회주의 체제를 채택했을 경우에 사회주의의 근본정신을 역사의 현실 속에 살릴 수 있는 가능성은 높다고 낙관해도 좋을 것이다.

우리의 유토피아에서는 인간적 탁월(卓越)이 돈에 대신하여 가치 체계의 정상을 차지해야 할 것이다. 금전 문화를 물리치고 정신문화가 그 자리를 채워야 할 것이다. 개인들은 자아의 실현을 삶의 최고 목적으로 삼는 설계를 따라서 충실하게 살아야 할 것이며, 자아의 실현을 꾀하는 사람들의 충실한 노력의 과정이 합쳐져서 문화의 기조를 이루어야 할 것이다. 그렇게 되기 위해서는 그러한 가치관을 형성하기에 적합한 교육이 이루어져야 할 것이며, 인간적 가치 내지 정신적 가치의 개발을 밀어 주는 문화 정책이 수립되어야 할 것이다.

우리들의 가정에 따르면, 우리 유토피아의 주민들은 이미 탁월한 심성과 높은 수준의 의식구조를 가진 사람들이다. 따라서 새삼스럽게 어떤 가치관 교육을 실시하지 않더라도 돈 또는 그 밖의 어떤 외면적 가치를 지나치게 선호하지 않을 것이며, 소질의 연마를 통한 자아의 실현을 위해 정진하리라고 기대할 수 있을 것이다. 또 특별한 문화 정책의 밀어 줌이 없더라도 정신적 가치가 숭상되는 건전한 문화 풍토의 형성이 이루어진다고도 볼 수 있을 것이다.

그러나 우리의 유토피아에 사는 사람들을 모두 완전무결한 인격자로 가정하는 것이 지나칠 것이며, 심성이라는 것이 환경적 조건에 따라서 변화할 수 있다는 사실도 염두에 두어야 할 것이다. 그리고 새로 자라는 젊은 세대의 인격 형성이 저절로 바람직한 방향으로 이루어진다고 환상적인 가정을 하는 것보다는, 적절한 교육적 환경의 조성이 필요하다고 전제하는 편이 우리의 저술을 위해서 도움이 될 것이다. 그리고 짧게 말해서, 우리의 유토피아를 아무런 교육적 여건의 조성이나 문화 정책의 실시도 필요 없을 정도로 완전무결한 사회로서 그리는 것보다는, 교육과 문화를 위해서 어떤 조직적 내지 제도적 노력이 역시 필요한 사회로서 가정하는 편이 나을 것이다. 어떤 환상을 즐기자는 것이 우리의 목적이 아니며, 현실을 이상으로 끌어올리는 방향을 모색하기에 도움이 될까 하여 우리는 지금 유토피아의 그림을 그리고 있다.

성인들의 심성을 높은 수준에 머물러 있도록 하고 젊은 세대의 심성을 높은 수준으로 끌어올리기 위해서는, 우선 전체로서의 가치 풍토가 건전해야 한다. 건전한 가치 풍토는 개인들의 건전한 생활 태도의 집합에 의해서 형성되거니와, 개인들로 하여금 건전한 생활 태도를 취하도록 유도하는 데 도움을 주기 위해서 어떤 제도적 방안을 강구해야 할 것인가? 오히려 모든 것을 개인들의 자유에 맡기고 제도가 영향력을 행사하는 일은 삼가는 편이 바람직할 것인가?

사회를 구성하는 모든 개인들을 완전무결할 정도로 도덕적인 인격자로서 가정하는 길을 택하지 않은 우리로서는, 모든 것을 개인들의 자율에 맡기는 것이 최선의 방안이라고 생각하기는 어렵다. 개인들의 도덕적 의지력에 취약점이 있다는 것을 하나의 현실로서 인정한다면, 개인들의 생활 태도가 불건전한 길로 빠져들지 않도록 하기 위한 어떤 제도적 방안을 강구함이 바람직하다는 결론을 얻게 될 것이다. 그렇다면 우리가 강구할 수 있는 제도적 방안으로서 어떤 것이 있을까? 여러 가지 방안을 생각할 수 있을 것이나, 여기서는 우선 몇 가지만을 예시해 보고자 한다.

첫째로, 지나치게 사치스러운 소비생활을 억제하기 위한 제도적 장치를 강구할 필요가 있을 것이다. 우선 높은 지위를 차지한 공직자들의 사치와 낭비를 억제하기에 효과적인 제도적 방안을 강구하는 것이 바람직할 것이다. 예컨대, 높은 직위의 공직자에게 많은 급료를 지급하거나 고급 승용차를 제공하는 따위의 관례는 타파해야 할 것이며, 높은 공직자들이 소유할 수 있는 재산의 상한선을 정하는 동시에 그들의 재산을 공개하는 제도를 확립하는 것이 바람직할 것이다. 여러 사람들의 선망 또는 존경의 대상이 되는 높은 직위의 공직자들이 검소한 생활의 모범을 보이게 되면 대부분의 사람들은 그들의 생활 태도를 본받을 것이다.

고급 요정(料亭)이나 퇴폐적 유흥업소가 번창하지 못하도록 행정의 공권력을 발동하는 것도 지나친 소비생활을 억제하는 데 도움이 될 것이다. 사치와 낭비의 온상 구실을 하는 퇴폐적 유흥장의 창궐을 억제하는 한편, 건전한 대중 스포츠와 건전한 오락을 위한 시설과 공간을 충분히 마련함으로써 즐거운 시간을 갖기를 바라는 사람들의 욕구를 충족시키는 것이 바람직할 것이다. 특히 청소년들에게 건강과 정서 함양을 위해서 도움이 될 수 있는 즐거운 기회를 필요에 따라서 많이 제공하도록 하는 정책적 배려가 있어야 할 것이다.

재산 상속의 억제와 누진세율의 활용 등을 통하여 빈부의 격차를 좁히는 것도 지나친 소비생활을 억제하는 방안이 될 것이다. 비록 유토피아의 주민이라 하더라도 완벽한 인격자로 보기는 어려운 까닭에, 그들의 노력을 유발하기 위한 업적에 따르는 대우가 어느 정도는 필요할 것이다. 그러나 역량이 탁월한 사람들을 지나치게 우대함으로써, 쓰고도 남는 돈으로 사치와 낭비를 일삼도록 만드는 것은 바람직한 일이 아니다. 여가를 건전하게 선용하도록 유도하는 편이 역량이 탁월한 사람들 자신을 위해서도 소망스러운 길이 될 것이다.

현대 자본주의 사회에서는 과장과 허위를 담은 광고를 어느 정도 묵인하는 경향이 있으며, 이 지나친 광고의 효과가 사치와 낭비를 크게 조장하고 있다. 지나친 광고는 새로움을 좇는 유행의 심리를 자극함으로써, 멀쩡한 물품을 버리고 새로운 상품을 사도록 만들기도 하고, 고급스러운 것을 선호하는 심리를 이용하여 불필요한 소비를 조장하기도 한다. 소비자에게 정확한 정보를 제공하는 차원을 넘어서는 지나친 광고를 제도적으로 방지하는 것도 사치와 낭비를 억제하는 데 도움이 될 것이다. 원칙적으로 말해서, 수요에 따라서 공급을 결정하는 생산의 체제가 확립되어야 할 것이며, 공급이 수요를 결정하는 구조적 모순은 원천적으로 봉쇄해야 할 것이다.

건전한 가치 풍토를 배경으로 삼고, 가정과 학교에서는 청소년이 슬기로운 심성의 소유자로서 성장하도록 직접적 인간 교육에 주력해야 할 것이다. 구체적으로 어떠한 이념과 방법에 의존하여 자라는 세대의 인간 교육을 꾀할 것이냐 하는 것은, 그 자체가 매우 방대하고 어려운 문제다. 이 거창한 문제에 대해서는 뒤에 가서 다시 생각해 보고자 한다.

10 장
한국의 근대화 과정

10장 한국의 근대화 과정

1. 사회의 구조와 개인들의 심성

9장에서 우리는 머나먼 장래의 목표가 될 이상의 방향을 모색하기 위하여 유토피아의 그림을 그려 보았다. 우리의 그림은 자연 자원의 부족과 인간의 유한성 등의 현실을 다소 고려하기도 했으나, 대체로 오늘의 실현 가능성에 크게 구애됨이 없이 개인과 사회의 바람직한 모습을 일단 자유롭게 그린 것이었다. 특히 소망스러운 사회의 모습을 그림에 있어서, 그 사회 성원들의 심성과 의식의 수준이 매우 높은 경지에 도달한 것으로 가정하였다. 그러므로 우리가 앞에서 그린 사회의 모습은, 그리 높은 수준에 도달했다고 보기 어려운 오늘의 한국인으로서는 실현의 목표로 삼기에 적합하지 않다는 뜻에서, 한갓 유토피아에 지나지 않는다.

우리에게 가장 절실한 문제는 우리와 우리 후손이 그 안에 살기 마련인 우리 한국을 어떠한 사회로 건설할 것이냐 하는 물음이다. 이 저술의 5장부터 8장에서 몇 가지 대립하는 대표적 학설들을 살펴본 것도 우리 한국의 사회문제를 고찰하기 위한 준비의 과정이었다. 이제 우리는 우리 한국 사회의 문제에 직접 접근할 단계에 이르렀거니와, 이 단계에 있어서 우리가 깊이 고려해야 할 것은 오늘의 한국인이 가지고 있는 일반적 심성이라고 생각된다.

의식구조와 사회구조 사이에 불가분의 관계가 있으며, 그 관계는 일방적 인과의 관계가 아니라 상호작용의 관계라는 것은 이제 고전적 상식이라고 보아도 좋을 것이다. 기존의 사회구조가 그 사회를 구성하는 사람들의 의식구조에 지대한 영향을 미친다는 것은 의심의 여지가 없는 사실이며, 또 우리가 이상(理想)에 가까운 사회를 건설하고자 개혁을 꾀할 때, 그 시도가 성공을 거두기 위해서는 사람들의 의식구조가 그 개혁의 이념을 감당할 수 있을 정도의 수준에 도달해야 한다는 것도 논쟁의 여지 없는 명백한 사실이다.

사회구조와 의식구조 사이에 상호작용의 관계가 성립한다 함은, 이상에 가까운 사회 이념을 성공적으로 실현하기 위해서는 사회 성원의 심성 내지 의식의 수준이 높은 경지에 도달해야 하며, 사회 성원들의 심성 내지 의식구조를 이상적인 인간상(人間像)으로 끌어올리기 위해서는 높은 사회 이념의 성공적 실현을 통하여 현존하는 사회구조의 모순이 제거되어야 한다는 뜻으로 이해할 수 있다. 그렇다면 여기서 우리는 일종의 순환론에 빠지게 되는 것이 아닐까 하는 곤혹을 느낀다. 사회구조의 개조에 성공하기 위해서는 사회 성원들의 높은 의식 수준이 전제되어야 하고, 모순과 비리로 가득 찬 사회구조 속에서는 높은 의식 수준의 인간상이 탄생하기 어렵다면, 결국 우리는 이 악순환의 고리를 끊을 수 없지 않느냐 하는 난문(難問)을 자초하는 꼴이 되지 않을까.

사람들의 심성과 의식 수준을 결정하는 것이 오직 사회의 체제나 제도적 현실뿐이며 따라서 동일한 사회 안에 사는 사람들은 모두 같은 심성과 같은 의식구조를 갖기 마련이라면, 우리는 저 악순환의 고리를 끊을 수 없다는 결론을 피할 수 없을 것이다. 그러나 사실은 사회의 체제나 제도적 현실만이 사람들의 심성과 의식구조를 결정하는 것이 아니며, 같은 사회 안에 사는 사람들의 심성에도 여러 가지가 있고, 대중의 의식 수준이 낮은 사회에서도 시대를 위해서 선구자의 구실을 할 수 있는 높은 수준의 인물이 나타나는 경우가 많다. 다시 말해서, 현존하는 사회의 모순과 비리를 느끼고 이를 개조해야 한다는 생각을 가진 사람들이 그 사회 안에서 나타나는 것은 흔히 있는 일이다. 봉건사회에 사는 사람들 가운데서 봉건사회에 반대하는 사상가가 생길 수 있고, 자본주의 사회 안에서 자본주의에 대한 비판의 정신이 나타날 수 있다는 것은, 이미 역사를 통해서 널리 알려진 사실이다.

자기가 몸담고 있는 사회의 구조적 모순을 간파하고 현실의 개혁을 역설하는 진보적 사상가가 나타났을 때. 그의 출현은 혁신 내지 혁명을 위한 귀중한 출발점이 될 수 있을 것이다. 진보적 사상가가 기존의 현실을 비판하고 부정하는 데 그치지 않고 장차 실현해야 할 새 시대의 이념과 청사진을 제시할 때, 그의 제시는 새로운 시대를 여는 횃불의 구실을 할 것이다. 그러나 새 시대를 예고하는 역사의 선각자가 나타나고 그의 사상에 동조하는 일부의 추종자가 생기는 것만으로 그 선각자가 제시한 그림이 실현되는 것은 아니다. 그의 청사진이 역사적 현실로 발전하기 위해서는, 일반 사람들이 그 사상에 **관념적으로** 찬동하는 것만으로는 부족하며, 새로운 시대를 열고자 하는 사람들의 대부분이 선각자의 정신과 처방을 **실천으로** 뒷받침해야 한다. 선각자의 사상과 이에 공감을 느끼는 대중의 거리가 실천적으로 가까울 때, 비로소 그의 사상 속에 담긴 그림이 그림 이상의 것이 될 수 있다.

절대왕정(絕對王政)의 체제 속에서 자란 사람들 가운데서 왕정을 비판하고 부정하는 사상가가 나올 수 있으며, 자본주의 체제 안에서 자본주의를 비판하는 사상이 싹틀 수 있으며, 사회주의 체제 내부에서 사회주의를 부정하는 사상가가 나올 수 있다는 사실은, 사람들의 심성 내지 의식구조가 그들이 사는 사회의 정치체제나 경제 제도에 의해서 일률적으로 결정되지 아니함을 의미하며, 반드시 제도의 개혁이나 체제의 혁명을 앞세우지 않더라도 새로운 시대에 적합한 심성 내지 의식구조를 가진 사람들의 출현이 가능함을 의미한다. 그러나 비록 자기가 사는 사회의 경제 제도나 정치체제에 반기를 드는 사람들도 그 제도나 체제의 영향을 완전히 벗어날 수는 없으며, 자기가 처해 있는 현실에 적응하고자 하는 태도도 부분적으로 갖기 마련이다. 그리고 낡은 현실에 적응해 가며 구태의연하게 살아가는 보수의 세력이 우세한 동안 새로운 시대가 성공적으로 열리기는 어렵다. 명실상부한 새로운 시대가 도래하기 위해서는 새로운 시대를 감당할 수 있는 심성을 갖춘 사람들이 **대세**를 이룰 정도로 많아야 한다.

일부의 급진주의자들이 즐겨 쓰는 말을 따라서 새로운 시대의 도래를 '혁명'이라고 부른다면, 진정한 혁명이 완수되기 위해서는 그 사회를 구성하는 사람들의 대부분이 그 혁명의 이념을 실천으로써 따라 주어야 한다. 바꾸어 말하면, 실천의 단계에 있어서 혁명의 이념을 배반하는 사람들이 많이 남아 있는 동안, 진정한 혁명이 완수되기를 기대하기는 어렵다.

체제(體制)의 전복만으로 혁명이 이루어졌다고 말한다면, 소수의 혁명가들의 힘만으로도 혁명은 일어날 수 있다. 그러나 새로운 체제라는 **그릇**이 생기는 것만으로 혁명이 진정 성공했다고 보기는 어려우며, 대부분의 성원들이 새로운 체제의 이념 또는 정신을 실천으로 따라 줌으로써 새로운 그릇에 새로운 내용을 담아 줄 때, 비로소 혁명은 완성의 단계로 접근한다. 체제의 전복만으로 혁명이 성공했다고 보기 어렵다는 것은, 소련을 비롯한 여러 사회주의 국가들이 아직도 안정을 찾지 못하고 있다는 사실(史實)이 증명하며, 대중의 의식(意識)이 바뀜으로써 혁명의 알맹이가 생기기까지에는 오랜 세월이 걸린다는 것은, 17세기에 시작된 영국의 민주혁명이 이제 겨우 본 궤도에 오르기 시작했다는 역사적 사실이 밝혀 주고 있다.

실천철학을 연구하는 사람 또는 소망스러운 사회의 실현을 희망하는 사람들의 견지에서 볼 때 현존하는 사회에 비리와 모순이 많다고 판단될 경우에,

현실의 개혁을 꾀하는 것은 당연한 일이다. 그런데 현실의 개혁이 형식에 그 치지 않고 내실(內實)까지 겸한 것으로 성공하기 위해서는 사회 성원의 대부 분이 그 개혁의 정신에 실천적으로 동조해야 하고, 따라서 사회 성원들의 의 식 수준이 현재보다 한층 높은 단계로 향상되어야 한다고 하였다. 여기서 우 리가 부딪치는 문제는 사회 성원들의 의식 수준을 끌어올리는 효과적 방안 이 무엇이냐 하는 물음이다.

이 물음에 대한 해답은 크게 두 가지로 나누어질 것이다. 첫째는 우선 체제 의 혁명부터 성취해 놓고 그 새로운 체제의 힘으로 새로운 인간상을 길러 내 는 것이 빠르고 정확한 길이라는 대답이다. 둘째는 어느 시기까지 현재의 체 제를 유지하고 현재의 체제가 안고 있는 약점을 부분적으로 하나하나 고쳐 가는 동시에 사람들의 의식 수준을 높이는 교육적 노력을 다각도로 전개하 는 것이 안전한 길이라는 대답이다. 이 둘째 대답의 경우에는 점진적 방법을 통하여 사람들의 의식 수준이 높은 단계로 향상된 뒤에 그 높은 수준의 의식 에 의존하여 더욱 이상적인 사회체제 내지 사회 이념의 실현에 도전함이 바 람직하다는 견해가 이에 수반될 수 있다.

사회의 구조 또는 체제가 더욱 중요하다고 보는 첫째 대답과 인간의 의식 구조 내지 심성을 더욱 중요시하는 둘째 대답 가운데서 어느 편이 옳다는 것 을 일률적으로 단정하기는 어려울 것이다. 현존하는 사회구조의 구체적 내 용과 사회 성원들의 일반적 심성 내지 의식 수준이 어떠한 것이며 앞으로 실 현하고자 하는 새 시대의 이념 또는 '혁명'의 청사진이 무엇이냐에 따라서, 첫째 대답이 옳을 경우도 있을 수 있고 또 둘째 대답이 옳을 경우도 있을 것 이다. 우리에게 절실한 문제는 어떤 일반적 이론을 찾아내는 일이기보다는, 우리 한국의 현실을 앞에 놓고 볼 때, 우리가 선택해야 할 가장 적합한 길이 무엇이냐 하는 물음에 바르게 대답하는 일일 것이다.

어느 정도의 식견을 가진 사람이라면 오늘의 한국을 이대로 두어도 만족스럽다고는 생각하지 않을 것이다. 국토가 남북으로 양분되었다는 민족적 불행을 잠시 접어 두고 남한만을 고려의 대상으로 삼는다 하더라도, 개혁을 요구하는 많은 문제점이 있다는 것을 부인하는 사람은 많지 않을 것이다. 급진적인 사람들은 말할 것도 없으며, 비록 보수적 계층에 속한다 하더라도 어느 정도의 양식(良識)을 가진 사람들은 우리나라가 심각한 문제 상황에 처해 있음을 부인하지 않는다.

30년 전 또는 50년 전과 비교할 때 우리나라의 물질생활이 크게 향상했음은 만인이 인정하는 사실이다. '보릿고개', '초근목피(草根木皮)' 또는 '조반석죽(朝飯夕粥)' 따위의 절대적 빈곤을 상징하는 말들이 일상어에서 사라졌으며, 기운 옷 또는 꿰맨 고무신을 사용하는 사람들을 찾아볼 수 없게 되었다는 사실만 보더라도 한국의 경제 사정이 근래에 크게 달라졌다는 것은 의심의 여지가 없다. 필자의 청소년 시절에는 엿이나 떡은 대단히 귀한 별식이어서, "돈 있거든 엿 사 먹어라." "이것이 웬 떡이냐?" "꿈에 떡맛 보기지." 하는 따위의 말들이 일상생활 속에서 자주 사용되었다. 이러한 말들은, 고급 과자 가운데서도 마음에 드는 것을 골라서 사 먹으며 어느 제과점의 케이크는 맛이 없다고 투정을 하기가 일쑤인 오늘의 어린이들로서는, 설명을 들어도 실감 나게 이해하기 어려울 것이다. 1960년대 중반에도 텔레비전을 가진 가정은 많지 않아서, 국제 경기의 중계방송이 있을 때는 다방이나 제과점은 시청자들로 초만원을 이루었다.

물질생활이 풍요로워지고 육체의 고통이 줄었으면, 정신생활도 따라서 윤택하고 마음도 그만큼 즐거워야 앞뒤가 맞을 것이다. 그러나 우리의 현실은 물질생활의 향상이 정신생활의 향상을 수반했다고 일반적으로 말하기가 어려운 실정이다. 정신생활은 도리어 옛날보다 못하다고 느끼는 사람들이 적지 않으며, 몸은 편하나 마음은 즐겁지 않은 모순을 경험하는 경우가 다반사에 가깝다. 옛날에는 없었던 '마음고생'이라는 말이 새로 생겨서 흔히 쓰이고 있다는 한 가지 사실만으로도, 우리의 물질생활과 정신생활 사이에 모종의 불균형이 일어나고 있다는 것을 상징적으로 이해할 수 있을 것이다.

물질생활은 풍요로워졌으나 정신생활은 도리어 빈곤하게 되었다면, 우리에게 어디엔가 잘못이 있다고 보아야 한다. 도대체 그 잘못이 어디에 있는 것일까? 이 물음에 대한 해답은 크게 두 갈래로 분류할 수 있겠다. 사회의 구조내지 제도에 잘못이 있다는 대답과 사람들의 마음가짐에 잘못이 있다는 대답으로 크게 나누어질 수 있을 것이다. 그러나 이 두 가지 대답 가운데 어느하나만이 옳다고 보기는 어려우며, 우리 사회의 구조 내지 제도에도 문제가 있고 우리들의 마음가짐에도 잘못이 있다고 보는 편이 옳을 것이다. 사회의 구조나 제도를 하나의 외형 또는 틀이라고 이해할 때 그 외형 또는 틀속에 어떤 내용 또는 알맹이를 채우느냐 하는 것은 우리들의 마음가짐에 의하여 크게 좌우된다. 한편 사회의 구조나 제도를 단순한 외형으로 보지 않고 내용까지 합친 구체적 현실 전체로 본다면, 구조나 제도의 잘못과 마음가짐의 잘못을 엄밀하게 구별하기는 어려울 것이다. 그러므로 우리의 물질생활과 정신생활의 불균형을 가져온 잘못이 사회의 구조에 있느냐 또는 사람들의 마음가짐에 있느냐를 따져서 묻는 것보다는, 우리들이 해방 이후에 걸어온 길을 전체적으로 개관해 보는 편이 우리의 현실을 진단하는 지름길이 될 것이다.

2. 한국의 근대화와 자유민주주의

제2차 세계대전이 끝나고 우리 남한에 미군이 진주하면서 미국의 문물이 조수처럼 밀려왔을 때, 일찍이 좌익 진영에 가담한 소수의 사람들은 이를 부정과 저항의 시선으로 바라보기도 했으나, 대부분의 남한 사람들은 이 변화의 신호를 크게 환영하였다. 한국의 미래에 대하여 어떤 뚜렷한 전망이나 청사진을 가졌던 것은 아니며, 다만 일제로부터의 해방이 미국을 주축으로 삼은 연합군의 승리에 힘입은 바 크다는 소박한 인식과 미국이 자랑하는 물질적 풍요의 목격만으로도 남한 사람들의 대부분으로 하여금 미국을 환영하고 이를 선망의 시선으로 바라보게 만들기에 충분하였던 것이다.

미군의 주둔과 동시에 남한에는 미국 군정이 실시되었고, 1948년에 수립된 이승만(李承晩) 정권도 미국의 후원을 업고서 탄생한 작품이었다. 헌법을 위시해서 정치와 경제 그리고 교육 등 사회제도의 대부분이 미국의 것을 본받고 새로운 출발을 했을 때, '국대안(國大案) 반대'와 같은 약간의 저항도 있기는 했으나, 모든 것은 대세에 밀렸고, 미국을 우리가 본받아야 할 선진국의 모범으로 간주하는 생각이 당연한 것처럼 별다른 갈등 없이 받아들여졌다.

미국을 모범으로 삼는 '자유민주주의', '근대화', '경제 발전'은 우리나라가 지향해야 할 국가 목표를 상징하는 언어로서의 자리를 굳히게 되었고, 그것들은 진리의 척도와도 같은 권위 있는 말로서 일반적으로 통용되었다. 미국 문화의 껍데기와 잔가지만을 잘못 받아들여서는 안 된다는 반성은 일찍부터 일부 식자들 사이에 있었다. 그러나 미국 문화의 기본 정신을 비판적으로 보는 사람은 대체로 1960년대까지는 매우 적었다. 사람들은 미국의 청교도 정신을 찬양하고 그들의 개척 정신을 칭송하였다.

그러나 미국에 대한 무분별한 찬양과 모방에는 처음부터 많은 문제점이 있었고, 그 문제점에 대한 반성은 조만간 일어나기 마련이었다. 한국과 미국은 자연 조건과 문화 전통에 큰 차이점이 있는 까닭에, 한국이 미국의 모델을 그대로 따라감으로써 미국이 얻은 것을 한국도 얻으리라는 것은 애당초 기대하기 어려운 일이었다. 또 설령 미국을 모방하는 일에 성공하여 그들과 비슷하게 된다 하더라도, 그것이 과연 한국을 위해서 바람직한 길이냐 하는 것도 깊이 생각해야 할 문제로서 제기되었다. 이러한 비판적 견해는 일부 민족주의자들 사이에 일찍부터 조금은 싹터 왔으나, 그것이 여론에 반영될 정도의 공감대를 형성하기 시작한 것은 1960년대 말 내지 1970년대 초였다고 볼 수 있을 것이다.

　미국의 제도 내지 문화를 아무런 여과도 없이 함부로 수용함이 바람직하지 못한 결과를 초래할 소지는 모방의 주체인 우리 한국 측에도 있었고, 모방의 대상이 된 미국 측에도 있었다. 우리가 미국으로부터 받아들인 것 가운데서 가장 비중이 큰 것은 '자유민주주의'라는 이름으로 불리는 여러 제도이거니와, 해방 당시의 한국이 '자유민주주의'라는 서구의 이데올로기를 수용할 준비 태세를 갖추었던 것은 아니다. 한국인의 주체적 판단과 한국 내부로부터의 자주적 요구에 따라서 '자유민주주의'가 선택된 것이라기보다는 한국이 미국이라는 강대국의 세력하에 놓이게 되었다는 국제적 외부 사정이 이러한 결과를 초래함에 있어서 결정적 작용을 했다고 보아야 할 것이다. 같은 시기에 소련의 세력하에 놓이게 된 38선 이북에서는 '자유민주주의'와는 정반대의 체제가 수용되었다는 사실을 아울러 고려할 때, 해방 전후의 우리나라가 외세에 의하여 크게 좌우되었다는 것은 의심의 여지가 없다.

　내부로부터의 요구에 의해서가 아니라 외세의 영향력에 밀려서 어떤 체제를 수용했다는 것은, 그 체제를 자기의 것으로 만들 만한 준비를 갖추지 못한 상태에서 남의 체제를 빌려 왔다는 뜻이 된다. 1948년에 이승만을 앞세우고 탄생한 '제1공화국'은 서구식 민주 헌법에 입각했으며, 서구식 총선거의 과정을 거치기는 했으나, 오직 형식만의 민주주의 정권이었다. 이승만은 미국에서 정치학을 공부하고 미국에서 오래 살았던 사람이지만, 그가 귀국한 뒤에 보여준 정치 활동은 전혀 민주주의적이 아니었다. 그는 대통령 선거에서 강력한 경쟁자가 될 만한 사람들을 미리 제거한 다음에 출마함으로써, 선거는 다만 형식에 불과한 것으로 만들었다. 그는 몇 차례의 정치 파동을 일으키면서, 민주주의 절차를 무시하고, 자신에게 유리하도록 헌법을 자주 뜯어고쳤다. 그가 국무위원을 대하는 태도는 장성이 졸병을 다루는 방식에 가까웠으며, 일반 국민에 대해서는 '국부(國父)'로 자처하면서 가부장적 자세로 일관하였다. 짧게 말해서, 이승만 치하의 한국은 이승만의 왕국이었다.

제1공화국이 형식만의 민주주의로 흐른 데는 국민들의 책임도 적지 않았다. 총선거에 임한 유권자 가운데 투표의 의미를 제대로 모르는 사람들이 부지기수였으며, 많은 사람들이 한 잔의 막걸리 또한 한 켤레의 고무신과 주권을 바꾸었다. 국무위원을 위시한 고관대작들도 대통령 대하기를 옛날의 신하들이 국왕을 대하듯 했으며, 그 중에는 상식 이하의 아첨으로 웃음거리가된 장관도 있었다.

1960년에 있었던 4·19 의거 뒤에 수립된 장면 정권은 민주화를 약속하고출범했으나, 과도기적 혼란을 수습하지 못하고, 1년도 못 가서 5·16 정변을당하였다. 박정희를 수반으로 한 5·16 군사정권은 목숨을 걸고 감행한 거사(擧事)로 얻은 성과였던 까닭에 '전리품'으로서의 성격을 띠게 되었다. 따라서 박정희 정권도 말로는 '민주주의'를 앞세웠으나, 내실에 있어서는 하나의왕조(王朝)에 가까웠다. 대통령의 권한과 행위가 법에 의해서 제약을 받는것이 아니라, 대통령의 의사와 명령에 따라서 법이 좌우되었다. 삼권분립은형식에 불과했으며, 입법부와 사법부는 행정부에 철저하게 예속되어 있었다. 박정희 정권의 왕조적 성격을 가장 명백하게 드러낸 것은 대통령직의 종신제를 시도한 '유신헌법'의 제정이었다.

1979년에 일어난 10·26 사건으로 박정희 정권이 물러났을 때, 한국에 민주주의다운 민주주의가 실현될 것을 기대한 사람들이 많았다. 그러나 또 하나의 쿠데타로 인하여 이 기대는 무너지고, '제5공화국'으로 불리는 군사정권이 다시 군림하였다. 제5공화국은 출발에서부터 무리가 있었던 까닭에, 끝까지 민주화의 길을 외면하는 결과를 초래하였다. 국민의 여망을 탄압하고 무력으로 쟁취한 정권이었던 까닭에, 떳떳한 민주정치를 펼 수 있는 처지가 아니었다. 총칼로 얻은 정권은 총칼로 지킬 수밖에 없었던 것이다.

그러나 '대한민국'이 수립된 이래 한국의 정치에 아무런 발전도 없었던 것은 아니다. 비록 위정자들은 '민주주의'의 이름만을 표방하는 데 그쳤으나, 민주주의로 향한 국민의 의식 수준은 그동안에 크게 상승하였다. 영국을 비롯한 서구의 여러 나라들이 겪은 민주화의 역사 가운데 위정자가 솔선하고 자진하여 국민에게 민주정치를 제공한 사례는 거의 없으며, 대개 위정자들의 횡포와 맞서서 싸운 국민들의 항쟁을 통하여 그것이 쟁취되었다는 사실에 비추어 볼 때, 민주주의로 향한 국민 대중의 의식 수준의 향상이 갖는 의의는 매우 중요하다고 인정해야 할 것이다.

　학생들이 선봉에 섰고 대부분의 국민들이 이에 동조한 4·19 의거는 그것이 국민들의 주권에 대한 명백한 선언이요, 주권을 찾고자 하는 유혈의 투쟁이었다는 점에서, 거대한 역사적 의의를 가졌다. 4·19를 계기로 단번에 한국의 민주화가 달성되지는 못했으나, 서구의 민주화 과정에 거의 3백여 년의 세월이 걸렸다는 사실에 비추어 볼 때 그것은 당연한 일이며, 4·19가 한국의 민주화 과정에서 세워진 거대한 이정표임을 자랑해도 좋을 것이다. '6·29 선언'이 나오도록 만든 1987년의 민중 항쟁도 4·19에 버금가는 한국 민주주의 운동사의 획기적 금자탑(金字塔)이다. 우리는 4·19와 6·29를 연속된 같은 산맥의 두 봉우리로 보아야 할 것이며, 이 두 봉우리를 잇는 27년 동안에 한국인의 민주 의식의 괄목할 만한 성장을 과소평가하지 말아야 할 것이다. 제5공화국이 보여준 정치는 비록 답보 내지 후퇴에 가까웠으나, 그것이 억압이었기에 대중의 민주 의식은 도리어 안으로 성숙한 것이다.

　4·19 의거를 전후하여 표출된 한국인의 '민주 의식'과 6·29 선언 당시에 표명된 한국인의 '민주 의식'을 엄밀하게 같은 성질의 것으로 보기에는 다소 어려움이 있다. 4·19가 일어난 1960년에 국민들이 염원했던 민주주의의 색깔은 미국식 자유민주주의의 그것으로 거의 통일되었다고 보아도 크게 틀리지 않을 것이다. 1960년 4월 18일에 발표된 고려대학교 학생 선언문과 다음

날 발표된 서울대학교 학생 선언문의 내용이 이러한 해석을 뒷받침한다. 고려대 학생의 선언문 가운데는 "인간의 자유와 존엄을 사수하기 위하여 멸공전선의 전위적 대열에 섰다."는 구절이 있고 서울대 학생의 선언문 가운데는 "한국의 일천한 대학사(大學史)가 적색전제(赤色專制)에의 과감한 투쟁의 거획(巨劃)을 장(掌)하고 있는 데 크나큰 자부를 느낀다."는 말이 보인다.[1]

그러나 6·29 선언이 있었던 1987년에 한국에서 외쳐진 '민주주의'를 미국식 민주주의의 단일한 색깔만으로 통일되었다고 보기는 어렵다. 6·29 선언을 낳게 한 1987년의 민중 항쟁에서 선봉을 선 것은 이른바 '운동권 학생들'이었으며, 이 '운동권 학생들'이 마음속에 간직한 '민주주의'는 미국식 자유민주주의와는 색깔이 크게 다르기 때문이다. 한국의 학생운동에 있어서 사회주의적 성향이 주도권을 잡은 것이 언제부터였는지 정확하게는 모르겠으나, 잠시 언론이 자유로웠던 이른바 '1980년 봄'에 각 대학에 나붙은 대자보(大字報)와 여러 대학 신문의 학생 기고란의 내용은 이미 4·19 당시의 대학생 선언문의 그것과는 엄청난 차이를 드러내고 있다. 1980년 이후 학생들의 운동 이념은 더욱더 급진적 방향으로 기울었으며, 그 급진적 대학생들이 앞장을 서서 6·29 선언이 나오도록 만들었던 것이다.

군사독재에 항거한 1987년의 학생운동에 많은 시민들이 호응했고, 이 시민들의 호응이 6·29 선언의 결정적 계기가 되었으나, 학생들에게 합세한 시민들이 염두에 두었던 '민주주의'가 모두 학생들의 그것과 같은 색깔의 것이었다고는 생각되지 않는다. 개중에는 학생들과 같은 이념을 간직한 사람들도 있을 것이나, 더 많은 사람들은 오히려 학생들과는 다른 동기에서 전두

---

1 이 두 선언문은 동아일보사가 내는 『신동아』 1972년 1월호의 별책부록, 『한국 현대 명논설집』에 실려 있다. pp.304-305 참조.

환 정권에 반기를 들었다고 보아야 할 것이다.(이러한 견해가 옳다는 것은 6·29 선언의 후속 조치로서 시행된 1987년 겨울의 대통령 선거와 1988년 봄의 국회의원 선거에서 급진주의 후보자들의 득표율이 매우 낮았다는 사실이 뒷받침한다.) 요컨대, 여전히 자유민주주의를 지지하는 많은 대중과 사회주의를 신봉하는 일부 젊은 세대는 각각 다른 이데올로기를 품고 있었으나, 전두환의 군사정권을 반대한다는 공통점 때문에 일시적으로 연합하게 되었던 것이다.

현 시점에서 볼 때 사회주의 이념을 신봉하는 한국인이 수적으로 우세하다고는 생각되지 않는다. 그러나 그들이 가지고 있는 신념 체계의 일관성과 그들의 조직력에 바탕을 둔 그들의 영향력은 상당히 강대한 것으로 보아야 할 것이다. 이 자리에서 우리가 한국의 급진적 이데올로기의 타당성 여부를 따지는 것은 시기상조일 것이다. 다만 이 자리에서 우리가 먼저 대답해야 할 물음은, 세계 사상의 전체적 흐름으로 볼 때는 급진적 사회주의에 대한 반성과 비판의 소리가 높은 이 시기에, 우리 한국에서는 도리어 급진적 사회주의가 상승세를 보이고 있는 까닭이 무엇이냐 하는 문제다. 이 물음에 대한 해답은 한국이 처해 있는 오늘의 현실과 한국의 현실에 결정적 영향력을 행사한 미국의 사회적 현실과 문화 일반이 안고 있는 문제 상황에서 찾아야 할 것이라고 생각된다.

1970년대 이후에 한국의 젊은이들 특히 대학생들 사이에 사회주의 사상이 번져 가기 시작한 것은, 외부로부터의 침투나 공작의 영향 때문이기보다는, 남한 내부로부터의 자연 발생적 현상에 가깝다는 것이 수사 당국도 인정하는 일반적 인식이다. 한때 일본의 대학가를 혼란 속으로 몰아넣었던 학생들의 좌경 풍조의 영향도 물론 있었을 것이며, 중남미와 동남아 일부에서 일어난 '해방신학'이나 '종속이론' 등의 영향도 받았을 것이다. 그러나 그러한 외풍(外風)의 영향에 민감하게 반응할 소지가 우리 한국의 현실 속에 성숙해 가고 있었다는 사실이 중요하며, 또 우리의 사회 현실을 그러한 문제 상황으로 몰고 간 데는 미국의 사회적 현실과 문화 일반의 영향이 크다는 사실에 주목할 필요가 있다고 보는 것이다.

3. 한국의 경제개발에 수반된 문제들

일부의 젊은이들 가운데 자유민주주의 체제에 대한 불신과 사회주의 체제에 대한 관심이 일어나게 된 직접적 동기는 한국의 경제 현실에 대한 불만 내지 비판이라고 생각된다. 마르크스를 위시한 사회주의자들이 이상으로 삼는 사람다운 삶의 중심이 풍요로운 물질생활에 있는 것은 아니나, 그들의 비판의 직접적 대상이 된 것은 자본주의 경제체제였으며, 우리나라의 좌익 운동이 전통적으로 경제적 분배의 문제에 관심을 집중시켰던 까닭에, 오늘의 한국 대학생의 사회주의 운동에서도 경제문제가 차지하는 비중이 우선은 큰 것으로 보인다. 그런데 여기서 우리가 주목해야 할 것은, 한국이 비록 정치의 민주화에서는 실패했으나 경제개발 내지 경제성장에서는 크게 성공한 나라라는 일반적 평가와, 경제적 현실에 대한 불만을 직접적 동기로 삼는 사회주의 사상의 대두의 관계를 어떻게 설명해야 하느냐 하는 문제다.

일제 치하의 우리나라는 적빈(赤貧)의 후진 농업국이었고, 6·25의 전란으로 파괴된 한국은 외국의 원조를 갈망하는 절대 빈곤의 나라였다. 그러나 불과 사반세기 동안에 사정은 크게 달라졌다. 판유리나 나사 같은 간단한 공산품 하나 제대로 만들지 못하던 나라가 이제는 자동차를 수출하는 나라가 되었고, 미국의 경쟁 상대로서 시기를 받기도 하고 소련으로부터 자본과 기술의 협력 요청을 받기도 하는 나라로 성장하였다. 일부에서는 '기적'이라는 찬사까지 붙여 가며 한국 경제의 '성공'을 평가하기도 하였다. 그럼에도 불구하고 우리나라의 내부 일각에서 불만과 비판의 소리가 높이 일고 있는 것이 오늘의 현실이며, 이 현실을 어떻게 분석하고 어떻게 설명할 것이냐 하는 것이 우리가 당면한 문제다.

1960년대 이후의 한국 경제가 놀라울 정도의 고도성장을 계속해 온 것은 사실이며, '기적'이니 '성공'이니 하는 말로 한국 경제를 평가하는 사람들은 바로 이 고도성장을 염두에 두고 그러한 찬사를 보내는 것이다. 그러나 '성장'만이 경제의 성패를 분간하는 유일한 기준은 아니며, 성장 이외에도 공정한 분배, 안정, 경제 질서 등 성공적 경제 발전을 위해서 요구되는 사항들이 적지 않다. 1960년대 이후의 한국 경제가 성공을 거둔 것은 오로지 성장의 측면에 있어서이며, 그 밖의 다른 측면에서는 많은 문제점을 키워 왔다. 따라서 성장을 경제의 으뜸으로 생각하는 관점을 취하는 사람들은 한국의 경제를 모범적 성공의 사례로서 찬양하는 반면에, 다른 사항들을 중요시하는 견지에 선 사람들은 적지 않은 불만을 표명하게 된다. 그렇다면 '성장'에서 크게 성공한 한국 경제가 실패한 측면이란 어떠한 것인가?

첫째로 한국 경제는 그 고도성장의 성과를 고르게 분배하는 일에서 실패하였다. 박정희 정권이 '절대 빈곤의 추방'이라는 목표를 세우고 경제개발에 역점을 두기 시작한 이래, 한국 정부의 경제정책은 고도성장을 최우선의 과제로 삼아 왔으며, 공정한 분배의 문제는 비교적 소홀하게 다루었다. 역대 정권은 한결같이 중소기업보다는 대기업을 육성하는 일에 치중하였고, 농업보다는 공업을 우대했으며, 내수산업보다는 수출산업에 역점을 두었다. 이러한 성장 위주의 경제정책은 자연히 부(富)의 편중과 사회 발전의 불균형을 초래하였다. 1960년대 중반 이후에 소득분배의 개선이 별로 이루어지지 않았다는 것은 정부 측에서 발표한 통계 숫자로 보더라도 대략 짐작할 수가 있다(〈표 1〉 참조).

<表 1> 소득분배의 추이

연도	1965	1970	1976	1978	1980	1985
상위 20%의 소득 점유율	41.8	41.6	45.3	46.7	45.4	43.7
하위 20%의 소득 점유율	5.8	7.3	5.7	5.7	5.1	6.1
지니계수	0.3444	0.332	0.392	0.400	0.389	0.363

자료 : 경제기획원, 한국개발연구원

일반 국민이 피부로 느끼는 소득의 격차는 위의 통계자료가 제시하는 것보다도 훨씬 크다. 정부 측에서 발표하는 통계란 대체로 낙관적 측면을 강조하는 경향이 있다는 사실을 문제 삼지 않는다 하더라도 정부 통계에 잡히지 않는 이른바 '지하경제(地下經濟)'의 존재를 감안한다면, 일반 국민의 직관적 느낌에는 상당한 객관적 근거가 있다고 보아야 할 것이다. 현재 우리 사회에서는 사채(私債) 놀이, 부동산 투기의 이윤, 각종 부조리에 의한 음성 수입 등 공식 통계에 나타나지 않는 소득의 총액이 국민총생산의 20%를 웃돈다는 연구 보고가 있을 정도로 '지하경제'의 비중이 크다.[2] 그리고 이 지하경제라는 것은 본질상 고소득층의 소득을 더욱 높이는 결과를 가져오기 마련이므로, 우리나라의 실제 소득의 격차는 정부가 발표한 공식 통계에 나타난 것보다 크다고 보아야 한다.

앞에 소개한 〈표 1〉보다 더 명백하게 우리나라의 소득 격차가 지나치다는 것을 보여주는 통계 숫자도 있다. 1986년에 발표된 통계조사에 따르면, 1985년 최상류층(상위 10%)의 월 최고 소득은 4,195만 원이고 최하류층(하

---

2 박세일, 「경제 · 정치 발전과 윤리」, 박세일, 황경식, 김동일, 김태길 공저, 『한국 사회와 시민 의식』, 문음사, 1988, pp.113-114 참조.

위 10%)의 월 최고 소득은 10만 4천 원이니 전자가 후자의 4백 배가 넘는다는 계산이 나온다. 그리고 최상류층의 월 평균 소득은 131만 원이고 최하류층의 월 평균 소득은 9만 5천 원이어서, 여기서도 13배 이상의 격차를 보여주고 있다. 상식적으로 판단하더라도 이러한 수치는 우리나라의 소득 격차가 지나치다는 것을 상징적으로 나타내는 것으로 볼 수 있을 것이다.[3]

둘째는, 한국 경제는 자유 시장 제도에 의존해 왔으나, 자유 시장의 경제 질서를 확립하는 데는 실패하였다. 자유 시장의 경제 질서가 확립되기 위해서는, 자유경쟁의 규칙이 잘 지켜지는 동시에, 근면과 절약 그리고 창의(創意)의 덕을 갖춘 사람들이 많은 소득을 올릴 것으로 일반이 기대할 수 있어야 한다. 그러나 과거 수십 년 동안에 한국에서 자유경쟁의 규칙이 잘 지켜졌다고 보기는 어려우며, 근면과 절약 그리고 창의의 덕이 시장경제에서의 성공을 보장했다고 보기도 어렵다. 역대 정부 당국은 주로 대기업을 우선적으로 육성하는 정책을 수행해 왔으며, 정책 금융, 수출 보조금, 세제상의 혜택 등을 소수의 대재벌에게 베풂으로써, 자유 시장의 경제 질서 확립에 역행하였다. 그뿐만 아니라, '정경유착(政經癒着)'으로 불리는 비리의 사례도 적지 않아서, 경제 질서 확립에 치명상을 입히곤 하였다.

특정 재벌에 대한 특혜 원조 또는 정경유착의 비리는 부(富)의 편재를 더욱 조장할 뿐 아니라, 불로소득과 일확천금의 사례를 낳게 함으로써, 경제 윤리 확립에 치명적 저해 요인이 된다. 성실과 근면 그리고 절약의 미덕을 발휘하는 사람들보다도 정치권력과의 유대가 강한 사람들이 시장경제에서 승리하는 사례가 많은 사회 풍토 속에서 건전한 경제 윤리가 성립하기 어렵다는 것은, 설명이 필요 없는 평범한 상식이다.

---

3 정운창, 「한국 경제의 현실과 한국 경제학의 당위」, 『철학과 현실』 제2집, 1988, p.98 참조.

"자유 시장 체제와 공정한 분배가 양립할 수 있는 것인가?" "우리 한국의 실정으로 볼 때, 자유 시장 체제가 가장 바람직한 체제인가?" 하는 문제는 심도있는 고찰을 요구하는 별개의 근본 문제다. 이 자리에서 필자는 저 근본 문제와 직접 대결하고 있는 것은 아니다. 이 자리에서의 필자의 관심은, 자유 시장의 체제를 선택했을 경우에는 자유 시장의 경제 질서를 확립해야 한다는 원칙을 상기하고, 우리 한국은 자유 시장 체제를 선택했음에도 불구하고 그 경제 질서의 원칙을 스스로 배반했다는 사실을 밝히고자 함에 있을 따름이다. 정치권력의 특혜에 힘입어 기업 자체의 논리를 넘어선 급성장을 하거나, 중소기업의 길을 막아 가며 시장을 독과점하는 따위의 현상은, 자유 시장 체제 자체의 원칙에도 어긋나는 것이다.[4]

셋째로, 한국 경제는 사치와 낭비 그리고 퇴폐적 유흥의 풍조를 일으켜, 불건전한 소비생활의 폐단을 초래하였다. 일부 부유층의 지나친 소득 증대, 특혜나 투기 등에 의한 불로소득, 구매 충동을 자극하는 과장과 허위에 가득 찬 광고 문화, 서구의 물질문명의 수용과 정신문화의 쇠퇴에 기인하는 쾌락주의적 인생관의 보편화 등은 자연히 소비문화를 불건전한 방향으로 몰고 갔

---

4 다음 통계는 우리나라 시장의 독과점 현상이 현저하다는 것을 밝혀 주는 한 예에 불과하다.

우리나라 상품 시장 구조의 변화

연도	1970년		1981년	
구분	상품수	출하액 (10억원)	상품수	출하액 (10억원)
독점(獨占)	442	110	521	4,878
복점(複占)	279	204	211	2,070
과점(寡占)	495	439	1,085	22,500
경 쟁	276	498	397	14,735
합 계	1,492	1,251	2,214	44,183

자료 : 이규억 외, 『시장과 시장구조』, 한국개발연구원, 1984.

다. 그리고 이 불건전한 소비문화는 저소득층의 불만과 위화감을 자극하여 계급의식을 조장했고, 일부 대학생들의 만성적 사회운동의 근본 원인이 되었다. 그뿐만 아니라, 사치와 낭비 그리고 유흥의 풍조는 청소년의 문화를 나약한 방향으로 오도했으며, 청소년을 비롯한 다수의 범죄를 조장하였다.

넷째로, 성장과 소득 증대에만 급급했던 한국 경제는 그 공업화 내지 도시화 과정에서 문화 유적과 자연환경의 보호라는 막중한 일을 소홀히 하였다. 자연과 문화 전체를 종합적으로 고려한 국가의 목표에 대한 원대한 안목의 청사진은 염두에도 두지 않은 철학의 빈곤은, '근대화'의 바람을 몰고 문화 유적의 일부와 도시의 미관을 파괴했으며, '공업 입국'의 구호 아래 자연의 보호를 외면하고 환경의 오염을 방치하였다. 여기서 특히 심각한 문제가 되는 것은 인간의 건강과 생존을 직접 위협하는 환경오염에 내포된 위험성이다.

수질이나 공기의 오염이 인체에 미치는 영향은 장기간에 걸쳐서 서서히 다가오므로, 우리는 그 피해와 위험을 과소평가하기 쉽다. 눈에 보이지 않을 정도로 서서히 일어나는 현상에 대해서 우리는 대체로 둔감하기 쉽고, 모든 사람들이 함께 당하는 일에 대해서는 낙관적 태도를 갖기 쉬우므로, 환경오염의 문제를 '강 건너 불' 보듯이 하는 경향이 있다 그러나 우리 후손들의 건강과 생존까지도 염두에 두어야 하는 장기적 안목으로 볼 때, 환경오염의 문제는 국민소득이 늘고 주는 문제보다도 훨씬 중대하고 근본적인 문제다. 이제 절대 빈곤의 문제가 해결된 이 시점에서 볼 때, 한국의 국민소득이 얼마나 증대하느냐 하는 것은 우리의 생사가 걸린 문제는 아니다. 그러나 환경의 오염을 막느냐 못 막느냐 하는 것은 우리 또는 우리 후손의 생사가 걸린 문제다. 일시적 소비생활의 쾌락에 현혹되어 지구의 자원을 함부로 낭비하고 우리의 자연을 서서히 죽이는 것은, 인간이 할 수 있는 가장 어리석은 짓의 하나다.

다섯째로, 한국의 경제는 비록 외형상의 고도성장에는 성공했으나 자주성

(自主性)의 결여로 인하여 내실이 허약하다는 문제점을 안고 있다. 본래 한국의 경제개발은 자본과 기술 그리고 자연 자원이 모두 극히 빈약한 상태에서 출발했으므로, 높은 대외 의존성은 불가피했다고도 볼 수 있다. 그러나 대외 의존을 다변화하지 못하고 미국과 일본에만 매달린 것은 불가피한 일이 아니었으며, 성장해 가는 과정에서 대외 의존도를 점차 줄이는 방향으로 노력을 기울이지 않은 것은 큰 실책이었다. 우리는 일본의 기술과 부품에 지나치게 의존해 왔던 까닭에, 수출을 많이 해도 결국 실리는 일본으로 돌아가는 결과를 초래하곤 하였다. 그리고 미국의 자본과 시장에 대한 의존도가 지나치게 컸으며, 정치와 군사에 있어서도 미국에 의존함이 지나쳤던 까닭에, 지금 우리는 미국의 통상 압력에 맥없이 굴복하고 있는 실정이다.

현대와 같이 국제적 교류가 활발하고 국제적 협력이 요구되는 시대에 완전한 자주 경제라는 것은 현실이 허용하지 않는다. 그러나 대외 의존도는 되도록 줄이는 방향으로 노력해야 할 일이며, 외국에 의존함이 불가피할 경우에는 대등한 위치에서 서로 의존하는 관계를 맺도록 하는 것이 바람직하다. 그러나 한국의 경제인과 정치인은 이 점에 있어서 대체로 근시안적 선택을 했다는 비판을 면하기 어렵다. 특히 세계경제에 큰 공황이 오거나 국제간에 경제적 마찰이 심할 경우에는, 한국과 같이 대외 의존도가 높은 나라는 치명적 타격을 면하기 어려울 것이다.

경제성장에 수반해서 야기된 이상과 같은 문제점들은 내면적으로 서로 연결된 문제들이며, 단순한 경제에 국한된 문제가 아니라 사회생활 내지 국가생활 전반에 걸친 문제들이다. 지나친 빈부의 격차는 계층간의 갈등을 심각하게 만드는 요인으로서 정치적 불안의 문제로 직결되며, 사회의 전반적 평화를 파괴한다. 자유 시장의 경제 질서를 확립하지 못한 실패는 사회 전반의 윤리적 기반을 위태롭게 하는 문제이며, 특히 불로소득 또는 부도덕한 방법에 의한 소득을 허용하는 무질서는 각종 범죄를 조장하는 요인이다. 사치와 낭비의 풍조는 관능적 쾌락과 금전을 가치 체계의 정상으로 끌어올림으로써 가치관과 문화 전반의 기조(基調)를 혼란에 빠뜨리며, 특히 청소년의 문화를 나약하고 퇴폐적인 방향으로 유도할 염려가 있다. 그리고 경제의 지나친 대외 의존성은 국가 전체의 자주성을 위태롭게 하는 약점을 내포한다.

한국의 경제가 최근 사반세기 동안에 놀라운 성장을 이룩하는 한편, 위에서 말한 바와 같은 문제점을 안게 된 것은, 한국이 자본주의 체제와 자유 시장 제도를 도입했다는 사실과 불가분의 관계를 가졌을 것이다. 그러나 자본주의 체제와 자유 시장 제도를 취택하고 있는 국가들이 하나같이 우리 한국과 같은 경제적 상황 속에 살고 있는 것은 아니다. 한국의 경제가 바로 현재 우리가 처해 있는 바와 같은 상황을 초래하게 된 원인들 가운데서 가장 비중이 큰 것으로는, 안으로는 한국인의 의식구조를 들 수 있을 것이고, 밖으로는 미국의 영향을 들 수 있을 것이다. 우선 우리 한국에 대해서, 한국의 정치와 경제뿐 아니라 문화 전체에 대해서, 막대한 영향을 미친 미국의 문제 상황을 그 근원에 초점을 맞추는 시각에서 대강 살펴보기로 하자.

4. 미국의 문제 상황

듀이(J. Dewey)는 『낡은 개인주의와 새로운 개인주의』라는 그의 저술을 통하여, 미국이 겉으로 보기에는 번영의 나라라는 인상을 주기도 하나, 내실은 문제투성이의 깊이 병든 사회임을 신랄하게 비판하고 있다. 듀이가 그 저술을 발표한 지 약 60년이 지났으나, 그가 걱정한 문제 상황이 이 기간 동안에 개선되는 방향으로 변화했다고는 생각되지 않으며, 도리어 더욱 악화하는 방향으로 움직이고 있다는 인상이 강하다.

듀이는 그가 살았던 당시의 미국 사회의 기본 특색을 '금전 문화(money culture)'라는 말로 규정하였다. 대부분의 행위가 돈을 버는 일과 직접 또는 간접으로 연결되고 있으며, 사람들은 마치 돈의 힘이 개인과 단체의 운명을 좌우하는 최대의 관건인 것처럼 행동한다는 것이다. 그리고 "인간의 가치는 그의 재산을 모으는 능력 또는 돈벌이 경쟁에서 남을 앞지를 수 있는 능력에 의해서 저울질을 당한다."고 지적하였다.[5]

그러나 당시의 미국인들이 황금만능의 생활 태도를 하나의 인생관으로서 공공연하게 시인한 것은 아니다. 실제의 행동은 돈벌이에 혈안이 되어 있었지만, 앞으로 내세우고 찬양하는 인생관은 배금사상과는 정반대인 인간적 가치에 치중하는 이상주의의 철학이었다. 물질주의의 길을 실천하면서도 재산보다 인격이 소중하다고 역설했으며, 실제에 있어서는 철저한 이기주의자로서 행동하면서도, "이기주의적 생활신조를 솔직하게 털어놓는 사람에 대해서는 누구나 반드시 상을 찌푸렸다." 현실의 인심은 날로 각박해졌으나, 언어의 차원에서는 박애와 봉사를 강조하는 설교가 도처에서 울려 퍼졌다. 이혼의 건수는 해마다 늘어 갔으며, 가정은 여기저기서 파괴되어 가는 추세였으나, 신문과 라디오는 '가정의 신성(神聖)'을 더욱 높은 목소리로 찬미하였다.[6]

짧게 말해서, 듀이의 눈에 비친 미국인은 일종의 자기 분열 속에서 고민하고 있었다. 밖으로 나타나는 행동과 마음 안에서 맴도는 생각이 다르다는 것이다. 실생활을 좌우하는 현실적 제도와 학교 또는 교회에서 가르치는 도덕 사이에 커다란 고랑이 생겼던 것이다. 그렇다면 이와 같은 자기 분열 또는 자기모순의 원인은 무엇일까? 그 원인을 한두 가지로 간단히 설명할 수는 없을 것이나, 그 가운데서 가장 근본적인 것으로서, 듀이는 현대의 기계문명 및

---

5 John Dewey, *Individualism Old and New*, New York, 1930, p.12.
6 같은 책, pp.13-14 참조.

기계문명을 토대로 한 자본주의적 사회제도를 들고 있다.

듀이에 따르면, 근대 이후의 서양 문화의 양상에 결정적 영향을 미친 것은 기계와 과학적 기술이다. 과학을 응용한 기계의 발명과 기술의 발달은 인간 생활의 양상을 바꿀 수 있는 막대한 힘을 가졌거니와, 이 막대한 힘이 사유재산제도 및 돈벌이의 동기와 결합함으로써 자본주의가 탄생하였다. 그리고 현대 자본주의 사회의 법률과 정치 및 그 밖의 대부분의 인간관계는 기계와 돈의 결합을 토대로 삼고 있으며, 그 결과로서 금전 문화가 현대사회의 특색을 이루게 되었다. 동시에 자유와 평등을 신조로서 내세운 개인주의 철학이 약속했던 '개인의 발전'은 한갓 공염불이 되고, 개인주의 본래의 모든 이상은 금전 문화의 압력에 깔려 여지없이 무너졌다. 그뿐만 아니라, 이제 이 철학은 도리어 억압과 불평등을 정당화하는 이론 근거로서 악용되기에까지 이르렀다.[7]

이와 같은 모든 변화는 매우 급격한 속도로 닥쳐왔다. 공업화를 비롯한 모든 변화가 너무나 갑자기 밀려온 까닭에, 사람들은 새로운 사태에 대처할 만한 마음의 준비, 즉 새로운 가치관 내지 인생관의 준비 없이 이 낯선 상황 속에 던져지게 되었다. 새로운 정신 무장의 준비가 없었던 까닭에, 사람들은 전통적 철학과 신조에 자기도 모르게 매달렸다. "실제에 있어서 옛날의 신조를 멀리 떠나면 떠날수록 우리는 더 큰 목소리로 그것을 주장한다. 우리는 결국 그것을 마법의 주문처럼 대접한다."고 듀이는 말하고 있다.[8] 마치 그 신조를 거듭 외치기만 하면 새로운 사태의 악을 물리칠 방도라도 생기는 것처럼, 또는 적어도 그 악이 눈에 보이지 않게 할 수 있는 것처럼, 사람들은 옛날 신

---

7 같은 책, p.18 참조.
8 같은 책, p.16 참조.

조를 입에 올린다는 지적이다. 그리고 이것은 밖으로 나타나는 행동의 세계와 안으로 생각하는 관념의 세계 사이에 현격한 거리가 있다는 것을 의미한다. 결국 기계문명의 급속한 발달과 과학적 기술의 토대 위에서 성장한 자본주의로 말미암아, 미국 사회에서는 행동과 관념의 분열이 일반화했다는 것이다.

듀이는 기계문명과 자본주의가 빚어낸 미국 사회의 또 하나의 특색을 '통합의 경향(corporatedness)'에서 발견한다. 생산 기업의 통합의 현상을 계기로 모든 분야에 대량생산의 경향이 현저하고, 의식 또는 사상에 있어서까지도 획일화의 경향으로 흐르는 현상을 듀이는 그가 생활한 미국 사회의 가장 기본적인 특색의 하나로 보았다. "생산과 운수와 분배, 그리고 금융에 있어서의 주식회사의 발달은 생활 모든 분야에서의 통합의 상징이며", 소규모의 개인기업은 점차로 위축해 가는 반면에, 거대한 재벌은 굴릴수록 커 가는 눈사람처럼 주위를 흡수하며 성장한다는 것이다. 그리고 이 통합의 경향을 통하여 등장한 대기업들은 거대한 사회 세력으로 성장했으며, "이들의 집단적 세력은 자본주의 사회의 정부와 손을 잡고 사회 전체의 양상을 결정하기에 이르렀으며, 그들의 정치적 영향력은 정부 그 자체보다도 더욱 우세하다."고 듀이는 말하고 있다.[9]

듀이에 따르면, 통합의 경향은 경제 분야에만 국한된 현상이 아니라 종래 '정신적'이라는 말로 특색지어지던 예술이나 교육의 분야까지 전파하여, 급기야는 미국인들의 사상까지도 획일화하는 결과를 초래했다. 이 획일화의 경향은 라디오와 영화와 그 밖의 오락 시설을 통해서 촉진되었고, 신문과 잡지 같은 보도기관을 통하여 조장되었다. 대기업의 상품광고를 앞세운 갖가

---

9 같은 책, p.41 참조.

지 대중매체의 발달은 사람들에게 같은 사고방식과 같은 정서, 그리고 같은 생활양식을 강요하였다. 특히 대도시의 생활 조건은 시민들의 사상과 행동을 같은 틀 안으로 몰아넣었다.[10]

통합과 획일화의 문화는 개인의 자기 상실을 수반하였다. 이 '개인의 자기 상실'이라는 말의 의미 가운데는 대다수의 개인들이, 통합적이요 획일적인 풍조에 눌려서, 스스로의 행위를 자신의 뜻으로 정하지 못하고 밖으로부터 오는 힘에 좌우되는 현상이 포함될 수 있을 것이다. 그러나 듀이는 '개인의 자기 상실'의 더 심각한 측면으로서 '길을 잃은 개인'의 모습을 더욱 강조하고 있다. 듀이가 말하는 '길을 잃은 개인(lost individual)'이란 "한때 개인들의 마음의 지주(支柱)가 되고, 그들에게 방향을 제시했으며, 일관성 있는 인생관을 제공했던 저 충절심(loyalties)을" 상실한 사람을 가리킨다. 요컨대, 현대 물질문명 속에 사는 미국의 개인들은 자신의 모든 정성을 그것에 바칠 수 있으며 삶의 보람을 그것에서 찾을 수 있는 어떤 확고부동한 목표를 잃었다고 듀이는 보았던 것이다. 목표를 잃은 까닭에 사람들은 삶의 중심을 잡지 못하고 방황한다. 방향감각을 상실하고 방황하는 사람들의 모습을 듀이는 다음과 같이 서술하였다.

사람들은 지적(知的)으로 너무나 공허한 까닭에, 마음의 안정을 줄 수 없는 과거와 너무나 잡다하고 혼란한 까닭에 생각과 정서에 균형과 방향을 제공하지 못하는 현재 사이를 우왕좌왕하고 있다.[11]

---

10 같은 책, p.42 참조.
11 같은 책, pp.52-53 참조.

사람들이 확고한 인생 목표를 세우지 못하고 우왕좌왕하는 것은 인격의 틀이 잡히지 않았기 때문이다. 그리고 인격의 틀이 잡히지 못한 첫째 이유는, 듀이에 따르면, 사람들이 국가와 사회를 위해서 뚜렷하고 보람 있는 임무를 수행하고 있지 않다는 사실에 있다. 다시 말해서, 자기는 국가와 사회를 위해서 크게 이바지하고 있으며 따라서 공동체를 위해서 중요한 존재라는 것을 자타가 공인할 만한 처지에 놓여 있지 않기 때문에, 자중자애하는 인격의 바탕을 갖추지 못한다는 것이다. 공동체 안에서의 자기의 중요성에 대한 자신감이 없는 사람들은, 그 마음의 공백을 메우기 위하여 사사로운 돈벌이와 관능적 쾌락을 추구하기에 여념이 없기 마련이다.[12]

인격의 틀이 잡히지 않은 둘째 이유를 듀이는 경제적 불안에서 발견한다. 기계의 발달이 많은 실업자를 배출할 가능성을 내포한다는 것은 현대 자본주의 사회의 상식이며, 언제 직장을 쫓겨날지 모른다는 불안과 가까워 오는 정년퇴직에 대한 공포는 실업 그 자체보다도 사람들의 마음에 어두운 그림자를 던진다. 그런데 이 경제적 불안은 비단 저소득층에만 있는 것이 아니라, 중산층의 기업주나 고급 봉급생활자에게도 있고, 경우에 따라서는 큰 재벌에게도 있다. 정직하게 그리고 부지런히 일만 하면 실패할 염려가 없다는 보장은 아무에게도 주어져 있지 않다. 이러한 사정 속에서 사람들은 근면과 절약 또는 성실 등의 미덕에 대한 존경심을 잃고, 투기나 계교에 의한 일확천금을 더 현명한 처세술로 인정한다. "오늘날 주식시장의 저 흥청거리는 모습을 보라!"고 듀이는 개탄하였다.[13]

사람들이 확고한 삶의 목표를 세우지 못하고 방황하는 모습은 사회생활의

---

12 같은 책, pp.52–54 참조.
13 같은 책, pp.54–55 참조.

어떠한 분야에서도 찾아볼 수 있다. 우선 자본주의 사회의 주역을 맡은 자본가들의 경제활동에서도 그것을 찾아볼 수 있다. 자본가들에게는 돈벌이라는 확고한 목표가 있는 것은 사실이나, 돈은 본래 무엇인가를 위해서 써야 할 수단에 불과하며, 자본가들에게는 그 돈으로써 달성할 목표가 희미하다. 물론 개인적 향락 정도의 목표는 있을 것이나, 그 시들한 향락에서 진정한 삶의 보람을 느끼기는 어려우며, 또 개인적 향락만을 위해서라면 무한정 많은 돈을 벌기 위해서 그토록 혈안이 될 필요도 없을 것이다. 간혹 자선사업을 목적으로 내세우는 부호도 있으나, 그 자선사업이란 마땅히 해야 할 사회적 의무를 수행하지 않았다는 사실에서 오는 죄책감을 미온적 방법으로 호도(糊塗)하려는 심리적 갈등의 표현에 불과할 경우가 많다. 듀이는 일부에서 자선사업을 크게 떠들고 나서는 그 자체가 미국 사회 현실의 어떤 문제점을 드러내는 것이라고 지적하였다.[14]

인간의 목표 상실은 미국의 정치계에 있어서 더욱 뚜렷하다고 듀이는 주장하고 있다. 정당이 내세우는 정강(政綱)이니 구호(口號)니 하는 것이 공허한 말장난이라는 것은 공공연한 상식이며, 대체로 정치라는 것이 고작해야 돈 많은 계층을 위해서 은밀한 도움을 주는 것밖에는 뚜렷하게 하는 일이 없으며, 문제가 생기면 근본적 원칙에 따라서 해결하지 못하고 즉흥적 미봉책으로 얼버무리는 경우가 많다는 것이다. 그렇다면 중심을 잃고 휘청거리는 이들 정치인 또는 돈의 노예가 된 저들 경제인에게 경종을 울리고 그들을 바른 길로 인도할 수 있는 다른 어떤 탁월한 집단이 존재하는가? 듀이에 따르면, 그러한 희망의 집단이 미국에는 존재하지 않는다. 이른바 진보주의자들(liberals)도 막연한 비판으로 현실을 부정하는 것이 고작이며, 적극적 대안

---

14 같은 책, pp.56-57 참조.

으로 확고한 방향을 재시할 정도의 자신은 없다. 과거에는 삶의 길을 제시하고 인생을 위한 등대의 구실을 했던 종교가의 설교나 교회도 이제는 그 광채를 잃었다.[15]

돈과 기계의 힘이 결정적 영향력을 가졌으며 사람들이 자주성을 잃고 방황하는 미국은 전체로서 문화의 위기를 맞았다고 듀이는 진단하였다. 자유와 평등을 근본원리로 삼는 민주주의 사회가 마땅히 이룩해야 할 문화는, 선택된 소수만이 주역을 맡고 영광을 누리는 따위의 문화가 아니라, 모든 성원들이 각자의 소질을 발휘함으로써 적극적으로 참여하는 것을 이상으로 삼는 문화다. 그러나 금전을 중심으로 삼는 미국의 문화는 선택된 소수의 찬란한 '업적'만이 무대 위에 오르고 다수의 군중은 한갓 관람객에 불과하거나 아주 소외되고 마는 '엘리트 문화'다.

경제적 불균형이 그대로 반영된 이러한 문화는 만인의 자아실현을 궁극의 목적으로 삼는 민주주의의 근본정신에 어긋날 뿐 아니라, 그 소수의 '업적'조차도 돈벌이를 위한 **상품**으로 전락함으로써 본래적 가치로서의 문화의 본질을 왜곡하였다. 듀이의 견지에서 볼 때, 참된 민주주의가 요구하는 문화는 물질적이요 공업적인 문명의 혜택을 입은 소수의 영광이나 쾌락을 위한 것이 아니라, 힘든 노동에 종사하는 대중을 포함한 모든 사람들의 육체적, 정신적 해방을 토대로 삼고 이루어지는 만인(萬人)의 문화다. 그것은 "기계의 시대를 근본적으로 새로운 마음과 정서의 습관을 형성하는 방향으로 전환시킴으로써" 이룩할 수 있는 대중의 문화다.[16]

듀이에 따르면, 민주주의 사회의 문화는 땀 흘려 일하는 대중의 어깨와 등

---

15 같은 책, pp.59-63 참조.
16 같은 책, pp.123-124 참조.

을 밟고 올라선 소수의 선택된 사람들의 손으로 건설될 성질의 것이 아니라, 일하는 대중 자신들의 마음이 개발되고 그들 자신이 지식과 예술의 세계에 자유롭게 참여함으로써 실현되어야 할 성질의 것이다. 한마디로 말해서 "노동 그 자체가 문화의 원동력이 되어야 한다."는 것이 듀이의 주장이다.[17] 그러나 실제에 있어서 미국의 문화는 이 민주주의의 정신을 크게 벗어났을 뿐 아니라 인간적 가치의 실현보다도 돈벌이가 우위(優位)를 차지하는 실정이었던 까닭에, 듀이는 미국의 문화가 위기에 처했다고 진단했던 것이다.

듀이가 『낡은 개인주의와 새로운 개인주의』를 발표한 지 근 60년이 지났다. 그러나 이 기간 동안에 미국 사회가 크게 개선되어서 듀이가 지적한 문제 상황은 옛날이야기에 불과하다고 말하기는 어려울 것으로 보인다. 1930년을 전후해서 대공황으로 고전하던 미국 경제가 제2차 세계대전을 계기로 호황으로 전환하여, 1950년대와 1960년대에는 세계 최대의 강국으로서의 영광을 과시하기도 하였다. 그러나 미국 사회의 기본적 구조는 예나 지금이나 크게 다를 바가 없을 뿐 아니라, 1970년대 이후의 미국은 듀이의 시대보다도 더욱 악화된 문제 상황으로 전락해 가고 있다는 인상조차 강하다.

미국 사회의 기본적 구조에 괄목할 만한 변화가 없다는 것은, 미국이 유럽의 다른 자유민주주의 국가들에 비하여 사회복지정책에 있어서 크게 뒤떨어지고 있다는 사실 하나만으로도 어느 정도 알 수가 있을 것이다. 스웨덴이나 독일이 그렇듯이 유럽의 선진국들은 적극적 사회복지정책을 통하여 소득 재분배에 상당한 역점을 두고 있으나, 미국은 사회복지의 문제에 대해서 매우 소극적인 정책을 견지해 온 것으로 알려져 있다. 미국 정부는 저소득층이나 재분배의 문제보다도 기업 특히 대기업이 난국에 빠지지 않도록 도와줌으로

---

17 같은 책, p.125 참조.

써 국민총생산의 수준을 높이는 일에 우선순위를 두고 있다. 미국에서는 정부와 기업의 협조가 긴밀하며, 전자는 후자에 대해서 여러 가지 적극적 지원을 베푼다. 막대한 금융 지원, 이윤의 보장, 해외시장의 개척, 기업체의 파산 방지 등은 정부가 기업에 대해서 베푸는 지원의 대표적인 것이다. 이들 원조에 대한 반대급부로서 기업가들은 정부의 시책에 순응 협조함은 물론이요, 때로는 '정경유착'의 비난을 면하기 어려운 비리를 저지르는 사례도 있다.[18]

성장을 우선시하고 분배를 뒤로 미루는 미국 정부의 방침은 그들의 고용정책에도 잘 나타난다. 완전고용은 모든 나라들이 이상으로 삼는 바이나, 국민 전체가 만족스러운 일자리를 얻는다는 것은 사실상 매우 어렵다. 여기서 고용의 우선순위 문제가 생기거니와, 어떤 계층의 일자리를 우선적으로 만드느냐 하는 문제는 정책 결정자의 선택에 따라서 달라진다. 그런데 미국의 경우는 효율(efficiency)의 증대에 주안점을 두는 까닭에, 생산성이 높은 고급 기술 요원의 완전 고용을 우선적으로 추구한다. 그러므로 경제성장을 위해서는 크게 이바지할 능력이 없는 다수의 저임금 단순 노동자들의 고용 문제는 뒤로 미루어진다. 바꾸어 말하면, 전 국민의 실업률을 극소화하는 일보다도 국민총생산의 극대화를 더욱 시급하다고 보는 것이다.[19]

생산의 효율을 높임으로써 국민총생산의 증대를 가져온 다음에는 누진율의 세제를 통하여 저소득층을 위한 재분배 정책을 수행한다는 것이 미국의 복지정책의 기본 방침이다. 세수(稅收)로 확보된 국가의 예산으로 저소득층의 기본 생활을 어느 정도 보장하고, 의료보험이나 양로원과 고아원의 문제들도 해결한다. 그리고 큰 기업체가 독자적 계획에 따라서 사회복지 사업을

---

18 N. Furniss, T. Tilton, *The Case for the Welfare State*, Indiana University Press, 1977, pp.164–165 참조.
19 같은 책, pp.165–166 참조.

운영하는 것도 세제의 혜택 등을 통하여 권장한다. 그러나 이러한 방법은, 모든 사람들에게 일할 기회를 줌으로써 보람 있는 삶을 가능케 하고 모든 사람들에게 자존심을 느끼며 살 수 있는 길을 열어 주어야 한다고 믿은 듀이의 견지에서 볼 때는, 너무나 미온적인 사회보장정책이다.

다음에 소개하는 〈표 2〉는 미국인의 가족 소득(family income)의 격차가 1929년에서 1970년에 이르는 사이에 어떠한 변화의 추세를 보였나를 짐작하기에 도움이 될 것이다. 여기에 나타난 숫자는 미국의 가족을 그 소득수준에 따라서 다섯 계층으로 나누고, 각 계층의 소득을 전 미국 가족의 평균 소득과 비교한 것을 백분율(%)로 표시한 것이다. 그리고 소득의 액수는 세금을 납부하기 전의 총수입을 기준으로 계산하였다. (최저 소득 20%와 중간 소득 20% 사이에 들어가는 'fourth fifth'를 편의상 '저소득'이라고 번역하고, 최고 소득 20%와 중간 소득 20% 사이에 들어가는 'second fifth'를 '고소득'이라고 우리말로 옮겼다.)[20]

〈표 2〉 미국 가족의 계층별 소득 비교(전 국민 평균 소득에 대한 백분율)

	1929	1935 – 1936	1941	1946	1960	1968	1970
최저 소득 20%	20	21	21	25	25	29	28
저 소 득 20%	45	46	48	56	56	57	55
중간 소득 20%	70	71	77	80	80	80	79
고 소 득 20%	95	105	112	109	115	115	115
최고 소득 20%	270	259	244	231	225	218	223
전 국민 평균 소득(달러)	5,210	4,340	5,380	6,620	7,860	8,840	9,040

---

[20] Christopher Jenks ed., *Inequality*, Harper and Row, 1972, p.210에서 전재.

〈표 2〉에 의하면 최저 소득층 20%의 1929년 소득은 전 국민 평균 소득의 20%에 해당하고, 그들의 1970년 소득은 전 국민 평균 소득의 28%에 해당한다. 한편 최고 소득층 20%의 경우는 1929년의 소득은 전 국민 평균 소득의 270%에 해당하고, 1970년의 소득은 전 국민 평균 소득의 223%에 해당한다. 이것은 백분율로 따지면 빈부의 격차가 이 기간 동안 약간 줄어들었다는 것을 의미한다. 그러나 이것으로 미국 사회가 '균형된 사회'의 방향으로 발전하는 추세를 보였다고 속단하기는 어렵다. 그렇게 속단하기 어려운 첫째 이유는 1929년 이후의 미국인의 실질소득이 전체적으로 증대하였고, 비록 백분율로 계산한 소득의 격차는 줄었다 하더라도, 소득 절대치(絕對値)의 격차는 크게 늘었다는 사실에 있다. 그 둘째 이유는 여기에 비교된 40여 년 동안에 맞벌이 부부가 점차로 증가해 왔다는 사실에 있다. 예컨대 1940년에는 미국 주부의 15%만이 직업에 종사했으나, 1970년대 초에는 40%가 직업에 종사했다. 맞벌이 부부가 많을수록 개인의 소득은 늘지 않더라도 가족의 소득은 평준화의 방향으로 움직이기 쉽다. 왜냐하면 남편의 벌이가 적을수록 주부가 일터로 나가는 확률이 높기 때문이다.[21]

여기서 또 하나 고려해야 할 점은 평등에 대한 사람들의 요구 내지 기대가 최근 60여 년 동안에 점차 증대하는 추세를 보여 왔다는 사실이다. 사회주의 사상을 전체적으로 수용하는 사람들이 비교적 적은 미국의 경우에도, 균형된 사회 발전과 공정한 분배에 대한 당위 의식은 일반적으로 높아져 가고 있다는 것을 부인하기 어렵다. 듀이의 비판을 받았던 1930년 전후의 미국에 비하여 오늘의 미국이 소득분배에 있어서 다소 나아졌다 하더라도, 평등에 대한 현대 미국인의 요구나 기대가 훨씬 더 커졌다면, 저소득층의 불만은 60년

---

21 같은 책, p.211 참조.

전보다도 도리어 더 심각할 수도 있다. 그리고 일부 계층이 심각한 불만을 느낀다는 것은 그 사회의 문제 상황을 어렵게 만드는 요인의 하나다.

현대 미국의 문제 상황이 듀이가 생존했던 미국의 그것보다도 더욱 악화된 측면이 있다는 것은 구체적으로 나타난 사회문제를 통해서도 어느 정도 확인할 수 있을 것이다. 이혼율의 증가와 파괴된 가정에서 자란 청소년의 문제, 날로 늘어 가는 마약 복용자의 문제, 성도덕의 문란과 지나친 향락주의에서 오는 사회 기풍의 타락, 일부 부유층의 지나친 소비성향의 문제, 흑인 문제를 비롯한 인종의 문제 등은 오늘의 미국을 과거보다도 어려운 상황으로 몰고 가는 문제들의 대표적인 것이라고 볼 수 있을 것이다.

듀이의 『낡은 개인주의와 새로운 개인주의』를 읽으면서, 그 책에 그려진 미국 사회의 모습이 바로 우리 한국 사회의 모습이기도 하다는 것을 필자는 도처에서 느꼈다. 한국은 미군정의 영향 아래에서 자유민주주의 체제를 수용하게 되었고, 자유민주주의 국가들 가운데서도 미국의 제도와 문화의 영향을 많이 받았다. 미국의 제도와 문화 자체에 근본적인 문제점이 적지 않으며, 우리가 미국의 제도와 문화의 장점을 선택적으로 수용함에 실패했다는 사실이 현대 한국의 문제 상황을 난감한 것으로 만드는 데 크게 작용하였다 해도 과언은 아닐 것이다.

11장
한국인의 의식구조

11장 한국인의 의식구조

1. 우리나라 전통 사회윤리 의식의 기본 특색

우리는 10장 1절에서 사회의 구조와 사회 성원들의 심성 내지 의식구조 사이에 밀접한 상호관계가 있음을 보았다. 장차 건설하고자 하는 사회의 청사진이 이상에 가까울수록 그 건설에 참여할 사람들의 의식 수준이 높아야 하므로, 사회 성원들의 의식 수준을 고려함이 없이 장차 건설하고자 하는 사회의 바람직한 구조를 논하는 것은 현실적으로 무의미하다는 사실도 언급하였다. 앞에서 우리는 한국의 근대화 과정에 어떠한 시행착오가 있었고 우리의 현실에 어떠한 문제점이 있는가를 성찰했으며, 이제는 앞으로 건설할 한국의 청사진을 모색할 단계에 이르렀다. 5장부터 8장까지에 걸쳐서 견해를 달리 하는 사회사상들의 대표적인 것을 고찰한 것도, 9장에서 유토피아의 그림을 소묘해 본 것도, 이 청사진의 모색을 위한 정지 작업으로서의 뜻을 가진 것이었다. 이제 이 청사진의 모색으로 넘어가기 전에 한 가지 더 해야 할 일이 남았다. 우리 한국인의 의식구조에 대해서 그 윤곽만이라도 우선 파악하는 일이다.

한국인의 의식구조를 그 윤곽만이라도 파악하는 것이 쉬운 일은 아니다. 의식구조라는 것은 고정불변하는 실체가 아니라 변화하고 유동하는 심리적 반응의 경향성(傾向性)을 일컫는 이름이며, 개인에 따라서 상당한 차이가 있다. 그러므로 남북한을 합하면 6천만이 넘고 남한만 해도 4천만이 넘는 '한국인'을 한 묶음으로 해서 그 의식구조를 말한다는 것은, 보기에 따라서는 무모한 짓일 수도 있다. 그럼에도 불구하고 우리가 '한국인의 의식구조'를 문제 삼는 것은 이것이 한국의 현실을 진단함에 있어서 반드시 고려해야 할 중요한 사항이기 때문이다.

우리가 여기서 시도할 수 있는 것은 매우 국한된 일에 불과하다. 계층별 또는 성별에 따른 차이라든지, 지역 또는 세대에 따른 차이 등을 사상(捨象)하고, 전체로서의 한국인에게서 발견되는 일반적 경향을 개략적으로 고찰하는 데 그칠 것이다. 그리고 분단 이후의 북한 사람들의 의식구조에 대해서는 문헌적 자료도 구하기 어렵고 직접적 경험도 없는 까닭에, 여기서는 농경시대의 우리 조상들의 사고방식과 생활 태도를 간단히 살펴본 다음에, 해방 후에 대해서는 남한만을 고찰의 대상으로 삼을 수밖에 없다.

필자는 이미 '의식구조'라는 말을 썼고, 앞으로도 이 말을 자주 사용할 것이다. 그러나 이 말의 뜻이 충분히 명백한 것은 아니다. 한국인의 특색 가운데서 그 정신적 측면이 고찰의 대상이 될 때, '성격', '가치관', '생활 태도', '의식구조' 등 여러 가지 말이 사용되고 있거니와, 이들 용어 가운데서 가장 포괄적인 의미를 가진 것이 '의식구조'라고 생각된다. 사람의 정신세계를 하나의 체계(system)로서 이해할 때, 그 정신세계의 전체적 구조를 필자는 '의식구조'라는 말로 표현하고자 한다. 그러므로 필자가 사용하는 '의식구조'라는 말의 외연(外延) 가운데는 '가치관', '성격', '사고방식' 등이 지시하는 것들이 모두 포함된다. 그리고 가치관이나 사고방식이 그렇듯이, 의식구조라는 것도 직접 감각에 나타나지는 않으며, 다만 언어를 포함한 여러 가지 행동 내지 생활 태도에 대한 관찰 또는 내관(內觀)을 통하여 간접적으로 짐작할 수 있을 뿐이다.

사람들의 심성(心性) 내지 의식구조는 조상으로부터 물려받은 유전인자와 후천적으로 만나는 생활환경의 여러 조건들에 의하여 형성되는 것으로 보인다. 만약에 사람의 유전인자도 여러 세대에 걸친 생활사(生活史)의 영향을 받는다는 가설을 받아들인다면, 생활환경의 여러 조건들이 의식구조 형성에 있어서 결정적 영향력을 갖는다고 볼 수 있을 것이다. 우리는 인간의 생활환경을 기후와 풍토 등 자연 지리적 측면과 경제, 정치, 교육 등 사회적 측면으로 나누어 볼 수 있거니와, 이 두 측면이 모두 의식구조 형성에 큰 영향력을 가졌다는 것은 의심의 여지 없는 상식이다. 그리고 자연 지리적 측면과 인문 사회적 측면 사이에도 밀접한 관계가 있으며, 주로 자연 지리적 조건의 영향을 크게 받고 경제, 정치, 생활양식, 종교, 민속 등 인문 사회적 측면이 생성하는 것이 보통이다. 우리 한반도는 기후와 풍토가 농경에 적합한 지역이어서 일찍부터 농경 사회로서 발전한 오랜 역사를 이어 왔고, 우리 전통 사회의 의식구조는 농업에 의존하는 생활양식의 영향을 크게 받고 형성되었다고 볼 수 있을 것이다.

의식구조의 근간을 이루는 것은 가치관이고 가치관의 핵심을 이루는 것은 윤리 의식이라고 필자는 보고 있다. 이제 한국인의 의식구조의 윤곽을 파악하고자 하는 출발선에 선 우리는 먼저 우리 조상들이 물려준 전통 의식부터 살펴보고자 하거니와, 전통 의식을 알아보는 실마리로서 우선 우리나라 전통적 윤리 의식의 기본적 특색을 밝혀 둘 필요가 있을 것이다.

우리나라의 조선시대에는 국민의 대부분이 농업에 종사하였고, 그들은 대개 같은 성씨(姓氏)끼리 모여서 촌락을 이루고 살았다. 그리고 역대의 군왕과 정부는 역시 농경 사회를 배경으로 삼고 생긴 유교를 나라의 종교로서 숭상하였다. 같은 씨족이 모여 살며 농사에 종사했고, 가족주의의 색채가 농후

한 유교가 국교로서 숭상을 받았던 조선시대에 형성된 도덕은, 자연히 혈연과 인정을 중요시하는 가족주의 윤리로서의 성격이 강했다. 그리고 5백 년의 긴 세월을 통하여 형성된 조선시대의 가족주의 윤리는 확고한 전통을 이루고 계승되어, 오늘에 이르기까지 우리들의 의식구조 안에서 매우 큰 비중을 차지하고 있다.

가족주의적 농경 사회를 배경으로 삼고 또 유교 사상의 영향을 크게 받고 형성된 한국 전통 윤리의 첫째 특색은, 그 체계 전체에 있어서 특정한 대인 관계를 위한 규범들이 차지하는 비중이 매우 크다는 사실이다. 예컨대, 군신, 부자, 부부, 형제, 사제 등 가까운 개인적 인간관계를 중요시하고, 그러한 가까운 개인적 관계가 있는 사이에서 지켜져야 할 규범들이 윤리 체계 전체의 근간(根幹)을 이룬다. 예나 지금이나 대인관계에 있어서 우리가 취해야 할 올바른 태도의 문제가 윤리 문제의 대종을 이룬다고 볼 수 있거니와, 전통 윤리에 있어서는 개인적 인간관계가 매우 중요시되는 동시에, 사람이 취해야 할 올바른 태도는 행위자와 상대편의 개인적 관계 여하에 따라서 상당한 차이를 갖는다. 예컨대 어려운 처지에 놓인 사람들을 도와주는 것은 일반적으로 옳은 일이지만, 도움이 필요한 사람이 나와 가까운 혈연이나 인척 관계에 있을 때, 그를 도와야 할 의무는 상대가 잘 모르는 사람일 경우보다 훨씬 크다. 또 남을 속이는 것은 일반적으로 옳지 못한 행위이지만, 친구를 속이는 잘못은 생면부지의 타관 사람을 속이는 잘못보다 더 크며, 부모를 속이는 잘못은 친구를 속이는 그것보다도 더욱 크다.

우리나라 전통 윤리의 둘째 특색은 윤리 의식 가운데서 정서(情緒)가 차지하는 비중이 압도적으로 크다는 사실이다. 즉 도덕적으로 높이 평가되는 행위들을 떠받들고 있는 심성으로서 가장 중요한 것은 사리(事理)에 대한 지성적 판단이기보다도 흔히 '인간적'이라고 불리는 정서 내지 감정이다. 예컨대, 효성스럽다고 칭송되는 행위의 심리적 기초를 이루는 것은 부모에 대한 사랑의 정이요, 충성의 이름으로 찬양받는 행위의 심리적 토대가 되는 것은 군왕 또는 주인의 은혜를 잊지 못하는 깊은 정이다.

우리나라의 전통 윤리에 있어서 개인적 인간관계가 중요시된다는 사실과 그 윤리 의식에 있어서 정서가 차지하는 비중이 크다는 사실은 내면적으로 밀접하게 연결되고 있다. 전통 윤리에 있어서 개인적 인간관계를 중요시하는 마음 바탕에는 나에게 가까운 사람일수록 더 위해야 한다는 생각이 깔려 있으며, 혈연 또는 지연 등으로 가까운 사람들 사이에는 평소에 두터운 정리(情理)가 생기기 마련이다. 그러므로 우리나라 전통 윤리가 개인적 인간관계를 중요시하는 경향은 정리를 중요시하는 경향으로 연결되며, 이는 곧 윤리에 있어서 정서가 차지하는 비중을 키우는 결과를 가져왔다.

윤리 의식 가운데서 정서적 요소가 큰 비중을 차지한 우리나라 전통 사회에서는 인정이 두텁고 정서가 풍부한 사람들이 높이 평가되는 경향이 있었다. 특히 자기와 개인적 관계가 깊은 사람들에 대해서 두터운 애정을 가진 사람들이 훌륭한 인물로서 칭송을 받았다. 한편 우리나라의 전통 사회에서는 냉정하고 이지적인 사람은 별로 환영을 받지 못하는 경향이 있었다. 네 것과 내 것을 분명히 가리고 남에게 간섭하지도 않으며 간섭받기도 싫어하는 사람은 대체로 환영을 받기 어려웠다. 일일이 사리를 따져서 시비를 가리는 태도는 미덕이 아니라 악덕에 가까운 평가 받았으며, 법에 호소하는 행실은 전반적으로 찬양을 받지 못하는 가운데, 특히 가까운 사람들 사이에 생긴 문제를 법적 소송으로 해결하고자 하는 태도는 비난의 대상이 되었다. 요컨대, 개인주의적이요 합리주의적인 심성이 강한 사람을 우리나라의 전통 사회는 별로 좋게 보지 않았다.

우리나라 전통 윤리의 셋째 특색은, 인간관계에 있어서 수직적 질서가 중요시된다는 사실에서 찾아볼 수 있을 것이다. 유교적 전통 윤리의 기본으로서 우리나라에서도 중요시되어 왔던 오륜(五倫) 가운데서 네 가지는 모두 인간관계의 수직적 질서를 밝힌 덕목이요, 오직 붕우유신(朋友有信) 하나만이 동등한 인간관계에 관한 덕목으로서 손꼽히고 있을 뿐이며, 그것도 겨우 마지막 순서에 머물고 있다는 사실만으로도 우리나라 전통 윤리에 있어서 인간관계의 수직적 질서가 차지하는 비중을 짐작하기에 충분할 것이다.

수직적 질서를 중요시하는 우리나라 전통 윤리에 있어서는, 개개인이 차지하는 사회적 지위와 개인들 상호간의 상대적 관계가 중대한 의미를 갖게 된다. 다시 말하면, 인간인 까닭에 모든 사람들은 인간으로서의 평등한 권리와 동등한 가치를 가졌다는 생각보다는, 그 사람의 특수한 신분과 대인관계에 있어서의 상대적 지위에 따라서 각 개인이 받아야 할 대우에도 차별이 있어야 마땅하다는 관념이 우세하다. 이러한 사고방식은 우리나라의 전통 윤리가 신분 사회를 배경으로 삼고 형성되었다는 사실과 관련시켜서 쉽게 이해할 수 있을 것이다.

이상에서 약술한 바와 같은 한국의 전통적 윤리 의식이 지금 그대로 살아 있다고는 생각되지 않는다. 농경 사회에서 공업 사회로 전환하게 되면서 생활양식이 크게 달라졌을 뿐 아니라 서구의 이질적 윤리 의식의 영향까지 받게 되어, 오늘의 한국인의 윤리 의식과 옛날의 그것 사이에는 상당한 차이가 있다. 특히 젊은 세대 가운데는 전통적 윤리 의식에 대해서 강한 반발을 느끼는 경향조차 현저하다. 그러나 전통 의식이라는 것은 흔적도 없이 사라지기는 어려우며, 그 일부가 어디엔가 남아서 의식구조의 구성요소로서 작용하는 것이 보통이다. 늙은 세대는 말할 것도 없거니와, 한국의 전통적 윤리 의식에 대해서 비판적 견해를 가진 젊은 세대의 마음 바닥에도 자기가 의식적으로 거부하는 그 심리적 요인이 남아 있을 경우가 많다. 예컨대, 말로는 합리주의를 역설하면서도 행동은 감정의 지배를 벗어나지 못하는 사람들이 있는가 하면, 윗사람 또는 강자에 대해서는 수직적 질서를 부인하면서 아랫사람 또는 약자에 대해서는 권위주의적 태도로 군림하는 사람들도 흔히 볼 수 있다. 우리들의 전통적 윤리 의식이 어떤 변화의 과정을 밟고 있으며 어떤 모습으로 우리 마음 바탕에 남아 있는가를 총체적으로 고찰하는 일은 앞으로 탐구해야 할 어려운 과제다.

2. 한국인의 심성과 생활 태도에 대한 여러 가지 견해

한국의 민족성, 생활 태도, 가치관, 의식구조에 관한 여러 학자 또는 사상가들의 연구가 있다. 그들의 연구 결과로서 발표된 견해가 반드시 일치하지는 않으며, 그들의 연구에 만족스럽지 못한 점도 있으나, 그들의 연구가 한국인의 의식구조를 이해하는 데 크게 기여하는 바 있음에는 의심의 여지가 없다. 이에, 일제시대의 선인들의 저술에 나타난 조선의 민족성에 대한 견해와 현대 학자들의 연구 결과로서 발표된 한국인의 심성 내지 생활 태도에 대한 견해의 일부를 간략하게나마 살펴보는 것이 좋을 듯하다. 우선 일제시대 선인들의 견해부터 살펴보기로 하자.

역사학자 최남선(崔南善)은 조선 민족성의 좋은 점으로서 낙천성과 결벽성, 그리고 고난을 견디어 내는 인내력과 외적(外敵)과의 싸움에 있어서 용맹함을 들었다. 한편 조선 민족성의 나쁜 점으로서는 형식에 대한 지나친 집착과 조직력 및 단합심의 부족을 지적하고 있다. 그리고 우리 민족에게는 진취성이 부족하고 근본적 해결이 아닌 고식적(姑息的) 대책으로 안일한 태도를 취하는 결함도 있다고 말하였다.[1] 최남선의 주장 가운데서 진취성이 부족하다는 비판은 오늘의 한국인에게는 적합하지 않다고 생각된다. 그러나 그

---

1 최남선, 『조선상식문답』, 『육당 최남선 전집』 현암사, 1973, 제3권, p.52 참조. 『조선상식문답』이 처음 발행된 것은 1946년이다.

밖의 주장은 오늘의 한국인의 경우에도 대체로 타당성을 갖는다고 볼 수 있을 것이다.

이광수(李光洙)는 그의 「민족 개조론」에서 우리 민족의 기본적 성격을 다음과 같이 서술하였다. 첫째로, 우리 민족은 마음이 어질고 착하며 타인에 대해서 너그럽다. 둘째로, 우리 민족은 인정이 많고 예의를 존중한다. 셋째로, 우리 민족은 청렴결백하고 자존심이 강하다. 넷째로, 우리 민족은 성품이 쾌활하고 농담과 장난을 좋아한다. 다섯째로, 우리 민족은 낙천적이다. 이광수는 또 조선인의 성격적 결함으로서 성취의 야심이 부족하여 치부지술(致富之術)이 졸렬하고 상공업이 뒤떨어졌다고 지적하였다. 그리고 개인들의 자존심이 지나치게 강하여 지도자를 중심으로 조직적으로 단결하는 힘이 약하다고도 비판하였다.[2]

한국인 성격에 관한 이광수의 서술은 주로 그의 개인적 관찰과 직관에 근거를 둔 것으로서 그가 살았던 시대의 실정에는 대체로 적합할지 모르나, 그의 말이 현대의 한국인에게도 적중할지는 의문이다. 특히 성취에 대한 야심이 부족하여 치부(致富)의 기술이 부족하고 상공업에 미숙하다는 주장은 현대 한국인에게는 적합하지 않을 것이다. 다만 우리 민족이 대체로 선량한 편이고 인정이 많다는 것과 자존심이 강하며 낙천적이라는 것은 현대 한국인의 경우에도 일반적 경향으로서 인정할 수 있을 것이다. 그리고 조직적 단결력이 약하다는 지적도 현대 한국인의 경우에 일반적으로 타당성을 갖는다고 볼 수 있을 것이다.

이광수는 우리 민족의 또 하나의 단점으로서 숙명론적 인생관을 강조하기

---

2 이광수의 「민족 개조론」의 이 부분은 김재은이 그의 『한국인의 의식과 행동 양식』(이화여대 출판부, 1987)에 소개한 것을 필자가 다시 요약한 것이다.

도 하였다. 그의 표현을 그대로 빌리면,

> 실로 근세의 조선인의 인생관을 지배해 온 것은 이 숙명론이외다. 그리하여 이 숙명론적 인생관은 태내(胎內)에서 … 전 생활을 통하여 묘문(墓門)에 이르기까지 조선인을 지배한다.[3]

이광수가 살았던 시대의 조선은 과학과 기술의 수준이 낮았으므로 자연 앞에서 인간이 무력했을 뿐 아니라, 일본이라는 외적의 강압에 눌려 있었던 까닭에, 숙명론적 인생관이 일반적으로 강했을 것이다. 오늘의 한국에도 사주와 관상 등 복술(卜術)을 선호하는 사람들이 많은 현상 가운데 숙명론적 인생관의 잔재가 남아 있다고 볼 수 있는 측면이 없지 않다. 그러나 오늘의 한국인이 전체적으로 숙명론적이라고 보기는 어려울 것이다. 현대의 한국인에게는 오히려 자기의 힘과 노력으로 삶의 길을 개척하고자 하는 진취의 기상이 강한 편이다.

최현배(崔鉉培)는 1930년에 출판된 그의 저서 『조선 민족 갱생(更生)의 도(道)』에서 우리 민족의 성격적 폐단을 다음과 같이 열기하였다. 첫째, 조선인은 의지가 박약하다. 무슨 일이든 처음 시작할 때는 태산이라도 옮길 듯이 열기가 대단하나, 얼마 못 가서 곧 열기가 식어 버려 용두사미가 되고 만다. 둘째, 우리 민족에게는 용기가 부족하다. 분투 정신도 없고 모험심도 없으며 반항심도 없다. 생활력이 쇠잔한 것이다. 셋째, 우리 민족에게는 활동력이 부족하다. 활동력이 부족한 까닭에, 우리 민족은 "다른 것은 하나 남보다 나

---

3 이광수, 「숙명론적 인생관에서 자력론적 인생관」, p.47. 김재은의 『한국인의 의식과 행동 양식』, p.26으로부터 다시 인용.

은 것이 없으되, 게으르기 하나는 세계에서도 둘째가라면 서러워할 지경이다." 넷째, 우리 민족에게는 의뢰심이 많아서, 자기 자신의 근면과 노력으로 살 생각보다도 잘사는 친척이나 친지의 덕을 보고자 하는 생각이 앞선다. 다섯째, 조선 사람들에게는 저축심이 부족하고, 다소의 수입이 생기면 유흥과 사치로 세월을 보낸다. 여섯째, 우리 민족은 밝은 희망으로 앞을 내다보고 살기보다는 주로 지나간 과거에 애착한다. 일곱째, 우리 민족에게는 자신에 대한 신뢰감도 부족하고 타인에 대한 믿음도 부족하다. 남을 믿지 않는 까닭에 서로 의심하고 시기하게 되며, 민족적으로 단결하는 힘이 약하다. 여덟째, 우리는 본래 자존심이 강한 민족이었으나, 개항(開港)과 더불어 외세의 침입을 받고 급기야 국권까지 빼앗긴 뒤에는 자존심도 잃게 되었다. 아홉째, 조선 사람들에게는 공공(公共)에 대한 도덕심이 부족하다. 형식의 도덕, 허위의 도덕만 무성하고, 공동체를 위하는 진정한 도덕은 행하여지지 않고 있다.[4]

최현배에 따르면, 우리 민족은 본래 지(知)와 정(情)과 의(意)의 세 측면에 있어서 매우 탁월한 심성을 가진 겨레였으나, 조선의 악정과 외세의 침입으로 인하여 정신적으로 깊이 병들었다. 이 마음의 병을 고쳐서 민족의 활기를 되찾아야 한다는 것이 최현배가 주장하고자 하는 요점이다. 민족의 정신적 질병을 진단하고자 하는 의도가 앞섰던 까닭에, 최현배는 주로 우리 민족성의 단점을 강조한 인상이 강하나, 조선 말기와 일제시대에 관한 관찰로서는 대체로 근거가 있는 주장이라고 생각된다.

그러나 오늘의 한국인에 대해서는 최현배의 주장 가운데 사실과 부합하지 않는 것이 대부분이다. 상호간에 믿지 않는 풍조가 있고, 민족 전체가 하나

---

4 최현배, 『조선 민족 갱생의 도』(1930년판 번각본), 정음사, pp.18-38.

로 뭉치는 단결력이 약하며, 공덕심(公德心)이 부족하다는 지적은 오늘의 한국인에 대해서도 대체로 적중한다고 볼 수 있을 것이다. 그러나 의지가 박약하여 게으르다는 주장은 오늘의 한국인과는 너무나 거리가 멀다. 그리고 타인에 대한 의뢰심이 강하고 저축심이 부족하다는 것도 이제는 지나간 이야기에 가까우며, 내일에 대한 희망을 잃고 과거에 대한 회상을 일삼는다는 것도 오늘의 한국인상이라고는 말할 수 없다. 최현배의 저술이 우리에게 강력하게 일깨워 주는 것은, 한 민족의 성격이나 의식구조 내지 생활 태도라는 것이 역사적 상황의 변화를 따라서 크게 달라질 수 있는 무엇이라는 사실이다.

한국인의 의식구조 내지 생활 태도에 대한 해방 이후의 연구는 1960년대부터 활기를 띠기 시작하여 지금까지 상당한 분량의 논문과 단행본이 발표되었다. 일찍부터 이 분야의 연구에 손을 댄 홍승직(洪承稷), 윤태림(尹泰林), 최재석(崔在錫), 차재호(車載鎬) 등 여러 학자들의 업적에도 주목할 만한 것이 적지 않으나, 여기서는 이부영(李符永)의 「한국인 성격의 심리학적 고찰」(1983)과 김재은(金在恩)의 『한국인의 의식과 행동 양식』(1987)에 나타난 중요한 내용만을 간추려 보기로 한다. 이부영의 논문을 특별히 선택한 것은, 그가 이 논문에서 그 이전에 발표된 다른 학자들의 연구를 다각적으로 검토하고 다시 비판적 고찰과 자신의 견해를 추가함으로써 하나의 종합을 이룩했기 때문이다. 그리고 김재은의 저술을 선택한 것은, 그가 그 이전에 통계학적 사회조사의 방법을 사용한 다른 사람들의 연구 결과를 종합적으로 참고한 다음에, 다시 자신이 실시한 방대한 사회조사의 결과를 분석한 보고를 이 책에 담고 있기 때문이다.

이부영은 김두헌, 윤태림, 정한택, 이규태, 차재호, 라이트(E. R. Wright), 러트(Richard Rutt) 등의 견해를 차례로 검토한 다음에, 그들에 있어서 발견되는 공통점을 다음과 같이 요약하고 있다.

요약하면, 한국인은 평화 애호 민족으로 창조적이고, 진취적이고, 개방적이며, 가족적·순종적이고, 현실적이며, 낙천적이며, 소박하며, 인간적이고, 인내심 있고 유연하며, 예의 바르지만, 다른 한편 잔인하고, 거짓말 잘하고, 질투심이 많고, 의존적이며, 공사 구별을 못하고 격정적이며, 자학·가학적(自虐·加虐的)이며, 치밀하지 못하고, 게으르고 미적 감각이 결여되어 있고, 체면 차리고 편협하고 파벌을 형성, 배타적이며, 윤리 의식이 약하다는 말이 된다. 어느 학자도 한국인이 정직하고 대인관계에 경우가 밝아 공사(公私)를 잘 가린다는 점을 한국인의 장점으로 지적한 사람이 없는 것이 특징적이며, 개성이 강하다든가 개인의 자각이 잘 되어 있어 자립자조(自立自助)의 정신에 투철하다고 말한 사람도 없다는 것 또한 유의할 점이다.[5]

이부영에 따르면, 특히 외국인의 한국관 가운데 옛날이나 지금이나 변하지 않고 남아 있는 한국인의 특징으로서 열거된 것의 중요한 것으로서 다음과 같은 것들이 있다.

(1) 어린이에 대한 지나친 보호
(2) 아버지는 엄하고 어머니만이 애정을 주는 경향
(3) 명분을 존중하고 체면에 집착함
(4) 공(公)과 사(私)의 구별이 미약함
(5) '우리' 의식이 강함
(6) 현세주의적 경향이 강함
(7) 융통성 없는 사고와 추리력 부족

---

5 이부영, 「한국인 성격의 심리학적 고찰」, 『한국인의 윤리관』, 정신문화연구원, 1984, p.239 참조.

(8) 솔직하고 직접적인 감정 표현 억제

(9) 인내력이 강함

(10) 감정이 풍부함

(11) 남의 의사를 무시함

(12) 지위, 돈, 정(情)의 가치, 학문, 아들, 권력을 존중함[6]

여러 사람들에게 공통된 견해 가운데도 객관적 타당성이 없는 것이 있을 것이다. 그러나 소수의 견해보다는 다수의 견해가 타당성을 가질 확률이 높다는 것은 인정해도 좋을 것이다. 그리고 외국인의 관찰에도 주관과 편견이 작용할 가능성이 적지 않다. 다만 일시적 여행객이 아니라 장기간 한국에 머물러 산 외국인들의 공통된 견해 가운데는 빗나가지 않은 것이 많을 공산이 비교적 크다고 볼 수 있을 것이다.

이부영은 다른 사람들의 주장을 개관한 뒤에 자기 자신의 견해를 피력하고 있다. 다음에는 이부영 자신의 견해 가운데서 주목되는 대목을 간추려 보기로 하자. 그의 견해 가운데서 첫째로 우리의 주목을 끄는 것은 해방 전 세대와 해방 후 세대를 비교한 대목이다.

이부영에 따르면, 한국의 해방 전 세대는 일본의 군국주의 교육과 유교적 보수주의 교육을 받은 사람들로서, 그 교육의 영향을 해방 후에도 벗어나지 못했다. 해방 전 세대 가운데도 미국으로 유학을 하거나 미국 기관에 종사하여 새로운 외래문화의 영향을 받은 사람들이 많으나, 이미 어릴 때에 받은 동양 문화의 영향을 송두리째 벗어나지는 못했다. 한편 해방 후 세대는 일찍부터 서양의 자유민주주의 체제 아래서 비교적 자유롭게 자랐으며, 특히 1960년대 후반부터는 물질문명의 혜택을 받아 온 결과로서, 남녀의 평등사상을

---

6 같은 책, pp.242-243 참조.

배웠고 해방 전 세대처럼 체면과 겸양지덕에 집착하지 않으며, '남'보다도 '나'를 내세우는 자기중심의 성향이 강하다. 해방 후 세대는 미국 문화를 수용함에 있어서 해방 전 세대에 비하여 훨씬 저항을 느끼지 않는다. 그러나 젊은 세대가 받아들인 미국 문화는 근면, 검소, 정직 등 건전한 측면보다는 경박, 허영, 실리주의 등 불건전한 측면에 가까웠다.[7]

이부영이 강조한 것 가운데서 둘째로 주목되는 견해는 한국인의 심성 가운데서 한(恨)이 차지하는 비중이 크다는 주장이다. 한국인은 노여움을 잘 타고 남을 원망하며, 원망에 사무친 나머지 온갖 형태의 복수가 시도된다. 따라서 사람들은 남의 노여움의 피해를 두려워하며, 비이성적 방법으로 이를 풀어 주고자 노력하는 가운데 도리어 서로 한의 생산을 도와주는 결과를 가져온다. 이런 풍토에서는 자신의 불행을 다른 사람의 탓으로 돌리게 되고 자주 자립적 인간상의 형성에도 어려움이 있으므로, '한'은 청산해야 할 심리라고 이부영은 진단한다. 그러나 한국인은 '한'의 심리를 긍정적으로 보는 경향이 있으며, 통속적 영화와 신문 사회면 등에서 "미화하고 반추하면서 자학적 쾌락의 수단"으로 삼는 경향이 있다고 안타까워하였다.[8]

이부영이 강조한 견해 가운데서 셋째로 주목되는 것은 한국에 서구의 합리주의와 개인주의가 들어오기는 하였으나, 아직 제대로 토착화하지 못했다는 주장이다. 한국인은 '나'와 '너'의 구별이 불분명한 '우리'의 세계 속에 살고 있으며, 따라서 공과 사의 구별을 잘 하지 못한다. 한국인은 너와 나의 한계가 불분명하므로 남의 감정이나 남의 권익을 침해하는 경우가 많으며, 공과 사의 구별을 잘 못하므로 정실(情實)에 약하다고 하였다.[9]

---

7 같은 책, p.244 참조.
8 같은 책, pp.258-259 참조.

이부영의 진술 가운데서 넷째로 주목을 끄는 것은 그가 한국인의 심성의 양면성을 부각시킨 부분이다. 누구의 경우에 있어서나, 사람에게는 장점 즉 긍정적 측면과 단점 즉 부정적 측면이 있기 마련인데, 한국인의 경우에 있어서 이 두 측면이 불가분의 관계에 있음을 강조하고, 한국인의 심성의 결함을 고치기 위해서는 이 두 측면의 관계를 심도 있게 분석하고 다시 종합적으로 고찰할 필요가 있음을 이부영은 시사하고 있는 것이다.[10]

예컨대 한국인에게는 가족주의적 '우리' 의식이 강하여 집단적 자아를 앞세우는 경향이 있거니와, 아낌을 받는 '우리'의 범위가 좁은 까닭에, 이 경향이 도리어 지방색 또는 파벌 등을 조장하여 배타적 이기주의를 초래한다. 또한국인에게는 사물을 포괄적으로 파악하고자 하며 포부를 크게 갖는 좋은 면이 있으나, 이 경향이 도리어 감당할 수 없는 일에까지 욕심을 내거나, 치밀한 분석적 단계를 밟지 않고 일거에 큰 결과를 꾀하는 경우가 많다. 또 한국인에게 인정이 많고 정분을 소중히 여기는 경향이 있는 것은 그 자체로서는 좋은 일이나, 지나친 인정주의는 도리어 이성적 판단을 흐리게 하고 공사 (公私)를 혼동하는 폐단을 부르기도 한다.[11]

김재은의 노작(勞作)『한국인의 의식과 행동 양식』의 제3부에 해당하는 '실증적 조사 연구'는 저자 자신의 사회조사를 정리한 것으로서 이 책의 중심부에 해당한다. 지면의 분량으로도 책 전체의 절반이 넘는 방대한 보고서이 므로, 그 내용을 여기 상세하게 옮기기는 어렵다. 다만 김재은 자신의 분석과 해석에 따라서 한국인의 심성과 행동 양식을 종합한 부분만을 간추려 보기로 한다.

---

9 같은 책, p.259 참조.
10 같은 책, pp.256-266 참조.
11 같은 책, pp.264-265 참조.

김재은의 연구 결과에 따르면, 한국인은 질서 의식이 매우 강한 것으로 나타났다. 일반적으로 한국인에게는 질서 의식과 질서 있는 행동이 크게 결여된 것으로 알려져 있었으나, "이 조사의 전형적인 대상인 30대 고졸 및 대학 중퇴자의 수준에서는 질서 의식과 행동이 확립되어 있음을 보았다."[12]

김재은이 한국인에게서 발견한 둘째 특성은 가까운 사람들의 사생활에 자기가 꼭 관여해야 한다고 생각하는 경향이 강하다는 사실이다. 자기의 사생활에 대해서 남이 참견하는 것은 꺼리면서도, 자기의 관심 영역 안의 사람과 사건에 대해서는 자기가 관여하기를 원하는 경향이 강하다는 것이다. 이러한 경향은 자기중심적 태도로서 권위주의적 사고방식과 깊은 관계가 있을 것이라고 김재은은 분석하였다.[13]

한국인의 두드러진 특색으로서 김재은이 셋째로 거론한 것은 '동조성(同調性)'이다. 한국인에게는 자기가 속한 집단 또는 다수 구성원의 행동 기준에 동조하는 경향이 강하다는 것이다. 이 동조성의 경향에는 양보의 미덕과 권위주의 또는 타율적 생활 태도로 흐를 염려가 아울러 있다고 그는 지적하였다.[14]

김재은의 조사 연구 결과에 따르면, 넷째로 이제까지 한국인의 특색으로 여겨져 왔던 것이 사실은 그렇지 않은 경우가 많다는 것으로 밝혀졌다. 예컨대, 한국인은 샤머니즘 문화권에 속한 나라로서 미신을 숭상하는 경향이 강한 것으로 알려져 왔으나, 사실은 미신을 믿는 경향이 미약한 것으로 나타났다. 그리고 한국인은 이기적이고 공격적이라는 의견이 우세한 편이나, 김재은이 얻은 통계 숫자는 그 의견을 뒷받침해 주지 않는다. 또 한국인에게는 형

---

12 김재은, 『한국인의 의식과 행동 양식』, p.190 참조.
13 같은 책, pp.190-191 참조.
14 같은 책, p.191 참조.

식을 존중하는 경향과 강한 경쟁의식이 있다는 일반적 견해도 신빙성이 적은 것으로 밝혀졌다.[15]

　김재은이 얻은 결론 가운데서 다섯째로 우리의 주목을 끄는 것은, 위에서 말한 것 이외에도, 대체로 말해서 한국인의 심성과 행동 양식에는 우리가 보통 바람직하다고 평가하는 것이 많다는 사실이다. 이 점에 있어서 김재은의 연구 결과는 한국인의 심성 가운데서 주로 부정적 측면을 부각시킨 이부영의 논문과 대조적이다. 질서 의식이 강하고 질서를 지키는 행동에 힘쓴다는 것을 한국인의 의식 내지 행동 양식의 가장 두드러진 특색이라고 거듭 강조한 다음에, 김재은이 열거한 한국인의 좋은 점 가운데는 다음과 같은 것들이 포함된다. 즉 한국인에게는 '신의(信義)'를 존중하는 마음이 강하다. 한국인은 강한 책임 의식을 가졌으며, "사리 판단에 있어서도 이치에 맞게 결정한다." 한국인은 성격이 낙천적이어서 미래를 밝게 내다보며, "매일매일의 생활에서도 즐겁게 사는 현실 감각을 가지고 있다." 한국인은 돈독한 인정을 가졌을 뿐 아니라, 매사에 신중을 기하며 인내심도 강하다.[16]

　구체적 상황에서의 행동 양식에 관해서도 한국인에게는 나무랄 점이 별로 없다. 예컨대 한국인은 유명 인사나 권위자의 말을 믿고 물건을 사지 않으며, 손아랫사람을 하대하지 않는다. 자기의 이익을 위해서 남을 희생시키는 일이 없도록 유의하며, "다른 사람과의 인간관계를 순조롭게 유지하도록 노력한다." 또 한국인은 남에게 돋보이기 위해서 무리하게 돈을 쓰거나 잔치를 성대하게 치르는 어리석음을 범하지 않는다. 한국인은 "수돗물 같은 공공시설에 관심을 가지고 있으며, 거리의 신호등도 잘 지킨다. 화장실 따위도 깨

15　같은 책, p.191 참조.
16　같은 책, p.192 참조.

끗하게 해야 한다고 생각하며, 순서나 시간을 참고 기다린다." 한국인은 부적 따위를 지니고 다니는 것을 부당하게 여기며, 사고를 방지하기 위해서 항상 조심한다. 한국인은 다른 사람의 수고를 꼭 돈으로만 따지지 않으며, 예의를 존중하고 약속도 잘 지킨다. 한국인은 자녀의 교육을 부모의 가장 큰 임무라고 생각한다. 한국인은 외국인에게 우리나라를 비방하지 않는다.[17]

김재은이 얻은 결론에는 대견하고 고무적인 이야기가 많다. 김재은의 연구뿐 아니라 '질문서' 또는 '면접'을 통하여 자료를 구하고 이를 통계학적으로 처리하는 방법을 사용한 학자들의 연구가 얻은 결론은 대체로 고무적이고 희망적이다. 역사나 문학작품 또는 체험적 관찰에 근거를 둔 연구에 부정적 견해가 많은 것과 매우 대조적이다. 때로는 모순적이기조차 하다. 이러한 대조 내지 모순을 우리는 어떻게 해석할 것인가?

역사의 기록이나 문학작품을 분석할 때 또는 개인의 체험이나 인상을 근거로 삼을 때는 연구자의 주관이 작용할 여지가 많은 반면에, 사회조사의 통계는 결과가 숫자로 나오는 까닭에, 후자의 방법에 의존한 연구가 더 객관적이고 믿음직하다는 의견이 있다. 그러나 이 의견은 일견 그럴듯하기도 하나 실은 극히 피상적인 논리의 산물이다. 우리는 통계 숫자의 마력(魔力)에 현혹되기에 앞서서, 그 통계의 자료가 된 조사 대상자들의 응답 속에 포함된 주관성에 대하여 깊이 생각할 필요가 있다. 짧게 말해서, 사회조사의 방법이 안고 있는 문제점에 대해서 충분히 고찰할 필요가 있다.

사람들의 심성 또는 생활 태도를 연구하기 위하여 우리나라에서 사용되고 있는 방법은 주로 질문서와 면접에 의존하는 그것이다. 그런데 우리가 질문서 또는 면접을 통하여 어떤 사람에 대해서 알 수 있는 것은, 그의 심성 또는

---

17 같은 책, p.192 참조.

행동 방식의 진상(眞相)이 아니라, 그의 가치 의식의 피상(皮相)일 경우가 많다. 그렇지만 많은 통계학적 연구가들은 이 피상을 저 진상으로 오인하는 경향이 있다. 구체적인 예를 들어서 생각해 보기로 하자.

예컨대, "늙으신 부모가 아들인 당신과 함께 살기를 원하신다면 당신은 그 소원대로 하시겠습니까?"라는 물음을 받았을 때, 대부분의 아들들은 '예'라고 대답한다. 그러나 실제에 있어서는 이 대답대로 실천하지 않는 사람들이 많다. 또 공무원을 상대로 "당신은 뇌물을 제공하는 사람을 유리하게 하기 위하여 공사(公事)를 불공정하게 처리해도 좋다고 생각하십니까?"라는 질문을 주었을 때, 대부분의 응답자는 '아니오'라고 대답할 것이 틀림없다. 그러나 이 통계만을 가지고 우리나라의 공무원은 대부분이 청렴결백하다고 단정하기는 어려울 것이다.

질문서나 면접을 통한 물음은 대부분이 조사를 받는 사람들 자신에 관한 물음이다. 따라서 질문서나 면접의 방법이 적합성을 갖기 위해서는 조사를 받는 사람들이 자기 자신들에 대해서 잘 알고 있다는 전제가 성립해야 한다. 그러나 사람들이 자기 자신에 대해서 알고 있는 것은 자신의 일부에 불과하며, 자신도 모르는 부분이 많이 남아 있다. 그리고 자기가 잘 모르는 부분에 대해서는 좋은 편으로 대답하기가 쉽다. 모든 사회에는 그 사회가 일반적으로 옳다고 생각하는 행동 양식이 있기 마련이며, 질문서나 면접에 대답하는 사람들은 일반적으로 칭찬을 받는 행동 양식에 일치하도록 대답하는 경향이 있다. 예컨대, 자기의 질서 의식이나 효심이 어느 정도인지 잘 모르는 사람은 그것이 강한 편으로 과장해서 대답하기가 쉽다.

더욱 중요한 것은, 질문서나 면접에서 사용되는 물음은 거의가 **단순한** 물음이며, 욕구의 대립 즉 **심리적 갈등**의 문제를 고려에 넣지 않고 있다는 사실이다. 예컨대, "당신의 사랑하는 아내는 딴 살림 나기를 원하며, 아이들도 담배 피우는 할머니와 같은 방 쓰기를 싫어합니다. 이러한 상황에서 당신의 홀

어머니가 당신과 함께 살기를 원한다면, 당신은 어떻게 하시겠습니까?'라는 식의 물음은 적으며, 그저 단순하게 "당신의 홀어머니가 당신과 같은 집에서 살기를 원한다면, 당신은 어떻게 하시겠습니까?'라는 따위의 단순한 물음이 많은 것이다. 그리고 이러한 단순한 물음에 '예'라는 대답이 많이 나왔을 때, 조사자들은 한국의 젊은이들에게 효심이 지극하다는 결론을 내리고 만족스러워한다.

설령 복잡한 갈등의 상황을 가정한 물음에 대해서 바람직한 대답을 했다 하더라도, 그 응답자가 반드시 실제로 바람직한 행동을 하리라고 낙관하기도 어렵다. 아직도 경제적 여유가 있는 부모의 도움을 받고 있는 젊은 아들에게 앞에서 말한 복잡한 상황을 전제하고, 노후의 부모와 동거하겠느냐고 물었을 때, '예'라는 대답이 나올 확률은 상당히 높을 것이다. 그러나 세월이 많이 흐른 뒤에 실제로 아내는 따로 살기를 원하고 아이들도 할머니와 같은 방 쓰기를 싫어하는 상황에 부딪쳤을 때, 그 전날 질문서에 대해서 '예'라고 대답한 대로 실천하리라고 장담하기는 어렵다. 평상시에는 정직하게 살아야 한다고 생각하더라도 정직이 불이익을 초래할 어떤 상황에 부딪치면 남을 속이는 경우가 흔히 있듯이, 질문서나 면접에 응할 때는 효도를 하고 질서를 지키는 등 도덕률을 지키고 싶은 생각을 갖더라도, 막상 어떤 딜레마 상황에 부딪치게 되면 그 생각을 배반하는 행동으로 기우는 것은 흔히 있는 일이다.

우리는 같은 시각에도 여러 가지 소망을 아울러 가질 수 있으며, 때로는 서로 모순되는 소망을 품기도 한다. 같은 사람의 마음 안에서 여러 가지 소망이 충돌할 경우에는 가장 우세한 소망이 행동의 주도권을 잡기 마련이며, 여타의 소망들은 억제를 당하고 만다. 우리들의 사회적 현실을 결정하는 것은 한갓 관념 속에 떠올랐다가 잠자고 마는 생각들이 아니라, 행동의 세계에까지 뚫고 나오는 우세한 생각들이다. 딜레마 상황에 처한 사람의 가장 우세한 소망을 알기 위해서는 그 사람의 가치 체계를 총체적으로 파악해야 하거니와,

지금까지 흔히 사용되어 온 질문서 내지 면접을 통한 사회조사의 방법은 가치 체계를 총체적으로 파악하기에는 적합하지 않다.

3. 한국인의 의식구조의 몇 가지 기본 특색

이제 필자는 앞에서 언급한 다른 사람들의 연구와 필자 자신의 과거의 연구를 토대로 삼고, 거기에 이 시대를 살아온 필자 자신의 관찰과 직관을 보태어, 한국인의 의식구조 내지 생활 태도에 대한 종합적 파악을 시도해야 할 시점에 이르렀다. 그러나 필자가 가지고 있는 자료와 역량의 한계로 말미암아 모든 부분에 걸친 세밀한 고찰을 하기는 어려운 실정이다. 그러므로 필자는 여기서 다만 현대 한국인의 의식구조 내지 생활 태도 가운데서 큰 줄거리에 해당하는 측면의 파악만을 목표로 삼을 생각이다. 우리는 한국인의 의식구조 내지 생활 태도의 기본적 특색을 크게 네 가지로 묶어서 파악할 수 있을 것으로 생각된다.

1) 감정의 우세

한 개인 또는 민족의 의식구조를 결정함에 있어서 매우 큰 몫을 차지하는 것은, 그 개인 또는 민족의 감정적 측면과 이지적 측면이 어떠한 모습으로 발달하여 어떠한 균형 또는 불균형을 이루고 있느냐 하는 문제일 것이다. 사람은 누구나 감정(感情)과 이지(理智)의 두 측면을 가지고 있으며, 이 두 측면 가운데서 어느 편이 우세하냐에 따라서 그의 사람됨과 생활 태도의 바탕이 결정된다 하여도 과언이 아니다.

여러 사람들의 견해와 필자 자신의 경험 등을 종합해 볼 때, 한국인은 전통적으로 감정이 풍부한 기질을 가졌으며, 이러한 기질은 현재도 크게 변하지 않고 남아 있는 것으로 판단된다. 이 점은 우리가 한국인을 이해하고자 할 때 우선 염두에 두어야 할 매우 중요한 사항의 하나다. 감정이 풍부하다는 사실이 반드시 이지의 발달을 저해하는 것은 아니며, 한국의 문화유산 가운데는 한국인이 이지의 측면에서도 우수한 민족임을 말해 주는 것들이 적지 않다. 그러나 한국인이 보여준 감정의 측면과 이지의 측면을 비교할 때, 대체로 한국인은 이지보다도 감정이 우세한 기질을 가진 민족이라고 말해도 사실에서 크게 벗어나지 않을 것이다.

한국인에게 감정이 우세하다는 주장을 뒷받침하기 위해서 우리는 여러 가지 증거를 제시할 수 있을 것이다. 첫째로, 언어와 의식구조 내지 사고방식 사이에는 밀접한 상호 관계가 있어서 한 민족의 언어는 그 민족의 의식구조를 반영하는 경우가 많거니와, 한국인의 언어 행위 가운데는 감정의 우세를 점치게 하는 것이 적지 않다. 예컨대, 한국말은 문법적 논리의 정확성을 통하여 의사를 소통하기보다는 그 상황의 맥락을 통하여 의사의 소통이 이루어지는 경우가 많다. 지정 좌석제가 아닌 극장이나 기차 안에서 자리를 구하는 사람이 빈자리를 가리키며 "여기 자리 있습니까?" 하고 묻는 따위가 그것이다. 그리고 "나는 네가 좋다."라는 말도 "나는 너를 좋아한다."는 식의 서양 말투에 비하면 주어(主語)와 그 밖의 말자리의 관계가 논리적으로 선명하지 않다. 그러나 우리는 이런 한국말 쓰임에 대해서 조금도 저항을 느끼지 않는다. 한자(漢子)와 한글의 다른 점을 잘 아는 서양인 가운데는 한국 사람들의 시간을 가리키는 말투를 이상하다고 느끼는 경우가 있으나, 우리는 조금도 그렇게 느끼지 않는다는 사실도 같은 맥락에서 이해할 수 있을 것이다. 논리의 일관성을 따진다면 '일시 사십분'이라고 말하거나 '한시 마흔분'이라고 말해야 옳을 터인데, 한국인은 '한시 사십분'이라고 말하니 이상하다고 지적한 외국인이 있었으나, 한국인 가운데 그것을 이상하다고 느끼는 사람은 아무도 없을 것이다. 돼지고기의 어떤 부위를 '세겹살'이라고 부르지 않고 '삼겹살'이라고 하는 것도 따지기로 말하면 논리의 일관성이 부족하다.

한국 사람들은 전통적으로 따지는 것을 좋게 여기지 않는 편이다. '따진다'는 말은 칭찬보다는 나무람의 뜻을 담고 쓰일 경우가 많다. '꼬치꼬치 따지는 사람'보다는 '모르는 척 넘어가는 사람'이 환영을 받는다. 따지는 것은 이지가 하는 일이며 감정의 소관사가 아니다. 그리고 이지의 소관사인 따지는 일을 좋아하지 않는 사회라는 것은 이지의 발달을 위해서 조건이 불리한 사회임을 의미한다고 보아야 할 것이다. 춤 잘 추는 사람이 환영을 받지 못하는 사회에서는 무용이 발달하기 어렵듯이, 따지는 소행이 환영을 받지 못하는 사회에서는 따지는 기능인 이지가 발달하기 어렵다.

한국인은 이해관계의 대립이 생겼을 때 '봐달라'는 말을 흔히 쓰며, '봐달라'는 말로 인정에 호소하는 편이 이지에 호소하여 따지는 것보다 상대편의 양보를 얻어 내기에 성공하는 경우가 많다. '봐달라'는 말이 흔히 쓰이고 이 말이 잘 통한다는 사실도 한국 사회가 감정이 이지보다 우세한 사회라는 주장을 뒷받침하는 현상이라고 볼 수 있을 것이다. 이 밖에도 한국인에게 감정이 우세한 기질이 강하다는 것을 암시하는 현상은 적지 않다. 당연히 내야 할 세금에 대해서는 인색하면서 딱한 사정에 처한 사람을 위하여 희사하는 동정금에 대해서는 적극성을 보이는 태도도 그것이고, 텔레비전 드라마에 있어서 조용한 대화의 장면보다 고함을 지르고 소란을 피우는 장면이 많은 것도 그것이다.

2) 외면적 가치의 선호

한국인의 의식구조 내지 생활 태도에서 발견되는 두 번째 일반적 경향은 내면적 가치에 대한 지향보다는 외면적 가치에 대한 애착이 강하다는 사실이다. 질문서나 면접을 통한 사회조사의 통계에는 내면적 가치를 더 소중히 생각한다는 의견이 나타나는 경우가 많으나, 실제 행동의 세계에서는 외면적 가치를 추구하는 경향이 더 강하다고 보는 것이 필자의 관찰이다.

외면적 가치의 대표적인 예로서는 금전과 재물, 권력과 지위, 그리고 관능적 쾌락을 들 수 있을 것이다. 이들 욕구의 대상을 '외면적 가치'라고 부르는 것은, 그것들이 그것들을 원하는 사람 밖에 있는 사물이거나, 주로 밖에 있는 사물 또는 타인의 힘에 의존함으로써 얻을 수 있는 무엇이기 때문이다. 내면적 가치의 대표적인 예로서는 인격, 건강과 생명, 학문과 예술, 종교와 사상, 우정과 사랑 등을 들 수 있을 것이다. 이것들을 '내면적 가치'라고 부르는 것은, 이것들에 관해서 어느 정도 높은 수준 또는 깊은 경지에 도달하느냐 못하느냐가 주로 당사자들 자신의 마음가짐과 행위에 달려 있기 때문이다.

내면적 가치에 대한 지향보다 외면적 가치에 대한 애착이 강하다 함은, 내면적 가치에 속하는 것과 외면적 가치에 속하는 것 가운데서 하나를 선택해야 할 상황에 놓였을 때, 결국 외면적 가치를 얻을 수 있는 길을 택하는 경향이 강하다는 뜻이다. 오늘의 한국인에게 내면적 가치보다 외면적 가치를 선호하는 경향이 강하다는 뚜렷한 증거의 하나로서 제시할 수 있는 것은, 외면적 가치의 목표를 달성한 사람들이 '출세한 사람'으로서 평가를 받는 동시에 많은 사람들의 선망의 대상이 된다는 사실일 것이다. 현재 우리나라에서는 재산 또는 수입이 많거나 권력의 자리에 앉은 사람들이 성공한 사람으로서 평가되는 경향이 있으며, 학자나 언론인이 고위직 관리가 되면 '등용'이니 '발탁'이니 하는 말로써 축하를 받는다.

재물과 권력 또는 지위 그리고 관능적 쾌락 따위의 외면적 가치에 대하여 강한 욕구를 느끼는 경향을 현대 한국인에게만 있는 고유한 특색이라고 말하기는 어렵다. 그것은 동서와 고금 어디서나 흔히 찾아볼 수 있는 일반적 현상에 가까울 것이다. 다만 산업사회와 자본주의 물질문명이 범람하게 된 현대에 이르러, 외면적 가치에 대한 한국인의 선호는 유교와 불교의 영향을 강하게 받았던 우리 조상들의 경우보다도 그 정도가 한층 더 심하게 되었다고 볼 수 있으며, 이 **정도의 차이**에 중대한 의미가 있다고 생각되는 것이다. 우리들의 옛 조상들도 재물을 좋아했고 양반들은 벼슬자리를 탐내는 경향이 있었음은 사실이나, 그들에게는 재물이나 벼슬자리보다도 더 소중히 여기는 것이 있었다. 많은 사람들이 가계(家系)의 계승을 재물보다 소중히 여겼고, 선비들 가운데는 깨끗한 인품 또는 부모에 대한 효도를 벼슬보다 소중히 여기는 기풍이 있었다. 이러한 점을 고려할 때, 금력 또는 권력을 최고의 가치로서 추구하는 사람들이 많은 오늘의 가치 풍토와, 인륜 또는 도덕과 같은 내면적 가치를 가치 체계의 정상에 올려 놓았던 옛 조상들의 가치 풍토 사이에 현저한 차이가 있다고 보아야 할 것이다.

관능적 쾌락을 선호하는 경향도 동서와 고금을 통한 일반적 현상이며, 우리 조상들의 생활 태도 역시 예외는 아니었다고 생각된다. 관능의 쾌락을 추구하는 것은 생물학적 본능을 따르는 자연스러운 태도라고 볼 수 있으며, 그 정도가 지나치지만 않으면 굳이 나쁘게 생각할 이유가 없다. 그러나 현대 산업사회에서의 쾌락의 추구는 그 정도가 적정선을 넘어섰다고 판단되는 것이며, 바로 이 점에 문제가 있다고 보는 것이다.

현대인으로 하여금 지나친 쾌락 추구로 달리게 만든 가장 큰 원인은 상업주의와 금전 문화에 있을 것이다. 현대 자본주의 사회를 풍미하고 있는 상업주의와 금전 문화 속에서, 관능적 쾌락은 값비싼 상품으로서 내놓기에 매우 적합한 대상이다. 이에 관능적 쾌락을 고급 상품으로서 시장에 공급하는 유흥업이 도처에 성황을 이루게 되었고, 관능적 쾌락을 파는 유흥업소의 발달은 값비싼 쾌락에 대한 욕구를 자극하고 유발함으로써 분수를 모르는 쾌락 추구의 풍조를 낳게 하였다.

3) 부분에 대한 애착

관능적 쾌락에 대한 지나친 선호는 인격 전체의 소망보다도 어떤 감각기관을 중심으로 하는 부분적 욕망을 따르는 행위이며, 자신의 전 생애의 보람보다도 순간의 즐거움을 택하는 행위라고 볼 수 있다. 바꾸어 말하면, 그것은 전체보다도 부분에 애착하는 태도의 하나라고 볼 수 있다. 부분에 애착하는 한국인의 태도는 관능적 쾌락에만 국한된 것이 아니라, 생활의 다른 영역에서도 일반적으로 나타나는 현상이다. 아마 이러한 현상은 감정이 우세한 한국인의 기질과도 깊은 관계가 있을 것이다. 감정이란 자기중심적으로 작동하기 쉬우며, 전체를 두루 생각하기보다는 제한된 범위 안에서 편파적으로 작용하기 쉽기 때문이다.

가족주의의 관념이 지배적이던 옛날 전통 사회에 있어서, 우리 조상들에게는 가족 또는 가문을 자아로서 의식하는 경향이 강한 데 비하여, 국가 또는 민족 전체를 생각하는 의식은 일부의 뜻있는 사람들을 제외하고는 대체로 미약했던 것으로 보인다. 미국 문화의 영향을 크게 받게 된 20세기 후반 이후에는 개인주의의 사조가 점차로 가족주의보다 우세하게 되었고, 근대적 국가 의식이 어느 정도 강화되기는 하였으나, 개인에 대한 애착이 지나쳐서 이기주의로 흐르는 경향을 보였다.

개인주의가 가족주의를 능가하고 나아가서 이기주의의 방향으로 흐르는 추세를 가장 여실히 보여주는 현상으로서 전통적 '효(孝)' 사상의 붕괴를 들 수 있을 것이다. '효'는 한국 전통 윤리의 핵심을 이루어 왔고 현재도 늙은 세대에는 그 관념이 강하게 남아 있으나, 젊은 세대로 갈수록 현저한 쇠퇴의 추세를 보이고 있으며, 명백한 불효의 사례도 도처에 허다하다. 부모에 대한 사랑조차 미약하다는 것은 자기 하나밖에 모르는 이기주의적 생활 태도의 나타남이라고 볼 수 있거니와, 가정 밖에 나가면 사람들의 이기적 태도는 더욱 심한 양상을 보인다. 거리에 나가면 차를 모는 사람들이나 대중교통을 이용하는 사람들이나 걸어가는 사람들이나를 막론하고, 남을 생각하지 않고 자기만을 위하는 태도를 도처에서 발견할 수 있다.

개인주의가 가족주의를 대신하면서 국가나 민족과 같은 더 큰 공동체에 대한 관심이 투철하게 되었다면, 부분에 대한 애착의 경향이 줄었다고 말할 수 있을 것이다. 그러나 우리 한국의 경우는 개인주의의 경향이 뚜렷한 근대적 국가 의식 또는 시민 의식의 강화를 초래했다고 보기는 어렵다. 단적으로 말해서, 우리들의 개인주의는 민주적 개인주의보다는 이기적 개인주의의 방향으로 흐르고 있다는 인상이 강하다.

우리나라가 전통적으로 자랑해 온 '향토애(鄕土愛)'도 다른 지방에 대한 배타적 태도를 수반할 경우에는 부분에 대한 애착으로서의 성격을 띠게 된다. 자아에 대한 사랑이 타아(他我)에 대한 배타성을 수반하지 않을 경우에는 자애(自愛)도 일종의 미덕으로서 평가될 수 있을 것이다. 그러나 자아에 대한 사랑이 타아에 대한 배척을 수반할 경우에는 도리어 악덕으로서의 성격을 띠게 된다. 애향심이 미덕으로 평가되는 것도 그것이 다른 지방에 대한 배타적 태도와 무관할 경우에만 국한되며, 다른 지방에 대한 부정적 태도를 수반하게 되면 도리어 악덕에 가까운 심성에 지나지 않는다.

오랜 농경 사회의 역사를 가진 우리 한국인은, 조상들의 토지에 대한 끝없는 애착의 전통을 이어받아서, 지금도 고향에 대한 향념과 애착이 일반적으로 강하다. 그리고 이 애착심은 일종의 공동체 의식으로서의 성격을 가졌으며, 그 자체로 볼 때 긍정적으로 평가되어야 할 감정이다. 그러나 한국인의 애향심은 다른 지방 사람들에 대한 배타적 태도를 수반할 경우가 많아서, 현재는 전체보다도 부분에 애착하는 좋지 못한 심정으로서의 성격이 강하다. 1987년 대통령 선거와 1988년 국회의원 선거 때 나타난 지방색과 지역감정은 '애향심'이 부분에 대한 애착으로 전락한 전형적 사례.

학벌을 형성하는 동창 의식, 화수회(花樹會) 등의 형태로 나타나는 가문 의식에 대해서는 비슷한 말을 할 수 있을 것이다. 한국인에게는 대체로 동창 의식과 가문 의식이 강하거니와, 같은 학교 또는 같은 집안을 매개로 삼고 인연을 나눈 사람들이 돈독한 정을 단순하게 나누는 데 그친다면, 그것은 일종의 미풍(美風)으로 간주될 수 있을 것이다. 그러나 그들이 끼리끼리만 뭉치고 외부에 대해서는 배타적 태도를 취하게 될 경우에는, 역시 부분에 대한 애착의 한 유형으로 볼 수 있을 것이다.

4) 외형 존중

유교 문화권에 속하는 우리나라는 옛날부터 예절과 제례(祭禮)를 존중해 왔고, 감정이 풍부한 우리 민족은 일찍부터 예술을 사랑해 왔다. 예절과 제례에서는 형식이 중요하고, 예술에 있어서도 겉으로 나타나는 모습 즉 외형이 큰 비중을 차지한다. 그러므로 예절과 예술을 숭상한 우리나라의 전통 문화 안에서는 형식 또는 외형이 큰 의미를 가졌다. 그리고 형식 또는 외형을 중요시하는 경향은 우리 민족성 안에 깊이 침투하여 지금도 우리 의식구조의 한 특색을 이루고 남아 있는 것으로 보인다.

형식 또는 외형은 겉으로 드러나는 것으로서 만인에게 공개되기 마련이다. 그러므로 형식 또는 외형을 존중하는 심리는 남의 이목(耳目)을 의식하는 심리와 연결되기 쉬운 일면을 가졌다. 예나 지금이나 우리 민족은 남의 이목을 강하게 의식하는 편이며, 외형의 존중과 이목에 대한 의식의 결합은 또 다른 여러 가지 결과를 초래하곤 하였다. 그 결합이 초해한 결과 가운데서 특히 우리의 주목을 끄는 것으로서는 체면 차림과 허례허식을 들 수 있을 것이다.

유교 문화권의 여러 나라가 그렇듯이, 우리 한국의 경우에도 전통적으로 체면을 매우 중요시하는 경향이 강하다. 체면은 자존심과 직결되는 것이며, '체면이 깎인다'는 것은 인격 전체가 손상을 입는 것이나 다름이 없는 것으로 간주 될 정도로, 그것은 우리의 일상생활에서 큰 비중을 차지하고 있다. 체면을 지키고자 하는 무의식중의 노력이 일반적으로 이루어지고 있으며, 체면을 지키기 위해서는 어떤 형식을 갖추어야 하고 일정한 수준의 겉모습을 보여줄 필요가 있다는 것이 일반적인 관념이다. 예컨대, 일정한 사회적 지위에 걸맞는 체면을 지키기 위해서는, 승용차는 어느 정도 이상의 고급으로 해야 하고 투숙하는 호텔도 어느 정도 호화로워야 한다는 생각이 우리 한국인에게는 일반적으로 강한 편이다.

체면을 존중하는 마음은 지위가 높은 사람들에게만 국한된 심리가 아니다. 사람에게는 남녀노소를 막론하고 자존심이 있기 마련이고, 체면의 유지가 자존심의 유지를 위해서 필수적이라고 생각하는 사회에서는 누구나 체면을 존중하는 마음을 품게 된다. 이리하여 체면의 존중은 한국인에게 일반적인 현상이 되었거니와, 특별한 능력이나 자랑거리를 갖지 못한 평범한 사람들로서 체면을 살릴 수 있는 가장 일반적인 방법은 물질적 풍요나 호화로움을 과시하는 데서 찾는 것이 보통이다. 특히 금력이 인간 평가의 주된 척도의 구실을 하고 있는 오늘의 자본주의 산업사회에서는 물질 또는 소유의 과시가 체면을 돋보이게 하는 가장 일반적인 방법으로 떠오르게 되었다.

물질이나 소유의 과시가 정도를 지나치면 허례허식으로 흐르기 쉽다. 우리 한국은 옛날부터 관혼상제나 접빈객(接賓客)에 즈음하여 분수에 넘게 과용하는 경향이 있어서 허례허식의 폐단이 적지 않았다. 옛날 양반 사회에 근원을 두었던 허례허식의 폐풍은 현대에까지 이어졌을 뿐 아니라, 자본주의 사회의 물질 만능과 끝없는 탐욕의 풍조와 결합함으로써, 더욱 심하게 되어 사치와 낭비의 폐단을 초래하고 있는 실정이다. 현재 우리나라에서는 일부 부유층은 앞을 다투어 분수에 넘치는 사치와 낭비를 즐기는 가운데 그것을 마치 신분의 상징처럼 자랑하는 경향이 있으며, 서민층은 부유층의 사치와 낭비를 모방하지 못하는 처지에 큰 불만과 불평을 느끼며 그것을 질시하는 눈으로 바라보는 경향이 있다.

4. 한국인의 생활 태도 무엇이 문제인가

앞에서 우리는 한국인의 의식구조 내지 생활 태도의 기본 특색으로서 네 가지 경향을 열거하였다. 우리는 이 네 가지 경향을 가치중립적 견지에서 그저 서술하는 데 그칠 수도 있을 것이나, 한국의 바람직한 미래상을 위하여 어떠한 의식구조 내지 생활 태도가 요구되는가를 문제 삼을 경우에는 저 네 가지 경향에 대한 평가적 고찰이 불가피하게 된다. 이때 그 평가의 기준의 주축을 이루는 것은 우리가 실현하고자 하는 내일의 한국에 대한 적합성 여부가 될 수밖에 없을 것이다. 그러나 우리는 아직 내일의 한국에 대한 명확한 청사진을 가지고 있지 않은 까닭에, 우리들의 의식구조 내지 생활 태도에 대하여 엄밀한 평가를 내리기 어려운 단계에 있다. 그러므로 우리가 여기서 할 수 있는 것은 현대 산업사회가 안고 있는 여러 가지 문제 해결에 대한 적합성을 염두에 두고 잠정적 평가를 시도하는 일에 지나지 않는다.

1) 감정의 우세의 좋은 점과 나쁜 점

한국인의 의식구조의 첫째 특색으로서 우리는 이지에 대한 감정의 우세를 들었다. 감정의 우세는 개인을 위해서나 사회를 위해서 좋은 결과를 가져오기도 하고 나쁜 결과를 가져오기도 하여, 그 좋고 나쁨을 일률적으로 단정하기는 어렵다. 감정의 우세는 상황에 따라서 강점도 되고 약점도 되거니와, 대체로 말해서 옛날 농경 사회에서는 그것이 원만한 사회생활을 위해서 긍정적으로 작용할 공산이 컸으나, 현대사회에서는 도리어 부정적으로 작용할 경우가 많다.

옛날의 농경 사회를 기반으로 삼고 발달한 한국인의 감정은 주로 평화적이고 친화적인 것이었다. 그것은 혈연 또는 지연을 가진 사람들 사이를 잇는 따뜻한 정서를 중심으로 발달했으며, 한국의 전통 사회를 인정 많은 사회로 만드는 데 크게 기여하였다. 한국의 전통 사회가 자랑했던 '미풍양속' 또는 '상부상조'의 기풍도 그 바탕을 이루는 것은 사람들의 따뜻한 인정임을 생각할 때, 감정이 우세한 한국인의 심성이 과거의 한국 사회를 위해서 기여한 바가 매우 컸다고 보아도 무리함이 없음을 알 수 있을 것이다.

풍부한 감정은 예술의 발달을 위해서 유리한 조건이기도 하다. 이지가 과학의 발달과 밀접한 관계를 가졌듯이, 감정은 예술의 발달과 불가분의 관계를 가졌다. 우리 한국은 장구한 문화의 역사를 가진 나라이거니와, 한국 문화에 있어서 예술이 차지하는 비중은 매우 크다. 옛날 신분 사회에서는 예술가들이 사회적으로 낮은 대우를 받았음에도 불구하고, 음악과 미술, 건축과 조각 등 여러 분야에서 한국은 전통 예술의 자랑스러운 유산을 많이 남겼다. 그리고 현대의 한국은 물질문명의 악조건 속에서도 훌륭한 예술가를 다수 배출하고 있다. 이와 같이 과거와 현재에 걸쳐서 한국이 예술의 분야에서 자랑스러운 전통을 세우고 지킬 수 있는 것은, 한국인이 일반적으로 가진 풍부한 감정에 힘입은 바 크다고 보아도 잘못이 아닐 것이다.

한국인의 전통적 생활양식 속에서 흔히 찾아볼 수 있었던 '풍류(風流)' 또는 '멋'도 한국인의 풍부한 감정과 무관하지 않을 것이다. 우리 조상들은 가난한 살림 가운데서도 노래와 춤을 즐기는 낙천성과 풍류를 추구하는 마음의 여유를 보였거니와, 물질적 빈곤 속에서 보여준 정신적 여유는 우리 조상들의 감정과 그 바탕에 깔린 왕성한 생명력의 덕분이라고 생각된다.

그러나 농경 사회가 산업사회로 바뀌는 급격한 변화의 과정에서 한국은 전통 사회가 경험하지 못한 새로운 문제들에 부딪치게 되었고, 이 새로운 문제들 앞에서 감정이 우세한 우리들의 기질이 도리어 부정적으로 작용하는 경우가 많이 생기게 되었다. 풍부한 감정 그 자체에 문제가 있다기보다는, 이와 균형을 이룰 수 있을 정도의 높은 지성이 부족함으로 말미암아, 우리의 새로운 문제들에 슬기롭게 대처하지 못한 경우가 많다고 보는 것이 더욱 정확할 것이다.

현대사회에서 인간이 부딪치는 문제들 가운데 가장 큰 비중을 차지하는 것은 인간과 인간 사이에 일어나는 갈등의 문제라고 생각된다. 인간과 인간의 만남에서 오는 갈등의 문제는 어느 시대 어느 사회를 막론하고 일어나는 일반적 현상이나, 현대 산업사회에서는 옛날 전통 사회가 경험한 것보다도 훨씬 규모가 크고 내용도 복잡한 갈등의 문제와 자주 만나게 된다.

농경시대의 우리 조상들이 경험했던 갈등은 혈연 또는 지연으로 연결된 좁은 범위의 사람들 사이에서 주로 일어났다. 인구의 이동이 적고 자급자족하는 생활양식에 의존했던 농경 사회에서는 먼 곳의 사람들과 이해관계나 감정이 얽힐 사유가 별로 없었던 까닭에, 사회적 갈등도 일상적 접촉이 많은 좁은 범위 안에서 일어났던 것이다. 서로 면식이 있거나 세교(世交)가 두터운 사람들 사이에서 생긴 갈등이었던 까닭에, 전통 사회에서는 감정의 우세가 갈등 해결에 도움이 될 경우가 많았을 것으로 추측된다. 왜냐하면 혈연 또는 지연의 유대를 통하여 평소에 가깝게 지내던 사람들 사이에는 두터운 정의(情誼)가 생기기 마련이고, 그들 사이에 생긴 갈등은 이미 형성되어 있는 정의에 호소함으로써 완화 내지 해결하기가 비교적 쉬웠을 것이기 때문이다. 집안 또는 같은 마을 사람들 사이에서 생긴 갈등은 집안 어른 또는 마을 어른의 설득과 중재로 해결되는 경우가 많았거니와, 집안 어른 또는 마을 어른의 말씀이 권위를 발휘할 수 있었던 것도 어른들에 대한 존경의 감정이 일반에게 있었기 때문이다.

현대 산업사회에서 일어나는 사회적 갈등의 경우는 옛날의 그것과 사정이 크게 다르다. 사람들의 이해관계가 얽히는 범위가 옛날과는 비교조차 어려울 정도로 크게 늘어났기 때문에, 면식이 전혀 없는 아주 먼 사람들 사이에서도 갈등이 생기고, 개인주의가 일반화됨에 따라서 사람들 각자의 개인적 자아의식과 권리 의식이 강해졌기 때문에, 옛날에는 별로 문제가 되지 않았던 일들이 새로운 갈등의 원인으로서 작용하게 되었다. 그뿐만 아니라, 면식이 없는 먼 사람들 사이에는 평소에 축적된 정의의 준비가 없으며, 가까운 사이에도 옛날 농경 사회에서와 같은 순박한 인정은 찾아보기 어렵게 되었다. 그리고 개인 또는 집단 사이의 갈등을 설득이나 중재로써 해결할 수 있는 존경받고 권위 있는 어른이나 원로의 존재도 귀하게 되었다.

　이러한 상황에서는 감정의 우세가 갈등의 해결을 위해서 크게 도움을 주기 어렵다. 생활 경쟁이 치열한 현대사회의 각박한 분위기 속에서는 친화를 조장하는 따뜻한 정서보다도 분노나 혐오 또는 시기심 같은 적대적 감정이 발동하기 쉽기 때문에, 감정의 우세가 도리어 사회적 갈등을 가속화할 경우가 적지 않다. 그리고 오늘의 사회적 갈등은 많은 경우에 온정 또는 관용을 베푸는 따위의 감정적 처리를 슬기롭게 함으로써 해결이 가능한 그러한 성질의 것이 아니라, 공정(公正) 또는 합리성(合理性)의 원리를 전제로 한 지성적 대화를 통하여 해결을 도모함이 효과적인 그러한 유형의 것들이다. 예컨대, 노사간의 갈등은, 사용자의 온정에 호소하거나 근로자의 애사심(愛社心)에 호소함으로써 해결될 문제이기보다는, 현실에 대한 냉철한 인식과 공정하고 합리적인 해결을 추구하는 지성적 대화에 의존해야 할 성질의 문제다. 그리고 이데올로기의 대립에서 오는 갈등의 문제도 감정이나 정서의 힘으로는 해결하기 어려운 문제이며, 이론적 탐구와 현실에 대한 인식에 근거하여 해결을 모색할 수밖에 없는 문제다. 이와 같이 냉철한 지성을 동원하여 사리(事理)를 따져서 해결해야 할 문제들과 만나고 있는 상황에서 감정이 앞서게 되면, 합리적 해결의 길에 방해가 되기 쉽다.

합리적 해결의 길보다도 더 높고 큰 길을 생각할 수 없는 것은 아니다. 개인적 자아를 초월하여, 나를 사랑하듯 모든 사람들을 한결같이 사랑하는 대아(大我)의 경지에 도달할 수 있다면, 그것이 가장 바람직한 길임에 틀림이 없다. 그러나 현대의 가치 풍토 안에서 소아(小我)를 초탈한 인물들이 떼를 지어서 나타나기를 기대하기는 어려운 일이며, 어쩌다 예외적인 인물이 하나둘 나타난다 하더라도 그 소수의 힘만으로는 현대사회의 갈등 문제를 전체적으로 해결하기 어려울 것이다. 가장 크고 높은 길이 '사랑'이라는 정(情)의 길임을 부인하자는 것이 아니라, 그 길이 우리 보통 사람들에게는 너무나 아득한 길인 까닭에, 여기서는 **차선의 길**로서 합리성의 길을 옹호하고자 하는 것이다.

2) 외면적 가치 선호의 문제점

한국인의 생활 태도의 둘째 특색으로서 우리는 '외면적 가치의 선호'를 거론하였다. 재물과 권력 또는 향락 따위의 외면적 가치가 삶에 있어서 소중한 것임에 의심의 여지가 없으며, 외면적 가치의 획득을 위해서 노력하는 태도는 그 자체만을 볼 때 건전한 생활 태도라고 보아야 할 것이다. 그러나 내면적 가치와 외면적 가치가 경합했을 때 전자를 포기하고 후자를 선호하는 태도에는 근본적인 문제가 있다고 생각된다. 우리는 그 문제점을 두 가지로 나누어서 지적할 수 있을 것이다.

첫째로, 가치론적 견지에서 볼 때 내면적 가치는 외면적 가치보다도 높은 자리를 차지해야 마땅한 가치다. 그런데 높은 자리를 차지해야 할 가치를 낮은 위치로 끌어내리는 것은 가치 서열의 뒤바뀜을 의미하며, 가치 서열의 뒤바뀜은 가치 체계의 혼란을 의미할 뿐 아니라 사회 현실에도 혼란을 가져온다. 해방 이후에 우리나라는 정치와 경제 및 사회 일반에 있어서 많은 혼란을 겪었거니와, 이들 혼란의 원인 가운데서 가치관의 혼란이 차지하는 비중은 자못 크다고 보아야 한다. 그릇된 가치관은 그릇된 행위를 낳고, 많은 사람들의 그릇된 행위는 사회 현실에 혼란을 가져오기 때문이다.

내면적 가치가 외면적 가치보다 높은 자리를 차지해야 한다는 것을 엄밀한 논리로써 밝히기는 쉬운 일이 아니다. 가치라는 것은 물질적 존재가 아닌 까닭에 계량(計量)을 통하여 비교하기가 어렵기 때문이다. 그러나 우리는 이 저술 2장 3절에서 '삶의 설계에 있어서의 합리성'의 문제를 고찰할 때, 가치 비교를 위한 몇 가지 척도를 생각할 수 있음을 밝힌 바 있으며, 그 척도를 기준으로 삼고 내면적 가치가 외면적 가치보다 우위를 차지해야 마땅하다는 논리를 개략적으로 밝힐 수는 있을 것으로 보인다.

가치 비교의 척도로서 첫째로 제시된 것은 가치의 지속성 즉 수명이었다. 앞에서도 수명이 오랜 가치를 가진 것과 그것이 짧은 가치를 가진 것의 예를 들었거니와, 수명이 오랜 것은 거의 모두가 내면적 가치의 계열에 속하는 것이고, 수명이 짧은 것은 거의 모두가 외면적 가치의 계열에 속하는 것들이다. 중복을 무릅쓰고 다시 예를 들어서 생각해 보기로 한다면, 내면적 가치를 지닌 대표적 대상의 하나인 예술의 수명은 어떠한 외면적 가치의 대상도 따를 수가 없다. 우리는 '한국 미술 오천년전'이라는 전시회를 열어서 세계에 우리 문화를 자랑한 적이 있거니와, 이집트의 경우에는 약 만 년 전의 미술품이 아직도 그 수명을 유지하고 있는 것으로 알려졌다. 예술의 또 하나의 분야를 이루는 문학으로 말하더라도, 세계의 고전으로 전해지고 있는 『일리아스』와 『오디세이아』 같은 서사시는 기원전 9세기경에 쓰인 것으로 추측되고 있다.

내면적 가치를 가진 것은 무엇이든 수천 년의 수명을 누린다고 보기는 어려울 것이다. 우리는 사랑과 우정, 평화와 질서 등도 내면적 가치의 계열에 속하는 것으로 분류하거니와, 이것들의 수명은 일반적으로 그리 오래 간다고 보기 어렵다. 그러나 이것들도 외면적 가치의 대표적인 것으로 생각되는 주색의 쾌락에 비교하면 그 수명이 일반적으로 길다고 말할 수 있을 것이다. 외면적 가치의 세계에 속하는 것 가운데서는 그 수명이 가장 오래 가는 것이라고 할 수 있는 부(富) 또는 재물도 한곳에 백 년을 머물기 어려우며 권력과 지위는 더욱 무상(無常)하다는 사실을 고려할 때, 일반적으로 말해서 내면적 가치의 수명이 외면적 가치의 그것보다 오래 지속한다는 결론을 내려도 무리는 아닐 것이다.

가치 비교의 척도로서 필자가 둘째로 제시했던 것은, 비교의 대상이 된 값진 것이 사람들에게 베풀 수 있는 '혜택의 크기와 포괄성'이었다. 얼마나 큰 혜택을 얼마나 많은 사람들에게 베풀 수 있느냐에 따라서 가치의 경중을 비교하는 이 둘째 척도에 따르더라도, 내면적 가치를 높은 자리에 놓아야 한다는 결론을 얻게 될 것이다. 앞에서 그 혜택을 여럿이 나누어 가져도 각자의 몫이 별로 줄지 않는 것의 예로 든 것은 모두 내면적 가치의 계열에 속하는 것이요, 혜택을 여럿이 나누기 어렵거나 나눌 수 있다 하더라도 수혜자(受惠者)의 수를 늘릴수록 각자의 몫이 반비례적으로 주는 것의 예로 든 것은 외면적 가치의 계열에 속하는 것이다.

사상은 내면적 가치에 속하는 것으로 보아야 하거니와, 특히 종교 사상의 경우는 그 혜택을 여러 사람이 나누어도 각자의 몫이 줄지 않는다는 것이 가장 알기 쉽게 드러난다. 종교를 믿는 사람들은 자기가 믿는 종교 사상을 다른 사람들에게도 믿으라고 권고하거니와, 종교 사상을 아낌없이 타인에게 나누어 주기를 애쓰는 것은 종교 사상이라는 내면적 가치를 여럿이 나누어 가져도 각자에게 돌아가는 혜택이 독과점의 경우보다 줄지 않기 때문이다. 만약 종교 사상이라는 것이 남에게 나누어 주면 손해가 날 가능성이 많은 것이라면, 의약의 비방(秘方)이나 산업 기술의 노하우처럼 남에게 알리기를 대단히 꺼릴 것이다. 비방 또는 산업 정보를 비밀에 부치는 것은 그것이 가진 경제적 가치 즉 외면적 가치 때문이다.

재물과 권력 또는 관능의 쾌락과 같이 외면적 가치에 속하는 것은 누구나 타인에게 나누어 주기를 꺼린다. 나누어 주면 자기의 몫이 줄기 때문이다. 일반적으로 말해서, 내면적 가치는 무수한 사람들에게 큰 혜택을 입힐 수 있으나, 외면적 가치는 오직 소수에게만 혜택을 줄 수 있다. 여기서 우리는 '혜택의 크기와 포괄성'이라는 기준에 따르더라도 내면적 가치가 높은 자리를 차지해야 마땅하다는 결론에 이르게 된다.

가치 비교의 척도로서 세 번째로 제시한 것은 가치의 목적성과 수단성에 관한 그것이었다. 사물 가운데는 그 자체가 목적으로서 귀중한 것도 있고 어떤 목적을 달성하기 위한 수단으로서 소중한 것도 있거니와, 목적과 수단의 관계를 가진 두 가지의 가치가 비교의 대상이 될 경우에는 목적이 되는 가치에게 높은 자리를 주어야 마땅하다는 것이다. 이 세 번째 척도에 비추어 보더라도 우리는 역시 내면적 가치에게 높은 자리를 인정해야 한다는 결론을 얻게 된다. 내면적 가치의 부류에 속하는 것들은 그 자체가 목적으로서의 성격이 강한 반면에, 외면적 가치에 속하는 것들은 대체로 수단으로서의 성격이 강하기 때문이다.

내면적 가치를 가진 것의 예로서 우리는 인격과 생명, 그리고 건강을 들었거니와, 이것들은 더러는 다른 무엇을 위한 수단으로서 활용되기도 하나, 본래는 그 자체가 목적으로서의 성격을 강하게 띠고 있다.[18] 학문과 예술 그리고 사상 등의 내면적 가치도 다른 무엇을 위해서 쓰일 수도 있으나, 그 일에

---

[18] 인격을 단순한 수단으로서 대접하지 말라는 것은 칸트가 거듭 강조한 가르침이며, 사람의 육체도 단순한 수단으로서 이용할 성질의 것이 아니라고 보는 것이 현대인의 공통된 믿음이다.

종사하는 사람들의 견지에서 볼 때는 그 자체가 목적으로서의 성격을 강하게 띠고 있다. 그러나 금력과 권력 그리고 지위 따위의 외면적 가치는 본래 수단으로서 성격이 강하다. 재물은 본래 삶의 수단으로서 사용하기 위한 것이요, 민주주의 사회에서의 권력과 지위는 사회의 안녕과 질서를 위한 제도적 장치로서 마련된 것이다.

재물이나 권력 또는 지위도 목적으로서 추구될 수 있으며, 실제로 이것들을 목적으로서 추구하는 사람들도 적지 않다. 그러나 이것들이 본래 목적으로서 추구하기에 마땅한 대상이 아니라는 것은, 이것들이 목적으로서 추구될 경우에 나타나는 파괴적 결과에 의해서 밝혀진다. 현재 우리가 경험하고 있는 대부분의 사회적 병폐는 본래 수단으로서 활용되어야 할 금력과 권력 그리고 지위 등 외면적 가치를 목적으로서 추구하는 사람들의 잘못에 연유한다 하여도 과언이 아닐 것이다. 생명과 건강, 교양과 인격, 학문과 예술 등 내면적 가치의 대상들은 많은 사람들이 그 자체를 목적으로서 열심히 추구하여도 사회생활에 도움이 될 뿐 아무런 지장도 초래하지 않는다는 사실과 매우 대조적이다.

외면적 가치 가운데서 큰 비중을 차지하는 관능적 쾌락은 그것이 본질상 수단적인 것이라고 단정하기는 어렵다. 관능적 쾌락은 식욕과 성욕 등 원초적 욕구의 충족에 수반하는 것으로서 원초적 욕구의 충족 추구와 관능적 쾌락의 추구를 뚜렷한 한계선으로 구별하기가 어렵기 때문이다. 다시 말해서, 원초적 욕구의 충족은 그 자체가 목적으로서 추구되어도 추호의 잘못이 없다고 일단 말할 수 있으며, 원초적 욕구의 충족을 목적으로서 추구하는 행위와 관능적 쾌락을 목적으로서 추구하는 행위는, 관념상으로는 구별할 수 있으나, 현실적으로는 구별하기가 어렵다. 단적으로 말해서, 관능적 쾌락 그 자체를 목적으로서 추구하는 행위에 어떤 모순이나 부자연스러움이 있다고 말하기는 어렵다고 보아야 한다.

그러나 관능적 쾌락을 목적으로서 추구하는 행위는 생물학적 근거를 가졌으며 그런 뜻에서 그것은 자연스러운 행위라고 볼 수 있다 하더라도, 그것을 건전한 생활 태도로서 시인할 수는 없다. 왜냐하면, 관능적 쾌락 그 자체를 목적으로서 추구할 경우에는 쾌락의 극대화를 삶의 목표로서 추구하게 될 공산이 크며, 쾌락의 극대화를 최고의 선(善)으로 삼는 쾌락주의가 결과적으로 많은 고통을 초래한다는 역리(逆理)에 부딪치고 만다는 것은 일찍이 에피쿠로스(Epikuros)가 지적한 바와 같기 때문이다. 쾌락주의의 생활 태도는 결국에 그 개인을 고통으로 몰고 갈 뿐 아니라 사회에 대하여도 많은 피해를 가져올 공산이 크므로, 현명한 삶의 길이 되기 어렵다. 쾌락을 위한 쾌락의 추구는 권장할 만한 생활 태도가 못 되며, 쾌락은 다음의 활동을 위한 기분 전환의 수단으로서 잠시 즐길 경우에만 끝까지 좋은 결과를 약속한다.[19]

　　이상의 고찰로써, 우리는 가치의 목적성과 수단성을 기준으로 삼더라도 역시 내면적 가치의 세계가 외면적 가치의 세계보다 높은 자리를 차지해야 마땅하다는 결론을 내릴 수 있을 것이다. 그리고 삶의 최고의 목적이 될 수 있는 자격을 갖는 것은 어떤 내면적 가치일 수밖에 없으며, 수단으로서의 성격이 강한 외면적 가치 가운데는 삶의 최고 목표로서 마땅한 것이 있을 수 없다는 것도 명백하다.

　　가치 비교의 척도로서 네 번째로 제시한 것은, 가치 있는 것을 소유 내지 경험했을 때 사람들이 느끼는 만족감의 강도(强度)였다. 그런데 이 '만족감

19　쾌락 그 자체를 목적으로서 추구하는 것은 쾌락주의자의 생활 태도다. 관능의 쾌락 그 자체의 극대화를 최고의 선(善)으로 여기고 그것을 삶의 목표로 삼을 경우에 도리어 쾌락에 반대되는 고통을 얻게 된다고 에피쿠로스가 지적한 모순에 대하여 심리학자들은 '쾌락주의의 역리(paradox of hedonism)'라는 이름을 붙였다. 그리고 쾌락을 위한 쾌락의 추구가 아니라 다음 활동을 위한 기분 전환 내지 활력 충전의 수단으로서 잠시 즐기는 태도의 대표적인 것이 바로 '레크리에이션'이다.

의 강도'를 기준으로 삼고 비교할 때는 내면적 가치보다도 외면적 가치의 우위를 인정해야 할 것으로 보인다. 만족감의 강도가 가장 높은 것은 대부분의 보통 사람들의 경우 주색의 쾌락이라고 보아도 무방할 것이며, 금력이나 권력을 장악했을 때의 만족감도 학문이나 예술에서 높은 경지에 올랐을 때의 그것보다 강렬하다고 보아야 할 것이다. 평상시에는 주색이나 쾌락이나 부귀와 영화를 경계해야 할 유혹으로 생각하던 사람도 막상 그 유혹 앞에 서게 되면 그것을 뿌리치지 못하는 사례가 허다하다는 사실이, 외면적 가치가 주는 만족감의 강도가 내면적 가치가 주는 그것을 압도한다는 증거로 볼 수 있을 것이다.

가치 비교의 네 가지 척도 가운데 세 가지는 내면적 가치의 우위를 판정하나 '만족감의 강도'만은 외면적 가치의 우위를 가리킨다는 불일치는 우리의 문제를 복잡하게 만들고 있다. 그러나 2장 3절에서도 언급한 바와 같이, '만족감의 강도'라는 네 번째 척도의 권위가 다른 세 가지 척도의 권위를 합친 것보다도 높다고 보기는 어려울 것이다. 가치 비교의 척도로서 '관심의 포괄성'과 '선호도' 및 '관심의 강도'를 제시한 페리가, 세 가지 척도의 우선순위를 고찰하는 대목에서, '혜택의 포괄성'과 외연이 일치하는 '관심의 포괄성'에게 가장 높은 자리를 주고 '만족감의 강도'와 대비를 이루는 '관심의 강도'에게 가장 낮은 자리를 준 그의 견해를 논리적으로 충분히 뒷받침하지는 못했으나, 그의 결론에 직관적 설득력이 있다는 것은 인정해도 좋을 것이다. 강도가 높은 일시적 만족보다는 포괄성이 넓고 오래 지속하는 만족을 더욱 값지다고 보는 것은 선철들의 전통적 통찰이기도 하고 우리들의 일반적 직관이기도 하다.

외면적 가치를 내면적 가치보다도 선호하는 가치관 내지 생활 태도의 또 하나의 문제점은, 외면적 가치는 대체로 경쟁성이 매우 강하므로, 외면적 가치를 강력하게 추구하는 가치 풍토 속에서는 사회적 협동이 어렵다는 사실에서 발견된다. 금력이나 권력 또는 값비싼 쾌락을 삶의 최고 목표로서 추구하는 사람들은 치열한 사회 경쟁의 소용돌이 속으로 휘말리게 되며, 치열한 경쟁의 상황 속에 던져진 사람들은 이해관계가 상반되는 까닭에 함께 협동하기가 어려운 것이다.

3) 이기주의의 역리

한국인의 생활 태도의 셋째 특색으로서 우리는 부분에 대한 애착을 거론하고, 부분에 대한 애착이 지나친 자기중심적 태도, 즉 이기심(利己心)으로 연결된다는 사실을 지적하였다. 자기 보호의 본능은 동물의 세계가 공통으로 가지고 있는 일반적 심리임을 감안할 때, 인간의 이기성도 하나의 자연현상으로서 받아들여야 한다는 주장도 생각할 수 있을 것이다. 그러나 이기적 태도에 대해서 우리가 직관적으로 느끼는 도덕적 비난의 감정을 논외로 하더라도, 배타적 이기주의가 바람직한 삶의 길이 아님을 밝히기는 어렵지 않을 것이다. 이기주의를 보편적 원리로서 받아들일 때, 우리는 '이기주의의 역리'라는 자기모순에 빠지기 때문이다. (여기서 우리가 말하는 '이기주의'란, 타인의 권익이나 공동체를 돌보지 않고 나의 이익만을 추구하는 좁은 의미의 이기적 생활 태도를 가리킨다.)

이기적 태도가 올바른 생활 태도라면, 나의 이기적 태도뿐 아니라 모든 사람들의 이기적 태도를 옳다고 인정해야 할 것이다. 나에게만 이기적 태도를 허용하고 타인에게는 그것을 거부하는 것은 논리의 일관성의 원리에 어긋난다. 그러나 세상 사람들의 전부 또는 대부분이 타인의 권익을 무시하고 자기의 편의와 이익만을 추구한다면, 서로가 서로를 방해하게 되어, 긴 안목으로 볼 때 모든 사람들 또는 대부분의 사람들이 필경은 자기의 뜻을 이루지 못하는 결과를 부를 공산이 크다. 그것은 이기주의적 생활 태도가 결과적으로 자신의 불이익을 초래함을 의미하는 것이니, 일종의 자기모순이 아닐 수 없다. 어떤 실천의 원칙이 타당성을 갖기 위해서는, 우선 그 원칙의 보편적 실천이 가능해야 하고 또 그 원칙의 보편적 실천의 결과가 그 원칙이 목적하는 바를 실현할 수 있는 가능성이 커야 한다. 그런데 이기주의는 보편적 실천이 가능하기는 하나, 그 원칙이 보편적으로 실천되었을 때 타인과 공동체에 피해를 줄 공산이 클 뿐 아니라 자기 자신에게도 불이익을 초래할 개연성이 높으므로, 타당성을 가진 삶의 원칙으로서 인정되기 어렵다.

4) 외형 존중의 문제점

한국인의 의식구조 내지 생활 태도의 넷째 특색으로서 우리는 외형 존중의 경향을 거론하였다. 그 외형 존중의 파생적 현상으로서 허례허식과 사치, 낭비로 흐르기 쉬운 경향이 수반하게 됨을 말하는 가운데 외형 존중의 문제점도 부분적으로 언급하였다. 이 자리에서는 이미 언급한 바를 보완하는 뜻에서 좀 더 부연하기로 한다.

외형의 존중은 인간 생활을 풍요롭게 하는 긍정적 측면도 가졌다. 예절이 요구하는 외형의 존중은 그것이 지나치게 번거롭지 않도록 적절한 정도에 머무르면 사람들의 대인관계를 화목하게 하는 데 기여한다. 의식주의 기본 생활과 삶의 여백을 즐기는 취미 생활 등에서의 외형의 존중은, 그것이 높은 안목의 미적 감각과 결합하면, 예술의 창작과 예술적인 삶을 위한 원동력의 구실을 한다. 그러나 외형의 존중이 정도를 지나치거나 속물근성과 결합할 경우에는 여러 가지 폐단을 초래하게 된다. 특히 현대의 자본주의 산업사회에서는 외형의 존중과 소비성향이 결합함으로써 사치와 낭비의 풍조를 조성하게 되고, 사치와 낭비는 여러 가지 심각한 사회문제로 연결된다.

사치와 낭비의 풍조는 물질에 대한 사람들의 욕심을 한정 없이 조장한다.

오늘의 자본주의 사회에서는 돈벌이에 여념이 없는 상인들이 날로 새롭고 더욱더 값비싼 사치품을 시장에 내놓음으로써 사람들의 소비욕을 자극하고, 날로 더해 가는 이 소비욕을 만족시키기 위해서는 한없이 많은 돈을 벌어야 한다. 이러한 상황 속에서 사람들의 물욕은 한정 없이 커가고, 한정 없는 물욕에 연유하는 치열한 사회 경쟁의 결과로서 빈부의 격차가 지나치게 벌어진다. 심한 빈부의 격차는 그 자체가 좋지 않은 현상이며, 심각한 사회적 갈등의 원인이 된다. 그뿐만 아니라, 사치와 낭비는 자연 자원의 고갈을 조장하고 생활환경의 오염을 촉진한다. 현대 산업사회에서의 모든 상품의 생산은 자연 자원의 힘을 빌리기 마련이므로, 상품의 낭비는 자연 자원의 낭비를 겸하게 된다. 그리고 상품의 낭비는 필요 이상의 공업화를 초래함으로써 환경의 오염을 가속화한다.

12 장

차선의 길: 현실적 선택

12장 차선의 길: 현실적 선택

1. 우리나라의 이데올로기 갈등

전환기를 맞이한 우리나라는 현재 여러 가지 사회적 갈등을 겪고 있다. 세대간의 갈등, 지역간의 갈등, 도시와 농촌의 갈등, 계층간의 갈등. 갈등이란 해결을 요구하는 **문제**로서의 성격을 가지고 있거니와, 우리나라에서 가장 심각한 문제가 되고 있는 것은 이데올로기의 갈등이 아닐까 한다. 세계적 관점에서 볼 때 이데올로기의 갈등은 대체로 해소 내지 완화의 추세를 보이고 있음에도 불구하고, 우리나라에서는 도리어 그것이 심각한 양상을 띠고 있다는 것은, 우리나라가 현재 특수한 상황에 놓여 있음을 말해 주는 것으로 볼 수 있을 것이다.

1948년에 남한에서는 미국의 영향력 아래서 이승만(李承晩)을 수반으로 삼는 정부가 수립되었고, 곧 이어서 북한에서는 소련의 힘을 입은 김일성(金日成)의 정부가 탄생하였다. 이승만의 정권은 미국의 체제를 따라서 '자유민주주의'를 표방하였고, 김일성의 정권은 소련의 체제를 따라서 공산주의 이데올로기를 앞세웠다. 해방 당시만 하더라도 남한 사람들과 북한 사람들 사이에 이데올로기의 대립이 없었음에도 불구하고 정반대되는 이데올로기를 따르는 두 정권이 남한과 북한에 각각 서게 되었다는 것은, 두 체제의 선택이 우리 국민의 자주성에 입각한 것이 아니라 두 외세에 의하여 타율적으로 이루어졌음을 단적으로 밝혀 준다.

이승만 정권은 공산주의 내지 사회주의를 도저히 용납할 수 없는 사상으로 규정하고, '반공'을 국시(國是)로서 내세우는 동시에, 공산주의 내지 사회주의에 대하여 접근하는 것은 물론이요, 호의나 관심을 표명하는 언행조차도 처벌할 수 있는 '반공법'을 제정하였다. 그리고 각급 학교의 교과과정에는 공산주의가 사악하기 짝이 없는 위험한 사상임을 가르치는 내용을 충분히 담을 수 있도록 조처하였다.

이러한 반공 정책이 처음부터 국민 일반의 전폭적 지지를 받은 것은 아니었다. 미국의 풍요로운 물질생활을 선망의 시선으로 바라보면서 미국을 본받을 만한 선진국이라고 생각하는 사람들이 많기는 하였으나, 일부 지식층 가운데는 반공 정책을 포함한 이승만의 정치에 대하여 비판적 태도를 취하는 사람들도 적지 않았다. 지식층이 아니더라도 공산주의 내지 사회주의 운동에 가담하다가 불법화 조치에 밀려서 지하로 숨은 사람들의 경우는 더욱 철저하게 이승만 정권을 적대시하였다.

그러나 6·25 전쟁이 있은 다음에는, 이승만 정권의 반공 정책이 대체로 국민 일반의 대폭적 지지를 받는 방향으로 여론이 움직였다. 이 민족상잔의 비극적 전쟁을 통하여 많은 인명과 재산의 피해가 있었거니와, 그 책임이 전쟁을 일으킨 김일성과 그 배후로 지목된 스탈린에게로 돌아갔던 것이다. 북한 인민군이 유엔군에 밀려서 후퇴하던 와중에 가혹한 행위를 한 사례가 적지 않았다는 사실도 공산주의에 대한 남한 사람들의 반감을 크게 자극하였다. 그뿐만 아니라, 6·25 전후까지 남한에 남아서 공산주의 지하운동을 하던 사람들의 거의 모두가 북으로 달아나거나 살해되었으므로, 남한에서 공산주의 내지 사회주의를 지지하고 선전할 세력이 자취를 감추게 되어, 남한은 반공 국가로서의 지반을 큰 저항 없이 굳히게 되었다. 이승만 정권이 전체로서는 국민의 지지를 잃은 뒤에도, 남한에서의 반공 사상의 기류는 별로 약화되지 않았다.

북한의 김일성 정권은 이승만 정권보다도 더 철저하게 반대 세력을 탄압하였다. 공산주의 정책에 반대하거나 공산주의 이론에 대하여 비판적 태도를 취하는 사람은 물론이요, 공산주의는 신봉하더라도 김일성 정권에 대하여 충성심을 보이지 않는 사람들까지도 '반동분자'로 몰아서 무력화하였다. 길일성의 전제정치에 대해서 비판적인 생각을 가진 사람들이 구세대 가운데는 상당수 있을 가능성을 부인하기 어려울 것이나, 김일성 정권이 만들어 낸 폐쇄적 사회 안에서 특수한 교육을 받고 자라난 젊은 세대는 대체로 김일성의 정치를 긍정적으로 받아들이며, 북한을 살기 좋은 나라로 믿고 있는 경향이 강한 것으로 보인다. 따라서 북한의 당 간부와 관리 계층은 물론이요 젊은이들과 어린이들까지도 '미 제국주의 앞잡이'로 알려진 한국의 지배 계층과 이들이 의존하고 있는 자본주의 내지 자유민주주의 이념에 대해서 강렬한 반감을 가지고 있을 것으로 짐작된다.

남한에서의 반공 사상의 기류는 젊은 세대에서부터 흔들리기 시작했다. 6·25 전쟁이 일어난 1950년 이후에 태어났거나 6·25의 불행을 아주 어려서 겪은 한국의 젊은 세대가 공산주의 내지 사회주의를 '나쁜 사상'이라고 믿게 된 유일한 근거는 한국 정부가 만든 교과서와 늙은 세대의 증언뿐이었다. 그런데 그 한국 정부와 늙은 세대에 대한 신뢰가 무너지게 되면서 그들이 주입한 반공 사상에 대한 믿음도 무너지기 시작했던 것이다.

이승만 정권은 표면상 자유민주주의를 표방하였으나 그가 실천한 것은 철저한 독재정치였다. 그는 정적을 힘으로 제거하였고, 정권의 연장을 위해서 헌법을 폭력으로 고치기도 했으며, 자기를 비판하는 언론을 가차 없이 탄압하였다. 그러한 전제정치를 통하여 민생 문제를 해결했다거나 그 밖의 좋은 결과를 가져오지도 못했으니, 그의 정치는 '선의의 독재'로도 평가되기 어려웠다.

4·19 직후에 수립된 임시정부와 장면(張勉) 정권은 어떤 정책다운 정책을 실시할 겨를이 없었고, 그 뒤를 이어서 권좌에 오른 박정희(朴正熙)는 총칼로 정권을 잡고 총칼로 정권을 유지한 전형적 군인정치가였다. 박정희 정권은 과감한 경제정책을 실천하여 한국 경제를 크게 발전시키는 공로를 세우기도 했으나, 수출과 성장에만 치중하고 분배와 안정은 소홀히 했던 까닭에 지나친 빈부의 격차와 사회의 불균형을 초래하는 결과를 가져왔다. 절대적 빈곤의 문제는 어느 정도 해결되었으나, 불우한 저소득층의 상대적 빈곤감과 이에 따르는 불만이 새로운 사회문제로서의 성격을 띠고 등장하였다. 이러한 사회문제는 감수성이 강한 대학생들에 의해서 심각하게 의식되었고, 그들의 문제의식이 정부와 구세대가 심어 준 반공 이데올로기와 정면에서 충돌하기에 이르렀다.

한국에서의 학생운동이 본격화하기 시작한 것은 4·19 때부터였으며, 초기 단계의 학생운동의 기본적 동기는 독재에 항거하여 자유민주주의 사회를 실현하자는 데 있었다. 당시에 대학생들이 발표한 성명서나 그들이 외친 구호를 근거로 판단할 때, 그들의 가슴속을 공산주의나 사회주의 이데올로기가 차지하고 있었다고 보기는 어렵다. 그들은 도리어 '반공'을 소리 높여 외치기까지 하였다. 그러나 한국의 학생운동은 "독재에 항거하여 민주 사회를 실현한다."는 초기의 소박한 노선을 끝까지 고수하지 않고, 점차 사회주의 혁명 노선을 지향하는 사람들에게로 주도권이 넘어가는 추세를 보였다.

한국 학생운동의 성격 변화가 언제부터 시작되었는지 정확하게 지적하기는 어려우나, 늦어도 1970년대 중반에는 사회주의 성향을 가진 사람들이 주도권을 잡기에 이른 것이 아닐까 짐작된다. 어쨌든 언론의 자유가 주어졌던

1980년 봄에 대학생들이 붙인 대자보와 대학 신문에 발표된 학생 논단에는 이미 사회주의의 색채가 상당히 선명하게 표출되었다. 그리고 이러한 추세는 그 뒤에 점점 더 가속화된 것으로 판단된다. 1980년대 이후의 학생운동에 가담한 사람들이 모두 사회주의 사상에 동조한 것은 아니며, 숫자상으로는 자유민주주의를 지지하는 사람들이 많았을 가능성도 크나, 학생운동을 주도한 핵심 인물들 가운데는 사회주의 이데올로기를 신봉한 사람들이 압도적이었다고 보아야 할 것이다.

남한에서 사회주의 혁명을 시도하고 학생운동에 뛰어든다는 것은 생명을 건 크나큰 모험이다. 일신의 희생을 무릅쓰고 모험을 감행한다는 것은 그 길이 옳다고 믿기 때문일 것이다. 한국의 젊은 지성인들로 하여금 사회주의 혁명의 길을 옳다고 믿게 한 것으로서 우리는 두 가지를 생각할 수가 있다. 하나는 시정해야 할 모순이 허다한 남한의 현실이요, 또 하나는 마르크스의 사상이 갖는 이론적 매력이다. 빈부의 격차, 부정과 부패, 향락적 소비 풍조 등 남한의 현실에는 고쳐야 할 문제가 많으며, 이상주의와 인도주의의 색채가 강한 마르크스주의에는 젊은 지성인을 끌어들일 만한 매력이 있다.

그러나 남한의 구세대의 대부분은 일부 젊은이들의 좌경에 대하여 깊은 우려와 불안을 느낀다. 6·25의 아픈 기억이 공산주의 내지 사회주의의 수용을 직관적으로 거부하며, 사회 현실의 모순은 점진적으로 개혁하는 편이 바람직하다고 믿는 것이다. 그러나 마르크스주의에 반대하는 사람들이 그 이론의 핵심을 알고서 반대하는 것은 아니다. '빨갱이'라는 말이 함축하듯이, 그것은 무조건 흉악한 사상이라는 선입견을 따라서 감정적으로 반대하는 경우가 많다. 마르크스주의가 가진 긍정적 측면을 전혀 인정하지 않는 까닭에, 젊은 세대와의 대화는 두절되고, 젊은 세대는 젊은 세대대로 감정적 태도로써 대응하는 까닭에, 두 집단 사이에 이데올로기적 갈등은 타협의 실마리를 찾지 못하고 심화된다.

역사는 늙은 세대와 젊은 세대 사이의 협동을 통하여 순조로운 발전을 성취한다. 늙은 세대는 그들이 하다 남긴 일을 조만간 젊은 세대에게 넘겨 주어야 하며, 젊은 세대는 앞선 세대가 남긴 문화유산을 최대한 활용함이 바람직하다. 두 세대 사이의 갈등이 심하여 이어달리기의 바통 터치가 순조롭게 되지 않으면, 역사는 정체하거나 후퇴할 수밖에 없다. 같은 땅에 사는 신구 두 세대는 같은 배를 탄 동행인과 같은 것이어서, 옳은 방향으로 뜻과 힘을 모아야 할 깊은 인연으로 맺어진 두 집단이다.

신구 두 세대 사이에 의견의 대립이 생기는 것은 어느 시대 어느 사회에서나 흔히 있는 일이다. 그러나 그 대립의 상태는 한 차원 높은 종합을 통하여 해결되기를 기다리는 문제 상황이다. 현재 남한의 두 세대 사이에서 발견되는 이데올로기의 갈등도 높은 차원의 해결을 요구하는 문제이며, 그 원만한 해결을 통하여 내일의 발전을 위한 밑거름으로 삼아야 할 귀중한 경험이다.

같은 국가 안에서 복수의 정치 이데올로기가 대립했을 때, 힘겨루기를 통하여 강한 집단이 약한 집단에게 침묵을 강요하는 것은 바람직한 해결의 길이 아니다. 이데올로기의 갈등을 해결하는 가장 바람직한 길은, 이론적 탐구를 통하여 그 나라의 실정에 적합한 이데올로기의 체계를 정립하고, 가장 적합하다고 인정되는 이데올로기의 체계를 따라서 헌법을 제정하고 그 헌법에 입각하여 제반 제도를 운영하는 길이다. 그러나 이데올로기에 관한 연구의 결과를 전 국민에게 주지시키고 그들의 동의를 얻어 낸다는 것은 사실상 매우 어려울 것이므로, 우리는 실천이 용이한 차선(次善)의 길을 강구하는 것이 현실적으로 유용할 것이다.

실천이 용이한 차선의 길이란, 서로 다른 정치 노선을 표방하는 모든 집단에게 그들 자신의 정당을 조직하도록 허용하고, 투표권을 가진 국민으로 하여금 각자가 지지하는 정당을 선택하도록 함으로써, 가장 지지를 많이 받는 이데올로기가 그 나라의 체제를 좌우하도록 하는 길이다. 즉 현재의 집권당이 옹호하는 이데올로기와 정반대의 이데올로기를 앞세우는 정당도 허용하고 그들의 자유로운 활동을 보장하되, 유권자의 대다수가 이 야당을 지지할 경우에는 이 야당에게 정권을 넘겨 주는 길이다.

현실적으로 이 차선의 길을 취할 경우에도 저 이론적 탐구의 첫째 길을 함께 활용하는 것이 바람직하다. 즉 어떤 이데올로기가 그 나라의 실정에 가장 적합한가에 대한 충분한 이론적 연구를 하고, 그 연구의 결과를 국민 전체에게 널리 알림으로써 유권자의 선택에 이론적 근거를 제공한다면, 결과적으로 이데올로기의 갈등을 해결하는 두 가지 길을 아울러 사용한 셈이 될 것이다. 그러므로 이데올로기의 우열 내지 적합성 여부를 이론적으로 탐구하는 일은, 이데올로기의 갈등을 합리적으로 해결하기 위해서 반드시 거쳐야 할 중요한 과정이다.

2. 이데올로기의 청사진과 그 실현 가능성의 문제

가장 바람직한 이데올로기를 가려내기 위하여 문제가 되고 있는 이데올로기를 평가하는 마당에서, 우리가 의존할 수 있는 평가 기준으로서는 다음 두 가지를 생각할 수가 있다. 첫째, 문제된 이데올로기가 실현하고자 하는 목표, 즉 그 이데올로기가 이상으로 삼는 사회의 그림이 얼마나 매력적인가? 둘째, 문제된 이데올로기가 내세우는 목표의 실현이 현재의 여건에 비추어 볼 때 가능한가?

실현하고자 하는 목표의 그림이 매력적이라는 점에서는 공산주의 이데올로기가 자유민주주의의 그것을 앞지른다고 보아야 할 것이다. 우리는 공산주의가 실현하고자 하는 사회의 청사진을 대략 다음과 같이 묘사할 수 있을 것이다. 첫째, 모든 생산재를 사회가 공유하는 제도를 확립함으로써 일할 수 있는 능력을 가진 모든 사람으로 하여금 주인으로서 생산하는 일에 종사할 수 있는 기회를 갖도록 한다. 둘째, 자기의 능력에 맞는 일을 주인의 한 사람으로서 하게 되므로, 공산주의 사회에서의 노동은, 가혹한 착취를 당하며 고용인으로서 일하기 마련인 자본주의 사회에서의 노동보다도 생산성이 크게 향상될 것이다. 셋째, 생산성이 크게 향상되므로 물자가 풍부해질 것이며, 그 풍부한 물자를 각자의 필요에 따라서 공정하게 분배한다. (자본주의 아래서는 끝없는 소비 풍조가 일기 마련이고 따라서 사람들의 물욕에도 한정이 없으므로, 설령 물자가 풍부하다 하더라도 만족할 만한 물질의 분배가 불가능하다. 그러나 공산주의 사회의 사람들은 공연한 탐욕을 부리지 않을 것이므로, 필요에 따르는 분배가 가능할 것이다.) 넷째, 계급 없는 사회가 실현될 것이며, 사람들은 모두 이성자(理性者)로서의 자아를 실현해 가며 사람답게 살 수 있게 될 것이다. 다섯째, 사람이 사람에게 억압당하는 일이 없을 것이고, 부자와 빈자로 계급이 나누어지는 일도 없으며, 공동체를 위하여 서로 협조하는 인간관계가 수립될 것이니, 자유와 평등과 형제애가 모두 실현되는 결과에 이를 것이다.

이상의 청사진과 같은 사회가 실현되기만 한다면, 그것은 지상의 낙원이라고 불러도 과언이 아닐 정도로 이상적인 사회가 될 것이다. 마르크스와 엥겔스는 한갓 공상적인 소망을 표명한 것이 아니라, 그러한 사회가 반드시 실현되리라고 믿었다. 그들의 이 같은 믿음은 여러 사람들의 공감을 얻었고, 그러한 공감은 거대한 힘이 되어 러시아 혁명을 일으켰으며, 세계 여러 나라에 사회주의 정권을 수립하는 결과를 불렀다.

그러나 모든 생산재를 사회의 공유로 하는 혁명을 시도한 국가들이 실제로 얻은 결과는 마르크스와 엥겔스가 예상한 것과는 크게 달랐다. 첫째로, 향상을 기대했던 생산성이 도리어 저하하는 경향을 보였다. 일의 결과의 질과 양을 따라서 분배를 달리하는 유인(incentive)이 없는 상황에서 능력을 가지고도 최선을 다하지 않는 사례가 많았다. 둘째로, 각자의 능력에 따라서 일거리를 맡긴다는 원칙도 실천에 옮기기에 많은 어려움이 있었다. 한 사회가 필요로 하는 일들 가운데는 아무도 맡기를 원치 않는 단조롭고 괴로운 것이 있기 마련이라는 사실과, 사람의 능력이 선천적으로 결정되어 있는 것이 아니라 훈련 내지 교육에 따라서 크게 좌우되며 능력 개발의 기회를 만인에게 균등하게 준다는 것이 사실상 쉽지 않다는 사실이, '능력에 따라서'라는 원칙을 실천에 옮기기를 어렵게 하였다. 셋째로, 인간이 인간을 억압하는 비리를 추방하고 만인의 자유가 실현되리라던 전망도 예상대로 되지 않았다. 이성의 발휘로서의 자율을 통하여 사회의 질서와 화합을 초래하는 가운데 진정한 자유를 실현한다는 것이 공산주의 본래의 구상이었다. 그러나 자본주의 사회의 시민들이 대체로 그렇듯이, 사회주의 사회의 인민들도 대부분이 이성적 자율로써 공동 목표 달성에 협력하는 수준에 이르지 못했던 까닭에, 공권력을 동원하여 협력을 강요할 수밖에 없는 상황이 허다했던 것이다. 넷째로, 생산성이 크게 향상하리라는 예상이 빗나갔던 까닭에, 필요에 따라서 분배한다는 이상도 먼 꿈으로 남게 되었다. 자본주의 사회에 비하면, 빈부의 격차를 줄이는 일에 상당한 성공을 거둔 것은 사실이나, 재화의 총량이 크게 부족한 상황에서 분배의 권한을 장악한 당 간부나 관료들이 공정 무사하지 못한 사례가 허다했던 까닭에, 물질생활의 차등은 그래도 남게 되었다. 이와 관련하여, 새로운 지배 계층에 속하는 모든 사람들이 탁월한 도덕성을 갖추도록 하는 특별한 제도를 성공적으로 수립하지 못한 대부분의 사회주의 국가에서는, 자본주의 국가의 경우와 마찬가지로, 권력층과 공무원 사회의 부정과 부패가 고질적인 문제로서 나타나게 되었다.

사회주의 국가들의 현실이 그 청사진과 같은 성공을 거두지 못한 것은 일시적 현상에 불과하다는 변호도 일단 생각할 수 있을 것이다. 공산주의를 적대시하는 자본주의 국가들과의 대결이 불가피한 상황에서 막대한 군비 지출의 부담이 큰 장애 요인으로서 작용했다는 점을 지적할 수 있을 것이고, 사회주의 사회 실현에 차질을 가져온 개인주의적 인간성이 자본주의에 의하여 함양된 것이며 이 자본주의의 잔재를 청산함에 많은 시간이 필요하다는 변명도 생각할 수 있을 것이다. 이러한 변명에 객관적 근거가 전혀 없다고는 말하기 어려울 것이나, 사회주의 내지 공산주의 사회의 건설이 청사진과 같이 진행되지 못한 가장 큰 사유는, 공산주의의 청사진을 실현하기에 요구되는 인간상의 수준이 대단히 높은 데 비하여 현실적으로 그 청사진을 실천하는 일에 참여한 사람들의 도덕적 수준이 저 요구되는 인간상의 수준에 크게 못 미쳤다는 사실에 있다고 필자는 생각한다.

여기서 우리는 플라톤의 이상 국가론의 한 부분을 연상하게 된다. 플라톤도 일종의 공산주의 체제를 이상으로 삼았다는 것은 널리 알려진 사실이거니와, 그는 그의 이상 국가가 실현되기 위한 전제 조건으로서 통치자와 관료 계층의 인격 수준이 높은 경지에 도달해야 한다는 점을 역설하였다. 이상 국가의 건설을 위하여 지도자 계층의 임무를 감당할 사람들은 첫째로 사심이 없어야 하고, 둘째로 판단이 지혜로워야 한다고 플라톤은 통찰하였다. 그리고 사사로운 욕심의 발동을 막기 위해서는 가족제도와 사유재산제도를 없애야 한다고 그는 믿었으며, 지혜로운 판단력을 기르기 위해서는 치밀한 교과과정에 따른 인간 교육을 실시해야 한다고 주장하였다.

가족제도 없이 우량한 아기를 생산하여 국가기관에서 양육하는 과정에서부터 탁월한 인격으로 성장하도록 교육하는 과정에 이르기까지의 플라톤의 방법론과 그 타당성 여부는 이 자리에서의 우리들의 관심사가 아니다. 여기서 우리의 주목을 끄는 것은, 이상적인 국가 내지 사회를 건설하기 위해서는 그 국가 내지 사회 건설을 감당할 만한 높은 수준의 인간부터 양성해야 한다고 주장한 플라톤의 깊은 통찰력이다. 마르크스와 엥겔스는 경제 제도만 바르게 세우면 인간의 의식구조는 그에 따라서 자연히 바로잡아진다고 보았던 까닭에, 이상적 사회의 건설이 요구하는 인간상을 길러 내는 문제에 대해서는 크게 신경을 쓰지 않은 것으로 보이나, 바로 이 인간상의 수준의 문제를 간과한 것이 그들의 이론의 큰 약점으로 드러났다고 필자는 생각한다. 그리고 약 2천 4백 년 전에 제도에 앞서서 또는 제도의 개혁과 병행하여 인간을 양성해야 한다는 점을 역설한 플라톤의 통찰력에 새삼 감탄을 느낀다.

여러 가지 사회제도 특히 경제적 사회제도가 인간의 의식구조 형성에 지대한 영향을 미친다는 것은 논란의 여지가 없다. 그러나 외형(外形)이 같은 제도를 도입한다 하더라도 그 제도를 운영하는 사람들의 수준이 다르면 결과는 크게 다르게 나타난다는 사실도 간과해서는 안 될 것이다. '자유민주주의'라는 제도를 채택한 나라들 가운데도 비교적 잘돼 가는 나라와 그렇지 못한 나라의 구별이 있으며, '사회주의'라는 제도를 받아들인 나라들 가운데도 그 결과가 **비교적** 순조로운 경우와 그것이 몹시 나쁜 경우가 생긴다는 사실이 제도를 운영하는 사람들의 중요성을 여실히 입증한다. 우리가 선택하고자 하는 제도를 성공적으로 운영하기 위해서는 어떠한 인간상이 요구되며 그러한 인간상의 형성을 위한 방법이 무엇인가 하는 문제는 우리들이 앞으로 연구해야 할 어려운 과제다.

'자유민주주의'가 궁극적으로 도달하고자 하는 목표의 그림을 선명하게 제시하기는 어려운 일이다. 자유민주주의는 도달하고자 하는 목표를 정해놓고 그 목표로의 접근 방안을 밝히는 사상의 체계라기보다는 사회적 결정의 정당한 절차에 관한 사상으로서의 성격이 강할 뿐 아니라, 사회주의의 도전에 대응하여 궤도를 수정하는 과정에서 그 주장하는 내용이 다양하게 되었기 때문이다. 그러나 정당한 절차의 이행 자체가 민주주의자들의 궁극적 목적이 될 수는 없으며, 궤도의 수정으로 주장하는 바가 다양하게 되었다 하더라도 기본적 윤곽에는 큰 변화가 없으므로, 그들의 청사진의 대체적 테두리를 모색하는 정도는 가능할 것이다.

자유민주주의에 따르면 개인이 삶의 주체적 단위다. 개인은 독립적 주체로서 각자의 삶을 자유롭게 영위할 권리를 가졌다. 그러나 개인들은 각각 고립해서 사는 것은 아니며 여러 사람이 사회적 관계를 맺고 살기 마련인 까닭에, 여러 개인들의 삶의 설계와 그 실천 사이에 충돌이 생길 경우가 많다. 이 충돌을 미연에 방지하거나 해소하기 위해서는 원만한 사회생활이 요구하는 규범, 즉 사회규범을 지켜야 한다. 사회규범 가운데서 가장 중요한 것이 윤리와 법(法)이거니와, 윤리와 법의 본질과 그 체계 내용에 관해서는 자유민주주의자들 사이에도 여러 가지 학설의 대립이 있다

자유민주주의 사회에서는 경제적 행위의 주체도 근원적으로는 개인이다. 법인 또는 그 밖의 단체가 경제적 행위의 주체가 될 수도 있으나, 법인 또는 단체는 개인들이 자유의사를 따라서 결성할 수도 있고 해체할 수도 있는 것이므로, 법인 또는 그 밖의 단체의 이름으로 하는 경제 행위도 그 근원은 개인들에게 있다고 보아야 할 성질의 것이다. 경제 행위의 근원적 주체를 개인으로 보는 자유민주주의 체제 아래서는 원칙적으로 사유재산제도가 옹호를 받으며, 시장을 매개로 한 자유경쟁이 제반 경제활동의 기본 원리로서 허용된다. 다만 사유재산의 취득과 경제활동의 경쟁은 공정(公正)과 질서를 위해서 요구되는 일정한 규칙을 따라서 이루어져야 한다.

자유민주주의 사회의 성패(成敗)는, 자유경쟁을 포함한 모든 활동에 즈음하여, 시민들이 지켜야 할 규범 내지 규칙의 체계가 어떻게 제정되고 어떻게 지켜지느냐에 달려 있다. 일반적으로 자기의 이익을 우선적으로 추구하는 것이 인간의 심성이므로, 개인들은 자기들이 속해 있는 사회의 규범이 각각 자신에게 유리하도록 제정되기를 바란다. 여기서 모든 사람들을 공정하게 대접하는 합리적 규범의 체계를 정립함이 요청되거니와, 사회적 규범의 근간을 이루는 법의 제정을 위하여 의회제도를 활용하는 것이 민주주의 국가들의 일반적 관행이다. 의회제도란 모든 유권자들이 각자의 이익을 대변해 줄 대의원을 투표로써 선출하고, 선출된 대의원들이 각계각층의 이익을 대

변하는 제도이니, 형식적인 관점에서 볼 때 합리적 입법에 적합한 장치라는 첫인상을 강하게 줄 수 있다.

그러나 실제의 법률은 이 첫인상과는 다르게 제정될 경우가 많다. 대의원들이 자기에게 투표한 유권자들의 권익을 반드시 고루 옹호하도록 법을 제정한다는 보장이 없으므로, 실제로는 불공정한 법이 만들어질 경우도 흔히 있다. 다만 대의원이 본연의 임무에 충실하지 않고 그 권한을 달리 남용할 경우에, 유권자들이 그 사실을 다음 선거의 투표로써 평가할 수 있다는 사정이 대의원의 배신을 견제하는 장치의 구실을 한다. 결국 유권자들의 선택이 얼마나 현명하냐에 따라서 대의원제도를 통한 입법의 성패가 좌우된다는 결론을 얻게 된다.

설령 법규의 제정이 합리적으로 된다 하더라도 그 법규가 잘 지켜지지 않으면, 자유민주주의는 성공을 거두기 어렵다. 물론 법에는 강제적 제재의 권한이 포함되어 있으므로 범법자를 응징함으로써 법의 준수를 독려할 수도 있으나, 국민의 자율적 협력이 부족할 경우에 공권력의 발동만으로 법질서를 유지하기는 매우 어렵다. 특히 지배층에 속하는 사람들이 법을 어길 경우에는 그것을 막기가 더욱더 어렵다. 결국 법의 준수 여부도 국민의 도덕적 수준에 달려 있다는 결론으로 귀착한다.

자유민주주의는 개인의 자유를 전제로 하고 출발한다. 그러나 모든 사람들에게 무제한의 자유를 허용할 경우에 생기는 혼란과 불이익을 막기 위해서는 자유의 제한이 불가피하다. 그 자유의 제한은 합리적이라야 하며 모든 사람들에게 공평하게 가해져야 한다. 합리적이고 공평한 자유의 제한을 위한 규칙은 법으로 정하게 되거니와, 법의 제정과 그 준수가 제대로 될 경우에는 민주주의 사회가 그 청사진을 따라서 실현될 수 있을 것이다. 어느 정도 공정한 법이 제정되고 어느 정도 철저하게 그 법이 지켜지느냐 하는 것은 그 나라 국민의 일반적 수준에 달려 있으므로, 여기서도 사회주의의 경우와 마찬가지로 이념을 실현하고자 하는 사람들의 인간상(人間像)이 매우 중요하다는 결론으로 귀착한다.

자유민주주의 사회의 성공적 실현을 위해서 요구되는 인간상의 수준은 사회주의의 경우처럼 높을 필요는 없을 것이다. 좋은 법규를 제정하고 그것을 준수하는 것은 원대한 안목으로 볼 때 결국 자기 자신을 위하는 길이 되기도 하는 까닭에, 이기심을 초월한 대아(大我)의 인품이 아니더라도, 자애심이 사려 깊은 마음과 결합한 사람이라면 자유민주주의 사회의 실현을 위해서 적합한 성원이 될 수 있을 것이기 때문이다.

궁극적으로 실현하고자 하는 목표의 청사진 그 자체를 비교할 때는 자유민주주의의 그림은 사회주의 내지 공산주의가 앞세우는 그림의 매력을 따라가기 어렵다. 자유민주주의의 그림에는 소아(小我)의 껍질을 깨는 뜨거운 사랑의 감격도 없고, 이성적 자아의 실현을 위해서 감각적 욕망을 초월하고자 하는 이상주의도 없다. 속물로서의 인간의 현주소에 안주하면서, 서로 남에게 방해가 됨이 없이 다 같이 즐겁게 살기만 하면, 그것으로써 자유민주주의의 목표는 일단 달성했다고 볼 수 있을 것이다. 그러나 청사진에 가까운 사회를 실현할 수 있는 가능성을 비교할 때는 자유민주주의 편이 더 현실적이라고 보아야 할 것이다. 개인주의적 사고방식이 팽배한 현대인의 심성으로써 공산주의 사회를 건설하기는 지극히 어려울 것으로 생각되는 데 비하여, 자유민주주의의 청사진을 실천에 옮기기에 적합한 인간상과 실재하는 현대인의 거리는 좁힐 수 있는 거리라고 생각된다.

3. 우리나라의 당면 과제

우리나라에서는 지금 체제에 관해서 상반된 두 가지 견해가 심각한 대립의 양상을 보이고 있다. 자유민주주의를 표방하고 있는 한국의 현 체제를 전복해야 할 비리(非理)의 체제로 보는 급진적 견해와, 이를 끝까지 수호해야 한다고 믿는 보수적 견해의 대립이다. 한국의 현 체제를 전복해야 한다고 주장하는 근거는 현 체제 아래서 전개된 한국의 현실에 많은 모순과 사회악이 가득하다는 관찰에 있으며, 이를 끝까지 수호해야 한다고 주장하는 근거는 이것이 '우리 대한민국의 체제'라는 것과 체제의 전복을 주장하는 사람들이 신봉하는 사회주의 내지 공산주의를 '불온한 사상'이라고 보는 주관적 판단에 있는 것으로 보인다. 필자의 의견에 따르면, 한국의 현실에 모순과 사회악이 가득하다는 비난은 객관적 근거를 가진 관찰이며, 현 체제가 '우리 대한민국의 체제'라는 사실을 현 체제 수호의 근거가 된다는 논리와 사회주의 내지 공산주의를 본질적으로 '불온한 사상'이라고 보는 견해에는 객관적 타당성이 별로 없다.

그러나 여기서 우리가 '사회주의 혁명 노선이 우리가 가야 할 길'이라고 단정한다면 성급한 결론이 될 가능성이 크다. 왜냐하면, 우리는 현 체제와 사회주의 사이에서 양자택일의 결론을 서두르기 전에 고찰해야 할 문제가 있기 때문이다. 우리가 여기서 고찰해야 할 문제는 다음과 같이 요약될 수 있을 것이다. 첫째, 자유민주주의 체제를 유지하면서 한국의 현실이 안고 있는 비리와 사회악을 시정할 수는 없는가? 둘째, 한국인의 심성의 현 단계를 포함한 오늘의 한국의 여건에 비추어 볼 때, 공산주의의 청사진을 실현할 수 있는 가능성은 어느 정도인가? 셋째, 자유민주주의 체제를 바탕으로 삼고 점진적 개혁의 길을 택했을 경우와, 사회주의에 입각한 급진적 혁명의 길을 택했을 경우를 비교할 때, 어느 길이 더 좋은 결과를 초래할 공산이 크다고 전망되는가? 넷째, 자유민주주의도 아니고 사회주의도 아닌 제3의 체제를 생각할 여지는 없을까?

'자유민주주의'를 표방해 왔지만 실제로는 자유민주주의가 요구하는 규칙을 무시한 사례가 허다한 한국의 **사이비** 민주주의 체제를 그대로 유지하는 한, 우리의 현실을 어지럽히고 있는 모순과 사회악을 획기적으로 제거하기는 어려울 것이다. 또 우리가 자유방임에 가까운 19세기적 자본주의의 테두리를 벗어나지 못한다면, 빈부의 지나친 격차, 쾌락주의적 소비성향, 사치와 낭비 등의 불합리를 극복하기는 매우 어려울 것이다. 그러나 사회주의자들이 역설하는 평등의 개념을 존중하는 견지에서 19세기적 자유주의의 부족한 점을 보완하고, 민주주의 사회가 요구하는 규칙을 다 같이 지킴으로써 서로의 권익을 존중하는 사회를 실현한다면, 비록 공산주의의 청사진과 같은 이상 사회에는 미치지 못하더라도, 오늘의 우리 현실보다는 훨씬 만족스러운 사회를 갖게 될 것이다.

우리가 마르크스의 청사진에 가까운 사회를 건설할 수만 있다면, 그 길이 가장 바람직한 길이 될 것이다. 그러나 문제는, 우리가 처해 있는 여건에 비추어 볼 때, 과연 그 길에서 성공을 거둘 수 있느냐에 달려 있다. 비록 청사진 그대로의 사회를 실현하지는 못하더라도 어느 정도 그 그림에 가까운 사회를 건설할 수 있다면, 그 길을 택하는 편이 옳을 것이다. 그러나 필자가 보기에는 이 점이 매우 비관적이다.

필자가 우리의 상황을 비관적으로 보는 가장 큰 이유는 우리들의 의식 수준이 마르크스의 이상주의를 감당하기에는 너무나 미흡하다는 사실에 있다, 세계의 다른 나라 사람들도 저 이상을 실현하기에 적격이라고는 생각되지 않으나, 우리 한국인의 경우에는 더욱 많은 어려움이 예상된다. 첫째로 이지(理智)보다도 감정이 우세한 한국인의 성격은, 그 감정이 종교적 인간애의 수준에 가까운 것이라면 매우 유리한 조건으로서 작용할 공산이 크나, 우리들에게 발달한 것은 자기중심적 애착의 성격이 강하므로 도리어 불리한 조건으로서 작용할 가능성이 많다. 한국인에게 발달한 감정은 한(恨), 원망, 증오, 시기, 앙심 등 부정적인 것이 많으며, 한국인에게서 흔히 발견되는 긍정적 심리로서의 사랑의 감정은 보편적이며 무차별한 큰 사랑이 아니라 혈육의 정, 동향의 정과 같은 국한적이며 차별적인 작은 사랑인 까닭에, 사심(私心)을 초월한 인간애를 요구하는 공산주의 사회의 건설을 위해서 큰 힘이 되기는 어려울 것으로 보인다.

둘째로, 내면적 가치보다도 외면적 가치를 선호하는 경향은 사회주의 내지 공산주의 사회를 건설하기에는 매우 부적합한 심성이다. 마르크스의 사상이 유물사관(唯物史觀)에 입각했다는 것을 근거로 삼고 그의 인생관이 물질주의적이고 쾌락주의적이라고 보는 견해는 잘못된 추측이다. 마르크스의 초기 사상에 분명하게 나타나고 있듯이, 풍요로운 물질생활을 즐기는 것이 그의 이상은 아니며, 이성자(理性者)로서의 자아실현이 그의 이상이다. 그리고 이 초기의 사상이 후일에 포기되었다는 증거는 찾아보기 어렵다. 마르크스는 초기 저술에서 누차 '자유'를 강조한 바 있거니와, 그가 말한 '자유'는 단순히 외부 억압으로부터의 자유를 의미하기보다는 이성자로서의 인간 내부의 법칙에 충실한 삶을 가리켰다. 스피노자의 경우가 그렇듯이, 마르크스의 견지에서 보더라도 물욕이나 감각적 욕망의 노예가 되는 것은 진정한 자유를 정면에서 배반하는 생활 태도다. 그러므로 금전과 향락, 권력과 지위 등 외면적 가치를 무절제하게 추구하는 현대 한국인의 심성은 마르크스의 이상과는 너무나 요원한 거리에 있다고 보아야 할 것이다.

셋째로, 오늘의 한국인에게 지나친 개인주의의 성향이 강하다는 것도 사회주의 내지 공산주의 사회 건설에는 매우 부적합한 심성이다. 사회주의 내지 공산주의는 강한 공동체 의식을 가진 인간상을 요구한다는 사실을 감안할 때, 개인주의가 지나쳐서 이기주의의 풍조까지 팽배한 오늘의 한국 현실은 마르크스의 이상을 실현하기에 극히 불리한 조건이다. 투철한 개인주의에 입각한 사회주의 사회의 건설도 생각할 수 있으나, 그 경우에는 투철한 이지적 태도가 전제되어야 할 것이다. 여기서 우리는 한국인의 심성이 투철한 이지적 태도와 먼 거리에 있다는 사실을 다시 생각하게 되며, 북한에서 시도

하고 있는 공산주의가 투철하게 이지적인 개인주의에 입각한 그것이 아니라는 사실도 문제가 아닐 수 없다.

독재 없는 사회주의 사회가 성공하기 위해서는 국민 일반의 이성적 자율이 필수적이다. 그러나 한국인의 도덕 수준은 이성적 자율의 단계에 크게 못 미치고 있다. 사람들의 방종을 저지하는 기능을 가진 것으로서 강자의 힘, 타인의 이목(耳目), 그리고 본인의 자율을 생각할 수 있거니와, 한국의 윤리적 상황에서는 '강자의 힘'이 차지하는 비중이 매우 큰 반면에, 이성적 자율이 차지하는 비중은 상대적으로 미약한 편이다.

한국의 전통 사회는 강자의 힘과 권위주의가 지배한 사회였다. 해방 이후에도 '민주주의'를 표방하기는 하였으나, 현실적으로는 강자의 힘이 횡포를 부린 풍토가 오래 지속하였다. 이승만의 자유당 정권은, 임화수(林和秀) 같은 폭력배가 정치 무대에서 크게 암약했다는 사실이 상징하듯이, 시종일관 폭력에 의존하여 나라를 다스렸다. 장면 정권이 잠시 민주주의를 시도한 바 있으나 곧 5·16 군사 쿠데타에 의하여 전복되었고, 박정희가 집권한 18년도 힘으로 밀어붙인 군인정치의 시대였다. 그 뒤를 이은 전두환(全斗煥)의 제5공화국도 역시 총칼로 시작하여 끝까지 폭력에 호소한 군인정치의 체제였다. 이상과 같은 정치 풍토는 자율의 윤리의식을 함양할 수 있는 기회를 거의 주지 못했으며, 따라서 강자의 힘이 밖에서 작용하지 않고서는 공동체의 질서를 유지하기가 어려운 윤리 풍토가 형성되었다. 이러한 윤리 풍토는 독재를 부르기 쉬운 조건이며, 고도의 이성적 자율을 요구하는 사회주의의 이상을 실현하기에는 매우 불리한 조건이다.

그렇다면 현재의 한국인의 의식 수준으로써 자유민주주의의 이념을 실현하는 일은 가능할 것인가? 필자가 보기에는, 자유민주주의 사회도 제대로 실현되기 위해서는 상당히 높은 수준의 윤리 의식을 요구하며, 한국인의 윤리 의식은 아직 그 수준에 이르지 못하고 있다. 첫째로, 자유민주주의는 강한 준법정신을 요구하며 일상생활에서도 규칙을 존중하는 마음가짐을 요청하나, 한국인에게는 법 내지 규칙을 자진해서 지키는 마음가짐이 크게 부족하다. 둘째로, 자유민주주의는 남의 권익에 대한 존중과 대인관계에서의 합리적 태도를 요구하지만, 한국인 가운데는 남의 권익을 안중에 두지 않고 만사를 감정적으로 처리하는 사람들이 많다. 셋째로, 자유민주주의 사회가 성공적으로 건설되기 위해서는 공정, 약속 이행, 공과 사의 구별 등의 덕성을 요구하나, 한국인에게는 이러한 시민 윤리의 덕성이 부족하다.

그러나 사회주의 내지 공산주의 사회를 실현하는 일보다는 자유민주주의 사회를 실현하는 일의 어려움이 덜할 것이다. 사회주의 내지 공산주의 사회의 실현을 위해서는 개인주의적 소아를 초월한 대아의 인간상이 요청되지만, 자유민주주의 사회의 실현을 위해서는 개인주의적 인간상으로도 지장이 없을 것이기 때문이다. 그리고 사회주의 내지 공산주의 사회의 실현을 위해서는 개인적 이기심의 근절이 요구되지만, 자유민주주의 사회를 위해서는 **사려 깊은** 이기심(prudential egoism)은 별로 문제가 되지 않는다.

오늘의 한국 현실은 '자유민주주의'의 이름에도 부합하지 않는다. '자유민주주의'를 표방한 지 반세기가 지나도록 그 이름에 부합한 현실을 갖지 못했다는 것은, 우리들의 의식 수준이 그 이름을 감당할 만한 단계에 이르지 못했음을 간접적으로 입증한다. 우리들의 인간상이 자유민주주의가 요청하는 의식 수준에 미치지 못하는 까닭에 우리들은 '자유민주주의'라는 이름에 부합하는 현실을 만들지 못한 것이다. 한편 우리들의 사회 현실이 '자유민주주의'의 이름에 부합하는 내용을 갖추지 못하고 있다는 사실은, 우리들의 인간상을 자유민주주의 사회의 시민으로서는 결함이 있는 의식 수준에 머물게 한 중요한 원인의 하나일 것이다.

여기서 우리는 일종의 순환론적 상황에 빠지게 되는 것이 아닐까? 만약 사회 현실과 사람들의 의식 수준 사이에 불가분의 관계가 있어서 낮은 의식 수준은 낮은 사회 현실을 초래하고 낮은 사회 현실은 낮은 의식 수준의 원인으로서 작용한다면, 개혁 또는 향상을 도모하는 우리들의 노력은 일종의 순환론에 빠지게 되지 않을까? 사회 현실을 현재보다 높은 단계로 끌어올리자면 사람들의 의식 수준을 현재보다 높여야 하고, 사람들의 의식 수준을 현재보다 높은 단계로 끌어올리기 위해서는 사회 현실을 현재보다 높은 단계로 개선해야 한다는 순환론이다. 만약 이러한 순환론에 빠지게 되고 그 순환론의 고리를 끊지 못한다면, 우리는 적극적 노력으로써 사회 현실을 개조하거나 의식 수준을 향상시킬 길을 얻지 못할 것이다.

우리의 문제에 순환론적 요인이 있는 것은 사실이나, 그것이 타파할 수 없을 정도로 완강한 것은 아니다. 우리들이 말하는 '사회 현실'과 '국민의 의식 수준'은 어떤 획일적이며 단순한 현상을 가리키는 개념이 아니라 다양하고 복합된 현상을 단순화해서 부르는 이름인 까닭에, 두 말이 지칭하는 현상은 고정불변한 사실이 아니며 거기에는 자유의지의 노력으로써 변화를 일으킬 수 있는 여지가 있다. 우리들의 사태를 순환론의 늪에서 탈출할 수 있게 하는 희망의 고리는, 사회 성원 가운데는 일반보다 높은 의식 수준을 가진 지성적 엘리트가 있으며, 그들의 높은 의식 수준이 개혁 또는 향상을 위한 기폭제의 구실을 할 수 있다는 사실에 있다.

우리들은 '한국인의 의식 수준'이라는 말을 사용하지만, 한국인의 의식 수준에는 현저한 개인차가 있다. 한국인의 평균 의식 수준은 자유민주주의가 요구하는 높이에 이르지 못하고 있을 경우에도, 일부 지성적 엘리트의 의식 수준은 현격하게 높을 수가 있으며, 높은 의식 수준을 가진 사람들이 일반의 의식 수준을 끌어올리는 동시에 사회 현실의 개조를 시도할 수 있고 또 그렇게 해야 한다. 다만, 높은 의식 수준에 도달한 소수가 대중을 끌어올릴 수 있는 견인력(牽引力)에는 한계가 있으며, 단번에 혁명적 효과를 기대하기는 어렵다. 의식이란 본래 서서히 변하는 것이어서, 그 개혁은 자연히 점진적일 수밖에 없다.

현재 우리들의 의식 수준이 자유민주주의 사회를 건설하기에도 어려움이 있을 정도라면, 차라리 우리들의 과거로 되돌아가서 전제정치의 체제 아래서 안주하는 편이 상책이라는 논리도 일단 고려의 대상이 될 수 있다. 실제로 일부에서는 "과거의 독재자가 명관이었다."는 말을 농담 삼아 던지기도 한다. 그러나 전제주의 정치로 되돌아가자는 대안은 두 가지 이유 때문에 받아들일 수가 없다. 첫째로, 이제까지 한국인의 대다수가 자유민주주의 사회의 건설에 합리적 자율로써 협동하지는 비록 못했으나, 자유와 인권에 대한 열망이 너무나 고조되어 있는 까닭에, 앞으로 독재정치로써 한국의 질서와 번영을 보장하기는 거의 불가능할 것이다. 둘째로, 대중의 낮은 의식 수준에 맞추어서 체제를 선택한다는 것은 역사의 전진을 거부하는 안일한 자세이며, 진보된 한국의 내일을 염원하는 우리로서는 받아들일 수 없는 길이다.

이제까지의 고찰을 통해서 우리가 얻는 결론은, 명실이 상부한 자유민주주의 사회의 건설을 위하여 최선의 노력을 기울이는 것이 우리 한국의 당면 과제라는 그것이다. 현재의 대다수 한국인의 의식 수준은 자유민주주의 사회의 실현을 위해서도 부적합한 점을 남기고 있으나, 이 정도의 결함은 높은 의식 수준에 선착한 소수의 지성적 엘리트의 인도(引導)로써 극복할 수 있다고 생각되므로, 다소의 어려움이 따르더라도 우리는 이 민주주의의 길을 택할 수밖에 없다. 다만 이 '자유민주주의의 길'이 궁극적으로 최상의 길이라고 믿는 것은 아니며, 일단 이 길에서 성공한 다음에는 한 단계 더 높은 목표를 향하여 도전함이 마땅하다는 뜻에서, 이 길을 위하여 정진함을 우리의 **당면 과제**라고 생각하는 것이다.

비록 '당면 과제'라는 표현을 사용하기는 했으나, '자유민주주의 사회의 건설'이라는 목표가 단시일 안에 쉽게 달성되리라고 생각하는 것은 아니다. 이 목표의 달성을 위한 계획도 비교적 장기적인 안목으로 세워져야 할 것이며, 그 계획의 첫 단계는 주로 두 가지 일에 역점을 두어야 할 것으로 생각된다. 첫 단계에서 역점을 두어야 할 일의 하나는 한국이 앞으로 실현해야 할 '자유민주주의 사회'의 청사진을 국민 대다수의 여론을 반영해 가며 마련하고 널리 알리는 일이다. 그리고 또 하나는 그 청사진을 실천에 옮기기에 적합한 민주적 인간상을 함양하는 교육의 프로그램을 작성하고 또 그대로 실천하는 일이다.

'자유민주주의 사회'에도 여러 가지 유형이 있을 수 있으므로 '자유민주주의'라는 이름만으로는 우리가 지향하는 미래상이 명백하게 드러나지 않는다. 따라서 우리는 우리의 특수성을 충분히 반영시켜 가면서 자유민주주의에 입각한 한국 미래상의 청사진을 함께 구상하고 또 그것을 널리 알리는 것이 바람직하다. 공동의 목표가 뚜렷해야 그 목표를 위한 협동적 노력이 가능하기 때문이다. 그리고 세워진 공동의 목표가 달성되기 위해서는 그 목표를 달성하기에 적합한 가치관을 가진 사람들이 다수 배출되어야 하므로, 그러한 사람들을 길러 내기에 적합한 교육의 프로그램을 작성하고 그것을 실천에 옮기는 일이 뒤따라야 할 것이다.

4. 민주주의 한국의 청사진을 위한 예비적 고찰

한국의 미래상에 관한 청사진은 여러 분야의 전문적 지식과 일반의 지혜 그리고 소망 등을 광범위하게 수렴한 공동의 작품으로서 만들어져야 할 것이다. 우리가 '민주주의'를 전제로 한 이상 그것을 어떤 개인 단독의 힘으로 작성하기는 어려울 것이며, 그 일이 광범위한 전문적 지식을 요구한다는 이유만으로도 어떤 개인 단독의 과제로서는 부적합하다. 개인이 할 수 있고 또 해야 할 일은 이 공동의 과제에 참여하여 다소의 힘을 보태는 일이다.

한국의 미래상을 위한 청사진에 관해서 처음부터 광범위한 찬동을 기대할 수 있는 원안(原案)을 어떤 개인이 제시하기는 어려울 것이다. 우리의 작업은 많은 논쟁의 과정을 겪어야 할 것이며, 제창과 부정 그리고 종합의 변증법적 연구를 거듭해야 할 것이다. 이 자리에서 필자가 시도할 수 있는 것도 그러한 논쟁을 위한 말문을 여는 일을 넘어서기 어렵다.

우리가 제일 먼저 해야 할 과정은 미래 한국을 위한 청사진의 윤곽 또는 원칙에 대해서 생각해 보는 일일 것이다. 필자는 이미 자유민주주의 사회의 올바른 실현을 당면의 목표로서 제시한 바 있다. 그러나 이 제시가 논란의 여지 없이 받아들여지리라고 기대하는 것은 아니며, 바로 이 큰 쟁점에 대해서도 많은 논의가 있어야 할 것으로 생각한다. 아무리 논의하여도 전 국민의 일치된 합의에 도달하기는 어려울 것이며, 결국은 대다수가 원하는 길을 택하는 도리밖에 없을 것이다. 물론 단순한 다수결의 원칙을 이 경우에 적용해야 한다는 뜻은 아니며, 이 경우에도 지성적 엘리트의 선도적(先導的) 설득이 큰 비중을 차지해야 할 것이다. 필자가 이미 제시한 '자유민주주의'의 선택이 재론의 여지가 있는 하나의 안(案)이라는 단서 아래, 필자는 이제 자유민주주의를 전제로 한 청사진의 윤곽을 생각해 보고자 한다. 지금까지 이 저술이 걸어온 과정으로 볼 때, 그렇게 하는 것이 논리에 합당할 것으로 보인다.

내일을 위한 청사진의 윤곽을 그리고자 할 때, 우리는 두 가지 방법을 생각할 수 있을 것이다. 하나는 장차 실현하고자 하는 **궁극적 목적**을 정립하는 것을 일차적 목표로 삼는 방법이요, 다른 하나는 확립하고자 하는 **제도의 구조**를 밝히는 일에 초점을 맞추는 방법이다. 첫째 방법은 궁극적 목적이 정립되면 그 목적 달성에 적합한 제도의 문제는 제반 여건에 따라서 해답을 얻을 수 있다는 전제에서 출발하는 것이며, 둘째 방법은 우리가 실현해야 할 궁극적 목적은 이미 정해져 있는 것으로 전제하고 그 실현을 위해서는 적절한 제도의 확립이 근본적이라는 견해에 입각한 것이다. 물론 두 방법이 완전히 서로 배타적인 것은 아니며, 먼저 궁극적 목적을 정립하고 그 다음에 제도의 문제를 탐구하는 종합도 생각할 수 있을 것이나, 궁극적 목적의 정립과 제도의 확립 가운데 어느 편을 더 중요하다고 보느냐 하는 관점의 차이는 중요한 분기점으로서의 의의를 갖는다고 생각된다.

필자는 첫째 방법을 따라서 내일의 한국이 달성하고자 하는 목적의 윤곽을 밝히는 일에 우선 주력할 생각이다. '자유민주주의'의 길을 택한 이상 우리 목적의 윤곽은 이미 정해져 있다고 보는 것이 옳지 않느냐는 의견도 있을지 모르나, 필자는 바로 이 목적의 문제를 다시 고찰하는 일이 매우 중요하다고 생각한다. '자유민주주의'를 표방하고 있는 나라에서 일반적으로 추구되는 목적이 있고 한국인 가운데도 그러한 추세를 따르는 사람들이 많으나, 바로 이 일반적으로 추구되는 목적에 문제가 있다고 보기 때문이다.

오늘날 '자유민주주의'의 나라 사람들이 가장 흔히 추구하는 목적은 돈과 쾌락이며, 한국과 같이 관존민비의 전통을 가진 나라에서는 권력과 지위가 여기에 추가된다. 11장에서 말한 '외면적 가치'에 속하는 것들이 가장 일반적으로 추구되고 있는 것이다. 앞에서도 이미 지적한 바와 같이, 외면적 가치를 내면적 가치보다도 선호하는 가치 풍토에는 중대한 문제점이 있다. 외면적 가치의 실현을 개인의 최고선(最高善)으로 보기 어려울 뿐 아니라, 경쟁성이 치열한 외면적 가치를 삶의 궁극목적처럼 추구하는 사람들이 다수를 차지하는 사회에서는 사회적 협동이 이루어지기 어려우므로, 외면적 가치의 획득이라는 삶의 목적조차도 달성하지 못하는 사람들이 많이 나타나기 마련이다. 그러므로 풍요로운 물질생활을 토대로 개인들의 쾌락을 극대화하는 것을 미래 한국의 기본 목적으로 삼는 것은 바람직하지 못하다.

만약 풍요로운 물질생활에 토대를 둔 쾌락의 극대화를 추구하는 것이 자유민주주의 체제 아래 사는 사람들의 **필연적** 생활 태도라면, 우리는 자유민주주의를 포기하고 다른 길을 선택해야 할 것이다. 그러나 필자가 보기에는 자유민주주의 체제와 외면적 가치 선호의 생활 태도 사이에 필연적 관계가 있는 것은 아니다. 그러므로 '자유민주주의'라는 이름의 사회체제를 전제로 삼고서도 우리들의 목적을 달리 설정할 수가 있다고 생각된다.

자유민주주의는 개인주의적 인간관에 입각하고 있으므로, 미래의 한국을 통하여 우리가 달성하고자 하는 목적은 집단적 국가 목표에 초점을 두기보다는 개인들의 삶의 목표에 초점을 두고 생각하는 편이 사리에 맞을 것이다. 전체로서의 국가 목표와 국가를 형성하는 개인들의 삶의 목표를 지나치게 구별해서 생각하는 데는 무리가 따를 염려가 있으나, 청사진을 그리는 순서로서는 개인들의 삶의 목표에 일차적 중점을 두는 편이 우리들의 경우에 적합할 것으로 보인다. 국가나 사회 그 자체에는 목적의식이 없으므로, 국가나 사회 전체의 목적이 먼저 정해지고, 개인은 전체의 목적 실현을 위해서 봉사해야 한다는 논리는 받아들이기 어렵다. 그러나 국가나 사회를 개인들의 사생활을 돕기 위한 단순한 수단으로 보는 것도 우리의 견해가 아니다. 자아의 실현이 개인의 삶의 설계 안에서 귀중한 목적으로서의 자리를 차지할 수 있듯이, 참으로 민주적이며 공정한 사회의 건설도 개인들의 삶의 설계 안에서 그 자체가 귀중한 목적으로서의 자리를 차지할 수 있다.

민주주의 사회에서의 개인들의 구체적 목적은 개인 각자가 삶의 설계를 통해서 결정할 문제다. 그러므로 개인들이 **마땅히 추구**해야 할 목적이 따로 있다는 전제 아래 그것이 무엇이냐고 묻는 것은 우리가 여기서 제기할 문제가 아니다. 앞에서 '개인들의 삶의 목표에 초점을 두고' 미래 한국의 목적을 고찰하겠다고 말한 것은, 개인 각자가 삶의 설계를 세우고 그것을 실천에 옮기기에 적합한 사회를 건설함이 미래 한국의 목적에 해당하리라는 전제 아래, 어떤 사회가 그러한 목적에 부합할 것인가를 고찰하겠다는 뜻으로 이해되어야 할 것이다.

개인이 각각 자신의 삶을 설계하고 그것을 실천에 옮길 수 있기 위해서는 우선 그에게 자유가 주어져야 한다. 그러므로 미래 한국이 해야 할 일의 첫째는 개인에게 삶을 설계하고 실천할 수 있는 자유를 고루 보장하는 일이 아닐 수 없다. 그러나 무제한의 자유를 모든 사람들에게 보장하기는 불가능한 일이므로, 우리가 추구해야 할 자유는 ('자유'의 의미를 외부로부터 간섭받지 아니함으로 이해하는 한) **제한된** 자유일 수밖에 없다. 그 제한된 자유의 범위를 구체적으로 규정하는 일은 개별적 상황을 따라서 고찰할 문제이며, 일률적으로 논할 성질의 것이 아니다. 그러므로 여기서 우리가 다루어야 할 문제는 자유 제한에 관한 **일반적 원칙**의 문제에 국한된다.

우리가 자유를 제한하지 않을 수 없는 이유는, 모든 사람들에게 무제한의 자유를 허용했을 경우에 생기기 마련인 혼란과 일반적 불이익에 있다. 모든 사람들이 제멋대로 행동하는 것을 허용한다면 서로가 서로의 길을 방해하게 될 것이고, 결국 대부분의 사람들이 심한 부자유의 고통을 받는 결과에 이르게 될 것이다. '자유의 역리(逆理)'라고 부를 수 있는 이러한 모순을 방지하기 위하여 자유의 제한이 불가피하거니와, 자유의 제한 그 자체가 바람직하기 때문이 아니라 더 큰 악(惡)을 막기 위한 방편으로서 자유를 제한한다는 이 사실을 근거로 우리는 하나의 원칙을 얻게 된다. 자유의 제한은 모든 사람들을 위해서 불가피할 경우에만 가해야 한다는 원칙이다. 자유에 대한 불필요한 제한은 정당화될 수 없으며, 어떤 일부 사람들을 위한 자유의 제한도 정당화될 수 없다. 사회의 질서와 타인의 자유를 해치지 않는 한 최대한의 자유를 허용하는 것이 바람직하다.

자유의 제한은 그것이 모든 사람을 위해서 필요한 조치라는 뜻에서 이성적 근거를 가졌다. 자유의 제한이 정당화될 수 있는 근거는, 우리가 이성적으로 사유하는 한, 자유의 제한에 동의하지 않을 수 없다는 사실에서 찾을 수 있을 것이다. 그러나 자유의 제한이 공정성을 상실할 경우에는 이성적으로 사유하는 사람들의 동의를 얻지 못할 것이며, 동시에 그 이성적 근거를 상실하게 될 것이다. 여기서 자유의 제한에 관한 둘째 원칙을 얻게 된다. 자유의 제한은 모든 사람들에게 균등하게 가해져야 한다는 원칙이다. 같은 처지에 있는 모든 사람들은 같은 자유의 제한을 받아야 하며, 특별한 이유가 없는 한 사람에 따라서 자유의 제한을 달리하는 것은 이 둘째 원칙에 어긋난다.

개인이 각각 자신의 삶을 자유롭게 설계하고 그것을 실천에 옮길 수 있기 위해서는 기본 생활의 안정이 전제되어야 한다. 기본 생활이 위협을 받는 상태에서는 정상적으로 삶을 설계하고 실천하기 어렵다. 그러므로 미래 한국이 해야 할 일의 둘째는 모든 사람들에게 기본 생활의 안정을 보장할 수 있도록 최선을 다하는 일이다. '기본 생활'의 수준을 일률적으로 규정하기는 어려운 일이며, 국가의 경제가 넉넉하지 못하면 모든 국민에게 기본 생활의 안정을 보장하기는 사실상 어렵다. 그러나 건강을 유지해 가며 활동하기에 지장이 없을 정도의 물질생활과 소질에 적합한 교육의 기회를 기본 생활의 주요 내용으로서 인식하는 상식만으로도 우리의 논의를 위해서는 크게 부족함이 없을 것이며, 오늘의 한국이 가진 생산력을 충분히 활용하고 소비생활의 낭비를 없앤다면, 내일의 한국 경제력으로써 모든 국민의 기본 생활의 안정을 도모하는 일이, 실현이 불가능할 정도의 무리한 목표의 설정이라고는 생각되지 않는다.

모든 사람들의 기본 생활의 안정을 도모하는 문제는, 부의 분배 문제와 직결되는 것으로서, 청사진의 윤곽을 모색하는 이 자리에서 상세하게 다루기에는 적합한 문제가 아니다. 여기서는 다만 국민 일반에게 기본 생활의 안정을 도모하기 위하여 흔히 사용되는 두 가지 방안을 간단하게 비교하는 것으로 만족하고자 한다. 두 가지 방안 중 하나는, 자유 시장 경제의 논리를 따라서 빈부의 격차가 생기는 것을 일단 긍정적으로 수용한 다음에, 가진 사람의 것을 갖지 못한 사람에게 다시 나누어 주는 방안이다. 그리고 다른 하나는 모든 사람들에게 기본 생활의 안정에 필요한 소득의 기회를 줌으로써 자활의 길을 열어 주는 방안이다.

두 가지 길 가운데서 둘째 방안이 이상적이라는 것은 단순한 직관만으로도 어느 정도 명백하다. 스스로 삶을 설계하고 그것을 실천에 옮긴다는 개인의 생활 목표를 위해서도 남의 혜택으로 생계를 유지한다는 것은 적합하지 않으며, 삶의 보람과 자존심의 유지를 위해서도 그 길은 바람직하지 않다. 다만 모든 사람에게 기본 생활의 안정에 필요한 소득의 기회를 주는 문제에는 단순히 실업자를 없앨 뿐 아니라 새로운 임금 체계를 확립해야 한다는 어려움이 따른다. 그리고 노약자나 장애자와 같이 능력이 부족한 사람들의 경우는, 자신의 힘만으로 산다는 것이 매우 어려운 일이므로 사회보장제도에 의한 원조가 있어야 할 것이다. 결국 우리는 둘째 방안을 주축으로 삼고 첫째 방안을 보조 수단으로서 겸용해야 한다는 결론에 도달한 셈이다.

현재 우리나라에서는 노동의 종류에 따라서 그 보수의 차이가 크다. 고역스럽고 위험한 노동일수록 보수가 많은 것이 아니라, 타고난 재능과 오랜 훈련을 요하는 일에 대해서 높은 보수를 지불하는 경향이 있다. 단순노동과 전문적 노동의 보수의 격차가 지나치게 큰 까닭에, 단순하고 힘드는 일에 종사하는 사람들은 쉴 사이 없이 부지런히 일을 하더라도 기본 생활의 안정을 얻지 못할 경우가 많다. 이것은 불합리한 사태이므로, 어떠한 종류의 노동이든 열심히 일하는 사람은 적어도 기본 생활만은 보장될 수 있는 임금체계가 확립되도록 하는 공동의 노력이 있어야 할 것이다. 학력에 따르는 임금의 격차가 심한 현재의 관행을 시정하는 일도 그 공동 노력의 과제 중 중요한 것이다.

개인 각자를 위해서 바람직한 삶의 설계는 가능성의 개발을 통한 자아의 실현을 그 핵심으로서 포함한다. 그러므로 미래 한국이 해야 할 중요한 일의 셋째는, 모든 사람들에게 소질에 적합한 교육의 기회를 마련해 주는 일이다. 현재 우리나라에서는 탁월한 소질을 타고났으며 그것을 개발하고자 하는 향학의 의지가 강하더라도 가난한 까닭에 뜻을 이루지 못하는 사람들이 적지 않다. 또 한편으로는 별로 재능이 없음에도 불구하고 오로지 돈의 힘으로 대학 또는 대학원에 진학하여 졸업장과 학위를 취득하는 사례도 허다하다. 이러한 교육의 현황은 매우 불합리하다. 교육의 기회가 돈에 의해서 좌우되지 않고 사람의 능력에 따라서 주어지는 교육제도 및 장학제도를 확립하는 일은 미래 한국이 실현해야 할 중요한 과제의 하나다.

교육의 기회가 돈에 의해서 좌우되지 않고 사람의 소질과 능력에 따라서 주어지는 교육제도를 확립하는 일은 말하기는 쉬울지 모르나 실천하기는 매우 어려울 것이다. 그 일이 성취되기 위해서는 고학력자를 지나치게 우대하는 지금의 보수 체제가 시정되어야 하고, 입학시험제도에도 근본적 개혁이 있어야 할 터인데, 이러한 선행조건을 충족시키는 일이 여간 어려운 과제가 아니다. 그러나 비록 어렵다 하더라도 장기 계획 아래 그러한 개선이 추진되어야 할 것이다. 소질과 능력이 우수한 사람에게 그것을 개발할 수 있는 장학제도를 충분히 마련하는 일도 결코 쉬운 일은 아니나, 교육제도를 혁신하는 일보다는 비교적 단순할 것이다. 우리나라도 장차 장학제도의 확립을 복지정책의 차원에서 추진해야 할 것으로 생각된다.

자유민주주의 사회의 일차적 목표는 모든 개인들이 각자의 뜻에 따라서 삶을 설계하고 실천하는 가운데 자아를 실현하는 일이다. 그러나 그 개인들이 따로따로 떨어져서 독자(獨自)의 길을 가는 것은 아니며, 다각적인 상호 관계 속에서 제한된 자유의 길을 걷기 마련이다. 따라서 여러 개인들의 삶의 방식은 직접 또는 간접으로 서로 섞여서 '한국인의 삶의 방식'이라고 부를 수 있는 전체를 형성할 것이다. 이 전체는 어떤 공통성과 특징을 갖게 될 것이며, 그 공통성과 특징을 근간으로 삼고 한국의 문화가 성장해 갈 것이다. 한국의 문화가 장차 어떠한 모습으로 성장할 것이냐 하는 문제는 한국인 전체의 자유에 맡겨져야 하겠으나, 개인들의 자유에도 제한이 가해져야 하듯이, 문화도 '민주주의'의 원칙에 위배됨이 없도록 조정되어야 할 것이다. 장차 한국의 문화가 '민주주의적'이라고 부를 수 있는 방향으로 성장하도록 조정하는 일은 내일의 한국이 해야 할 네 번째 과제다.

여기서 우리가 말하는 '문화'는 일부 탁월한 재능을 가진 사람들이 이룩하는 **업적**으로서의 예술과 과학 등 문화적 **결실** 또는 **성과**를 가리키는 것이 아니라, 가치관을 중심으로 삼는 정신적 상태 또는 정신적 상태의 표현으로서의 삶의 양상을 전체적으로 가리킨다. 그것은 우리나라의 '문화예술진흥원'이 지원의 대상으로 삼는 좁은 의미의 문화를 가리키는 것이 아니라, 인류학자가 연구 대상으로 삼는 넓은 의미의 문화를 지칭한다. 장차 한국의 문화가 민주주의적 성장을 이룩해야 한다 함은, 소질이 출중한 소수의 선택된 사람들만이 아니라, 모든 사람들이 그들의 타고난 소질을 고루 개발할 수 있는 정신 풍토를 이룩해야 한다는 뜻이다.

현대 우리나라의 문화는 소비 위주의 문화이며 향락 추구의 문화다. 돈이 가치 체계의 정상을 차지하는 풍토 속에서 사람들은 소비생활을 통한 향락 추구에 열중하는 가운데 자신의 소질을 개발하는 일은 소홀히 하는 경향이 있다. 돈벌이에 여념이 없는 상인들이 만들어서 제공하는 상품을 소비하고 즐기는 것을 삶의 보람으로 여기는 가치 풍토 속에서, 사람들은 자아의 실현을 중심으로 삼는 더 높은 삶의 보람을 포기한다. 장차 한국의 문화는 소비 위주의 문화에서 인간 개발의 문화로 방향을 바꾸어야 할 것이며, 소질이 탁월한 소수의 업적을 대중이 바라보고 찬양하는 문화 풍토가 아니라, 모든 사람들이 각자의 소질을 개발하는 가운데서 삶의 보람을 찾는 문화 풍토를 조성해야 할 것이다. 새로운 문화 풍토의 조성은 개인들이 따로따로 하는 노력만으로는 달성하기 어려운 일이며, 사회가 함께하는 조직적 노력을 요청한다. 이 조직적 노력은 공정한 분배의 제도와 직결되고, 기회균등의 전인교육의 제도와도 연결된다.

모든 개인들이 각자의 소망을 따라서 삶을 설계하고 보람된 삶을 향유할 수 있기 위해서는, 안심하고 내일을 설계할 수 있도록 사회가 안정과 질서를 유지해야 한다. 그러므로 미래 한국이 해야 할 중요한 일의 다섯 번째는 사회의 법질서를 확립하는 일이다. '법질서의 확립'의 과제는 크게 두 가지 단계로 나누어서 생각할 수 있을 것이다. 첫째 단계는 공정하고 합리적인 법을 제정하는 일이요, 둘째 단계는 그 법조문에 명기된 규범을 준수하는 일이다.

자유민주주의 사회의 이상은 개인들이 각각 윤리 규범을 자율적으로 지킴으로써 타인의 권익 내지 자유를 침범하지 않는 도덕적 수준에 도달하는 일이다. 그러나 모든 사람들이 그와 같은 도덕적 수준에 도달한다는 것은 기대하기 어려우므로 필요할 경우에는 공권력을 발동하여 방종한 사람의 반사회적 행위를 방지해야 한다. 그 공권력에 의한 질서유지의 장치가 바로 법제(法制)에 해당하거니와, 비록 법치국가로서의 외형을 갖추었다 하더라도 법규의 내용이 불공정하거나 법을 지키지 않는 사람이 많을 경우에는, 개인들이 안심하고 삶을 설계하고 실천함에 어려움을 겪는다. 따라서 공정한 입법(立法)과 법의 일반적 준수는 자유민주주의 국가의 성패를 좌우하는 중요한 조건의 하나다. 법규가 공정하지 못하고 일부 계층에게만 유리하도록 제정된다면 그 법은 일반적으로 지켜지기 어려울 것이며, 비록 법의 제정은 공정하다 하더라도 그 법을 어기는 특권층이 있거나 일반 국민의 의식 수준이 낮을 경우에는 그것을 위반하는 사례가 빈번하게 일어날 것이다.

13 장
제도의 문제

13장 제도의 문제

1. 자유와 통제에 관한 제도의 문제

12장에서 우리는 내일의 한국이 도달하기를 꾀해야 할 공동의 목표를 크게 다섯 가지로 구분하여 생각해 보았다. 그 다섯 가지 목표란, ① 모든 사람의 평등한 자유, ② 모든 사람들의 기본 생활 안정, ③ 교육의 기회균등, ④ 민주주의적 문화 풍토의 조성, ⑤ 법질서의 확립이었다. 이러한 목표에 순조롭게 접근하기 위해서는 그 목표 달성에 적합한 제도적 장치를 마련해야 할 것이며, 그 제도적 장치의 세목(細目)을 구체적으로 제시하는 일은 방대한 공동 연구의 대상이다. 이 자리에서는 제도의 문제에 대한 대강의 방향을 예비적으로 고찰하는 것으로써 만족하고자 한다.

제도의 문제에 관해서 우리가 부딪치는 첫째 문제는 여러 제도의 바탕이 되는 법규의 제정을 어떠한 절차에 의거할 것이냐 하는 그것이다. 자유민주주의 국가에서의 공권력의 문제는, 상반된 두 가지 요구를 어떻게 무리 없이 충족시키느냐 하는 문제를 핵심으로 삼는 것으로서, 갈등 내지 딜레마의 요인을 강하게 함축하고 있다. 상반된 요구의 하나는 가능한 최대한의 자유를 개인에게 허용함을 이상으로 삼는 '자유'의 개념에서 오는 요구이며, 그 요구의 다른 하나는 모든 사람들에게 기본 생활의 안정과 공정한 분배 그리고 균등한 기회를 보장함을 이상으로 삼는 '평등'의 개념에서 오는 요구다. 국민의 대다수가 높은 의식 수준에 도달하여 자율적으로 이성의 원칙에 따라서 행위할 경우에는 굳이 강대한 공권력에 의존하지 않더라도 '평등'의 개념에서 오는 요구를 충족시킬 수 있을 것이다. 그러나 한국인의 의식구조의 현실은 저 높은 수준에 크게 미치지 못하고 있으므로 자율(自律)에 의한 조화를 기대하기는 어려운 실정이다. 자율에 의한 평등의 실현을 기대하기 어렵다면 공권력의 타율(他律)을 통하여 그 목표에 접근할 수밖에 없거니와, 개입이 요청되는 공권력이 클수록 '자유'의 요구와의 조화가 어려움에 봉착하게 된다.

공권력의 개입을 통한 규제 내지 통제를 하되 그 규제 내지 통제가 자유의 원칙과 조화되기 위해서는 규제 내지 통제의 내용이 사리(事理)에 합당해야 할 것이다. 규제 내지 통제가 사리에 적합하다 함은 개인이 마땅히 자율로써 자제해야 할 바와 일치하는 내용의 제약을 타율로써 가함을 의미한다. 여기서 우리는 도대체 어떠한 내용의 제약이 '마땅히 자율로써 자제해야 할 바'와 일치하느냐 하는 어려운 물음에 부딪친다. 이 어려운 물음에 대한 구체적 해답을 얻는 일은, 소득의 분배, 시장에서의 경쟁, 교육의 기회 등 문제의 상황에 따라서 개별적으로 탐구해야 할 과제다. 다만, 구체적 상황에 따라서 개별적으로 해답을 얻을 수 있기 위해서는 여러 상황에 두루 적용할 수 있는 원칙이 전제되어야 할 것이다. 그 원칙을 무엇에 의존해서 찾느냐 하는 방법론적 문제는 이 자리에서 우리가 생각해야 할 문제다.

제약의 원칙을 발견하는 방법으로서 상식의 차원에서 세 가지 길을 생각할 수 있을 것으로 보인다. 첫째는 전문적 식견을 가진 사람들의 직관에 의존하는 길이고, 둘째는 전문적 지식을 가진 사람들의 숙고(熟考)를 거친 판단에 의존하는 길이며, 셋째는 관계 당사자들의 합의에 의해서 함께 지켜야 할 원칙을 결정하는 길이다. 식자들의 직관과 전문가들의 숙고 판단은 모두 오랜 경험을 토대로 삼고 그것을 이성적으로 종합함으로써 얻는 결론이며, 다만 의식적 추리의 과정을 거치느냐 거치지 않느냐에 따라서 '숙고 판단'이라 부르기도 하고 '직관'이라 부르기도 하는 구별이 생긴다고 볼 수 있다. 다시 말하면, 두 가지가 모두 다양한 경험을 이성으로 종합함으로써 얻는 결론이라고 볼 수 있을 것이다. 그리고 당사자들의 합의에 의존하는 셋째 길은 계약론적 방법에 해당한다.

경험과 이성에 의존하여 제약의 원칙을 찾아내는 방법은 이해관계를 떠난 제삼자의 견지에서 문제를 냉철하게 고찰함으로써 객관성이 강한 결론에 도달할 가능성이 크다는 장점을 가지고 있다. 직접 당사자가 아니더라도 간접적 이해관계는 있을 수 있으며, 사회적 성분 또는 성장 과정의 영향을 완전히 벗어날 수 있는 사람은 거의 없으므로, 이 경우에도 다소의 주관성이 작용할 여지는 부인하기 어렵다. 그러나 우리는 학문적 이론의 제시와 이에 대한 비판과 지적 토론의 과정을 거쳐서 객관적 타당성이 강한 결론으로 접근할 수 있기를 어느 정도 기대할 수 있을 것이다. 다만 그렇게 해서 얻은 결론이 학계나 이론가들의 폭넓은 지지를 받는다 하더라도, 그것만으로는 실천적 권위의 실력을 갖지 못한다는 현실적 난관이 남을 것이다. 결국 입법의 제도적 절차를 거쳐서 실천적 권위를 획득해야 개인들의 방종을 제약하는 규범으로서의 힘을 발휘할 수 있을 터인데, 그 실천적 권위를 어떻게 인정받느냐 하는 문제가 남게 된다는 뜻이다.

관계 당사자들의 합의를 통하여 제약의 원칙을 결정하는 방법은, 원만한 의견의 일치에 도달하기만 한다면 그 합의에 도달한 결정은 자동적으로 실천적 권위를 얻게 될 것이라는 장점을 가지고 있다. 그러나 이 셋째 방법은 원만한 의견의 일치에 도달한다는 것이 사실상 매우 어려운 일이라는 약점을 가지고 있다. 법규를 제정하는 모임에 모든 관계 당사자들이 참여할 수는 없으므로 대의원제도를 활용하는 것이 일반적 관행이거니와, 이 대의원제도의 모임에서 만장일치의 합의에 도달하는 경우는 거의 없으며 결국 다수결의 방법에 의존하기 마련이고, 대의원들의 모임에서의 다수결을 통한 결정은 합리성이나 이성의 논리보다도 힘의 논리에 좌우될 공산이 크다. 우리나라의 경우 국회의원들의 모임인 국회와 대통령을 수반으로 삼는 행정부가 대부분의 법규를 제정하거니와, 이들은 각계각층의 요구를 공정하게 고려해서 이성의 척도에 맞도록 노력하기보다도 이기적이거나 편파적인 동기의 영향을 받을 경우가 적지 않다. 이해관계를 달리하는 사람들이 서로 자신들에게 유리한 결과를 얻고자 하는 동기에서 출발한 협상이 원만한 합의에 도달한다는 것은 일반적으로 어려운 일이며, 국민을 대표하기 위해서 선출된 사람들이 어떤 정당 또는 그와 유사한 집단에 속해 있는 상황에서 불편부당한 태도를 견지하기도 쉬운 일이 아니다. 이해관계가 대립하는 당사자들, 또는 그들을 대표하는 사람들이 이기적 동기를 앞세우고 협상에 임할 경우에, 힘이 강한 편에게 유리한 결론으로 낙찰될 공산이 크다는 것은 당연한 상식이다.

　시행의 권위를 가진 법규를 제정하되 그 법규가 사사로운 이해심(利害心)의 영향을 받지 않고 공정성을 갖도록 하는 방안이 무엇이냐 하는 것이 지금 우리가 당면한 문제다. 이 문제는 기구 조직에 관한 전문가들의 연구 대상이라고 보아야 하겠으나, 이 자리에서 문외한인 필자의 시안을 제시하여 참고 자료로 삼고자 한다. 우리의 문제에 대해서 완전무결한 해결의 방안을 제시한다는 것은 생각하기 어려운 일이며, 다만 편견 또는 이해관계의 영향을 극소화하는 방안을 강구함이 우리가 할 수 있는 일의 고작일 것이다.

　현재 우리나라에서는 법령안의 발의를 행정부도 할 수 있고 국회도 할 수 있는 것으로 되어 있다. 법령안을 행정부가 발의할 경우에는 대개 계장급이나 과장급의 실무자가 초안을 작성하는 것으로 짐작이 되거니와, 그러한 직급의 관리들은 실무에는 밝겠지만, 법령의 제정이 요구되는 문제 상황의 핵심과 그 해결책에 대한 심오한 지식이나 식견은 가지고 있지 못할 경우가 많을 것이다. 그뿐만 아니라 관리들로서는 관리 특유의 틀에 박힌 사고방식의 테두리를 벗어나기 어려운 까닭에, 과감한 개혁을 요구하는 문제에 대해서 적절한 법령안을 만들어 내기에 어려움이 따를 것으로 염려된다. 한편 국회가 법안을 발의할 경우에는, 정당이라는 이익 단체의 입지(立地)를 떠나기 어려운 까닭에 어떤 편견이 작용할 가능성이 크다. 그리고 우리나라의 실정으로 볼 때 국회의원의 대부분이 법규의 제정 내지 개정이 요구되는 문제 상황에 대해서 전문적 지식이나 심오한 식견을 가지고 있기를 기대하기 어려움은 실무자급 관리의 경우와 크게 다를 바가 없다.

　법령안을 기초하는 사람들은 첫째로 공정 무사해야 하고, 둘째로는 그들이 맡은 일에 대한 전문적 지식과 심오한 식견을 가지고 있어야 한다. 그러나 그러한 사람들을 실무급 관리나 국회의원 가운데서 찾기보다는 여러 전문 분야에 광범위한 인재 속에서 찾는 것이 바람직하다고 필자는 생각한다. 예컨대, 교육제도의 개혁을 위한 법령의 초안을 작성할 위원회에는 교육 실천의 전문가와 교육 이론의 전문가 중에서 실력 있고 믿을 만한 사람들을 위촉할 것이며, 노동 문제에 관한 새로운 법령을 기초(起草)하기 위한 위원회에는 그 분야의 전문적 이론가와 현장 경험이 많은 인사들 가운데서 실력과 신망이 높은 사람들을 동원하는 것이 바람직할 것이다.

　법규의 원안을 기초하기 위한 위원의 자리를 명예스러운 자리로 만드는 것은 무방하나, 물질적으로 유리한 자리로 만드는 것은 피해야 할 것이다. 그 자리는 많은 보수가 따르는 상임직으로 만들지 말고, 다른 직업으로 생계가 안정된 인사들 가운데서 적임자로 채우되, 과히 많지 않은 수당을 지급하는 편이 좋을 것이다. 바꾸어 말하면, 입법 기초 위원의 자리는 지망자들이 운동을 해야 얻을 수 있는 경쟁의 자리가 되지 않도록 해야 할 것이며, 다만 생각 있는 사람들이 기피하지 않을 정도의 조촐한 자리가 되도록 만들어야 할 것이다.

법규의 원안을 작성하는 위원들은 해당 문제 상황에 대한 폭넓은 이해를 위해서 많은 사람들의 의견을 청취할 필요가 있다. 이 목적을 위해서 설문지를 통한 여론조사 또는 청문회 등의 방법을 활용하는 것이 좋을 것이다. 해당 문제 상황에 대한 여러 사람들의 견해를 종합적으로 검토한 뒤에 법안의 기초 위원회는 충분한 협의를 거쳐서 법규의 원안을 작성할 것이며, 그 원안을 실정법으로서 확정짓는 마지막 절차를 밟아야 할 것이다. 그 마지막 절차를 어떠한 방법으로 거치느냐 하는 문제는 사안에 따라서 개별적으로 생각할 문제라고 생각되나, 많은 경우에 국회 또는 지방의회가 그 임무를 수행하는 적절한 기관이 될 수 있을 것이라고 생각된다.

다소의 번거로움이 수반할 것으로 예상됨에도 불구하고 이상과 같은 절차를 생각하게 된 근본 동기는, 문제된 상황에 대한 최대한의 지식과 이성적 사고의 결합으로 이루어진 법규를 얻고자 함에 있다. 이 목표의 달성을 위해서 더욱 효율적인 방법은 시험을 거듭하는 가운데 발견될 수 있을 것이다. 모든 법규를 제정하는 데 일률적으로 같은 절차에 의존할 필요는 없을 것이며, 사안의 종류와 경중에 따라서 가장 적합한 절차가 다소 다를 수도 있을 것이다.

공정하고 합리적인 법규를 제정했다 하더라도 그 법규의 정신을 그대로 실천에 옮기는 운영이 없으면, 문제는 여전히 남게 될 것이다. 그러므로 제도의 문제에 관해서 우리가 부딪치는 두 번째 문제는, 법규의 정신을 충실하게 이행할 수 있는 집행 기관을 어떻게 만들어 내느냐 하는 문제다. 그것은 법의 규제 기능과 보호 기능을 만인에게 고루 적용해 줄 것을 기대할 수 있는 행정과 사법의 기관을 어떻게 구축하느냐 하는 문제에 해당한다. 사람들의 자율이 낮은 수준에 머물고 있는 현 단계에서는 상당히 강력한 집행부가 요구되거니와, 강력한 권한은 남용될 염려가 있다. 그러므로 우리의 둘째 문제는 강력한 힘을 가지고도 그것을 남용하지 않는 집행 기관을 어떻게 얻을 수 있느냐 하는 문제이기도 하다.

강력한 정부에 두 가지 경우가 있다. 하나는 군대와 경찰의 힘에 의존하는 독재 정권의 경우이고, 또 하나는 국민 대다수의 지지에 기반을 둔 민주 정권이다. 전자는 권력의 남용이 따를 공산이 크다는 결함이 있을 뿐 아니라 국민 전체의 소망과 지혜를 광범위하게 수렴하기 어렵다는 약점도 가지고 있다. 결국 국민 대다수의 지지에 기반을 둔 강력한 정부가 바람직하다는 결론으로 기울게 되거니와, 여기서 현실적으로 일어나는 문제가 국민의 지지에 입각해서 강력한 힘을 발휘할 수 있는 정부를 어떻게 탄생시키느냐 하는 그것이다.

민주주의적이면서도 강력한 정부를 탄생시키는 문제는 단순한 조직이나 절차에 국한된 문제가 아니므로 그 실현 방안을 제시하기는 어렵다. 여기서 우리는 국민의 절대적 지지를 받는 역량과 덕망을 갖춘 정치 지도자의 출현이 요구된다든지, 합법적 절차를 거쳐서 선출된 정통성과 성실하게 일하고자 하는 도덕성을 갖춘 정치권력을 국민 일반이 뒤를 밀어 줌으로써 힘을 발휘할 수 있게 해야 한다는 따위의 말을 할 수는 있을 것이다. 그러나 역량과 덕망을 구비한 정치 지도자를 출현시키는 방안, 또는 국민 일반으로 하여금 정통성과 도덕성을 갖춘 정치권력에 대해서 적극적 협조를 아끼지 않도록 하는 방법을 제시하기는 어려울 것이다. 여기서 우리는 또 집권당이 바뀌더라도 동요하지 않고 소신껏 일할 수 있는 직업적 공무원 제도의 확립과, 행정부의 영향력을 물리칠 수 있게 하는 사법부의 명실이 상부한 독립성이 필요하다는 말을 할 수도 있을 것이다. 그러나 그 필요한 것을 실현하는 구체적 방안을 제시하기는 어렵다. 우리의 문제는 결국 사회 전체의 가치 풍토를 개선하는 문제로 연결된다. 민주주의적 사고방식과 민주주의적 생활 태도를 몸에 익힌 대중들만이 민주주의 신념에 투철한 지도자를 가질 수가 있다.

2. 경제에 관련된 제도의 문제

다섯 가지로 구분된 우리들의 목적 달성을 위한 제도에 관해서 우리가 부딪치는 두 번째 문제는 경제 제도에 관련된 문제들이다. 앞 절에서 고찰한 '자유와 통제에 관한 제도의 문제'가 평등한 자유의 확보 및 법질서 확립의 목표와 직결되는 것이라면, 이제 고찰하고자 하는 경제 제도의 문제는 모든 국민에게 기본 생활의 안정을 마련해 준다는 목표와 직접 연결되는 문제라 하겠다.

인구는 많고 자연 자원은 적은 우리 한국의 여건을 감안할 때, 자유방임의 경제 제도를 가지고 모든 사람들에게 기본 생활의 안정을 보장해 주기는 매우 어려울 것으로 보인다. 무제한의 자유경쟁에 맡길 경우에는 빈부의 격차가 점점 크게 벌어질 공산이 크며, 전체가 넉넉하지 못한 국가의 재산과 소득의 많은 부분을 소수가 차지하게 되면, 나머지 다수 가운데는 기본 생활의 안정조차도 어려운 사람들이 생길 확률이 높다. 특히 일부의 부유한 사람들이 사치스러운 소비생활을 즐길 경우에는 다수의 서민층도 높은 소비생활을 선망하게 될 것이며, 이러한 심리는 '기본 생활'의 수준을 끌어올리는 결과를 가져옴으로써 우리의 문제를 더욱 어렵게 만들 것이다. '기본 생활'의 수준은 시대와 사회에 따라서 다르기 마련이며, 소비생활 또는 교육 등에 대한 일반의 기대치가 높을수록 '기본 생활'의 수준도 따라서 높아지기 때문이다.

모든 사람들에게 기본 생활의 안정을 보장해 주기 위해서는 사회 전체에 빈부의 차가 작은 편이 바람직하며, 빈부의 격차를 좁히는 데는 사회주의 체제에 유리한 점이 적지 않다. 그럼에도 불구하고 우리는 사회주의 체제를 선택하는 전제에서 출발하지 않았다. 그 길을 선택하지 않은 이유를 우리는 크게 세 가지로 정리할 수가 있을 것이다. 첫째로, 우리 한국인을 포함해서 현대인은 강한 개인적 자아의식을 가지고 있으며, 한국인의 경우 그 개인적 자아의식에는 모든 것을 자율에 맡겨도 좋을 정도의 높은 지성의 뒷받침이 없는 까닭에, 강한 사회적 통제를 가하지 않고서는, 사회주의 사회의 질서를 유지해가며 모든 사람들의 기본 생활을 보장하기에 필요한 생산성을 유지하기 어렵다. (강한 사회적 통제가 요구된다는 사정은 만인에게 **평등한** 자유를 누리게 한다는 우리들의 첫째 목표와 충돌한다.) 둘째로, 우리들의 의식 수준의 현 단계는 '나'를 위하는 마음과 사회 전체를 위하는 마음 사이에 현저한 차이가 있으므로, 업적에 따라서 분배에 차등을 두는 유인(誘引) 제도를 도입하지 않으면, 비록 타율적 강제를 가한다 하더라도 생산성이 떨어질 공산이 크며, 결과적으로 모든 사람들에게 기본 생활을 보장하기가 사실상 어렵게 될 염려가 있다. 셋째로, 세계의 모든 나라들이 한결같이 사회주의 체제를 선택하지 않고 많은 나라들이 자본주의 경제 제도를 고수하고 있는 오늘의 상황에서, 자본주의를 고수한 나라들의 생활 수준이 사회주의를 채택한 나라들의 그것을 능가한다는 사실이 알려졌을 때, 사회주의 사회에 사는 사람들의 불만이 클 것이며, 그들의 불만과 불평은 사회적 불안의 요소로서 작용할 염려가 있다. (전 세계가 검소한 생활을 하게 된다면 문제는 없을 것이나, 일부에서 풍요로운 생활을 즐길 경우에는 그렇게 못하는 사람들의 욕구불만이 어려운 문제 상황을 초래하기 마련이다.)

자유민주주의 체제의 근간을 그대로 두고서 모든 사람들의 기본 생활을 보장하기에 가장 적합한 경제 제도가 무엇이냐 하는 것이 지금 우리가 당면한 문제다. 자유민주주의 체제를 전제로 한다는 것은 생산재의 사유를 허용하고 자유 시장 경제에 의존한다는 것을 의미하거니와, 사유재산제도와 자유 시장 제도에 의존할 경우에 빈부의 격차가 심해지며 기본 생활조차 어려운 저소득층이 생긴다는 것이 이제까지 여러 자본주의 국가가 경험한 역사적 사실이었고, 우리나라도 같은 경험을 나누었다. 이러한 폐단을 없애기 위한 방안으로서 사회주의 혁명 이외의 어떤 대안이 있느냐 하는 것이 지금 우리 앞에 놓인 문제다.

이 문제에 대한 해결 방안으로서 이미 여러 선진국에서는 사회보장제도 내지 사회복지제도를 실시하고 있다. 이 제도는 고소득층이 차지한 것의 일부를 저소득층에게로 돌려주는 일종의 소득 재분배 제도라고 볼 수 있으며, 누진세율과 보험제도를 활용하면 그 방법은 비교적 간단하다고 볼 수도 있을 것이다. 그러나 여기에도 해답을 요구하는 이론상의 문제와 실천상의 문제가 남아 있다. 이론상의 문제란 고소득층이 일단 차지한 것을 다시 강제로 징수해서 저소득층에게 돌리는 처사를 어떻게 정당화하느냐 하는 문제이며, 실천상의 문제란 재분배의 구체적 방안을 결정하는 문제를 말한다.

누진율에 의한 재분배를 정당화하는 근거로서는 두 가지를 생각할 수 있을 것이다. 첫째로, 자본주의 체제 아래서 부유한 계층을 구성하는 것은 토지와 공장 시설 등 생산재(生産財)를 소유한 사람들과 남보다 교육을 많이 받은 사람들이거니와, 토지와 공장 시설 등 생산재는, 어떤 개인 또는 법인이 절대적 소유권을 가지고 완전히 독점할 성질의 것이기보다는 본래 사회의 공유물로 보아야 할 성질의 것이나, 효율적 활용을 위하여 그 관리를 개인에게 위임했을 때 '소유권'이 발생한다고 볼 수 있는 여지가 있으며, 교육기관도 공공의 기관이므로 질과 양에 있어서 남보다 좋은 교육을 받았다는 것은 공공기관의 혜택을 남보다 더 누렸다고 볼 수가 있다. 결국 공공(公共)의 성질이 강한 생산재를 소유한 사람들과 공공기관인 교육기관을 남보다 더 많이 이용한 사람은 그렇지 못한 사람보다 사회의 혜택을 더 많이 받았다고 볼 수 있으며, 따라서 혜택을 많이 받음으로써 많은 것을 갖게 된 사람은 혜택을 덜 받음으로써 가난하게 된 사람에게 그가 가진 것의 일부를 할애하는 것이 사리에 맞는다는 해석이 가능할 것이다.

누진율의 원칙에 의한 재분배를 정당화할 수 있는 둘째 근거로서는 '가족'이라는 작은 공동체와 흔히 '사회'라고 불리는 큰 공동체 사이에 일종의 유추

(analogy)가 성립할 수 있다는 사실을 지적할 수 있을 것이다. 가족을 구성하는 성원들 가운데 어린이와 노인 또는 병자는 비록 가족을 위해서 경제적으로 기여하는 바가 없다 하더라도 그들을 돌보고 생활을 보장해 주는 것이 다른 식구들의 도리라는 것을 우리는 의심하지 않는다. 같은 논리가 일반 사회전체에도 적용된다고 보아야 할 것이다. 우리가 아무리 개인주의 인간관에입각한다 하더라도, 나 이외의 가족 성원을 나와는 **전혀 무관한** 타인으로 볼수 없듯이, 나와 같은 사회에 속하는 다른 성원들을 나와는 **전혀** 무관한 타인으로 볼 수는 없을 것이다. '가족'이라는 공동체 내부의 인간관계와 '사회'라는 공동체 내부의 인간관계는 그 긴밀도(緊密度)에 상대적 차이는 있다 하겠으나, 어느 경우도 '완전한 타인'의 관계가 아니라는 점에는 다를 바가 없다. 그러므로 같은 사회 안에 능력이 부족하여 자신의 힘만으로는 기본 생활조차감당하기 어려운 사람들이 있을 경우에는, 능력의 여유를 가진 사람들에게그들을 도와줄 의무가 생긴다고 보는 것이 사리에 맞을 것이다. 엄밀하게 말하자면, 아무도 단독의 힘만으로 살아갈 수는 없는 것이 삶의 조건이며, 서로주고받으며 협동함으로써 살아가는 것이 인간존재의 모습이다. 서로 도움을주고받는 협동 과정에서 주는 것이 많은 경우도 있고 받는 것이 많은 경우도있기 마련이며, 상대편이 무능력자일 경우에는 받는 것은 전혀 기대하지 않고 주는 일만은 응분의 책임을 다하는 것이 사회 안에 사는 사람들의 도리라고 보아야 할 것이다. 요컨대 아무리 개인주의의 시대라고 하더라도, 같은 사회 안에 살고 있다는 사실이 극히 불우한 처지에 놓인 사람들에게 무관심하거나 그들을 소외시켜서는 안 된다는 의무를 여유가 있는 사람들에게 지운다는 것이, '가정'과 '사회'의 유추(類推)를 통하여 우리가 얻은 결론이다.

우리가 다음에 생각해야 할 문제는 저소득층의 기본 생활 보장을 위해서사회 또는 국가가 어느 정도의 일을 어떠한 방법을 통해서 하느냐 하는 구체적 실천 방안의 문제였다. 전 국민의 의료보험제도, 노인연금제도, 극빈자에 대한 생계 보조, 고아원과 양로원의 운영 문제 등이 지금 우리가 만나고 있는 문제와 관계가 있을 것이다. 그러나 이 자리가 연금제도나 고아원 또는 양로원의 운영 방안을 강구하기에 적합한 자리는 아닐 것으로 보인다. 그러한 방안을 강구하는 일은 보다 실무적인 위원회나 부서에서 담당하는 것이 바람직할 것이며, 이 자리에서는 '기본 생활'의 수준을 어떻게 정할 것이냐 하는 문제와 저소득층의 기본 생활 안정에 필요한 기금 또는 비용을 어떻게 확보하느냐 하는 문제만을 생각해 보고자 한다.

'기본 생활'을 일률적으로 규정하기는 어려울 것이며, 그 나라의 국민소득의 수준과 문화적 여건에 따라서 다소간의 차이가 있다고 보아야 할 것이다. 설령 국민소득의 수치와 문화적 여건에 대한 상세한 지식을 전제로 삼는다 하더라도 '기본 생활'을 세밀하게 규정하기는 어려울 것이며, 다소 추상적인 언어로 그 수준을 생각하는 것으로 만족해야 할 것이다. 즉 '기본 생활'의 조건을 객관적으로 산출해 낼 수는 없을 것이므로, 그 사회의 통념과 일반적 여론을 따라서 그 정도를 다소 융통성 있게 정해야 할 것으로 보인다.

필자의 개인적 견해로는, '기본 생활'이 안정되었다고 말할 수 있기 위해서는 대략 다음과 같은 조건이 갖추어져야 할 것으로 생각한다. ① 건강을 유지하기에 지장이 없을 정도의 의식주(衣食住) 생활의 보장, ② 보험제도에 의한 의료의 혜택, ③ 떳떳한 성원으로서 사회에 참여하여 일상생활을 하기에 필요한 교육을 받음. 오늘의 한국 경제의 실정에 비추어 볼 때, 위의 세 가지 조건을 당장에 갖추기는 힘들 것으로 보인다. 그러나 장기적 계획을 통하여 장차 달성할 목표로서 이상 세 가지 조건의 충족을 지표로 삼고 노력하는 것은 우리가 할 수 있는 일이며, 또 그렇게 하는 것이 옳다고 생각된다.

정부가 대기업을 옹호하는 경제정책을 써서 빈부의 격차가 커지는 것을 조장 내지 방임한 다음에, 누진세율 또는 그 밖의 재분배 장치를 통하여 저소득층의 기본 생활을 원조하는 방법은 최선의 길이 아니다. 왜냐하면 사람들은 누구나 자존심을 지키며 떳떳하게 살기를 염원하는데, 부유한 계층의 선심에 의존하여 생계를 유지하는 사람들은, 비록 기본 생활의 안정을 얻는다 하더라도, 자존심을 견지하기가 어렵기 때문이다. 따라서 노약자와 장애자를 포함한 무능력자의 경우만 사회보장제도를 통하여 기본 생활을 돕도록 하고, 그 밖의 사람들의 경우는 자신들의 힘으로 기본 생활에 필요한 소득을 올릴 수 있도록 정책을 세우는 것이 바람직한 길이다. 물론 자본주의에 입각한 자유 시장 경제 제도를 전제로 하고 그러한 정책을 세우는 일이 현실적으로 결코 용이하지는 않을 것이다. 그러나 그 길이 전혀 불가능하리라고 생각되지는 않는다. 다만, 그 길이 성공을 거두기 위해서는 노동 내지 일의 가치에 대한 사람들의 의식에 상당한 변화가 앞서야 할 것이며, 그러한 변화를 초래하기 위해서는 넓은 의미의 교육에 획기적 혁신이 있어야 할 것이다.

모든 사회에는 한 사회로서 수행해야 할 여러 가지 공동의 과제가 있기 마련이고, 그 공동의 과제들이 원만하게 해결되기 위해서는 일할 수 있는 능력을 가진 모든 사람들이 각자에게 적합한 일을 분담해서 공동의 과제의 일익을 담당해야 한다. 그와 같이 분담해서 맡은 일이 '직업'에 해당하는 것이며, 이와 같은 맥락에서 볼 때, 사회에 참여해서 사회에 이바지한다는 것이 직업의 매우 중요한 측면으로 부각된다. 사회에 대한 참여와 공헌이 직업의 중요한 측면이라는 사실은, 노동의 가치를 단순한 수요와 공급의 관계에 따라서 결정하는 자유 시장의 논리에 문제가 있음을 의미한다. 노동의 가치는 우연적 요소를 따라서 변동할 수 있는 수요와 공급의 관계에 의해서 단순하게 결정될 무엇이 아니라 사회에 대한 공헌도와도 깊은 관계가 있는 무엇이다. 바꾸어 말하면, 자유 시장에서의 수요와 공급의 관계에 의해서는 비록 낮은 평가를 받는 노동이라 하더라도 그것이 사회에 대해서 공헌하는 바가 클 경우에는 달리 평가되어야 마땅하다. 이와 같은 경우에는 사회에 기여한 그 공헌에 대해서 사회 또는 국가가 어떤 보상을 강구해야 할 것이다. 예컨대, 우리나라가 농산물의 수입을 자유화했을 때, 한국의 농산물은 가격이 크게 떨어질 공산이 크다. 그 하락의 정도가 경제적 계산으로 따지면 농사를 계속할 수 없을 지경에 이르더라도, 한국의 농민들은 달리 선택할 길이 없는 까닭에 여전히 농업에 종사하는 경우가 많다. 원대한 안목으로 볼 때 한국의 농촌은 누군가가 지켜야 할 고장인 까닭에, 노동의 대가나 채산상의 적자에 구애함이 없이 농촌을 지키는 사람들은 한국 사회에 크게 공헌하는 결과를 가져온다. 이 공헌에 대하여 국가나 사회는 어떤 형태로든 보상을 해주어야 옳다고 보는 것이다.

사회가 수행해야 할 여러 가지 과제를 위해서 사람들이 해야 할 일, 즉 노동에는 이루 헤아릴 수 없을 정도로 여러 가지 종류가 있거니와, 그 노동 가운데는 보람을 느껴 가며 즐거운 마음으로 하기에 적합한 것도 있고, 반대로 고역스럽기만 하고 보람을 느끼기가 어려운 것도 있다. 보람을 느껴 가며 즐거운 마음으로 하기에 적합한 일을 맡아서 하는 사람은 일하는 가운데 이미 많은 것을 얻고 있는 셈이나, 고역스럽기만 한 일에 종사하는 사람의 경우는 사정이 다르다. 그리고 고역스러운 일에 종사하는 사람들 가운데는 보람을 느껴 가며 즐거운 마음으로 하기에 적합한 일에 종사하는 사람들 중의 어떤 사람보다 사회에 대한 공헌도가 클 경우도 있다. 이러한 경우에는 고역스러운 일에 종사하면서 사회에 공헌하는 바가 큰 사람이, 사회에 대한 공헌도가 낮은 일을 즐겨 가며 하는 사람보다 높은 대우를 받아야 마땅할 것이다. 그러나 우리나라의 현실은 그와는 반대의 경향을 나타내고 있다. 대체로 말해서, 보람을 느끼기 쉬운 일에 종사하는 사람들이 고역스럽기만 한 일에 종사하는 사람들에 비하여 물질적으로도 더 많은 소득을 올리는 사례가 많다. 노동의 가치가 오로지 수요와 공급의 관계에 의해서 평가되는 자유 시장의 논리에 근거를 둔 이러한 경향을 언제나 부당하다고 일률적으로 단정하기는 어려울 것이나, 많은 경우에 이러한 경향에는 어떤 모순이 개재한다고 보아야 할 것이다. 바꾸어 말하면, 현재 우리 사회에서 통용되고 있는 임금제도에는 시정 내지 보완해야 할 허점이 있으며, 이 허점을 시정 내지 보완해야 할 책임을 사회 또는 국가가 져야 할 것으로 생각된다.

　여기서 우리는 매우 난감한 물음에 부딪친다. 우리들의 임금제도에 개재하는 모순 내지 허점은 자유 시장 제도에 연유하는 것인데, 그 모순의 근원을 제거함이 없이 그로부터 파생된 지엽적 현상을 고칠 수가 있느냐 하는 물음이다. 노동에 대한 보수를 시장 기능에만 맡길 경우에, 고역스럽고 사회에 대한 공헌도가 높은 노동 가운데 임금이 낮은 것이 생기는 모순을 원천적으로 제거할 수 있는 방안을 제시하기는 매우 어려운 일이다. 그러나 이것을 이유로 자유 시장 제도를 전적으로 폐기해야 한다는 결론으로 비약하기도 어려운 것이 인간 사회의 현실이다. 왜냐하면, 자유 시장 제도를 폐기할 경우에는 또 다른 문제가 생기기 때문이다. 자유 시장 제도를 포함한 자본주의 체제를 폐기하고 모든 공장과 농지를 집단 소유로 만들면, 일 또는 노동을 평가함에 있어서 그 고역스러움의 정도와 사회에 대한 공헌도를 충분히 고려할 수 있는 길이 열릴 것임에 틀림이 없다. 그러나 여기서 누가 그 평가의 권한을 장악하느냐에 따라서 같은 노동에 대한 임금도 다르게 책정될 가능성이 크다. 일의 고역스러움 또는 사회에 대한 공헌도를 객관적으로 측정할 방법이 없을 뿐 아니라, 평가의 권한을 가진 사람들의 공평무사를 기대하기 어려운 까닭에, 일의 가치를 인위적으로 공정하게 책정하는 일이 매우 어렵다. 더욱이 사람들은 각각 자기가 하고 있는 일이 힘도 많이 들고 어려우며 사회에 대한 공헌도도 높다고 생각하는 경향이 있을 것이며, 권한을 가진 사람들이 결정한 평가에 대해서 불만을 느낄 것이다. 이 불만을 항의하는 자유를 허용한다면 사태를 수습하기가 어려울 것이며, 그 자유를 탄압한다면 독재가 될 것이다. 그뿐만 아니라 6장 6절에서 이미 언급한 바 있는 생산성의 저하의 문제가 여기에 추가되므로, 전체로 본 문제 상황이 매우 어렵게 될 것이다.

우리들의 의식 수준의 현 단계에 내재하는 결함으로 말미암아, 또는 인간의 근원적 유한성(有限性)으로 말미암아, 우리들의 현실 문제를 해결하기 위해서 제시되는 어떠한 처방도 완전히 만족스러운 결과를 약속할 수는 없다. 우리가 제시할 수 있는 처방은 완전무결한 것일 수 없다는 뜻에서, 우리들의 문제는 **상대적** 타당성을 추구하는 문제다. 다시 말하면, 우리는 불완전한 처방들 가운데서 **비교적** 좋은 결과를 가져다줄 것으로 예상되는 처방을 얻는 것으로 만족해야 한다.

고역스러울 뿐 아니라 사회에 대한 공헌도도 높은 노동이 낮은 임금의 대접을 받는 불합리를 자유 시장 제도를 유지한 채 극소화하는 방안을 일률적으로 적용할 수 있는 원칙의 형태로 제시하기는 어려울 것이다. 최저임금제를 실시하고 노동조합법을 제정하여 노동삼권을 보장하는 것만으로는 부족할 것이며, 여러 가지 경우에 따라서 적합한 보완책을 개별적으로 강구해야 할 것이다. 예컨대, 도시의 쓰레기를 수거하는 인부들의 처우를 개선하는 일은 시정 당국자의 결정만으로도 가능할 것이다. 그리고 탄광에서 지하 작업에 종사하는 광부들의 처우를 개선하기 위해서는 국고에서 보조금을 지출하거나 연탄의 가격을 인상하는 방안을 강구할 수 있을 것이다.

3. 민주 문화의 창달을 위한 제도적 배려

우리들의 다섯 가지 목표 가운데서 교육의 기회균등의 과제와 민주 문화 창달의 과제는 불가분의 관계를 가졌다. 교육의 기회가 고루 주어져서 모든 사람들이 타고난 소질을 개발하여 사람다운 삶을 살게 된다면, 그것은 곧 민주적인 문화의 창달을 위한 기초가 될 것이다. 교육의 기회균등은 민주적인 문화의 형성을 위하여 필요한 조건의 하나다.

교육의 기회균등의 문제를 논의함에 있어서 우선 부딪치는 것은 교육의 기회를 어떻게 마련해 주는 것이 '기회균등'의 요구를 충족시킴에 해당하느냐 하는 물음이다. 모든 사람들에게 같은 질과 같은 양의 교육을 받을 수 있도록 하는 것은 불가능한 일이며, 모든 사람들에게 각자가 원하는 교육을 마음대로 받도록 하는 것도 불가능한 일이다. 공급이 수요를 따르지 못하는 것은 교육에 있어서도 불가피한 현상이며, 수요와 공급의 불균형을 불가피한 현실로 전제했을 때, 이 불균형에서 오는 경쟁 상황을 어떻게 처리하는 것이 '교육의 기회균등'의 요구를 최대한으로 충족시키는 길이냐 하는 것이 우리들이 현실적으로 당면한 문제다. 교육에 대한 모든 사람들의 소망을 남김없이 충족시키거나 산술적으로 평등하게 충족시킬 수는 없는 일이므로, 우리들의 현실적인 문제는 어떠한 사람들에게 어떠한 교육의 기회를 마련해 주는 것이 '교육의 기회균등'의 정신에 합당하냐 하는 그것이다.

우리가 교육의 기회를 원하는 것은 첫째로 적합한 직업을 얻음으로써 떳떳하게 살아갈 수 있는 능력을 습득하기 위해서이며, 둘째로는 타고난 소질을 개발함으로써 자아의 실현으로 접근하기에 필요한 훈련을 받기 위해서이다. (이 두 가지 목적은 내면적으로 깊이 연결되어 있으며, 많은 경우에 같은 내용의 교육이 두 가지 목적을 위해서 두루 도움이 된다.) 그러므로 중요한 것은 각자의 소질에 적합한 교육의 기회를 모든 사람들에게 고루 마련해 주는 일이며, 같은 내용의 교육을 평면적으로 또는 산술적으로 균등하게 베푸는 일이 아니다. 음악에 소질이 거의 없는 사람에게 피아노 교육의 기회를 마련하거나 추상적이며 논리적인 사고의 소질이 약한 사람에게 철학이나 수학 교육의 기회를 마련해 주는 것은 별로 의미가 없는 일이다. 한 직업인으로서, 그리고 한 인간으로서 살아가기에 필요한 능력을 길러 주기에 적합한 교육을 모든 사람들에게 베푸는 일이 중요하며, 주어진 현실에 적응해 가며 살아가기에 필요한 교육은 사람에 따라서 개인차가 있다.

어느 정도 이상의 경제적 기반이 없이는 하루도 떳떳하게 살기가 어려운 시대다. 이러한 시대를 살아가기 위해서 한 개인이 갖추어야 할 첫째 조건은, 자신의 소질과 능력에 맞는 직업을 갖는 일이다. 자신에게 적합한 직업을 갖게 되면, 기본 생활에 필요한 소득을 올릴 수 있을 뿐 아니라, 사회에 참여하여 공동의 과제의 일익을 담당하게 되고, 그러한 과정을 통하여 자아의 성장도 기할 수 있게 된다. 그러므로 교육의 문제와 관련해서 국가나 사회가 해야 할 첫째 임무는, 모든 국민이 각자에게 적합한 직업을 갖는 데 필요한 기량 내지 능력을 길러 주는 일이다. 그리고 교육의 문제에 관한 국가나 사회의 둘째 임무는, 각 개인을 단순히 한 가지 또는 그 이상의 기술을 지닌 기능인으로 양성함에 그치지 않고, 양식(良識)을 갖춘 균형 잡힌 인간으로서 성장할 수 있도록 하는 전인교육을 모든 사람들에게 베푸는 일이다. 물론 직업교육을 먼저 베풀고 그 다음에 전인교육을 베풀어야 한다는 뜻은 아니며, 두가지 목적을 위한 교육이 동시에 실시될 수도 있고, 직업교육은 도리어 뒤로미루는 편이 바람직할 경우도 있을 것이다.

위에서 말한 바와 같은 관점에서 볼 때, 현재 우리나라에서 베풀고 있는 교육은 직업교육을 위해서나 전인교육을 위해서나 시정해야 할 문제를 많이안고 있는 것으로 평가된다. 오늘날 한국에서 실시되고 있는 초등교육과 중등교육은, 일부 실업계 고등학교의 경우를 제외하고는, 대부분의 시간을 상급학교 진학을 위한 준비 교육에 바치고 있다. 대학의 학부와 대학원에서의교육은 주로 '이름'과 형식적 자격을 위한 것이고, 직업을 위해서나 인간적성장을 위해서는 별로 도움이 되지 않는 것을 베풀 경우가 허다하다. 구체적으로 말하자면, 우리나라의 대학들은 대개가 종합대학임을 자랑으로 여기고있으며, 대부분의 종합대학에는 철학과, 경제학과, 수학과, 물리학과 등이있다. 그런데 철학이니 경제학이니 수학이니 물리학이니 하는 따위의 이론적인 학문은 그 지식이 매우 높은 수준에 이르지 않으면, 그것을 직업에 활용하기가 어렵다. 고등학교의 교사로서 가르치는 데 필요한 정도의 지식을 얻기 위해서도 학문적 소질이 풍부한 사람이 상당한 기간 동안 조직적 훈련을 받아야 한다. 바꾸어 말하면, 학문적 소질에 있어서 매우 우수한 사람들이 이들 분야에 진학해야 하며, 다른 분야의 학생들보다도 더 열심히 공부를 해야 학자로서의 직책을 감당할 수가 있다. 그러나 일부 소수의 대학의 경우를 제외하고는, 학교 성적과 시험 성적에서 처지는 학생들이 이들 순수 학문의 분야를 선택하는 경향이 있으며, 대학에 입학한 뒤에도 적당히 학점이나 따고 졸업장을 얻을 경우가 많다. 그리고 교수들은 학생들이 이해하고 따라오든 말든 일류 대학의 교과과정을 본받아서 어려운 강의로 일관한다. 그러므로 학생들은 깊은 전문적 지식을 얻는 데 실패할 뿐 아니라 폭넓은 교양을 얻는 데도 실패할 경우가 많다.

앞으로 우리나라의 교육제도는 국민 모두가 하나의 직업인으로서, 그리고 한 사람의 인간으로서, 행복하게 살아가는 데 필요한 능력과 인격을 기를 수 있는 기회를 고루 갖도록 개선되어야 할 것이다. 그렇게 되기 위해서는 어떤 '이름'이나 형식적 자격을 얻기 위해서 대학이나 대학원에 다니는 사람들이 생기지 않도록 해야 한다. '각자의 필요에 따라서' 적합한 교육을 받을 수 있도록 기회를 마련하는 것이 '교육의 기회균등'으로 접근하는 길이며, 쓸모없는 교육을 불필요한 사람에게까지 베푸는 것은 교육의 기회균등이 아니다. 학자를 양성하기에 적합한 교육을 학자가 될 자질이 없는 사람들에게 베푸는 것은, 정력과 국고의 낭비일 뿐 '교육의 기회균등'에도 역행하는 처사다. 음악에 소질이 없는 사람에게 음악 공부를 시키고 미술에 소질이 없는 사람에게 미술 공부를 시키는 낭비를 저지르면, 정말 음악을 배워야 할 사람들과 정말 그림을 배워야 할 사람들은 필요한 교육을 받을 기회를 잃게 된다. 돈만 많으면 고학력(高學歷)을 살 수 있는 제도 아래서는 교육의 기회균등은 실천하기 어렵다. 한정된 교육의 기회를 불필요한 사람에게 제공하면, 정말 필요한 사람에게는 그것을 주기가 어렵기 때문이다.

앞으로 우리나라의 초등교육과 중등교육은 건전한 가치관과 합리적 사고력을 심어 주는 일에 주력해야 할 것이다. 학생들이 일상생활에서 부딪치는 문제들을 합리적으로 해결할 수 있는 능력을 그들에게 길러 주어야 하며, 공동체 안에서 남과 어울려 원만하게 살 수 있는 인격 형성을 도와주어야 하며, 장차 복잡하고 전문적인 학습을 감당할 수 있는 기초 학력도 길러 주어야 한다. 그런데 현재 우리나라에서 주로 사용하고 있는 암기 위주의 주입식 교육과 다선지 선택형의 평가 방법으로는 저 세 가지 교육목표의 어느 하나도 달성하기 어렵다. 스스로 생각하되 자기 한 사람뿐 아니라 타인과 공동체를 함께 고려하는 공정하고 원대한 사고의 습성을 길러 주어야 하며, 자신의 판단을 따라서 행위하되 그 판단이 편협하지 않고 객관적 타당성을 갖게 하는 훈련을 청소년기에 충분히 베풀어야 할 것이다. 그렇게 하기 위해서는 교과서의 내용, 학습 방법, 시험제도와 평가 방법 등에 획기적 개선이 있어야 할 것이며, 유능한 교사의 양성을 위해서 교육대학 내지 사범대학의 교육에 관해서도 많은 개선책이 있어야 할 것이다.

군이 대학에 진학하지 않더라도 직업인으로서 떳떳하게 사회에 진출할 수 있는 젊은이를 길러 내는 실업계 고등학교 교육을 강화해야 할 것이다. 실업계 고등학교만 마치고 일찍부터 직장 생활을 시작한 사람과 대학을 졸업한 뒤에 직업을 가진 사람 사이에 지나친 소득의 차이가 나지 않도록 하는 임금체계를 세움으로써, 실업 고등학교의 매력을 높이는 방안도 강구해야 할 것이다.

초급대학 수준의 직업교육을 충실하게 하고 그 졸업생들에게 유리한 사회 진출의 길을 열어 줌으로써, 초급대학의 매력과 성가를 높여야 할 것이다. 대도시에 있는 4년제 종합대학만이 훌륭한 교육기관이라는 종전의 고정관념을 타파할 수 있도록 초급대학의 성가를 높인다면, 훌륭한 교육기관의 수가 그만큼 많아지는 셈이나, 교육의 기회균등을 위해서 유리한 조건이 될 것이다.

지방에 산재하는 여러 대학들도 서울의 이른바 '일류 대학'의 수준으로 끌어올릴 수 있다면, 질이 높은 교육의 기회가 그만큼 늘어나게 되고, 교육의 기회균등을 실천하기에 유리한 조건을 형성하는 결과가 될 것이다. 그러나 이것은 전혀 새로울 것이 없는 의견이며, 지방대학의 수준을 높일 수 있는 구체적 방안을 제시하지 못하는 한, 아무런 가치도 없는 의견이다. 중요한 것은 지방대학의 수준을 높여야 한다는 당연한 주장을 되풀이하는 일이 아니라, 그 실천 방안을 제시하는 일일 것이다. 필자도 특출한 묘안을 가지고 있는 것은 아니나, 이 자리에서 지방대학의 수준이 떨어지게 된 원인을 분석해 봄으로써 방안 모색의 실마리를 찾아볼 수는 있을 것으로 생각한다.

　해방 당시 한국에는 열 개 안팎의 전문학교와 단 하나의 대학이 있었을 뿐이다. 그 유일한 대학이었던 '경성제국대학'의 교수 자리는 모두 일본인이 차지했고, 전문학교의 교수 자리도 극소수를 제외하고는 모두 일본인들이 차지하고 있었다. 해방을 계기로 일본인들은 모두 물러가고 그 뒷자리를 한국인 학자들이 물려받게 되었거니와, 대학교수 자리가 한국인에게 돌아오리라는 것을 예상한 사람들이 거의 없었던 까닭에, 일제 때 학부를 졸업하고 대학에서 조교 노릇을 했거나 중학교에서 교편을 잡은 경력을 가진 사람들이 하루아침에 대학교수의 자리를 차지하는 행운을 만나게 되었다. 단적으로 말해서, 일본 치하에서 교수라는 직업을 목표로 삼고 실력을 양성한 사람은 설령 있었다 하더라도 소수에 불과했던 까닭에, 해방을 맞이하여 우리나라의 대학이 생기고 많은 교수의 자리가 한국 학자를 기다리게 되었을 때, 그 자리를 채우기에 적합한 사람이 적었다. 하나의 대학을 제대로 운영하기에도 부족할 정도의 교수 요원밖에 없었으나, 서울에만 해도 여러 대학이 생겼다. 한 사람이 두 대학의 전임을 겸하는 사례가 많았으며, 두 대학의 전임을 겸하고도 또 다른 대학에 강사로 나가는 사람도 있었다.

　이러한 상황에서 지방에도 국공립대학이 설립되고, 경향 각지에 사립대학도 신설되었다. (새 세상을 만나서 너도나도 배우겠다는 향학열이 높아졌을 뿐 아니라, 대학생에게는 징병 연기의 혜택이 주어졌던 까닭에 대학 지망생들이 많아서, 대학을 세우기만 하면 돈을 벌 수가 있었다.) 교수의 자리를 감당할 만한 사람들이 별로 없는데도 불구하고 많은 대학이 신설된 것이다. 자연히 무자격자가 대학교수의 자리에 앉게 되었고, 늦게 출발한 지방대학과 신설 사립대학은 교수의 질과 양, 도서관 시설, 실험 시설 등에 있어서 기준에 크게 미달할 수밖에 없었다.

교수의 자리를 감당할 만한 학자가 귀한 상황에서 많은 대학이 난립했다는 사실이 지방대학의 수준을 떨어뜨린 사유의 첫째였다. 그러나 지금은 교수 요원의 사정은 옛날보다 크게 좋아졌다. 선진국에 가서 학위를 얻어 와도 대학의 전임 자리를 얻기가 매우 어려운 실정이고, 국내 대학 가운데도 학과에 따라서는 뛰어난 학자를 길러 내는 곳이 나타나게 되었다. 지금 대학을 새로 설립한다 하더라도 아마 해방 직후의 어느 대학보다도 우수한 교수진을 갖추고 출발할 수가 있을 것이다. 그리고 실제에 있어서도 오늘의 여러 지방대학은 젊고 우수한 교수를 상당수 확보하고 있는 것으로 안다.

그러나 아직도 서울의 일부 대학과 지방의 여러 대학 사이의 수준차는 크게 좁혀지지 못하고 있다. 그것이 크게 좁혀지지 못하는 이유의 하나는, 일단 지방대학에 취직을 한 학자도 기회만 있으면 서울로 전직하기를 희망하는 경향이 강하며, 실력이 우수하다는 인정을 받을수록 서울로 자리를 옮길 기회를 얻기 쉽다는 사실이다. 지방대학의 수준이 크게 향상되지 못하고 있는 또 하나의 사유는, 우리나라는 문화시설이 서울에만 집중하여, 그 밖의 지방은 문화적 자극이 미약한 가운데 지방대학에는 학구적 긴장이 부족하다는 사실이다. 학구적 긴장이 부족한 까닭에, 장래가 촉망되던 젊은 교수도 지방대학에 오래 머물게 되면 안이한 분위기 속에서 성장이 지연되는 경향이 있다. 위에 말한 두 가지 사유가 내면적으로 밀접하게 연결되어 있음은 물론이다.

지방대학의 수준은 지방 문화 전체의 수준과 맞물려 있다. 따라서 지방 문화의 수준을 전체적으로 끌어올림이 없이 지방대학의 수준만을 따로 끌어올리기는 어려울 것이다. 이에 대학을 중심으로 삼고 지방 문화를 전체적으로 향상시킬 청사진을 마련해야 할 것이며, 이 청사진의 성공적 시행을 위하여 중앙과 지방이 함께 노력해야 할 것이다.

현재 한국의 여러 대학들은 학제와 교과과정이 대동소이하다. '서울대학교'가 학제나 교과과정을 바꾸면 그 변경을 모방한 사례도 적지 않다. 그러나 이것은 바람직한 현상이 아니다. 학문의 질적 수준을 끌어올리기 위해서 '일류'로 알려진 대학의 교육 방법을 본받는 것은 권장할 일이나, 학제와 교과과정까지 모방하는 것은 어리석은 짓이다. 모든 대학들이 학자 양성에 적합한 교육을 실시하는 것은 불합리한 일이며, 여러 대학들은 각기 특색을 살려서 여러 가지 직업인을 길러 내기에 적합한 교육을 베푸는 것이 바람직하다. 이 기본 원칙은 지방대학의 육성에도 적용되어야 할 것이다. 지방대학은 그 학교만이 가질 수 있는 특성을 살림으로써 서울의 대학이 할 수 없는 일을 할 수 있다는 긍지를 갖도록 해야 할 것이며, 그러한 특색이 그 지방의 발전과 직결되도록 꾀해야 할 것이다.

이제까지 지방대학에 대해서 말한 바는 아직 '명문 대학'이라는 평가를 받지 못하고 있는 서울의 여러 대학에도 적용할 수 있을 것이다. 그 여러 대학들은 대부분이 법학과, 정치학과, 사회학과, 철학과, 사학과 등을 가지고 있거니와, 이러한 학과에서 배운 교육의 내용이 졸업 후의 생활에 어떤 도움을 줄 수 있느냐에 대해서는 전혀 책임 의식이 없다. 많은 대학들이 현실과 유리된 이론을 가르침으로써 졸업장과 등록금을 맞바꾸는 오늘의 교육 실태를 벗어나기 위해서는, 직업인으로서 사회에 진출하기에 필요한 실질적인 교육에 역점을 두어야 할 것이다. '이름'을 위한 대학에서 '생활'을 위한 대학으로의 전환을 위한 과감한 제도적 개혁이 있어야 할 것으로 믿는다. 여기서도 우리는 정치적 혁명 없이 교육제도를 과감하게 혁신함이 현실적으로 가능하냐 하는 물음에 부딪친다. 기존 제도의 혜택을 입고 있는 사람들의 반발이 예상되므로 그것이 매우 어려운 일일 것임은 명백하다. 그러나 피교육자와 학부형 모두가 그것을 원하는 마음이 확고하다면, 오랜 시일이 걸리기는 하겠지만, 그 일이 전혀 불가능한 일은 아닐 것이다.

교육의 기회균등을 위해서 또 하나 해야 할 일은 장학제도의 확충이다. 교육비를 수혜자가 부담하는 원칙에 입각한 현행 제도 아래서는 돈이 없으면 공부하기가 어렵다는 사실이 교육의 기회균등을 크게 저해하고 있다. 모든 학교가 국공립이라면 그 운영 경비를 국고금에서 지출하는 방안을 강구할 수도 있을 것이나, 사립학교가 많은 한국의 경우는 그 길은 실천하기 어렵다. 여기서 생각할 수 있는 대안이 충실한 장학제도의 수립이다. 모든 학생들에게 충분한 장학금을 지급하기는 어려울 것이나, 우수한 소질을 가지고도 가난한 까닭에 그것을 개발하지 못하는 사례를 극소화하도록 장학제도를 확충하는 노력은 실천이 가능할 것으로 믿는다.

모든 사람들의 소질이 고루 개발되는 것을 민주적 문화의 기본으로 보는 견지에서 볼 때, 오늘의 한국 문화는 민주 문화의 이상으로부터 먼 거리에 있다. 오늘의 한국 문화가 안고 있는 가장 큰 문제점은, 사람들이 삶의 궁극목표를 타고난 소질의 개발에 두지 않고, 금력과 권력 그리고 관능적 쾌락 등 외면적 가치의 획득에 두고 있다는 사실에 있을 것이다. 한 사회가 창출할 수 있는 외면적 가치는 그 총량이 제한되어 있고, 이에 대한 사람들의 욕구에는 한정이 없으므로, 대부분의 사람들이 외면적 가치를 목표로 삼는 치열한 경쟁 상황에서 그 뜻을 이룰 수 있는 것은 일부에 국한될 수밖에 없다. 특히 고도의 소비생활에서 긍지와 보람을 찾는 가치 풍토는 천부의 소질 개발에 삶의 중심을 둘 것을 요구하는 민주적 문화의 이념과는 요원한 거리에 있다.

외면적 가치에 치중하여 고도의 소비생활에서 삶의 보람을 찾는 병든 가치 풍토를 개선하기 위하여 어떤 제도적 배려를 할 수 있느냐 하는 물음 앞에서, 필자는 만족스러운 묘방을 모르고 있다. 내면적 가치의 실현에서 높은 경지에 이른 사람을 상징적으로 예우하는 방안이라든지, 지나친 소비 풍조의 억제를 위한 세제(稅制)의 개혁 따위의 방안을 생각할 수 있으나, 근본적 대책이라고 보기는 어렵다. 가치 풍토의 개선을 위한 근본적 대책의 문제는 사람들의 사고방식과 생활 태도를 바꾸는 문제에 해당하며, 이는 전체로서의 교육의 문제에 직결된다. 전인교육의 문제는 매우 중대한 문제이므로 다음 장에서 따로 다루어 볼 생각이다.

4. 자유민주주의와 민족의 통일

이제까지 우리는 자유민주주의 체제의 기본적인 틀을 유지해 가면서 한국의 현실을 점진적으로 개혁하는 길을 이모저모로 고찰하였다. 이제까지의 우리의 고찰은 주로 남한을 염두에 둔 것이었고, 북한은 일단 고찰의 범위에서 제외하였다. 그러나 우리나라의 미래상을 탐구하는 마당에서 민족 통일의 문제를 외면할 수는 없는 일이므로, 여기서 우리는 자유민주주의 체제의 유지를 전제로 했을 때 그것이 통일의 과제와 어떻게 연결되는가 하는 물음에 부딪치게 된다. 통일을 지상의 과제라고 주장하는 일부의 급진론자들 가운데 남한의 자유민주주의 체제를 타파하지 않는 한 민족의 통일은 불가능하다고 보는 견해도 있다는 사실을 감안할 때, 저 물음은 상당한 압력을 동반하고 우리 앞으로 다가온다.

남한의 자유민주주의 체제를 타파하지 않고서는 민족의 통일을 이룩할 수 없다는 견해를 떠받들고 있는 것은, 자본주의와 공산주의라는 불상용(不相容)의 두 체제를 그대로 두고서는 통일이 불가능하다는 단순한 논리만은 아니다. 이 견해 배후에는 북한의 '조선 민주주의 인민공화국'만이 한반도의 통치를 맡을 정통성을 지닌 유일한 정권이며, 남한의 '대한민국'은 미 제국주의가 탄생시킨 반민족적 괴뢰 집단에 불과하다는 판단이 깔려 있다. 한반도는 모든 외세를 물리치고 자주독립해야 할 민족의 땅이며, 김일성을 수반으로 삼은 북한의 공산주의 정권은 자주적이며 민족주의적이므로 이 땅을 통치할 자격을 가졌으나, 미국의 후견과 간섭을 받고 있는 남한의 '민주주의' 정권은 애당초 그 자격을 갖지 못했다는 것이다. 이러한 전제로부터 나온 결론이 남한의 체제가 표방하는 '자유민주주의' 또한 용납할 수 없는 반민족적 이데올로기라는 주장이다.

한국과 미국의 관계가 종속적이냐 아니냐는 문제에 대해서는 이론이 분분할 것이며, 시각을 달리하는 사람들의 논쟁은 쉽게 끝나지 않을 것이다. 여기서 우리는 이 끝없는 논쟁에 말려들 필요는 없을 것으로 보인다. 여기서 우리가 분명히 말할 수 있는 것은, A라는 약소국가와 B라는 강대국가 사이에 종속관계가 있느냐 없느냐 하는 문제와 A라는 나라의 체제가 자유민주주의의 그것이냐 또는 사회주의 내지 공산주의의 그것이냐 하는 문제와는 별개의 것이라는 사실이다. 바꾸어 말하면, 한 약소국가의 체제와 그 나라의 자주성 사이에 필연적 관계는 없으며, 나라가 약하면 자유민주주의 체제를 가지고도 자주성을 상실할 수 있고, 사회주의나 공산주의의 체제를 가지고도 자주성을 상실할 수가 있다. 문제의 핵심은 나라의 체제에 있는 것이 아니라 그 강약에 있다. 그리고 나라의 강약은 일정 불변한 것이 아니므로, 체제에 근본적 변동이 없더라도 종속관계에 변동이 생길 수는 있다.

1948년에 남한에서는 미국이 주도한 결의안을 따라서 국제연합의 한 위원단이 참관한 가운데 총선거가 실시되어 '대한민국'이 탄생하였고, 북한에서는 소련의 옹호를 받은 김일성이 소련군의 주둔 아래서 '조선 민주주의 인민공화국'을 건립하였다. 남과 북이 모두 외세의 간섭 내지 비호를 받고 정부를 수립한 것이다. 그러나 북한을 점령했던 소련군은 1948년 12월 말에 철수했고, 스탈린이 사망하고 격하된 것을 계기로 삼고 소련과 중국 사이에 이데올로기 논쟁과 주도권 싸움이 벌어진 틈을 타서, 김일성은 1955년경부터 '주체사상'을 표방하며 독자 노선을 선언하였다. 즉 창건 당시에는 소련의 품 안에 있었던 '조선인민공화국'이 점차 그 품에서 벗어난 것이다. 한편 남한에서는 1949년 6월 말에 미국 주둔군이 일단 철수했으나, 6·25 전쟁을 계기로 다시 들어와서 계속 머물고 있다. 한미 연합군의 작전 지휘권을 미군 측이 쥐고 있으며, 한국의 정치와 경제에 대해서도 미국이 직접 또는 간접으로 영향력을 행사해 왔다. 이러한 사실이 북한 당국과 일부 급진론자들로 하여금 남한이 미국에 예속되어 있다고 주장할 구실을 주기도 했으나, 미군의 철수는 조만간 이루어질 전망이며, 한국에 대한 미국의 영향력도 점차 줄어드는 추세를 보이고 있다. 결국 한국의 국력과 국제적 지위는 꾸준히 향상되고 있으며, 자유민주주의 체제를 유지하더라도 한국이 머지않아 미국의 품을 완전히 벗어날 수 있으리라고 기대할 충분한 근거가 있다고 생각된다.

우리나라가 자유민주주의 체제를 견지하면서도 자주 독립성을 확보할 수 있다는 사실이 통일을 위해서 이 체제가 가장 바람직하다는 직접적 논거가 될 수는 물론 없다. 남과 북이 상반된 체제를 유지하면서 통일을 이룩할 수는 없으며, 북한 측이 쉽게 공산주의 체제를 포기하리라고 기대할 수 있는 별다른 조짐은 보이지 않는다. 이러한 상황에서 통일을 **가장 신속하게** 달성하는 길은 남한 측이 북한의 체제를 따르는 양보에 있다는 논리가 성립할 수 있을지도 모른다. 우리가 감상주의의 견지에서 통일만을 유일한 목표로서 추구한다면, 저 논리가 타당성을 가질 수도 있을 것이다. 그러나 비록 통일이 우리의 절실한 소망임에 틀림이 없다 하더라도, 통일 이후에 일어날 사태는 전혀 고려하지 않고, 오직 통일만 되면 그것으로 충분하다고 보기는 어렵다. 통일을 성취하는 과정에서 또는 통일을 성취한 다음에 많은 사람들이 불행을 겪는 결과를 초래하는 것은 바람직한 일이 아니다. 통일을 가급적 빨리 성취하되 그 뒤의 결과도 만족스러울 공산이 큰 방법을 택해야 한다든 것이 우리들의 일반적 상식이다.

남한이 민주주의의 이름만 앞세우고 실제로는 반민주적 억압 정치를 자행하거나, 19세기적 자본주의를 탈피하지 못하고 상대적 빈곤의 문제를 해결하지 못한다면, 아마 남북의 조속한 통일을 기대하기는 어려울 것이다. 그러나 우리는 자유민주주의 체제 안에서 이러한 문제들을 해결할 수 있다고 보았고, 그 개혁의 방향을 나름대로 생각해 보았던 것이다. 북한이 이제까지와 같은 완강한 독재 체제와 폐쇄적 전체주의를 고집하는 한, 역시 남북의 통일은 달성하기 어려울 것이다. 그러나 내외의 정세로 미루어 볼 때, 북한에도 조만간 변화는 올 것으로 전망되며, 그 변화는 통일을 가능하게 하는 방향으로 전개될 것으로 예상된다. 소련을 포함한 동유럽 여러 나라에서 보여준 것과 같은 방향으로의 변화가 조만간 북한에도 오리라고 보는 것이 현대의 세계사를 총체적으로 바라보는 사람들의 상식일 것이다.

이 저술의 전체를 통하여 필자는 '자유민주주의 체제'라는 말을 매우 넓은 의미로 사용하고 있다. 여기서 "자유민주주의 체제를 유지하더라도 남북의 통일은 가능하다."고 말할 때도, 정치적으로는 국민의 기본적 자유와 의회제도를 수용하고 경제적으로는 사유재산제도와 자유 시장 제도를 용인하는 모든 나라를 '자유민주주의 체제'의 나라로 보고 있는 것이다. 바꾸어 말하면 필자는 오늘의 남한이나 미국의 정치 모델만을 염두에 두고 '자유민주주의 체제라는 말을 쓰고 있는 것은 아니며, 독일이나 스웨덴의 모델까지도 포함시켜서 이 말을 쓰고 있다. 아마 우리가 오늘의 남한 모델을 고수하거나 미국의 모델을 따르는 것보다는 독일이나 스웨덴의 모델로 전환하는 편이 남북의 통일을 앞당기는 데 도움이 되리라고 보는 것이 필자를 포함한 많은 지식인들의 생각이 아닐까 한다.

남북의 통일을 앞당기되 그 과정과 결과가 만족스러운 것이 되도록 하기 위한 여러 가지 노력이 있어야 할 것이다. 그 노력 가운데 가장 시급한 것의 하나는 우리 남한이 군사적으로 자립(自立)할 수 있는 방위 체제를 갖추는 일이다. 지금까지 남북의 대화와 긴장 완화를 위한 누차의 시도에서 가장 큰 걸림돌이 되었고 남한 측의 약점을 작용한 것이 미군의 주둔이었다는 사실을 감안할 때, 미군이 철수하더라도 국토 방위에 걱정이 없는 자립의 체제를 갖추는 것이 시급하다고 생각된다. 이것은 단순히 남한의 군비를 증강해야 한다는 주장은 아니다. 여기에는 쌍방의 군비를 축소하는 군사협정도 포함될 것이며, 남북의 대화를 통한 상호 신뢰의 회복도 포함될 것이다. 그러나 가장 중요한 것은 한국의 경제력을 더 높은 수준으로 끌어올리는 일이며, 모든 남한 사람들이 한마음으로 남한을 아끼는 정신 풍토를 조성하는 일이다.

　국론이 분열되고 계층간의 갈등이 심한 상태에서는 경제력의 신장을 기대하기 어렵고, 비록 군비를 증강한다 하더라도 국가의 안보를 장담하기 어렵다. 서로 다른 의견과 목소리로 각자의 몫을 주장하는 가운데서도 나라 전체를 위해서는 자제도 하고 협동도 할 수 있는 풍토가 조성되어야 한다. 그러한 풍토를 위해서 기본이 되는 것은, 진정한 민주주의 사회를 건설함으로써 물질적으로나 정신적으로나 소외된 계층이 없도록 하는 일이며, 올바른 교육을 통하여 자기만을 생각하는 이기주의적 인생관을 극복하는 일이다.

　남북의 원만한 통일을 위해서 준비해야 할 또 한 가지 중요한 일은 문화의 동질성을 회복하는 일이다. 우리는 아득한 옛날부터 하나의 민족으로서 동일한 문화의 전통을 세워 왔다. 그러나 국토의 분단으로 인하여 남과 북에 이념을 달리하는 두 개의 정부가 수립되고 근 반세기 동안 대립과 반목으로 격리된 가운데 문화의 교류가 거의 없었다. 북한은 폐쇄적 정책을 수행하는 가운데 그들 특유의 사고방식과 가치관을 형성하였고, 남한은 개방사회를 지향하는 가운데 서구의 개인주의를 제대로 소화하지 못하고 아직도 가치관의 혼란을 겪고 있다. 이러한 상황인 까닭에 오늘의 남한 사람들과 북한 사람들의 사고방식과 가치관에는 상당한 차이가 있을 것으로 짐작된다. 같은 나라 안에서도 사고방식과 가치관의 획일성은 바람직한 것이 아니나, 서로 조화될 수 있는 공통의 바탕은 있어야 한다. 그런데 현재의 시점에서는 그 공통의 바탕이 무너진 상태가 아닐까 걱정이 되는 것이다.

국제결혼의 실패율이 높은 가장 큰 이유는 두 사람의 문화적 배경이 너무 다르다는 사실에서 찾아야 할 것이다. 일시적 연애를 위해서는 이국적 차이점이 도리어 매력으로 작용할 수도 있고, 신혼 초기에는 성(sex)이라는 생물학적 결합력이 문화적 차이에서 오는 문제점을 압도할 수도 있을 것이다. 그러나 오랜 세월이 흐르게 되면 성의 결합력은 일상적 평범 속에 약화될 것이며, 사고방식과 가치관의 차이가 공동생활의 결정적 장애로서 부상할 것이다. 남북의 통일을 위해서는 같은 핏줄이라는 민족의식이 결혼에 있어서 성의 결합력이 하는 구실을 대신할 것이다. 처음에는 잃었던 반쪽을 다시 찾게 되었다는 민족주의적 감격이 문화적 이질성에서 오는 모든 문제들에 대한 의식을 압도할 것이다. 그러나 세월이 흐르는 가운데, 하나의 나라를 구성하고 원만하게 살아가기 위해서는 사고방식과 가치관의 차이가 어떤 한계선을 넘지 않아야 한다는 사실을 발견하게 될 것이다.

체제가 다른 까닭에 사고방식과 가치관이 크게 다른 두 집단이 공통된 문화적 바탕을 구축하기 위해서는, 서로 상대편의 사고방식과 가치관이 무엇인가를 알아야 하고 또 서로 그것을 이해해야 한다. 그러기 위해서는 우선 자주 만나야 하고 만나서 서로의 문화를 교류해야 한다. 불신을 안고 긴장한 상태에서 만난다며, 비록 자주 만난다 하더라도 서로 알고 이해하기는 어려울 것이므로, 긴장의 완화를 위한 성실한 노력을 기울여야 할 것이다. 집단 내부의 문제 해결을 위한 만남 또는 국제적 여론을 유리하게 만들기 위한 전략가들의 만남만으로는 부족할 것이며, 순수한 민간의 접촉도 자주 있어야 할 것이다.

빈번한 만남이 상호 이해를 증진하는 계기가 되기 위해서는 선린(善隣)의 우호관계가 형성되어야 하며, 선린의 우호관계를 형성하기 위해서는 만남이 서로에게 유리한 바 있어야 한다. 이러한 맥락에서 볼 때, 쌍방을 위해서 이익을 주는 경제적 교류의 적극적 추진이 필수적이며, 경제적으로 한발 앞선 남한이 북한을 원조하는 것도 바람직한 일이다. 이 밖에도 학술과 스포츠의 활발한 교류도 상호 이해와 관계 개선에 도움이 될 것이며, 민간의 일반적 왕래를 단계적으로 확대해 나가는 것도 공통된 문화의 기반을 구축하는 데 필요할 것이다.

남북의 통일을 가로막고 있는 가장 큰 장애 요인은 두 집단의 체제와 이념의 차이가 너무 크다는 사실이다. 상반된 두 가지 체제를 단시일 안에 하나로 통일한다는 것은, 전쟁을 통하여 한쪽이 다른 쪽을 정복하지 않는 한, 현실적으로 어려운 일이다. 동족끼리 전쟁을 치른다는 것이 얼마나 비극적이며 그 희생이 얼마나 큰가를 우리는 6·25 전쟁의 체험을 통하여 잘 알고 있다. 통일은 평화적으로 이루어져야 한다는 것이, 적어도 **공식적** 견해에 관한 한, 남과 북의 당국자들의 공통된 표방이며, 통일을 위해서 무력을 사용하는 길은 일단 논외로 돌려야 할 것이다. 그러나 평화적 통일이라는 것이 과연 현실적으로 가능하냐 하는 물음이 여기서 제기될 수 있으며, 평화적 통일론을 주장하는 것은 통일을 원치 않는 사람들의 기만적 술책이라는 급진론자들의 반론도 있으므로, 평화적 통일의 가능성에 대하여 이 자리에서 간단히 살펴보는 것이 좋을 듯하다.

결론적으로 말해서 필자는 남북의 평화적 통일이 가능하다고 믿고 있으며, 그것도 잘하면 머지않은 장래에 달성할 가능성조차 있다고 믿는다. 그렇게 믿는 이유는 ① 이데올로기라는 것이 영원불멸한 체계가 아니며, ② 현재 남한과 북한의 체제를 떠받들고 있는 두 가지 상반된 이데올로기는 한민족의 생활 속에서 자생적으로 형성된 것이 아니라 외세의 영향 아래서 남의 것을 빌려온 것이거나 소수의 독재자들이 인위적으로 만들어 낸 것에 불과하고, ③ 세계 사상의 흐름이 근래 고전적 자본주의와 고전적 사회주의를 지양(止揚)한 새로운 길을 지향하는 추세에 있다는 사실에 있다. 필자는 남한의 체제를 지탱하고 있는 군사 문화적 자본주의나 북한의 체제를 떠받들고 있는 마르크스 레닌주의의 변형으로서의 '주체사상'이라는 사회주의가 모두 그 나름의 취약점을 가지고 있는 것으로 본다. 민중의 소망과 체험에 바탕한 자생적 이데올로기가 아니라 소수의 강자들에 의해서 만들어졌다는 취약점을 가지고 있는 까닭에, 오늘의 지배 세력이 조만간 물러나게 되면, 그 지배 세력에 의해서 유지되었던 이데올로기에도 변화가 생길 것으로 전망된다.

한반도 전체가 하나의 국가로서 통일을 이룩하기에 앞서서 잠정적으로 연방제(聯邦制)를 도입하자는 제안이 북한의 당국자들에 의해서 제시된 바 있었다. 이 연방제에 대한 대안으로서 남한 측에서는 '남북 연합안'을 제시했으나, 쌍방의 견해 차이를 좁히지 못하고 오늘에 이르고 있다. 그러나 '연방제안'과 '남북 연합안'의 차이는 정도의 차이라고 볼 수 있으며, 통일을 위한 쌍방의 의지만 확고하다면 타협의 여지가 충분히 있다고 생각된다. 아직은 연방국가를 형성하는 것이 시기상조라고 판단된다면, 우선 국가연합(國家聯合)의 형태로 느슨한 공동체를 구성하여 예비적 단계로 삼고, 다음 단계에서 연방제로 발전시켰다가, 마지막 단계에서 완전한 단일국가로 통일하는 방안을 진지하게 고려할 필요가 있다. 국가연합의 단계와 연방국가의 단계에서 여러 분야의 교류를 활발하게 전개하는 가운데, 상호 이해가 깊어지고 공동의 생활 영역이 확대되면, 하나의 국가의 국민으로서 원만하게 협동하며 살아갈 수 있는 공동의 문화적 기초가 형성될 것이다.

14 장
인간 교육의 과제

14장 인간 교육의 과제

1. 인간 교육과 피교육자의 인권 문제

개인의 차원에 있어서나 집단의 차원에 있어서나 일의 성패를 좌우하는 마지막 관건은 그 일에 관여하는 인간이 쥐고 있다. 어떤 청사진에 따라서 사회를 건설하고 외형부터 앞서기 마련인 제도에 참된 내실을 충족시키는 일의 일선 담당자는 그 사회의 성원들 전부다. 내일의 우리나라를 바람직한 모습으로 건설하고자 하는 우리들의 소망과 계획이 어느 정도 달성될 수 있느냐하는 문제는 전체로서의 한국인이 장차 어떤 인간상(人間像)을 형성하느냐에 결국은 달려 있다고 보아야 할 것이다.

우리는 이 책 12장과 13장에서 우리가 앞으로 가야 할 길과 그 길을 위해서마련되어야 할 제도의 문제에 대해서 기초적 고찰을 하였다. 앞에서 윤곽적으로 제시된 길이 대체로 바람직하고 그와 관련된 제도에 대한 고찰이 어느정도의 타당성을 가졌다 하더라도, 우리들의 인간상이 그 길과 그 제도를 감당할 수 있는 수준에 이르지 못한다면, 우리들의 희망은 한갓 공상에 불과한것이 될 것이다.

우리는 11장에서 '한국인의 의식구조'를 고찰했을 때, 우리들이 현재 가지고 있는 의식구조 내지 생활 태도에 문제가 있다고 보았다. 그리고 그 밖의 이곳저곳에서 미완성자로서의 인간성의 한계를 언급하고, 이론적으로 가장 바람직한 사회의 그림이 실현되기 어려운 사유가 바로 그 점에 있음을 지적하였다. 따라서 우리는 생각할 수 있는 길들 가운데서 가장 이상적인 것을 택하기보다는, 실현의 가능성을 염두에 두고 차선의 길을 택하기로 하였다. 그러나 우리는 **오늘의 한국인상**에 맞추어서 내일의 한국을 구상하지는 않았다. 오늘의 한국인상에 그대로 맞춘다면 개혁이라는 것을 기대할 수 없음을 알고 있는 까닭에, 그리고 인간의 의식 수준은 교육적 노력에 의해서 어느 정도 향상될 수 있음을 믿는 까닭에, 우리는 내일의 우리나라를 현재보다는 약간 높은 인간상을 요청하는 수준으로 끌어올려서 구상했던 것이다. 이것은 결국, 우리가 머릿속에서 생각하는 내일의 한국이 실현되기 위해서는 오늘의 한국인보다는 나은 한국인상이 형성되어야 한다는 것을 의미한다. 도대체 어떤 한국인상이 요청되며, 요청되는 한국인상을 함양하는 방법이 무엇이냐 하는 것이 우리가 다음에 다루어야 할 중요한 문제다. 우리의 문제는 넓은 의미의 교육의 문제, 특히 '인간 교육'의 문제에 해당한다.

　'인간 교육'의 문제를 다룸에 있어서 먼저 생각하게 되는 것은 인간 교육의 목표를 설정하는 문제이거니와, 여기서 우리는 자기 아닌 타인에 관해서 실현하고자 하는 '인간'의 목표를 설정할 권한이 **교육자 측에** 있느냐 하는 인권론적 문제와 만나게 된다.

　집단주의 인간관에 입각하여 개인은 집단의 목적을 위해서 봉사해야 한다는 견지에 선다면, 집단의 목적 달성에 맞도록 개인들을 교육함이 정당화될 수도 있을 것이다. 그러나 우리는 개인을 자유의 주체로 보는 견지에서 지금까지의 논의를 전개해 왔으므로, 집단주의에 입각해서 저 인권론적 문제에 대답할 수는 없다. 이에 우리의 물음은 "개인주의적 인간관에 입각했을 때,

본인 이외의 사람이 **실현하고자 하는 인간상의 목표**를 정할 수 있는가?" 하는 권한의 문제로 압축된다. 좀 더 구체적으로 말하자면, 교육이란 기성세대가 가르치고 젊은 세대가 배우는 것이라는 일반론에 입각할 때, 우리의 물음은 기성세대가 젊은 세대를 위해서 '바람직한 인간상'의 조건을 규정할 수 있느냐 하는 물음이라고 볼 수 있을 것이다.

이 책 1장 4절에서 우리는 인간의 삶에 사생활과 공공 생활의 두 측면이 있음을 보았으며, 사생활은 개인적 자유의 영역인 반면에 공공 생활은 사회적 규제의 영역임도 아울러 보았다. 이러한 구별이 받아들여진다면, 개인이 비록 자유의 주체라 하더라도, 공공 생활이 요구하는 사회적 규제에 순응할 의무가 있다는 것도 인정해야 할 것이다. 그렇다면 공공 생활이 요구하는 규제에 순응하기에 적합한 도덕성을 길러 주는 것은 자유의 침해가 되지 않을 것이며, 여기서 우리는 교육자의 위치에 선 사람이 피교육자의 위치에선 사람에게 인간 교육을 실시할 수 있는 근거를 찾을 수 있을 것으로 보인다.

그러나 문제는 아직도 남아 있다. 공공 생활이 요구하는 규범의 정당성의 근거를 어디에서 찾을 수 있느냐 하는 문제다. 결론부터 말한다면, 그 정당성의 근거는 규범을 필요로 하는 사회의 정당성에서 찾을 수 있으리라고 생각된다. 왜냐하면 공공 생활이 요구하는 규범은 그 규범을 가진 사회가 지향하는 공동 목표의 달성을 위해서 필요한 도구로서의 성격이 강하므로, 그 규범이 지키고자 하는 사회가 정당할 경우에는 그 규범도 따라서 정당성을 가지게 될 것이기 때문이다. 그러나 여기서 우리는 또다시 어려운 물음에 부딪친다. 도대체 어떠한 경우에 현존하는 사회가 정당성을 갖느냐 하는 물음이다. '사회가 정당성을 가졌다'는 말 자체의 뜻이 모호하므로, 우리의 물음은 더욱 어려움을 알게 된다.

공공 생활이 요구하는 규범을 가진 '사회'의 대표적인 것은 국가이므로, 우리는 여기서 '사회가 정당성을 가졌다'는 말을 '국가가 정당성을 가졌다'로 대체하고 이 문제를 생각해도 무방할 것이다. 그리고 우리의 경우는 '대한민국'이라는 특정한 국가에 대해서 논의하는 편이 문제를 더욱 명백하게 하는 데 도움이 될 것이다. 그런데 "대한민국이 정당성을 가진 국가인가?" 하는 물음은 이 물음을 제기하는 사람이 누구냐에 따라서 대답이 달라질 수 있거니와, 이 나라의 국민인 우리가 제기할 경우에는, 우리의 물음은 "대한민국은 지킬 만한 가치가 있는 나라인가?" 하는 물음과 핵심이 같아질 수밖에 없다. 이 나라의 국민으로서 대한민국의 정당성을 부인한다는 것은, 이 나라가 지킬 만한 가치가 없는 나라임을 함축하기 때문이다.

'대한민국'은 그 성립 과정에서부터 문제를 안고 있었다. 1945년에 해방을 맞이했을 때 우리 민족의 대다수는 남북을 통일한 단일국가가 수립되기를 열망했으나, 1948년 5월의 총선거를 통하여 출현한 '대한민국'은 남한만의 단독 정부였다. 그 대한민국은 자유민주주의 헌법을 앞세우고 출범했으나, 역대 정권 가운데는 자유민주주의보다는 전제주의에 가까운 정치를 한 정부가 많았다. 그뿐만 아니라, 미국의 강한 영향력 아래서 탄생한 대한민국은 정치와 경제 그리고 군사 등에 있어서 완전한 자주성을 갖기 어려운 취약점도 가지고 있었다. 이러한 사실들을 감안할 때, 이제까지의 대한민국에 만족스럽지 못한 점이 있었다는 것을 부인하기 어렵다.

그러나 그러한 약점이 있다는 사실을 근거로 "대한민국은 지킬 만한 가치가 없다."는 결론을 우리로서는 내릴 수가 없다. 대한민국의 부정(否定)이 정당화되는 것은 그 부정이 우리에게 더욱 나은 대안(代案)의 길을 열어 줄 경우에 국한되는 터인데, 우리의 경우는 그 길이 열리지 않기 때문이다. 첫째로, 대한민국이 남한만의 반쪽 나라로서 성립한 것은 그 당시의 사정으로서는 불가피한 일이었다. 북한에서는 이미 1946년 2월에 김일성을 위원장으로 한 '북조선 임시 인민위원회'를 만들어 이를 '북조선의 중앙 주권 기관'이라 선포했으며, 1947년 2월에는 '임시'를 떼어 버린 '북조선 인민위원회'를 조직하였다. 1947년 10월에는 미소 공동위원회가 최종적으로 결렬되었고, 소련은 김일성을 앞세워 북한에 사회주의 정권을 수립하는 일에 박차를 가했다. 북한 측의 사회주의 단독정부가 공식적으로 발족한 것은 남한보다 약간 뒤인 1948년 9월이었으나, '조선 민주주의 인민공화국 헌법 초안'을 작성하는 일에 착수한 것은 1947년 11월이었고, 이를 승인한 것은 1948년 4월이었다. 이러한 일련의 사실은 남한에서 이승만이 미국의 힘을 입고 단독정부를 세울 것을 미리부터 추진했듯이, 북한에서도 김일성이 소련의 뜻을 따라서 사회주의 단독정부를 수립하는 일을 일찍부터 서둘렀다는 것을 의미한다.[1] 결국 이러한 역학적 관계로 미루어 볼 때, 그 당시에 남북을 통일한 하나의 정부를 한반도 위에 수립한다는 것은 사실상 불가능하였다. 그리고 남한에서 미국 군정을 연장하고 북한에서 소련 군정을 연장하는 것에 비하면, 남과 북에 단독정부를 각각 세우고 외국 세력의 강도를 줄이는 편이 낫다고 본 것이 당시의 일반적 판단이었다고 생각된다.

둘째로, 대한민국은 처음부터 '자유민주주의'를 표방하고 출범했으나 역대 정권 가운데 민주주의에 위배되는 정치를 감행한 사례가 많다는 사실도 대한민국의 약점으로 지적할 수 있다. 그러나 이 약점이 대한민국을 지킬 값어치가 없는 것으로 만들 정도로 치명적인 성질의 것이라고 보기는 어렵다. 여기서 우리가 첫째로 생각해야 할 것은 국가와 정부를 동일시해서는 안 된다는 사실이다. 정부는 비록 지켜 줄 만한 가치가 없더라도 국가는 지킬 만한 가치를 가질 수 있다는 것이 우리들의 상식이다. 우리가 둘째로 생각해야 할 것은 '민주주의'라는 것이 단시일에 실현되기 어려운 목표라는 사실이다. 유

---

1 양호민, 「전체주의 1인 독재 체제의 확립」, 이상우, 양호민 외, 『북한 40년』, 을유문화사, 1988, pp.44–48 참조.

립의 민주주의가 정착될 때까지 수백 년이 걸렸다는 역사적 사실은 우리가 민주주의를 너무 성급하게 생각해서는 안 된다는 것을 시사한다. 여기서 우리가 셋째로 생각해야 할 것은 한국의 민주주의가 제대로 발전하지 못한 데 대한 책임은 우리나라의 국민 모두가 함께 져야 한다는 사실이다. 민주주의란 정치인들만의 힘으로 실현될 수 있는 것이 아니며, 국민의 대다수가 민주주의적 사고방식과 생활 태도를 가질 때 비로소 그 실현이 가능하다. 그러므로 한국의 민주주의가 제대로 발전하지 못한 데 대해서는 우리 모두가 책임을 나누어야 하며, 마치 그것이 정치인들만의 책임인 것처럼 비난하는 것은 사리에 맞지 않는다.

셋째로, 대한민국이 건국 당시와 그 이후에 있어서 미국의 상당한 영향력 아래 머물렀다는 사실도 이 나라를 지킬 가치가 없는 것으로 만들 정도로 치명적 약점은 아니다. 시초에는 소련의 세력 아래 있었던 '조선 민주주의 인민공화국'이 점차 그 영향력을 벗어났듯이, 대한민국도 미국의 세력을 점차 배제하는 과정을 밟아 왔으며, 앞으로 미군의 철수도 시간문제로밖에 남지 않았다. 이러한 추세로 볼 때, 한국과 미국 또는 일본의 관계를 '종속이론'으로 설명하기는 장차 점점 더 어려워질 것이다.

"우리는 우리나라를 지켜야 한다."는 주장을 다음 세대의 인간 교육을 위한 근거로 삼고자 할 때, 우리는 이 주장을 과거 지향적으로 해석해서는 안 될 것이다. 구체적으로 말해서, 한국의 기성세대가 그들의 다음 세대의 인간 교육을 위한 지표를 찾고자 할 때, 과거의 한국을 지키기에 적합한 인간상을 염두에 두어서는 안 된다. 인간 교육의 목표로서의 인간상은 과거의 것을 지키기에 적합한 인간상이 아니라 장차 실현하고자 하는 사회상에 적합한 인간상이라야 한다. 그리고 장차 실현하고자 하는 사회상은 기성세대의 보수적 취향에 맞추어서 구상될 성질의 것이 아니라 앞으로 자라날 미래의 주인공들의 소망에 맞추어져야 할 성질의 것이다.

'인간 교육'을 꾀하는 기성세대에게 제기되는 비판의 하나는, 기성세대가 자신들의 가치관을 젊은 세대에게 강요하고자 한다는 비난이다. 농경시대와 같이 안온과 정체가 지속되는 사회에서는 기성세대의 전통적 가치관이 그대로 젊은 세대를 위해서도 타당성을 견지할 공산이 크다. 그러나 현대와 같이 급격하게 변동하는 사회에 있어서는 기성세대가 신봉하는 전통적 가치관 가운데서 그 일부만이 다음 세대를 위해서도 타당성을 가질 수 있으며, 기성세대가 가진 **오늘의** 가치관은 다음 세대를 위해서 타당성을 가질 개연성이 더욱 희박하다. 그러므로 급변하는 시대에 사는 우리들의 인간 교육은 그 목표를 설정함에 있어서 미래 지향적 자세로 임하는 것이 바람직하다. 인간 교육의 목표를 설정함에 있어서 미래 지향적 자세로 임한다 함은, 우리가 앞으로 건설하고자 하는 사회의 실현을 위해서 적합한 인간상의 함양을 지향할 뿐 아니라, 장차 건설하고자 하는 사회의 청사진이 다음 세대의 공감을 얻을 수 있도록 그려져야 한다는 뜻이다.

　이상과 같은 고찰을 통하여 우리가 얻을 수 있는 결론의 요점을 간추리면 대략 다음과 같이 될 것이다. 첫째, 다음 세대의 젊은이들을 포함한 대다수의 한국인이 공감을 느낄 수 있는 미래 한국의 청사진을 얻을 수 있다고 전제할 때, 그 청사진에 부합하는 나라를 실현하고자 하는 공동의 노력에 참여하는 것은 이 나라의 성원 모두의 의무이며, 한 개인이 이 의무를 수행하는 과정은 그 사람의 공공 생활의 기본적 측면에 해당한다. 둘째, 미래 한국의 청사진에 부합하는 나라가 실현되기 위해서는 한국인의 사고방식과 행동 양식이 저 목표 달성에 적합해야 하며, 그 목표 달성에 적합한 인간상을 길러 내는 일은 교육자로서의 지위를 가진 모든 한국인의 공동 과제다. 셋째, 바람직한 한국의 미래상을 실현하기에 참여하는 것은 모든 한국인의 의무이며, 이 의무를 수행하기에 적합한 인품으로 성장하는 것이 각 개인의 자유로운 사생활에 심각한 저해 요인이 되리라고는 생각되지 않으므로, 젊은 세대를 바람직한 한국의 미래상에 적합하도록 교육하는 것은 인권의 유린 또는 부당한 자유의 제한과는 무관하다.

개인의 사생활의 측면을 위한 인간 교육을 따로 실시할 필요는 없을 것으로 보인다. 한국의 미래상을 실현하는 공공 생활에 참여하여 이를 원만하게 수행할 수 있는 식견과 의지력은 그 개인이 사생활을 설계하고 이를 실천하는 일에도 부족함이 없이 적용될 수 있을 것이다. 물론 한 개인이 공공 생활과 사생활이 따로따로 분리되어서 영위되는 것은 아니며, 같은 인격적 역량과 같은 기능적 역량이 실생활에서는 동시에 공공 생활을 위해서도 힘이 되고 사생활을 위해서도 힘이 될 수 있을 것이다.

2. 새 인간상의 조건

우리나라가 다음 역사적 단계에서 추구할 목표는 민주주의에 입각한 복지사회의 건설이라는 것이 이 책 12장이 얻은 결론이었다. '민주주의에 입각한 복지사회'란 모든 사람들이 동등한 자유를 누리는 가운데 기본 생활의 안정을 얻고, 각자의 소질을 개발하며 보람된 삶을 누릴 수 있는 사회를 뜻하는 것이었다. 그러한 사회를 실현할 수 있기 위해서는 우리들의 사고방식과 행동 양식이 그러한 사회를 실현하기에 적합해야 하거니와, 우리가 지금 당면하고 있는 문제는 어떠한 인간상이 그와 같은 사회를 실현하기에 적합하냐 하는 물음이다.

우리가 지키고자 하는 사회 또는 달성하고자 하는 사회가 어떠한 유형의 것이든, 한 사회가 사회로서 훌륭하게 존속하기 위해서는 성원들의 강한 공동체 의식이 필수적이다. 자신의 개인적 이익과 배치할 경우에는 공동체의 피해를 개의치 않는 사람들이 많은 사회는 안녕과 질서를 유지하기에 어려움을 겪는다. 단순히 기존의 질서와 공동의 이익을 파괴하지 않음에 그칠 뿐 아니라, 더 나은 사회를 건설하기 위해서는 사사로운 손해나 불편을 어느 정도 감수하는 적극적 공동체 의식을 가진 사람들이 많을 경우에만, 그 사회는 밝은 내일을 기약할 수 있다.

사회 안에서 태어나 사회 안에서 자라게 되면 누구나 어느 정도의 공동체 의식은 가지기 마련이다. 그러나 개인주의적 이기심이 그 공동체 의식을 압도할 정도로 강할 경우에는, 후자는 실천적 행동의 마당에서는 무력한 불발탄에 불과한 것으로 잠자게 된다. 바꾸어 말하면, 공동체 의식은 개인주의적 이기심과 상관관계에 있는 것이며, 그것이 개인주의적 이기심을 누를 수 있을 정도로 강할 경우에만 실천적 의미를 갖는다. 그러므로 개인주의적 이기심이 강한 사람은 어떠한 사회에 있어서나 성원으로는 적합하지 않다는 결론이 된다.

우리가 지향하는 사회가 어떠한 유형의 것이든, 하나의 사회가 사회로서 순조롭기 위해서는 그 성원들이 명시적으로 또는 암묵리에 맺은 약속을 지켜야 한다. 같은 사회 안에 사는 사람들은 직접 또는 간접으로 여러 가지 관계를 가지기 마련이며, 사회적 관계를 가지고 사는 과정에서 사람들은 명백한 언어로 약속을 맺을 기회가 많을 뿐 아니라, 사회적 관계를 맺고 있다는 사실 자체가 암묵리에 어떤 약속으로 묶여 있음을 함축할 경우가 많다. 이토록 약속의 체계로서의 성격을 가진 사회가 유지되고 발전되기 위해서는 성원들의 약속 이행이 필수적임은 자명한 논리다. 사회의 안녕과 질서는 상호간의 신뢰에 달려 있고, 상호간의 신뢰도는 약속 이행에 대한 기대에 달려 있다 하여도 과언이 아니다.

사회생활의 안전장치 구실을 하는 약속 가운데서 가장 일반적이고 가장 큰 비중을 차지하는 것은 법률이다. 법이라는 것은 지배계급의 이익을 보호하기 위한 장치에 불과하다고 보는 견해도 있으나, 법의 제정에 대중의 의사를 반영시킨다는 것은 결코 불가능한 일이 아니며, 입법의 과정이 민주주의적 절차를 따른다는 전제 아래서, 국민 모두가 법을 지킨다는 것은 원만한 사회 생활을 위해서 매우 필요한 조건이다. 그러므로 준법정신은 앞으로 우리나라의 주인이 될 사람들에게 심어 주어야 할 기본 덕목의 하나다.[2]

반드시 명문화되지 않았더라도 사회의 통념(通念)으로서 형성된 규범들이 있다. 차를 탈 때 줄을 서서 차례를 기다린다든지, 금연석으로 지정된 장소에서 흡연을 자제하는 것 등이 그것이다. 명문화되지 않은 규범은 어겨도 제재를 받지 않는 것이 보통이나, 제재 여부와 관계없이 사회의 규범을 자진해서 지키는 마음씨는 민주 사회의 건설과 유지를 위해서 매우 중요한 심성이다.

약속 이행의 마음가짐과 책임감은 불가분의 관계를 가졌다. 약속을 하게 되면 그것을 지킬 책임이 생기기 마련이며, 약속을 이행하고자 하는 의지는 약속에 따르는 책임을 수행하고자 하는 의지에 해당한다. 그러므로 책임감이 강한 사람일수록 약속을 잘 지키는 경향이 있다. 모든 종류의 책임이 약속에 연유하느냐 하는 물음에 대한 대답은 '약속'이라는 개념을 어느 정도 엄밀하게 또는 느슨하게 규정하느냐에 따라서 달라질 것이다.[3]

우리가 실현하고자 원하는 민주 사회의 조건으로서 가장 기본이 되는 것은, 모든 사람들이 동등한 자유를 누리며, 각자는 각자의 정당한 몫을 차지

---

2 국가에 국법이 있듯이, 학교에는 교칙이 있고 회사에는 사규가 있으며, 그 밖의 모든 집단에도 각각 내규가 있기 마련이다. 자기가 속해 있는 집단의 내규를 지키는 일도 그 집단의 유지와 발전을 위해서 필수적이다.

3 예컨대 "부모에게는 자녀를 양육할 책임이 있다."고 할 때, 그 책임의 근거가 약속에 있다고 말할 수 있기 위해서는, 부모가 자식을 낳을 때는 그를 양육할 것을 사회에 대해서 암묵리에 약속했다고 말할 수 있도록 '약속'을 느슨하게 이해해야 한다. 또 "약속을 지키지 못한 책임을 져야 한다."고 말할 때, 이 책임의 근거도 약속에 있다고 말하는 것은, 우리가 어떤 약속을 할 때 그 '약속' 가운데는 약속을 지키지 못했을 경우에 생기는 결과를 보상하겠다는 약속까지 포함된다고 '약속'의 개념을 확대 해석할 경우에만 가능하다.

함으로써, 기본 생활의 안정을 얻는다는 것이었다. 이 기본 조건을 충족시키기 위해서 가장 중요한 것은 **공정성(公正性)**이 미덕이다. 민주주의의 근본이 되는 믿음은 모든 사람은 인간이라는 점에서 동등한 권리를 가졌다는 그것이며, 이 믿음에 충실하게 살기 위해서는 나와 너와 그들을 모두 공정하게 대접해야 하기 때문이다.

공정성의 기본이 되는 것은 사리(事理)에 따라서 판단하고 사리에 따라서 행동한다는 의미의 합리적 정신이다. '공정하다' 함은 대인관계에 있어서 사리에 맞게 판단하고 사리에 맞게 행동함을 의미하기 때문이다. 그런데 여기서 '사리'라는 것은 매우 애매한 개념이어서, 어떻게 판단하고 어떻게 행동하는 것이 사리에 맞는 것인지를 밝히기는 결코 쉬운 일이 아니다. 다만 한 가지 명백한 것은, 사리에 맞도록 판단하고 사리에 맞도록 행동하기 위해서는 우선 냉철하게 생각함이 앞서야 한다는 사실이다. 감정이 앞서면 사리에 어긋나게 판단하거나 사리에 어긋나게 행동하기 쉽다.

이 책 11장 3절에서 살펴본 바와 같이 한국인은 대체로 이지(理智)보다도 감정이 앞서는 성격을 가졌다. 우리나라는 전통적으로 집안간의 사랑과 이웃간의 인정 등 친화(親和)의 감정이 풍부함을 자랑으로 삼기도 하였으나, 근래에는 분노 또는 증오와 같이 사람과 사람의 사이를 멀리 떼어 놓는 거칠고 험악한 감정이 우리들의 언행을 지배할 경우가 많다. 이러한 심성은 공정성의 미덕과 양립하기 어려운 심성이다. 앞으로 우리의 미래상을 위한 한국인은 냉철하게 생각하는 습관을 기름으로써 이지와 감정의 조화를 얻도록 하는 한편, 따뜻하고 부드러운 친화의 정서를 함양함으로써 감정의 순화를 도모해야 할 것이다.

생각하는 습관이 공정성의 미덕을 결과하기 위해서는 생각하는 관점 또는 시각을 바르게 잡는 습관도 아울러 길러야 한다. 같은 사물도 보는 위치에 따라서 그 모습이 다르게 나타나듯이, 같은 문제도 보는 시각에 따라서 다르게 생각될 수 있다. 자기의 처지에서만 생각할 경우에는 생각을 골똘히 할수록 도리어 편파적 결론을 얻기 쉽다. 처지를 바꾸어 생각하기도 하고 제삼자의 관점에서 생각하기도 하여 여러 관점에서의 고려를 종합할 때, 비로소 공정하고 올바른 결론을 기대할 수 있다.

자기 자신을 위하고자 하는 관점에서 문제를 생각할 경우에도, 눈앞의 이익에 집착하는 근시안적 시점을 택하느냐, 또는 자신의 전 인격과 전 생애를 아끼는 원대한 시점을 택하느냐에 따라서 문제 상황이 다르게 파악되며, 문제 해결을 위한 처방도 다르게 나오기 마련이다. 일반적으로 말해서, 근시안적 관점에서 생각할수록 공정성에서 먼 처방에 도달할 공산이 크고, 원대한 관점에서 생각할수록 공정성에 가까운 처방에 도달할 공산이 크다. 그러므로 항상 원대한 안목으로 문제를 바라보는 태도를 기르는 것도 공정성의 덕을 쌓기 위해서 필요한 태도의 하나다.

원대한 안목과 넓은 시야를 가지고 사물과 현실을 바라보는 태도는 공정성을 위해서만 요구되는 것이 아니다. 그것은 세상을 바르게 인식하는 데도 도움이 되고 작은 나를 넘어서 공동체와 융화되기 위해서도 필수적인 덕목이다. 그러므로 원대한 안목으로 삶의 문제를 멀리 그리고 길게 내다보는 마음가짐은 민주 사회의 건설을 위해서도 큰 힘이 되고 한 개인의 보람된 삶을 위해서도 큰 힘이 된다. 원대한 안목은 사생활을 위해서나 공공 생활을 위해서나 더욱더 큰 삶의 지혜를 주기 때문이다. 그러므로 한국의 미래상을 위한 인간 교육은 젊은이들에게 원대한 안목을 길러 주는 일에도 응분의 역점을 두어야 할 것이다.

현대 자본주의 국가들에 있어서 매우 심각한 문제점의 하나로 지적되고 있는 것은 금전만능과 사치 낭비의 풍조다. 오늘의 우리 한국이 겪고 있는 심한 혼란도 저 불건전한 가치관의 풍조와 깊이 연관되어 있다. 금전만능의 풍조는 지나친 사회 경쟁을 유발하여 돈벌이에 수단을 가리지 않는 폐단을 초해하며, 사치와 낭비의 풍조는 관능적 쾌락주의를 초래하여 온갖 범죄의 근원이 되고 있다는 사실만으로도, 이 불건전할 가치관의 풍조가 지닌 해독을 짐작할 수 있을 것이다. 금전을 가치의 정상처럼 숭배하고 관능적 쾌락의 향유를 삶의 더없는 보람으로 생각하는 생활 태도는 내면적 가치보다도 외면적 가치를 우위에 두는 가치관의 일환이므로, 내면적 가치의 우위를 회복하도록 노력하는 일도 내일의 한국을 위한 인간 교육이 역점을 두어야 할 과제의 하나다.

　내면적 가치와 외면적 가치가 갈등하는 상황에서 외면적 가치를 선택하는 사람들이 모두 외면적 가치가 더 소중하다는 믿음을 가지고 있는 것은 아니다. 예컨대 관념상으로는 인격이 돈보다 소중하다고 믿는 사람들 가운데도 돈을 위해서 인격의 손상을 자초하는 행위를 감행하는 사례가 흔히 있다. 이러한 사실은 가치 풍토의 개선이 학교나 가정에서 시도할 수 있는 관념적 교육만으로는 실효를 거두기 어렵다는 것을 시사한다. 가치 풍토를 개선하는 문제는 단순한 교육의 힘만으로 해결할 수 있는 과제가 아니라 사회의 구조적 모순과도 깊이 연관된 문제다. 그러므로 사회의 구조적 모순을 시정함이 없이는 가치 풍토의 개선을 기대하기 어렵다는 논리가 여기에 성립하게 된다. 그러나 가치 풍토의 개선 없이 사회의 구조적 모순을 남김 없이 시정하기도 어려운 일이어서, 서로 맞물린 이 두 가지 과제, 즉 인간 교육을 통하여 가치 풍토의 개선을 꾀하는 일과 양식이 있는 사람들의 조직적 노력을 통하여 사회의 구조적 모순을 시정하고자 하는 일은 동시에 추진되어야 할 성질의 것이다.

　내면적 가치와 외면적 가치가 경합했을 때 후자를 선호하는 가치 풍토를 시정하고자 하는 개선의 노력에 있어서 각별히 역점을 둘 필요가 있는 것은 사치와 낭비 그리고 향락주의로 달리는 과소비의 풍조를 추방하는 일이다. 과소비의 풍조는 재물에 대한 끝없는 탐욕을 낳기 마련이며, 재물에 대한 끝없는 탐욕은 부자를 더욱 부자로 만드는 반면에 빈자를 더욱 심한 상대적 빈곤으로 몰아넣는다. 과소비의 풍조는 공업화를 필요 이상으로 촉진하며, 지나친 공업화는 자연 자원의 결핍과 지구 환경의 오염을 초래한다. 그러므로 과소비의 풍조를 몰아내지 않는 한, 계층간의 갈등은 해결되지 않으며 풍요로운 물질생활도 내일을 기약할 수 없게 된다. 과소비의 풍조를 없애는 것은 참된 민주 사회의 실현을 위한 필수 조건이며, 내일의 한국을 위한 인간 교육의 핵심적 과제가 아닐 수 없다.

금력과 권력 또는 향락 등 외면적 가치에 대한 지나친 애착을 극복할 수 있기 위해서는 그것들의 자리를 대신할 만한 어떤 내면적 가치가 부상되어야 한다. 사람은 누구나 정열과 관심을 기울일 만한 욕구의 대상 또는 생활의 중심을 필요로 하는 것이며, 현재 대다수의 한국인은 생활의 중심이 될 만한 그 욕구의 대상을 돈, 지위, 고도의 소비생활 등 어떤 외면적 가치에서 발견하고 있다. 이러한 상황에서 외면적 가치에 대한 지나친 집착을 벗어남으로써 내면적 가치의 우위를 회복하기 위해서는, 현재 생활의 중심의 자리를 차지하고 있는 외면적 가치를 밀어내고 그 자리를 채울 수 있는 어떤 내면적 가치를 받아들여야 하며, 단순히 외면적 가치에 대한 부정적 태도 내지 평가절하만으로는 뜻이 이루어지지 않는다. 짧게 말해서, 우리들의 문제의 실천적 핵심은 외면적 가치를 낮춤에 있는 것이 아니라, 내면적 가치를 높은 위치로 올려 미는 데에 있다.

내면적 가치에는 무수하게 많은 종류가 있다. 그 가운데서 무엇을 자신의 삶의 중심으로서 추구하느냐 하는 것은 각자가 결정할 문제다. 그런데 현재 외면적 가치가 우위를 차지하고 있는 가치 풍토 속에서 한 개인의 결심만으로 어떤 내면적 가치를 자신의 삶의 중심으로 삼는다는 것은 결코 쉬운 일이 아니다. 특별히 확고한 신념과 강인한 의지를 가진 사람이 아니면 대개는 사회 풍조의 흐름에 휩쓸리고 만다. 그러므로 여기서도 가치관 교육의 효과가 관념적임에 그치지 않게 하기 위해서는 전체로서의 가치 풍토의 개선도 아울러 시도해야 한다.

　여러 가지 종류로 나누어지는 내면적 가치들의 공분모적 기반이 되는 것은 인간 자신이다. 다시 말해서, 내면적 가치에 속하는 여러 가지 가치들의 공통점은 그 어느 것이나 인간에 근거를 두고 있다는 사실이다. 인격이라는 내면적 가치는 인간 안에 형성되는 것이며, 학문과 예술은 인간이 만들어 내는 것이다. 사랑과 우정은 사람과 사람 사이에서 생기는 것이며, 평화 또는 정의와 같은 내면적 가치는 인간의 집단생활을 통하여 실현된다. 모든 내면적 가치가 그 공통된 근거를 인간에 두고 있다는 사실은 여러 가지 내면적 가치들의 값진 까닭이 인간의 값짐에 있다는 것을 강하게 시사한다. 사람의 생명과 인격이 귀중하다는 것은 바로 인간이 귀중하다는 것과 거의 같은 뜻으로 이해된다. 학문의 연구 활동 또는 예술의 창작 활동을 그토록 소중히 여기는 이유도 그것이 **인간이** 하는 활동이라는 사실과 무관하지 않다.[4] 평화 또는 정의의 실현이 그토록 소중한 이유도 그것이 **인간 사회**의 평화요 정의이기 때문이다.

　내면적 가치들의 공분모적 기반이 되는 것은 인간 자신이라는 사실은, 인간을 존중히 여기는 마음이 없이는 내면적 가치를 숭상하는 가치 풍토가 형성되기 어려우며, 인간을 존중히 여기는 관념이 강할수록 내면적 가치를 존중히 여기는 관념도 강하리라는 것을 강력하게 시사한다. 그리고 실제에 있어서도 인간 존중의 사상이 강한 사회에서는 내면적 가치도 높은 대접을 받는다. 내면적 가치의 숭상과 인간의 존중 사이에 밀접한 수반관계(隨伴關係)

---

4 육상 경기에서 세계 신기록이 수립되었을 때 우리가 그것을 위대한 업적으로 평가하는 이유의 하나는 그것이 **인간이** 세운 기록이기 때문이다. 말이나 타조가 그보다 더 빠른 속도로 달려도 우리는 그것을 대수롭게 생각하지 않는다.

가 존재한다는 사실은, 내면적 가치의 우위를 회복하기 위해서는 인간 존중의 사상을 회복해야 한다는 것을 의미한다. 결론적으로 말해서, 내면적 가치를 존중히 여기는 가치관을 심어 주기 위한 교육의 기본은 인간 존중의 사상을 심어 줌에 있다.

인간 존중의 사상은 인간에 대한 사랑의 심리를 바탕으로 삼는다. 왜 인간을 존중히 여겨야 하느냐는 물음에 논리적으로 만족할 만한 대답을 주기는 어려운 일이며, 그러한 물음은 그 제기 자체에 잘못이 있다. 인간 존중의 근거를 굳이 찾는다면 그것은 인간인 내가 나 자신을 사랑하는 원초적 심정에서밖에 찾을 곳이 없을 것이며, 나 자신에 대한 사랑이 한 개인의 껍질 속에 갇혀서는 안 된다는 자각이 작은 나의 벽을 허물고 동족 속으로 융화되기를 염원하는 감정으로 승화할 때, 거기서 인간 존중의 사상이 싹트게 된다. 인간 존중의 사상은 인간에 대한 사랑과 인간의 가능성에 대한 믿음의 결합이다. 그것은 일종의 종교적 심정에 가깝다.

사랑의 심리를 바탕으로 삼는 인간 존중의 사상이 뿌리를 내리기 위해서는 거칠고 억센 감정을 부드럽고 따뜻한 정서로 승화시키는 일이 중요하다. 냉철한 합리성을 키워 주는 일과 아울러 훈훈한 정서를 도야하는 일도 새 시대의 인간 교육이 힘써야 할 중요한 과제의 하나다. 정서 교육에 관해서 특히 역점을 두어야 할 것은 인애(仁愛)의 정과 감은(感恩)의 정을 가꾸는 일이라고 생각된다.

인애의 정신은 깊고 높은 경지에 이른 인간애에 해당하는 것으로서 특히 유교 문화권에서는 윤리의 기본 원리로서 오래 숭상되어 왔으나, 근래에는 각박한 이기주의에 밀려서 잊혀 가고 있다. 기독교의 이웃 사랑과도 근본이 같은 이 인애의 정신을 다시 키우는 것은 내일의 한국 사회를 위해서 매우 중요한 일이다. 효(孝)의 기본이기도 한 감은의 정서도 우리나라에서는 전통적으로 숭상되고 함양된 미덕이었으나, 근래에는 야박하고 근시안적인 풍조에 밀려서 옛 모습을 잃어 가고 있다. 옛것을 아끼는 사람들이 아쉬워하는 효 사상의 퇴색도 이 감은의 정서의 고갈과 깊이 연관되어 있다. 인간은 어느 시대에나 누군가의 은혜를 입어 가며 살기 마련이지만, 특히 현대는 모든 사람이 무수한 사람들의 혜택을 입고 산다. 의도적 호의에서 베풀어진 혜택만을 은혜라고 생각할 이유는 없으며, 자급자족만으로는 하루도 살기 어려운 현대 사회에서는 모든 사람이 여러 사람의 봉사와 그들이 생산한 물품의 은혜를 입어 가며 살고 있다. 확인하기 어려운 무수한 사람들로부터 오는 혜택은 전체로서의 사회에서 오는 혜택이기도 하며, 이 혜택을 은혜로 느끼고 이에 보답하고자 하는 마음씨가 일반적으로 보급되면 사회의 모습은 크게 밝아질 것이다.

이상에서 우리는 앞으로 교육을 통하여 실현하고자 하는 새로운 인간상이 갖추어야 할 조건 또는 덕목을 몇 가지로 나누어서 고찰하였다. 그러나 여러 가지 이름으로 구별되는 인격 특질 또는 덕(德)이 각각 독자성을 가지고 형성되거나 존재하는 것은 아니며, 소크라테스의 "덕은 하나다."라는 말이 시사하듯이, 그것들은 내면적으로 서로 연결되어서 하나의 인격으로 나타난다. 바꾸어 말하면, 한 개인의 인격은 통일된 체계를 형성하는 것이며, 하나의 인격이 여러 가지 서로 다른 상황에서 자신을 표현했을 때, 그 표현 즉 언행(言行)의 원동력이 된 습성(習性)에 대해서 '공정', '절제', '책임감' 등의 이름을 붙인다.

여러 가지 이름으로 분류되는 덕이 근본에 있어서 하나라면, 그 근본을 이루는 심성(心性)이 있다고 보아야 할 것이다. 따라서 인간 교육의 핵심을 이루는 심성 교육의 성패는 여러 가지 덕의 근본에 해당하는 심성을 바르게 인식하고 그것을 함양함에 달려 있다 하여도 지나치지 않을 것이다. 그리고 필자는 여러 가지 덕의 근본에 해당하는 그 심성을 넓은 의미의 **도덕적 의지**라고 생각한다. 여기서 '넓은 의미의 도덕적 의지'라 함은 사생활과 공공 생활의 두 측면을 가진 자신의 생애를 하나의 훌륭한 작품으로 만들고자 하는 건설적인 삶의 의지라고 풀어서 생각할 수 있을 것이다.

한 개인의 생애는 본인의 지혜와 노력을 동원하여 만들어 나가는 하나의 예술 작품과도 같은 일면을 가졌다. 한 개인이 그의 생애를 훌륭한 작품으로 만들기 위해서는 보람되고 값진 삶을 살겠다는 군센 의지를 가져야 하며, 자신이 속해 있는 사회의 유지와 발전을 위해서 적극적으로 기여하는 한편, 자신의 사생활도 알찬 것으로 만들기 위한 성실한 노력을 기울여야 한다. 보람되고 값진 삶을 살겠다는 강한 의지와 공사(公私) 간에 뜻있는 삶을 위해서 최선을 다하고자 하는 성실성이 그 사람의 인격을 형성하는 여러 가지 덕성(德性)의 기본에 해당한다. 뜻있는 삶을 위해서 최선을 다하고자 하는 성실성도 도덕적 의지의 작용으로 볼 수 있으므로, 여러 가지 덕성의 근본을 이루는 심성은 '넓은 의미의 도덕적 의지'라고 말할 수 있으며, 그 도덕적 의지를 길러 줌이 윤리 교육 내지 인간 교육의 기본적 핵심에 해당한다고 말할 수 있는 것이다.

3. 한국 교육의 현황과 '민족 교육'의 문제

해방 이후에 현저하게 나타난 현상의 하나는 한국인의 향학열이 폭발적으로 상승했다는 사실이다. 일제 식민지 시대에는, 조선인의 교육을 위한 일본 정부의 투자는 극히 인색하였고, 우리 민족의 유지(有志)와 외국 선교 재단이 세운 학교도 소수에 불과하였다. 요행히 소수의 학교에 입학하여 졸업을 한다 하더라도 조선인으로서는 좋은 일자리를 얻을 전망은 매우 어두웠다. 그러나 해방이 되고 나서 사태는 크게 달라졌다. 일본인을 위해서 건설했던 많은 교육기관이 우리 손으로 넘어왔을 뿐 아니라 새로 설립된 학교도 날로 늘어났다. 실력만 있으면 대통령도 될 수 있고 장관도 될 수 있다는 희망도 부풀어서 너도나도 학교의 문을 두들겼다. 교육에 대한 수요의 증대는 그 공급의 증대보다 훨씬 빠른 속도로 앞을 달렸다. 이러한 상황 속에서 한국의 교육은 양적 팽창을 지속하였고, 이제 우리는 교육 수준이 높은 나라의 하나로서 자처하게 되었다.

그러나 이제까지의 한국 교육은 그 내용에 있어서 우리가 앞 절에서 고찰한 인간 교육의 이념과는 거리가 멀다. 이제까지 우리가 실시해 온 교육은 사회 경쟁에서 남을 이길 수 있는 능력을 습득하는 일에 치중하였다. 주로 외면적 가치의 획득을 위한 단기적 경쟁에서 승리할 수 있는 능력을 얻자는 것이 피교육자 측의 첫째 목표이며, 이 목표를 어느 정도 충족시킬 수 있느냐에 따라서 학교와 교사의 등급이 달라졌다. 그리고 시험에서 높은 점수를 얻을 수 있는 능력을 길러 주는 일에 몰두하는 가운데 사람답게 사는 지혜의 문제는 관심 밖으로 밀려나고 말았다.

금력 또는 권력을 누리며 높은 소비생활만 즐기게 되면 그것이 곧 사람답게 잘사는 것이라고 믿는 사람들이 많았다. 어린이와 학생들뿐 아니라 학부모들도 대개는 그렇게 믿었고 학교의 선생들도 마찬가지였다. 윤리 교육의 중요성을 절실하게 느끼고 '국민교육헌장'을 제정 선포한 박정희 대통령조차도 윤리를 '제2경제'라고 부르며 돈벌이를 최고의 목표로 삼았다. 금력 또는 권력 그리고 이에 수반하는 과소비의 생활을 최고의 가치로 믿고 자녀들이 의사나 판검사만 되면 여한이 없으리라고 생각하는 부모들로부터 이렇다할 가정교육을 기대하기는 어려운 노릇이다.

도의(道義)가 땅에 떨어졌음을 개탄하고 윤리 교육 내지 인간 교육의 중요성을 역설하는 반성의 소리가 없었던 것은 아니다. 사회 현실의 혼란이 가치관의 혼란에 연유함을 직관으로 감지하고 전 국민의 의식 개혁 운동을 전개해야 한다는 통찰이 사회 일각에서 일어났고, 이 통찰을 실천에 옮기고자 하는 움직임도 없지 않았다. 4·19를 전후해서 그러한 움직임이 민간 운동으로서 잠시 나타났고, 5·16 이후에는 정부가 앞장서서 '인간 개조' 또는 '의식 개혁'의 구호를 외치며 정신 풍토의 쇄신 운동을 주도하고자 꾀하였다. 국민 교육헌장의 제정과 선포, 대학생에게까지 필수 과목으로 가르친 국민 윤리 교육, 새마을운동과 새마음운동 등은 모두 그러한 시도의 나타남이었다. 그러나 관이 주도한 이 윤리 교육의 시도는 별로 실효를 거두지 못하였다.

윤리 교육 또는 정신교육 운동이 좋은 성과를 거두기 위해서는 두 가지 조건이 선행해야 한다. 첫째로, 그 운동을 이끌어 갈 수 있는 체계적 이론이 앞서야 하고, 그 이론을 실천에 옮기기에 적합한 사람들의 조직이 있어야 한다. 그러나 우리나라의 경우는 이 두 가지 조건이 모두 결여된 상태에서 저 어려운 국민교육운동을 시도했다. 문제의 근본은 국민의 신뢰와 지지를 받지 못한 정부가 국민교육운동에서 **교육자**의 임무를 담당하겠다고 나선 무리에 있었다. 무릇 윤리 교육 또는 인간 교육이 성공하기 위해서는 교육자가 피교육자로부터 신뢰와 존경을 받아야 함에도 불구하고, 우리나라에서 인간 교육의 교육자의 임무를 자청하고 나선 정부는 피교육자에 해당하는 국민으로부터 존경이나 신뢰를 받는 처지에 놓여 있지 않았다.

'인간 개조' 또는 '의식 개혁' 등의 구호를 앞세우고 국민 일반의 정신교육을 시도한 것은 주로 제3공화국과 제5공화국이었다. '군사정권'으로 불리는 이 두 정권은 특히 지식층의 지지를 받지 못했으므로, 그들이 시도한 국민 교육의 이론적 뒷받침을 믿을 만한 학자들로부터 얻어 낼 수가 없었다. 그들이 얻어 낼 수 있었던 것은 정부 시책에 무조건 순응하는 소수 학자들의 어설픈 이론이 고작이었으며, 많은 경우에 관리들 자신의 상식과 주먹구구에 의존하여 저 어려운 과제에 도전했던 것이다. 상식과 주먹구구에 따라서 어떤 덕목(德目) 또는 표어(標語)를 내걸면 소수의 추종하는 학자들은 그 덕목 또는 표어를 정당화하는 서툰 이론을 날조한다. 관리들의 실천이 학자의 이론을 따라가는 것이 아니라 학자들의 이론이 관리들의 실천을 뒤따라가는 것이다.

　사태를 더욱 나쁘게 만든 것은 '정신교육'이라는 이름을 내걸고 어떤 정치적 목적을 달성하고자 한 불순한 의도였다. 예컨대 효(孝)와 충(忠)은 우리나라 전통적 미덕의 으뜸임을 강조함으로써 말 잘 듣는 국민을 만들려고 한 술책이나, 객관성이 희박한 반공 교육을 주입함으로써 비민주적 폭정의 비리를 은폐하려고 꾀한 방책 등이 그것이다. 이와 같은 불순한 동기는 그것이 의식적이든 무의식적이든 교육적 효과를 근본적으로 파괴하는 악수(惡手)임에 틀림없다.

　정부가 주도하는 국민교육의 시도와는 별도로 민간인의 처지에서 국민 일반의 인간 교육이 절실하다는 것을 역설한 사람들이 있다. 월간지 『성서조선(聖書朝鮮)』의 간행을 통하여 기독교의 민족적 토착화를 위한 이념을 모색하는 한편 평교사로서의 생애를 통하여 많은 젊은이들에게 감화를 주었던 김교신(金敎臣), 『조선 민족 갱생의 도』를 저술한 최현배(崔鉉培), 『뜻으로 본 한국 역사』를 비롯한 많은 저술로 한민족의 세계사적 사명을 고취한 함석헌(咸錫憲) 등의 정신을 계승하여, '민족 교육'을 역설한 사람들이다. 오천석(吳天錫), 류달영(柳達永), 김정환(金丁煥) 등을 대표로 볼 수 있는 이 부류의 인물들은 각각 독자적 견지에서 민족 교육의 중요성을 강조했거니와, 이들에게 공통된 점은 참된 인간 교육을 통하여 우리나라의 민족 중흥을 이룩해야 한다는 주장이다.

　'민족 교육'을 역설하는 사람들의 주장을 분석하거나 평가하는 일은 필자의 관심사가 아니다. 이 자리에서 필자가 관심 깊게 생각하는 것은 '민족 교육'이라는 개념이 갖는 실천적 매력과 이론적 난점을 어떻게 조화시킬 것이냐 하는 문제다. 민족 교육이라는 개념의 실천적 매력이라 함은, 현재 우리나라의 문제 상황이 개개인의 개별적 자각과 노력으로 해결하기보다는 집단적이요 총제적인 공동 노력을 통하여 해결함을 요구하는 상황이며, 이러한 상황에서 '민족 교육'이라는 총체적 개념이 크게 쓸모가 있으리라는 직관에서 오는 매력이다. 그리고 같은 개념의 이론적 난점이라 함은, 민족 교육이라는 개념이 갖는 집단주의적 함축과 현대인의 개인주의적 자아의식을 주어진 현실로서 받아들인 우리들의 이제까지의 입지(立地) 사이에 논리적 모순이 있지 않을까 하는 의문에서 오는 난점이다.

온 겨레의 광범위한 협동이 요청되는 공동의 과제를 수행하기 위해서는 모든 사람들이 하나로 뭉치는 열기가 필요하며 때로는 소아(小我)를 망각하게 하는 뜨거운 분위기가 요청되기도 한다. 내일의 한국을 건설하기에 적합한 인간상을 교육의 힘으로 실현하고자 하는 우리들의 과제를 위해서도 전체의 호응을 유도하는 뜨거운 분위기가 바람직함에 틀림이 없으며, 구심점과 통일성을 강하게 시사하는 '민족 교육'의 개념이 그러한 분위기의 요청과 맞아떨어진다는 것도 직관적으로 알 수 있다.

그러나 '민족 교육'이라는 말이 풍기는 집단주의적 함축에 우리의 견지에서는 해결하기 어려운 매듭이 있지 않을까 하는 예감이 든다. 우리가 어떤 집단주의적 인간관에서 출발했다면 여기에 아무런 문제도 없을 것이다. 그러나 우리는 개인적 자아의식이 강한 현대인의 심성을 주어진 사실로 받아들였고, 이러한 의식 수준의 현 단계에서 집단의 목적을 지나치게 앞세우면 개인의 자유가 유린당할 염려가 크다는 의식에서 출발하였다. 그러므로 우리는 여기서 "개인의 자유 또는 권익을 침해함이 없이 '민족 교육'이라는 이름의 인간 교육을 실시할 수 있는가?" 하는 물음과 만나게 된다. 이 물음은 개인주의의 기본 입장을 견지하면서 민족주의 또는 국가주의 노선을 선택함이 논리적 모순 없이 가능하냐 하는 물음과 깊은 관련을 가졌다.

'민족 교육'이라는 말은 'Volksbildung'이라는 독일어에 근원을 둔 것으로 보이며, 'Volk'라는 말이 '민족'으로 번역되기도 하고 '국민'으로 번역되기도 할 뿐 아니라, 이 두 낱말의 뜻 또한 모호하므로, '민족 교육'이라는 말의 뜻도 선명하지는 않다. 어느 정도 융통성을 가진 이 말을 어떠한 뜻으로 규정하느냐에 따라서, 개인주의와 민족 교육이 양립할 수도 있고 그 사이에 갈등이 생길 수도 있을 것으로 보인다. 한국에서 민족 교육을 역설하는 사람들은 대개 현저한 민족주의의 색채를 띠고 있기는 하나, 그들 모두가 개인의 자유와 권익을 경시하거나 현대에서의 긴밀한 국제적 유대관계의 중요성을 망각할 정도로 극단적인 민족주의자는 아닌 것으로 생각된다.

민족 또는 국가의 목적을 최고의 절대적 가치로서 전제하고 그 목적 실현에 적합하도록 모든 국민에게 획일적 가치관 또는 사상을 주입하는 것을 '민족 교육'이라고 말한다면, 민족 교육은 개인의 자유와 인권을 억압 내지 유린하는 결과를 가져올 것이며, 따라서 우리가 생각하는 민주주의 정신에도 어긋나는 교육 행위가 될 것이다. 개인들의 목적과는 조화되기 어려운 집단의 목적을 설정하고 오로지 그 목적에 맞추어서 교육을 한다면, 그러한 교육은 개인들을 위해서는 바람직하지 못한 것이 될 공산이 크다. 그러나 장기적이요 거시적인 관점에서 볼 때, 성원들 각자의 목적 달성을 위해서도 전제되어야 할 집단의 목적도 생각할 수 있으며, 그러한 집단의 목적을 위한 교육은 개인들을 위해서도 필요한 교육이 될 것이며, 따라서 개인의 자유와 권익에 역행하는 바가 없을 것이다.

우리는 이 저술의 1장 4절에서 모든 개인에게 공공 생활의 측면이 있다는 사실을 언급했거니와, 그 공공 생활의 측면은 모든 성원들이 함께 아끼고 가꾸어야 할 공동체가 존재한다는 사실에 근거를 두었다. 이 공동체를 옳게 보존하고 바르게 발전시키는 일은 성원들 모두의 과업이며, 이 과업의 달성은 긴 안목으로 볼 때 개인들 각자를 위해서도 크게 바람직한 일이다. 요컨대 개인들 각자의 목적에 어긋나지 않을 뿐 아니라 오히려 크게 도움이 되는 집단의 목적도 생각할 수가 있다. 개인들 각자를 위해서도 요청되는 공동의 목적을 설정하고 이 공동 목적에 맞도록 국민 일반을 교육하는 것을, 단일민족으

로 구성된 우리나라의 맥락에서, ‘민족 교육’이라고 부른다면, 그러한 민족
교육은 개인의 자유 또는 인권을 침해하는 것이라는 나무람을 당할 이유가
없을 뿐 아니리, 개인을 위해서도 크게 바림직한 교육이라고 평가되어야 할
것이다.

올바른 가치 풍토의 조성 또는 새로운 인간상의 형성과 같이 무수한 사람
들의 참여를 요청하는 대중 운동이 성공을 거두기 위해서는 그 운동을 확산
시킬 뜨거운 열기가 있어야 하며, 뜨거운 열기를 일으키기 위해서는 운동의
구심점이 될 만한 감동적인 대상이 있어야 한다. 차가운 합리성의 논리만으
로는 설명하기 어려운 어떤 공동의 목표 또는 공동의 관심사가 있어서 그것
이 구심점이 되어 여러 사람들을 같은 광장으로 끌어들일 때, 대중운동이 대
중운동으로서 성공할 수 있다. 그리고 ‘민족’이라는 개념은 우리 한국인을
위해서 그러한 공동의 관심사 또는 구심점의 구실을 할 수 있는 정서가 가득
한 개념의 하나라고 볼 수 있다. 이러한 관점에서 볼 때, 내일의 나라 건설을
민족의 과제로서 규정하고 이 과제를 위한 인간 교육을 ‘민족 교육’의 이름으
로 추진하는 것은 그 나름의 뜻이 있을 것이다. 다만 그 이름이 세계사의 흐
름을 무시한 폐쇄적이며 전체주의적인 민족주의를 끌어들이는 일이 없도록
깊이 유념해야 한다.

우리 민족의 특수성이나 역사적 사명 등과는 관계없는 일반적 교육에 ‘민
족’이라는 이름만 붙여서 이 말이 갖는 힘을 이용하자는 뜻은 물론 아니다.
‘민족 교육’이라고 부를 수 있기 위해서는 그 교육 내용에도 우리 민족의 특
수성, 전통, 세계사 안에서의 좌표 등이 반영되어야 할 것이다. 나 자신을 안
다는 것은 개인의 경우에도 집단의 경우에도 중요한 일이며, 우리나라의 과
거와 현재를 잘 안다는 것은 내일의 구상을 위해서 필요한 준비의 과정이다.
민족 또는 국가는 과거의 토대 위에서 발전하는 역사의 주체이므로, 우리의
과거에 대한 올바른 인식은 우리의 미래를 바르게 건설하기 위해서는 필수

의 선행조건이다. 그러므로 우리의 언어와 역사를 비롯한 문화적 전통을 바르게 가르치는 것은, 우리들이 구상하는 민족 교육의 중요한 과정의 **일부로서** 중요시되어야 할 것이다. 그러나 미래를 위한 인간 교육이 민족 교육의 이름 아래서 과거 지향으로 전체의 방향을 돌려서는 안 될 것이다.

4. 실천 방안의 문제

글자나 말을 가르치는 일은 비교적 쉬운 일이며, 어학 교사는 누구나 그 방법을 알고 있다. 기술이나 이론을 가르치는 일도 비교적 쉬운 일이며, 그 분야의 교직자는 누구나 그 방법을 알고 있다. 그러나 인간 교육 또는 윤리 교육의 경우는 효과적 실천 방안을 제시하기가 매우 어렵다. 인간 교육 또는 윤리 교육의 경우는 그 교육을 담당할 사람이 누구냐부터가 반드시 명백하지 않다. 한글은 국어 선생이 가르치고, 영어는 영어 선생이 가르치며, 체육은 체육 선생이 가르친다고 간단하게 말할 수 있을 것이다. 그러나 인간은 인간 교사가 가르치고 윤리는 윤리 교사가 가르친다고 간단하게 말하기는 어려운 노릇이다. 인간 교육 또는 윤리 교육의 경우는 특별한 전문 교사를 내세우기가 어렵다.

인간 교육은 특별한 전문가의 소관이기보다도 교육의 임무를 가진 모든 사람들 또는 교육의 능력을 가진 모든 사람들의 공동 소관이다. 가정의 교사와 학교의 교사는 물론이요 언론인과 시인 또는 소설가도 넓은 의미의 인간 교육에 대한 책임이나 능력을 가진 사람들이다. 남의 모방의 대상이 되는 사람들 또는 남을 거느리고 있는 사람들은 누구나 다소간 교육자로서의 임무 또는 능력을 가졌다고 볼 수 있을 것이며, 교육자로서의 임무 또는 능력을 가진 사람들은 각자가 놓인 처지에서 각자의 영향권 안에 있는 사람들의 인간 형성을 돕는 임무를 수행하고 그 능력을 발휘해야 한다고 말할 수 있을 것이다.

가정은 중요한 인간 교육의 도장이다. 사람됨의 틀이 유아기에 거의 결정된다는 심리학자들의 주장은 가정교육이 얼마나 중요한가를 일깨워 준다. 그러나 현재 우리나라에서는 이 중요한 가정교육이 제 궤도를 걷지 못하고 있다. 가정교육의 중요성을 몰라서가 아니라 그 길을 모르기 때문이다. 무엇을 어떻게 가르쳐야 할 것인지 확신을 갖지 못한 까닭에 가정교육을 포기한 상태에 있는 부모들이 많고, 더러는 어떤 신념의 체계를 가지고 있기는 하나 그 체계가 옛날 전통 사회에 근거를 둔 것이어서 오늘의 현실에 맞지 않는 교육을 고집하는 부모들도 있다.

　서구 문명이 들어오기 이전의 우리나라는 사회변동이 거의 없는 정체된 농경 사회였다. 사회변동의 속도가 극히 완만했던 까닭에, 조상들의 사회생활을 원만하게 함에 적합했던 윤리 규범이나 생활 방식은 자손들의 세대를 위해서도 여전히 삶의 지혜로서의 타당성을 유지하였다. 따라서 조부모의 세대는 자기들이 선대로부터 배운 윤리 규범과 생활 방식을 다음 세대에게 가르치고 물려주면 되었고, 부모의 세대는 조부모로부터 배우고 계승한 것을 그들의 자녀에게 다시 가르치고 물려주어도 시대착오의 오류를 범할 염려는 없었다. 쉽게 말해서, 옛날의 조부모나 부모들은 자신들이 배우고 살아온 신념의 체계에 따라서 젊은 세대를 가르치기만 하면 그것으로써 훌륭한 가정교육의 임무를 수행했다고 볼 수 있었다. 그뿐만 아니라, 어른을 따르고 존경하는 위계질서의 윤리가 확고했으므로, 조부모나 부모가 가정에서 교육자로서의 임무를 감당하기가 비교적 수월하였다.

　그러나 산업사회로 불리는 오늘의 상황은 크게 다르다. 시대의 상황은 급속도로 변하고 있으며, 특히 우리나라의 경우는 과도기적 혼란까지 겹치게 되어서 기성세대 자신도 어떻게 사는 것이 옳은 길인지 갈피를 잡지 못하고 있는 것이 일반적 현실이다. 이러한 실정인 까닭에 대부분의 부모들은 일상적이요 근시안적인 삶의 처방 이상의 것은 가르치지 못하게 되고, 나머지 일부는 자기들도 실천하지 못하는 낡아빠진 교훈을 공허하게 전수하는 것을 가정교육의 근본으로 삼고 있다.

가정교육이 궤도에 오르기 위해서는 우선 부모의 생활 태도가 바로잡혀야 하고, 부모의 생활 태도가 바로잡히기 위해서는 사회 전체의 가치 풍토가 대체로 건전해야 한다. 그리고 사회 전체의 가치 풍토가 대체로 건전하기 위해서는 각 가정의 충실한 가정교육이 필수적이다. 우리의 문제 상황에는 일종의 순환 논리가 개재해 있는 듯하며, 이 순환의 고리를 어디서 어떻게 끊느냐 하는 것이 지금 우리가 당면한 문제의 핵심이 아닐까 한다. 앞에서 우리는 사회 현실이 개조되기 위해서는 사람들의 가치관이 바로 서야 하고, 사람들의 가치관이 바로 서기 위해서는 사회 현실이 개조되어야 한다는 순환 논리에 부딪친 적이 있거니와, 지금 또다시 유사한 문제와 만난 것이다.

사회현상 속에 숨어 있는 논리는 형식논리학의 그것처럼 단순하지 않다. 우리는 편의상 '한국의 가치 풍토' 또는 '한국 부모의 생활 태도' 따위의 단순한 표현을 사용하지만, 이들 표현이 가리키는 대상은 여러 가지 요소가 복합된 사회현상이다. 좀 더 알기 쉽게 말하자면, 예컨대 "한국의 가치 풍토는 불건전하다."라는 명제의 본뜻은 "대부분의 한국인이 불건전한 생활 태도를 보이고 있다."는 말의 뜻에 가까우며, 한국인 가운데는 건전한 가치관을 가지고 건전하게 살아가는 사람도 상당수 있다는 사실을 부인하는 뜻은 포함하지 않는다. 마찬가지로 "한국 부모들의 생활 태도에 문제가 있다."는 명제도 한국의 부모들 가운데는 자녀들의 귀감이 될 만한 훌륭한 생활 태도를 견지하는 사람도 적지 않다는 사실을 부인하는 뜻은 포함하지 않는다. 일반적으로 말해서, 사회현상은 여러 가지 요소들이 복합된 현상이며, 그 속에 어떤 순환 논리적인 것이 개재할 경우에, 그 순환 논리는 형식논리학의 그것처럼 엄밀한 것이 아니라, 매우 느슨한 성격의 것이다.

우리들이 부딪치고 있는 순환 논리가 느슨한 성격의 그것이라는 사실에서 그 순환의 고리를 끊을 수 있는 틈을 발견할 수 있을 것으로 보인다. 전국의 부모들 가운데 다만 일부라도 생활 태도가 건실하고 충실한 가정교육을 실시하는 사람들이 있다면, 그 사람들의 실천을 널리 알림으로써 같은 정신의 확산을 유도할 수 있을 것이다. 아무리 타락한 사회라도 높은 뜻과 깊은 지혜를 가진 사람을 일부 남기고 있기 마련이다. 꺼져 가는 모닥불 바닥에 조금 남은 불씨를 되살리듯이, 탁월한 정신을 가진 소수의 존재를 본보기로 부각시킴으로써 탁월한 정신의 확산을 꾀한다면, 저 악순환의 고리를 끊는 계기를 마련할 길도 있을 것으로 보인다. 여기서도 언론이 맡아야 할 임무가 막중하다.

어린이를 상대로 하는 가정교육에서 복잡한 이론을 가르칠 필요는 없을 것이며, 바른 행위를 거듭하도록 만듦으로써 기본적 덕목을 몸에 익히게 하는 일이 중요할 것이다. 예컨대 거짓말을 안 하는 일, 약속을 지키는 일, 욕심을 부리지 않도록 하는 일, 가정이라는 공동체를 위해서 협력하는 일, 동물이든 식물이든 생명을 가진 것을 아끼고 사랑하는 일 등을 일상생활에서 몸에 익히도록 하는 것이 중요하다. 특히 검소한 생활에 만족하도록 가르치는 일과 이기적 행동을 삼가는 일에는 더욱 역점을 두어야 할 것이다.

자녀에게 가르치는 덕목은 개별적이고 구체적임이 바람직하다 하더라도, 부모들 마음속에서는 그 덕목들이 밀접하게 연결되어서 하나의 체계를 이루어야 한다. 바꾸어 말하면, 여러 가지 행위를 솔선수범함으로써 자녀를 지도하는 부모로서는 삶에 대한 하나의 신념 체계를 갖는 것이 바람직하며, 그 신념 체계가 개별적 행위 지도의 철학적 바탕을 이루어야 할 것이다. 좋은 교육자의 구실을 할 수 있는 떳떳한 부모가 되기 위해서는 항상 공부하고 연구하는 평생교육의 자세를 견지할 필요가 있다.

학교에 들어간 뒤에도 인간 교육이 계속되어야 함은 물론이다. 각급 학교는 단순히 입학시험 또는 취직 시험을 위한 학관 또는 강습소의 차원을 넘어서서 삶을 배우는 도장으로서의 모습을 되찾아야 한다. 바꾸어 말하면, 학교의 교사는 단편적 지식을 가르치는 지식 소매상이기를 거부하고 스승다운 스승으로서의 인격과 권위를 회복해야 한다. 참교육을 입으로 부르짖는 것만으로는 부족할 것이며, 입으로 말한 바를 온몸으로 실천해야 할 것이다.

사범 교육부터 다시 시작해야 할 것이다. 교육대학과 사범대학의 입학생 전부를 교육자로서의 자질이 충분한 젊은이들만으로 채우기는 어려울 것이나, 되도록 많은 숫자의 입학생의 자리가 스승다운 스승이 되고자 하는 뜻을 가진 우수한 사람들로 채워지도록 입학시험제도부터 새로운 방안을 강구해야 할 것이다. 그리고 교육대학과 사범대학의 교과과정도 대폭 수정 내지 보강할 필요가 있다. (예컨대 윤리학과 철학 일반 그리고 교육사상사 등의 과목을 많이 이수하도록 규정하는 것이 바람직하다.) 직업의 의의는 돈벌이에만 있는 것이 아니며, 자아를 실현해 가며 사회를 위하여 뜻있는 일을 하는 가운데 삶의 보람이 있다는 인생관에 투철하도록 가르치는 방안을 강구해야 할 것이다.

교사라는 직업이 자랑스러운 직업으로 느껴지도록 만드는 방안을 강구해야 할 것이다. 품위를 유지하기에 지장이 없을 정도의 처우 개선도 중요할 것이며, 학부모들이 돈 봉투로 교사를 타락시키는 폐풍의 근절도 중요할 것이다. 공식 집회 등에서 교사에게 상징적 예우를 높게 함으로써 교사라는 직업에 대하여 긍지와 책임감을 느끼도록 하는 방안도 고려할 만하다.

교사가 단순한 단편적 지식의 전수자(傳授者)에 그치지 않고 인간 교육의 스승으로서의 구실까지 하기 위해서는, 그 자신이 삶에 대하여 확고한 신념 체계를 가져야 하며, 그 체계가 미래지향적 타당성을 가져야 한다. 그러므로 인간 교육을 감당할 수 있는 교사가 되기 위해서는, 교육자로서의 사명감이 투철할 뿐 아니라, 삶의 문제에 대해서 항상 공부하고 연구하는 자세를 견지할 것이 요구된다. 교사 각자의 개별적 노력만으로 이러한 요구에 부응하기는 어려운 일이므로, 함께 다짐하고 함께 연구하는 기회와 기구를 마련할 필요가 있을 것이다. 그러한 기회와 기구가 유명무실한 것이 되지 않기 위해서는 헌신적인 중심인물이 나타나야 하며, 도서 시설과 연구비의 예산 책정을 위하여 문교 당국과 학교 재단 또는 육성회와 동창회 등의 적극적 지원이 있어야 할 것이다. 이러한 일이 단시일 안에 눈에 보이는 성과를 거두기는 어려울 것이나, 장기적 안목으로 볼 때 모든 사람들을 위하여 매우 뜻있는 일이므로, 적극적 협력과 대담한 투자를 아끼지 말아야 한다고 필자는 믿고 있다.

전국 모든 학교의 모든 교사들을 일시에 훌륭한 인간 교육의 스승으로 만들기는 어려울 것이다. 모든 일을 한꺼번에 하고자 하면 외화내빈의 형식적 사업으로 그칠 염려가 있으므로, 일은 단계적으로 추진함이 바람직하다. 우선 모범이 될 만한 학교 또는 연구회를 집중적으로 육성하고, 그 다음에 성공한 사례가 얻은 경험과 성과를 점차로 확산시키도록 꾀하는 편이 효과적 방안에 가까울 것이다. 처음에는 작은 규모의 시험적 연구 또는 운동으로 시작하더라도, 장차는 전국 규모의 연구 또는 운동으로 확대해 나가야 함은 물론이다.

인간 교육 또는 전인교육에 주력하게 되면 상급 학교 진학을 위한 시험 준비에 막대한 지장이 있을 것으로 예상됨을 근거로 삼고, 인간 교육의 이상은 우리들의 현실에 비추어 볼 때 한갓 공상에 불과하다는 반론을 펴고 싶은 사람이 많을 것이다. 그러나 인간 교육과 입학시험 준비 사이에 그토록 큰 불상용(不相容)의 관계가 있는지에 대해서는 좀 더 신중한 검토가 필요할 것이다. 김정환(金丁煥)에 따르면, 김교신(金敎臣) 선생은 탁월한 인간 교육의 스승이었고, 그의 문하에서 많은 지사(志士)들이 배출되었을 뿐 아니라, 그가 담임을 맡은 반 학생들은 일반 학과의 학업 성적에 있어서도 단연 다른 반을 압도하였다.[5] 인간 교육이라는 것은 수학 교육이나 영어 교육처럼 따로 시간을 들여서 공부해야 할 독립된 과목이 아니며, 다른 과목들의 공부와 일상생활을 통하여 부지불식간에 이루어지는 교육이다. 따라서 인간 교육을 위해서 별도로 많은 시간이 요구되는 것은 아니며, 인간 교육이 잘되어서 인격의 틀이 잡히고 정서의 안정과 삶에 대한 밝은 전망을 얻게 되면, 다른 학과의 공부를 위해서 도리어 크게 도움이 될 공산이 크다.

김교신 선생이 담임을 맡은 반 학생들의 학업 성적이 우수했던 것은 그 당시의 평가 방법이 사고력을 요구하는 서술형 문제에 의존했기 때문이며, 요즈음 입학시험에서 사용하는 객관식 문제로 평가했더라면 결과가 달랐을지도 모른다는 반론을 제기할 여지가 없지 않다. 인간 교육이 종합적 사고력을 기르는 데는 도움이 되겠지만 단편적 암기력을 키우는 데는 별로 도움이 되지 않을 것이라는 가설에 입각한 반론이다. 설사 이 반론에 타당성이 있다 하더라도, 그것이 인간 교육의 비중을 낮추어야 한다는 결론을 정당화하지는 못할 것이며, 오히려 요즈음 사용되고 있는 평가 방법을 시정해야 한다는 결론을 요구할 것이다. 다지 선택형을 위주로 하는 평가 방법이 해방 후 한국 교육에 미친 악영향을 우리는 깊이 반성해야 할 것이다. 우리가 객관식 출제 방식을 끝까지 고수할 이유는 없을 것이며, 올바른 교육을 위해서 필요하다면 불편을 무릅쓰고라도 입학시험의 전형 방법을 고칠 필요가 있을 것이다.

새로운 가치 풍토의 형성을 목표로 삼는 인간 교육은 가정과 학교의 힘만으로는 소기의 성과를 거두기 어려우며, 사회 전체가 이에 가담해야 할 거대한 과제다. 인간을 길러 내는 일은 가정교육과 학교교육의 과제일 뿐 아니라

---

1 김교신 선생의 1939년 12월 23일자 일기에 다음과 같은 기록이 남아 있다. "… 제2학기 종업식, 학교성적 발표, 전 학기보다 더욱 우량하여 제1학년이 3개 학급 179인인데, 수석으로부터 제6등까지 모두 제1학급 생도가 점하였고, 제7, 제9등을 타학급에 양(讓)하고는 10등까지에 8인이 제1학급에서 나왔다. 쾌하지 않을 일이 아니다. …" 이 일기는 김교신 선생이 양정고등보통학교(현재의 양정고등학교)에 재직했을 당시의 것이다. 김정환, 「민족과 교육」, 박영사, 1976, pp.60-61 참조.

사회교육의 과제이기도 하다는 것은 평범한 상식에 불과하다. 인간을 길러 내는 일은 평생교육의 과제라는 뜻에서 사회교육의 과제이기도 할 뿐 아니라, 가정과 학교에서의 인간 교육이 성과를 거두기 위해서는 사회 전체의 외곽적 지원이 필요하다는 뜻에서도 사회교육의 과제라고 보아야 한다.

우선 언론인과 문필가들이 올바른 인간 교육과 가치 풍토의 쇄신을 위해서 많은 일을 해야 할 것이다. 현대사회에서 대중매체가 가진 영향력이 얼마나 큰가를 생각할 때 언론의 책임이 막중함을 절감하게 된다. 그런데 이제까지의 대중매체는 제구실을 못하고 도리어 인간의 타락을 조장한 사례가 많았다. 간혹 건전한 내용의 글 또는 영상을 세상에 보내기도 했으나, 그보다는 천박하고 병적인 내용의 것을 크게 내보내는 경우가 많았다. 예컨대 본받을 만한 미담은 작게 보도 하고 남의 호기심을 끌기에 적합한 퇴폐적 사생활은 크게 보도하기도 하고, 검소한 소비생활을 권장하는 글을 사치스러운 의상이나 가구의 화려한 광고로 뒤덮어 버리는 따위의 사례가 많았다. 또 음란하고 천박한 내용으로 가득 찬 책이 잘 팔린다는 소문을 대서특필하여 그 책이 점점 많이 팔리도록 부채질하기도 하고, 그 저자를 끌어내서 대중매체의 각광을 받도록 하여 저명인사로 만들어 주기도 하였다. 돈벌이에만 열중하는 상업주의 때문이다.

종교 단체도 그 방대한 조직을 살리면 건전한 가치관 정립을 위한 인간 교육에 크게 이바지할 수 있을 것이다. 종교인들이 솔선수범하면 그 영향력은 더욱 배가할 것이다. 그러나 이제까지는 종교계 자체의 부패가 앞서서 사회교육기관으로서의 제구실을 못하는 경향이 있었다. 종교계의 부패도 주로 금전만능과 향락주의의 폐풍에 기인한다.

정부의 각 부처와 여러 기업체들이 실시하고 있는 연수 교육에서도 인간교육을 위한 강좌에 역점을 두는 것이 바람직하다. 현재도 대개의 연수원에서는 교양 강좌를 개설하고 있으나, 어학 또는 직무에 관한 강좌들 사이에 부차적으로 삽입하는 정도다. 앞으로는 윤리와 가치관 등 삶의 문제와 직결되는 강좌를 체계적으로 개설하는 한편, 문답 또는 토론의 형식을 통해서 결론을 모색하는 방법도 아울러 사용하는 것이 바람직하다.

가장 효율적인 방법은 권위 있고 신뢰받는 교육방송국을 설립하여 전파 매체를 활용하는 방법이다. 정부가 주도하는 방송국에 부설된 교육방송 채널이 아니라 민간이 운영하는 독립된 교육방송기구의 설립이 바람직하다. 민간 전문가들로 구성된 위원회에서 자주적으로 운영하는 것을 보장한다는 조건 아래서라면, 국고가 지원하는 기관이라도 무방할 것이다. 정치적 함의를 가진 간섭이 없는 것이 매우 중요하며, 관료들이 뒤에서 작용한다는 억측 또는 의심만 있어도 소기의 성과를 거두기 어렵다. 정통성과 도덕성이 확고한 민주 정부가 수립되고 까다로운 지식인들도 부담 없이 국립 기관에 참여할 수 있는 여건이 형성되면, 인간 교육을 위한 전국 규모의 운동을 전개하는 길이 크게 열릴 것이다.

전국에서 가장 실력이 있다고 인정되는 지성인들이 기꺼이 참여할 수 있을 정도로 신망이 있고 재정도 넉넉한 교육방송기구가 설립된다면, 여러 가지 유익한 프로그램을 구상할 수 있을 것이다. 최고 권위자들의 체계적 강의를 방송대학 강의 형식으로 연속해서 방송할 수도 있을 것이며, 수준 높은 대담 또는 질의응답의 프로그램도 실시할 수 있을 것이다. 그러나 단시일 안에 눈에 보이는 성과가 나타나리라고 기대하기는 어려우며, 오래 계속하는 가운데 점차로 시청자들의 마음속에 어떤 변화가 생길 것을 기대할 수는 있을 것이다.

신문과 잡지에 좋은 글이 실리고, 텔레비전과 라디오에서 옳은 말이 나가며, 강사나 목사가 탁월한 설교를 하더라도, 사회의 현실이 비리에 가득 차서 비교육적이면 사회교육의 성과는 크게 제한을 받을 것이다. 자신들의 앞날에 희망이 보이지 않으면, 청소년들은 기성세대의 말에 귀를 기울이지 않고 나쁜 길로 뛰어들 염려가 있다. 그러므로 사회의 구조적 모순을 제거하는 일이 근본적이며, 바르게 살고자 하는 사람이 삶의 낙오자가 되지 않도록 사회의 기강과 질서를 확립함이 선결문제가 된다. 결국 모든 유관자들의 단합된 용기와 현명한 선택으로 참으로 민주주의적인 정부를 세우는 일이 인간교육의 내실을 위해서도 급선무라는 결론으로 귀착한다.

15 장

남은 문제들: 맺는말에 대신하여

15장 남은 문제들: 맺는말에 대신하여

　시각을 어떻게 잡느냐에 따라서, 삶의 과정은 개인이 환경에 적응해 가며 생애를 하나의 작품처럼 다듬어 가는 정진(精進)의 과정으로 볼 수도 있고, 집단이 안팎의 갈등을 해소해 가며 문화의 탑을 쌓아 올리는 역사(歷史)의 과정으로 파악할 수도 있을 것이다. 개인적 정진의 과정으로 보든, 또는 집단적 역사의 과정으로 보든, 삶의 과정에는 항상 문제가 연달아 일어나기 마련이고, 이 끊임없는 문제들을 어떻게 처리하느냐에 따라서, 개인의 생애 또는 집단의 역사가 그 모습을 달리하는 결과를 가져온다. 실로 삶의 과정은 문제와 만나서 그것을 해결하고, 그 해결의 방식에 따라서 새로운 문제가 야기되면 또 그것을 해결해 가는 반복의 과정이다.

　문제가 저절로 해결되는 경우는 극히 드물며, 대개는 사람들의 행위로써 그 매듭을 풀어 간다. 인간이 삶의 과정에서 부딪치는 문제들 가운데는 옛날부터 되풀이되는 해묵은 문제도 있고, 새 시대의 새로운 여건에서 오는 낯선 문제들도 있다. 해묵은 문제들의 되풀이에 주목한 사람들은 불변하는 보편적 윤리의 탐구에 심혈을 기울이고, 낯선 문제들의 해결을 역사적 과제로서 인식한 사람들은 새로운 윤리의 정립을 시대의 요청으로서 역설한다.

지정학적 문제를 안고 있는 이 땅에서 역사의 전환기를 살아온 우리는 너무나 많은 낯선 문제와 만나게 되었다. 해묵은 문제들과의 만남도 물론 있었으나, 세계사에 뒤처진 우리로서는 낯선 문제와의 만남이 더욱 심각하였다. 농경 사회를 배경으로 삼고 형성된 전통적 규범의 척도로는 해결하기 어려운 낯선 문제들이 많았던 까닭에, 우리는 새로운 시각에서 우리의 문제들을 탐구하지 않을 수 없었다.

우리가 우리들의 문제를 낯선 것으로 의식하면서 새로운 길의 모색이 필요하다고 자각하기 시작했을 때, 우리는 이미 개인적 자아의식이 강한 현대인이었고, 따라서 우리는 삶의 문제를 일차적으로 개인의 문제로서 의식하였다. 그러나 이내 우리는 한국이라는 우리나라가 안고 있는 공동의 문제들이 원만하게 해결되지 않고서는 개인의 문제도 풀리기 어려움을 깨달았다. 공동의 문제가 슬기롭게 해결되어 나라 전체가 질서와 번영을 누릴 때 그 성원인 개인들도 각자의 뜻을 이룰 수 있음을 알았던 까닭에, 우리는 집단의 문제와의 대결이 오히려 더욱 긴요함을 보았다.

우리나라가 안고 있는 공동의 문제들 가운데서 가장 근본적인 것은 어떤 체제(體制)가 우리나라에 가장 적합하냐 하는 문제였다. 우리 남한에서는 해방 이후 '자유민주주의'의 이름을 앞세워 왔으나, 그것은 자주적 선택의 결과가 아니었을 뿐 아니라, 우리가 현실적으로 걸어온 길은 그 이름에도 맞지 않는 매우 불만스러운 것이었다. 우리의 현실에 크게 불만을 느끼는 사람들의 목소리가 높다는 사실과 또 우리 남한과는 체제를 달리하고 있는 북한과의 통일이 민족의 중대한 과제임을 생각할 때, 우리는 우리나라의 체제 문제를 신중하게 고찰해야 할 근본적 문제로서 인식하였다.

우리나라 체제의 문제를 직접 다루기에 앞서서, 우리는 바람직한 체제에 관한 네 가지 학설을 비판적 시각에서 비교하는 준비의 과정을 밟았다. 로크와 노직이 대표하는 고전적 자유주의자들의 최소 국가론과 마르크스와 엥겔스가 대표하는 고전적 사회주의자들의 역사관을 먼저 비교하고, 그 다음에 이 두 가지 대립하는 학설을 절충한 것으로 볼 수 있는 수정된 자유주의와 민주적 사회주의의 견해를 살펴보았다. 고전적 위치에 오른 이들 대립하는 학설이 우리들을 위해 일종의 준거(準據)를 제공해 주리라고 기대했던 것이다.

우리나라의 내일을 위해서 바람직한 체제의 문제에 대해서 어느 정도 갖추어진 이론 체계를 정립하는 일은 여러 분야의 전문가들이 공동 연구를 통하여 접근해야 할 거창한 과제다. 그러므로 필자가 이 저술을 통하여 시도할 수 있는 것은 저 공동 연구의 기초를 위한 예비적 고찰의 일부 이상의 것이 되기 어려웠다. 누군가가 이 거창한 과제에 대한 이야기를 시작해야 그것을 출발점으로 삼고 좀 더 착실한 접근을 꾀할 수 있을 것이므로, 보잘것없는 예비적 고찰도 부정적 매개(媒介)의 구실을 할 수는 있을 것으로 보였다.

국가의 체제 문제에 관한 예비적 고찰을 통해서 우리가 얻은 결론은 매우 엉성한 수준의 것일 수밖에 없었다. 우리는 '자유민주주의'의 이름을 버리지 않고 그대로 두는 길을 택한 결과가 되었으나, 로크의 고전적 자유주의를 그대로 시인한 것은 아니며, 미국의 자본주의를 자유민주주의의 거울이 될 만하다고 본 것도 아니다. 필자는 마르크스의 휴머니즘에 긍정적 일면이 있음을 인정하였고, 그의 사회주의가 하나의 이상으로서는 나무랄 데 없이 아름다운 그림이라는 것도 인정하였다. 다만, 마르크스의 이상을 실현하기 위해서는 인간의 의식 수준에 혁명적 변화가 선행해야 하며, 개인주의적 자아의식이 강한 오늘의 인간상으로서는 도리어 나쁜 결과를 초래할 공산이 크다고 보았던 까닭에, 우리는 적어도 현 단계에서는 그의 그림을 좇는 것은 시기상조라고 판단하였다.

우리가 '자유민주주의'의 이름 아래서 구축하고자 하는 체제의 노선은 일종의 복지국가 노선이라고 볼 수 있는 것이었다. 모든 국민의 최저 생활을 보장함에 그치지 않고, 각자의 능력에 맞는 일자리를 얻음으로써 보람과 자존심을 느끼며 살 수 있는 길을 만인에게 열어 줌을 목표로 삼는 복지국가를 건설함이 내일의 우리나라를 위해서 가장 바람직하다고 본 것이다. 이와 같은 결론은 현대 한국인의 강한 개인주의적 자아의식을 감안함으로써 얻은 것이며, '나'와 공동체를 동일시하는 대아(大我)의 인간상이 실현되는 날이 올 수 있다면, 우리는 좀 더 사회주의적인 체제를 가장 바람직하다고 보는 결론을 얻을 수도 있을 것이다.

한국인이 도달한 오늘의 의식 수준으로써 '자유민주주의'에 입각한 복지사회를 건설함이 용이하리라고 낙관한 것은 아니다. 해방 이후 40여 년 동안 '민주주의'를 표방하고도 실제로는 비민주적 사회에 머물러 있게 된 한국의 현실에 대한 책임은 일부 정치가들에게만 있었던 것은 아니며, 한국인의 의식구조에도 많은 문제점이 있었다고 보아야 한다. 국민의 의식 수준이 단시일 안에 크게 달라지기 어렵다는 사실에 비추어 볼 때, 앞으로 자유민주주의에 입각한 복지사회를 건설하는 일에 비민주적 사고방식에서 오는 어려움도 적지 않을 것으로 예상된다. 그러나 민주화에 대한 기대는 한국인 절대다수의 요구이며, 그 밖의 여러 가지 사정을 고려할 때 우리나라도 이제는 국민의 의식 수준 향상을 위한 노력과 병행하면서 민주 사회의 실현에 도전할 단계에 이르렀다고 판단했던 것이다.

생각할 수 있는 여러 가지 체제 가운데서, 좌우의 이데올로기가 심각한 대립의 양상을 보이고 있는 우리나라의 상황에서, 자유민주주의에 입각한 복지국가의 길을 선택하는 것이 옳다고 판단한 이론적 근거에 대해서는 12장에서 어느 정도 논의를 전개하였다. 그러나 필자 자신도 그 논의가 충분하다고는 생각하지 않는다. 하나의 체제 또는 이데올로기의 선택을 완벽한 논리로써 정당화하는 것은 본래 불가능한 일이며, 이 부분에 대해서는 끝없는 논란의 여지는 언제나 남기 마련이다. 그러므로 우리들의 논의가 불충분함을 지적당하는 것만으로는 우리들의 논의에 치명적 타격이 왔다고 걱정할 필요는 없으며, 오직 '자유민주주의' 아닌 다른 체제 또는 이데올로기를 선택함이 옳다는 것을 더욱 설득력 있는 논리로써 뒷받침하는 대안의 논의가 나타날 경우에만 우리들의 논의가 치명상을 입었음이 인정될 것이다.

'자유민주주의'라는 말도 그 의미에 신축성이 있는 말이고, '복지국가'에도 여러 가지 유형이 있다. 그러므로 '자유민주주의에 입각한 복지국가'만으로는 내일의 한국이 지향하는 바의 윤곽이 명백하지 않다. 미래 한국의 청사진을 분명하게 제시하기 위해서는 정치와 경제 그리고 문화 일반에 걸친 여러 가지 문제에 대한 구체적 고찰이 뒤따라야 할 것이다. 이러한 문제들에 대해서 12장 끝 부분과 13장에서 우선 약간의 예비적 고찰을 시도했으나, 미흡하기 짝이 없다. 앞으로 여러 분야의 전문가들이 이 부분에 대해서 많은 것을 보완해야 할 것이다.

한국의 미래상에 대한 청사진이 만족스럽기 위해서는 남북통일에 대한 타당성 있는 방안의 제시가 있어야 할 것이다. 그러나 그 방안의 제시가 가능하기 위해서는 한반도 주변의 역학적 관계와 역사의 변천 과정 등에 관해서 실로 많은 것을 미리 알아야 하며, 남북한 주민들의 소망에 대한 심층 심리도 광범위하게 알아야 하므로, 그것은 필자의 역량으로는 능히 감당하기 어려운 일이다. 통일의 문제에 관해서는 따로 독립된 공동 연구가 있어야 할 것이다.

사람들의 의식 수준과 사회의 구조적 현실 사이에 밀접한 관계가 있다는 것을 우리들은 거듭 강조하였다. 국민의 의식 수준을 높이자면 사회구조가 개선되어야 하고 사회구조의 개선을 위해서는 의식 수준의 향상이 필요하다는 순환론적 관계에 대해 언급하면서, 한국인의 의식 수준을 향상시키는 문제에 대해서도 논의하였다. 그러나 이 부분의 논의도 매우 불충분한 것이었으며, 앞으로 한국인의 의식구조를 좀 더 정확하게 파악하는 연구와 한국인의 의식 수준을 높이기 위한 교육적 방법에 대한 연구도 본격적으로 수행해야 할 것이다.

14장에서 인간 교육의 과제와 관련하여 몇 가지 기초적 고찰을 했으나, 미흡하기 짝이 없는 몇 가지 암시를 피력한 데 불과하다. 인간 교육의 문제는 국가의 흥망과 직결되는 문제이므로, 앞으로 이 문제에 대해서도 여러 분야 전문가들의 체계적 공동 연구가 이루어져야 할 것이다.

이 저술은 처음에는 '나'의 삶의 문제에서 출발했다. 그러나 '나'의 인생 설계가 타인의 인생 설계와 관계를 짓기 마련인 사회 속에 내가 살고 있다는 사실이, 그리고 한국 전체의 순조로운 발전이 나의 보람된 삶을 위한 절실한 필요조건이라는 깨달음이, 필자를 국가와 사회의 문제로 끌려들어 가게 하였다. 우리가 만약 사생활을 염두에 두지 않는 대인(大人)의 길을 택한다면, 다시 사생활의 행복 문제를 생각할 필요는 없을 것이다. 한국의 미래상 건설을 위해서 내가 해야 할 일을 찾아내서 실천하는 것만으로 나의 할 일은 끝이 날 것이다. 그러나 우리와 같은 보통 사람들의 경우에는 사생활의 설계와 공공 생활의 설계를 하나의 체계 안에 종합해야 할 것이다. 한국이라는 공동체를 위해서 내가 해야 할 일은, 건설하고자 하는 한국의 미래상과 나 개인의 처지와 능력에 따라서 결정할 문제다. 나의 사생활의 설계는 나의 소질과 취향을 따라서 그리고 합리성의 요구를 따라서 결정할 문제다. 개인의 인생 설계의 문제는 필경 본인들 각자가 결정할 문제이므로, 이 문제에 대해서는 일반적 타당성을 갖는 이론을 장황하게 전개할 필요는 없을 것이다.

올바른 사회를 건설하고, 그 올바른 사회 속에서 가장 많은 가치(good)가 실현되도록 개인의 삶을 영위한다면, 그 이상 더 바랄 것이 없다. 이 저술에서 우리는 "어떠한 사회가 올바른 사회인가?" 하는 물음을 직접 제기하고 정의(正義)의 문제를 집중적으로 다루지는 않았다. 그 대신 우리는 현대의 한국이 처해 있는 여러 가지 여건들을 염두에 두고, 가장 바람직한 한국의 미래상의 문제를 여러 각도에서 고찰하였다. 필자는 '바람직한 사회'의 개념 속에는 '올바른 사회'의 개념이 포함되었다고 보았으며, '바람직한 한국'은 '올바른 한국'을 포함한다고 보았던 것이다. 다만, 사회정의의 문제에 초점을 맞추고 '올바른 한국'의 문제를 본격적으로 세밀하게 탐구하는 전문적 연구의 후속(後續)이 있어야 할 것이라고 생각한다.

개인의 삶으로서 가장 바람직한 것은, 그 사람에게 주어진 여러 가지 조건을 전제로 하고, 가능한 한 최대의 가치를 실현하는 삶이라고 일단 말할 수 있을 것이다. 가능한 한의 최대의 가치를 실현하자면 우선 최대한의 가치를 실현할 수 있는 삶의 설계를 세워야 하고, 그렇게 하기 위해서는 가치 비교에 관한 이론이 정교하게 세워짐이 바람직하다. 2장과 11장에서 가치의 고저(高低)를 비교하는 문제에 대해서 조잡한 견해를 개진한 바 있으나, 한 걸음 나아가서 가치의 고저와 경중을 비교할 수 있는 정밀하고 완벽한 척도(尺度)에 관한 이론 체계가 제시된다면, 사생활의 설계를 위해서 매우 유용한 구실을 할 수 있을 것이다.

결국 이 저술은 하나의 총론에 해당하는 시론(試論)의 성격을 띠고 있으며, 앞으로 탐구되어야 할 많은 문제들을 뒤로 남겨 놓고 있는 셈이다. 여기 남겨진 문제들에 대해서 필자 자신이 계속 연구하고 그것을 발표할 수 있을지는 장담할 처지가 아니다. 반드시 필자 자신이 남은 일을 해야 한다고는 생각하지 않으며, 필자가 제기한 문제와 견해에 대해서 긍정적으로든 부정적으로든 많은 반응이 있으면 그것으로 족할 것이다.

참고문헌

이 저술에서 다루어진 문제들은 개인의 인생 설계의 문제부터 바람직한 사회구조의 문제에 이르기까지 매우 광범위하다. 그러므로 윤리학과 사회철학에 관한 대부분의 고전들은 이 저술에서 다루어진 문제들을 철저하게 탐구하고자 하는 사람들을 위해서 귀중한 참고문헌이 될 수 있을 것이다. 그 많은 문헌들 가운데서 어떤 것이 특별히 중요하냐 하는 것은 삶의 문제를 다루는 사람의 관심과 시각에 따라서 다를 것이다. 다음의 도서 목록은 필자가 이 저술을 엮는 과정에서 직접 또는 간접으로 인용한 문헌들만을 정리한 것이다.

김재은, 『한국인의 의식과 행동 양식』, 이화여대 출판부, 1987.
김정환, 『민족과 교육』, 박영사, 1976.
김태길, 『소설에 나타난 한국인의 가치관』, Ⅰ, Ⅱ, 문음사, 1988.
김태길, 『한국인의 가치관 연구』, 문음사, 1982.
박세일, 황경식, 김동일, 김태길, 『한국 사회와 시민 의식』, 문음사, 1988.
철학문화연구소, 『철학과 현실』 제2집, 1988.
이상우 외, 『북한 40년』, 을유문화사, 1988.

Aristoteles, *Ethica Nicomachea*.
Barray, Brian, *The Liberal Theory of Justice*, Oxford, 1975.
Daniels, Norman ed., *Reading Rawls : Critical Studies of A Theory of Justice*, Basic Books, 1974.
Dewey, John, *Individualism, Old and New*, New York, 1930.
Dupré, Louis, *The Philosophical Foundations of Marxism*, New York, 1966.
Easton & Guddat ed., *Writings of the Young Marx on Philosophy and Society*, Anchor Book, 1967.
Engels, Friedrich, *Anti-Dühring*, 1878.
Furniss, Norman & Tilton, Timothy, *The Case for the Welfare State*, Indiana University Press, 1977.
Jenks & Christopher eds., *Inequality*, Harper & Raw, 1972.
Kamenka, Eugene, *Marxism and Ethics*, London, 1969.

Kamenka, Eugene, *The Ethical Foundations of Marxism*, London, 1972.

Laslett & Runchiman eds., *Philosophy, Politics and Society*, 제3집, Oxford, 1969.

Lewis & Feuer eds., *Marx and Engels: Basic Writings on Politics and Philosophy*, Anchor Books, 1959.

Locke, John, *Two Treatise of Government*, 1690.

Marx, Karl, *Oekonomisch-Philosophisches Manuskript*, 1844.

Marx, Karl, *Zur Kritik der Politischen Oekonomie*, 1859.

Mark, Karl, *Das Kapital*, 1867-1894.

Marx & Engels, *Die heilige Familie*, 1844.

Marx & Engels, *Die deutsche Idelogie*, 1846.

Marx & Engels, *Communist Manifesto*, 1848.

Macpherson, C. B., *Democratic Theory: Essays in Retrieval*, Oxford, 1973.

Nozick, Robert, *Anarchy, State, and Utopia*, New York, 1974.

Paul, Jeffrey ed., *Reading Nozick*, Totowa, 1981.

Perry, R. B., *General Theory of Value*, Harvard University Press, 1954.

Rawls, John, *A Theory of Justice*, Harvard University Press, 1971.

Timuss, Richard, *Income, Distribution and Social Change*, Toronto, 1962.

Tucker, R. C. ed., *The Marx-Engels Reader*, Princeton University Press, 1978.

Venable, Vernon, *Human Nature: The Marxian View*, Meridian Books, 1966.

Wolff, R. P., *Understanding Rawls*, Princeton University Press, 1977.

편　　집 : 우송 김태길 전집 간행위원회

간행위원 : 이명현(위원장), 고봉진, 길희성, 김광수, 김도식,
　　　　　김상배, 김영진, 박영식, 손봉호, 송상용, 신영무,
　　　　　엄정식, 오병남, 이삼열, 이영호, 이태수, 이한구,
　　　　　정대현, 황경식

우송 김태길 전집

변혁 시대의 사회철학

지은이　　김태길

1판 1쇄 인쇄　2010년 5월 20일
1판 1쇄 발행　2010년 5월 25일

발행처　　철학과현실사
발행인　　전춘호

등록번호　　제1-583호
등록일자　　1987년 12월 15일

서울특별시 종로구 동숭동 1-45
전화번호 579-5908
팩시밀리 572-2830

ISBN 978-89-7775-708-0 94100
　　　978-89-7775-706-6 (전15권)
값 20,000원